NOMS FÉODAUX

TOME DEUXIÈME

CHA-IZO.

NOMS FÉODAUX

OU NOMS
DE CEUX QUI ONT TENU FIEFS
EN FRANCE

DANS LES PROVINCES

d'Anjou, Aunis, Auvergne, Beaujolois, Berry,
Bourbonnois, Forez, Lyonnois, Maine, Saintonge,
Marche, Nivernois, Touraine,
Partie de l'Angoumois et du Poitou,

DEPUIS LE XIIe SIÈCLE JUSQUE VERS LE MILIEU DU XVIIIe

EXTRAITS DES ARCHIVES DU ROYAUME

PAR

DOM BÉTENCOURT
Membre de l'Académie des Inscriptions et Belles-Lettres.

DEUXIÈME ÉDITION
TOME DEUXIÈME
CHA—IZO

PARIS
LIBRAIRIE BACHELIN-DEFLORENNE
3, QUAI MALAQUAIS, 3
Au premier, près de l'Institut.

M DCCC LXVII
1867

NOMS FÉODAUX

ou

NOMS DE CEUX QUI ONT TENU FIEFS

EN FRANCE

DEPUIS LE XIIe SIÈCLE JUSQUE VERS LE MILIEU DU XVIIIe.

CHANILLON (Pierre de), de Suri-Comtal, vend à Jean de *Forez*, un pré assis à Vacherent; 1309. (*r.* 1394, *p.* 136; *r.* 1395, *p.* 267, 277.)

CHANLET (Edmet). Hom. par lui rendu à Brunicens, Dame de Pischadoires, *de Piscatoriis*, à raison des terres à lui échues de feu Chatard de Thiers, mari de cette dame, 1261. (*r.* 1381, *p.* 3305.)

CHANLITRE (Hugues de), et Jean de Murat, Dam., à cause de leurs f^{es}, avouent une rente de cent et cinq sols : *Verneuil*, 1301. (*r.* 460, *p.* 288.)

CHANNAT (Thomas), paroiss. de Montellix. Un pré en la prairie de Bouchereu, par. *id.* : *Belleperche*, 1410. (*r.* 365, *p.* 156, 157.) Non noble.

CHANNET (Jean), à cause de Jeannette de St Aignan sa f^e. Hôtel appel. le Plex de Bort, mote, dom., bois et cens, par. d'Ingrande : *Bourb.*, 1443. (*r.* 464, *p.* 124.) Non noble.

CHANOY. Voy. Chenoy.

CHANPIN (Pierre), paroiss. de Besson. Partie d'une pièce de terre en la par. de Chemilli : *Bessai*, 1456. (*r.* 455, *p.* 227.)

CHANTAREL (Antoine), bourg. de Paris. Droits d'échanges honorifiques et de prééminence en la par. de Mesue : *Bourges*. 1701. (*r.* 448, *p.* 27.)

CHANTEAU (Jean), M^e des comptes de la duch. de Bourb. T. s. de Marcellanges : *Moulins*, 1510. (*r.* 483, *p.* 15.)

CHANTECORTE (Raoul), Dam. Le fief-lige de Haute-Serre, *Alta-Serra*, etc., tenus d'Archambaud, sire de *Bourbon*, ès par. de Buelet et Charentat; 1241. (*r.* 462, *p.* 25.)

CHANTELLAT (Silvain), fils de François; autre Silvain, fils de

Jean Chantellat, laboureurs. Terres détachées du fief de la Grange-Rouge, par. de Bery : *Mehun-s.-Y.*, 1669. (*r.* 445, *p.* 59, 60.) — Perrete Chantellat, v^e de Jean le Prat, fille de Silvain Chantellat. Terre aux Courottes; 1671. — Jean Chantellat, laboureur, fils de feu Silvain Chantellat, Terre appel. le Buisson-Pouilleux, par. de Thinay; 1690 : *Mehun-s.-Y.* (*r.* 445, *p.* 170; *r.* 447, *p.* 47.) Voy. Habault.

CHANTELOT (Claude de), écuyer, fils de feu Jean-Gilbert de Chantelot, écuyer. Fiefs de la Chaize et du Petit-Poirier, par. de Breuil et de St Félix : *Billy*, 1711, 1717. (*r.* 477, *p.* 29, 577.)

CHANTELOT (Gaspard de), écuyer, Sg. de Chantemerle. F. s. de Quiriel, par. de Trezel, hérité de François de James, écuyer, son oncle : *Chaveroche*, 1717. (*r.* 477, *p.* 386.)

CHANTELOT (Antoine de), fils de feu Jean de Chantelot, écuyer. F. s. de Gardois, *al.* des Gardetes, par. de Besson; 1722. — Ses enfans, sous la tutelle de Jaques de Lanty, écuyer, et de Nicole de Vauvrille, son ép.; *Idem*, 1728 : *Souvigny*. (*r.* 478, *p.* 204; *r.* 480, *p.* 18.)

CHANTELOU (J.-B.), bourg. de Clerm., av. en parl. T. s. de Martinanches, h. m. et b. j., par. St Diery : *Clerm.*, 1700. (*r.* 506, *p.* 95.)

CHANTEMERLE (Hugues, sire de), Chev. Maison forte et prévôté de Chantemerle, dom., h. j. et arr. fiefs. ès par. de Monestey, Colonges et Seligny; 1301. — Pierre de Chantemerle, Chev.; *Idem*; ens. le chât., t. seg. de Goudailly; 1367, 1374. — Philib. de Chantemerle, Dam., son fils; *Idem*; 1381. — Philib. et Hugues de Chantemerle; *Idem*; 1398. — Philib. de Chantemerle, Dam. fils d'Agnès de Vichy, F. s. de Goudailly; 1412. — Jean de Chantemerle, écuyer, Sg. dud. lieu. Dîme de vin et de froment; ens. quelques pièces de terre; 1452. — Louis de Chantemerle, écuyer, bailli et juge royal de Macon. Chât. forts, t. s. de Chantemerle et Goudailly; autres dom., ès par. de Monestay, St Aignan, Coulonges; 1455. — Imbert de Chantemerle, écuyer, Sg. dud. lieu et de la Clyette, et Jean de Chantemerle de Moles, son frère. T. s. de Chantemerle, Goudailly, Bougy et Poully; 1504 : *Billy, Chaveroche, Moulins*. (*r.* 452, *p.* 27; *r.* 455, *p.* 75, 235; *r.* 456, *p.* 141, 145; *r.* 457, *p.* 11; *r.* 463, *p.* 18; *r.* 468, *p.* 58, 62, 65, 332, 375.)

CHANTEPIE (Jaques de), S^r du Bu, à cause de Renée Marest, sa f^e, héritière de Jeanne Bignon. F. s. de Chahin, par. de Songé, *al.* Soulgé-le-Bruand : *Mans*, 1622. (*r.* 354, *p.* 82 et suiv.; *r.* 430, *p.* 23.)

CHANTEREAU (Jean), tonnelier. Moitié d'une maison en la par. St Laurent-sur-Barenjon : *Mehun-s.-Y.*; 1673. (*r.* 445, *p.* 220.)

CHANTERIE (Ant.), fils de feu Jean Chanterie, bourg. de la ville de Bort, pour lui et comme tuteur des enfans de feu Geraud Roussillon. Rente en la par. de la Nodre : *Riom*, 1670. (*r.* 499, *p.* 807.)

CHANTERIS (Jean de), Chev., à cause de sa f^e Cather. de Brasiers. Justice, seg., moulin, cens et tailles au vill. de Blasi : *Chât.-Chinon*, 1349. (*r.* 470, *p.* 66.)

CHANTILLAC (Jean de), écuyer. T. s. de Mallebufe et de Douzil, par. St Quentin : *Marche*, 1506. (*r.* 452, *p.* 301.)

CHANTOIR (Bochard de), Chev. Maison forte de Chantoir; le mas de Recheygneus et une isle sur la Loire au-dessous du port de

Chantoir; . 1290. — Chatard de Chantoir, Dam., gendre de Guill.
le Thons, Chev.; *Idem;* ens. la maison forte de Buffardan, par. St
Martin de Salvatate, et un étang en la par. de Mable ; 1333 : *Forez.*
(*r.* 490, *p.* 56 ; *r.* 492, *p.* 159. 194 ; *r.* 1395, *p.* 355.)

CHANTRE (Octavian), bourg. de Lyon. Pièce de terre au bourg
de la Guillotière : *Lyon*, 1722. (*r.* 497, *p.* 166.)

CHANU (Agnès), fille de feu Guill. Chanu, de Baigneux. et fe de
Guill. Paige, demande partage de la success. de son père : *Bourb.*, 1343.
(*r.* 1377, *p.* 2898.)

CHANY (Jean du), écuyer, fils de Pierre de Chany, écuyer, et époux
de Gilberte de la Reynerie de Bouchaud. La terre de Lez et partie de
celle de Chadafaux, en la seg. de *Mercœur;* 1669. (*r.* 499, *p.* 688.)

CHAPEAUX, *al.* Chappeaux, etc. (Jeanne, ve de Jean de), Chev.,
pour leurs enfans Jean et Girbert. F. s, de la Cornillère et autres:
Beçay, Moulins, 1329. (*r.* 455, *p.* 67.)

CHAPEAUX (Hugues de). Tenures médiocres : *Beçay*, 1330. (*r.*
455, *p.* 198.)

CHAPEAUX (Jean de), autrement dit Vigier, fils d'Ysabelle Vi-
gere. Moitié du terrage des Murs vers le chât. le Perron : *Moulins*,
13... (*r.* 455, *p.* 114.)

CHAPEAUX (Jean de), Chev. Moitié des dîmes en la par. de Vernet et au vill. de Charney, acq. de Pierre Baffot et d'Ysabelle, sa fe;
Bourb., 1346. (*r.* 1374, *p.* 2408.)

CHAPPEAUL (Perrin). Quartier de pré assis à Anuldre-sur-l'Allier,
dont le surplus appartient à Jean de Murat, Dam., Sg. de Beaumont;
1399. Non noble. — Perrin Chappeaul, de Villers, paroiss. de
Pousy. Moitié d'un pré appel. les Boulles de la Beaume ; 1410 ;
Bourb. (*r.* 463, *p.* 130 ; *r.* 465, *p.* 62.)

CHAPPEAU (Olivier); Thomas Chappeau ; Jeanne, fille de feu Phe-
lipot Chappeau, et Jean Moreau, comme tuteurs de Thomas Chappeau, fils de feu Etienne Chappeau. Maison sise à la mote du Fretiz :
Chât.-Ceaux, 1474. — Marguer. Chappeau, ve de Joachim Garnier.
Quatre boisselées de terre, relev. de *Chât.-Ceaux;* 1478. (*r.* 350,
p. 23, 24.)

CHAPELLE, *al.* Chappelle (Hugonet de la), Dam., pour Béatrix,
sa fe, fille de Jocerand Rigaud, Dam. Cens et rentes au mandement
de St Baldomer; *Forez*, 1316. (*r.* 492, *p.* 13.)

CHAPELLE (Guionet de la), Dam. Divers mas mouv. de lui, ès par.
de Cuzy et de Millay : *Beaujeu*, 1324. (*r.* 489, *p.* 143.)

CHAPELLE (Hugues de la), Chev., achète de Jean, Cte de Forez,
et de Raynaud, son fils, une part du chât., dom. et seg. de Valdra-
gon ; 1327; et avoue ses cens et rentes ès par. de Chameres et de St
Maurice en Gorgois; 1333 : *Forez.* (*r.* 490, *p.* 64 ; *r.* 1394, *p.* 3.)

CHAPELLE (Monin de la). Dam., et Sara, sa fe. Dîme de l'Epine,
le Bois-Estoral, le moulin de Gallaude, dom. et tailles en la par. de
Besson ; 1350. — Monin de la Chapelle, Dam. Sixième partie de la
dîme de Crotet, par. de Franchesches ; et, à cause de feue Denise,
sa mère. Dom., vignes, cens et tailles en la par. de Mesangi ; 1357.
(*r.* 464, *p.* 350 ; *r.* 465, *p.* 76 ; *r.* 467, *p.* 160.)

CHAPELLE (Colas et Hugues de la), Dam., frères. Dîmes des vignes, des Landes et des Bos, près S¹ Porcien ; cens à Soytes et au bourg de S¹ Nicolas dud. S¹ Porcien : *Verneuil*, 1352, 1367. (*r*. 460, *p*. 108, 154.)

CHAPELLE (Guiot de la), Dam., à cause d'Ysabelle de les Landes, son ép. Quatrième partie de la dîme appel. des Féodaux, *Feodalium*, par. de *Billy ;* 1375. (*r*. 457, *p*. 38.)

CHAPELLE (Guill. de la), Sg. du Terrail, Dam., et Ysabelle de Malaret, son ép. Cens et tailles en la châtell. de *Montluçon ;* 1398. (*r*. 461, *p*. 145.)

CHAPELLE (Mathieu, *al.* Macé de la), Dam., et Philippine du Clox, Damoiselle, son ép. Hôtel, t. s. de Sivry, *al.* Civray ; ens. le moulin de Batereau, etc., par. S¹ Plesir ; 1411. — Jean de la Chapelle, écuyer ; Philippine du Clos, sa mère, vᵉ de Macé de la Chapelle, et Peronelle du Bois ; *Idem ;* 1443 : *Bourb.*, *Souvigny*. (*r*. 464, *p*. 68, 440 ; *r*. 465, *p*. 60.)

CHAPELLE (Alain de la), Chev., pour les enfans de Jeanne de Choses, sa fᵉ, vᵉ de Pierre-Robert Tillon. T. s. de la Rallière : *Angers*, 1434. (*r*. 337, *p*. 52 ; *r*. 341, *p*. 12.)

CHAPELLE (Olivier de la), écuyer, Sg. de S¹ Christophe et de Leschigne. Fief du moulin de Breteau : *Beaugé*, 1446 (*r*. 342, *p*. 28 ; *r*. 347, *p*. 24.)

CHAPELLE (Arthur de la), écuyer, Sg. de Bonnes, à cause d'Ysabeau de Husson, sa fᵉ. T. s. de Mathefelon et de Duretal : *Beaugé*, 1456. (*r*. 1340, *p*. 50 ; *r*. 1354, *p*. 15.)

CHAPELLE (René de la), Chev., Sg. de la Chapelle-Raissonain, *al.* Ravissonain et de la Jaille. Le dom. de Chambreil : *Mans*, 1453, 1478. (*r*. 343, *p*. 47, 48 ; *r*. 345, *p*. 46, 51.)

CHAPELLE (Robert de la), Sg. de la Couldre, proc. spécial de Pierre de Beauvau, Sg. de Sermayses, et Bᵒⁿ de Mauronville, à l'effet de, etc. : *Beaugé*, 1508. (*r*. 348, *p*. 37.)

CHAPELLE (François de la), Chev. des Ordres, gentilh. ordin. de la chamb. Baronnie de Varennes et châtell. de Poillé : *Chât.-du-Loir*, 1585. — François de la Chapelle, Chev., son fils ; *Idem ;* 1607. (*r*. 353, *p*. 29, 30, 31, 73, 74.)

CHAPELLE (Claude de la), écuyer, Pierre, Marie et Jeanne, ses frères et sœurs, enfans de Marie Chenu, fille de Jaques Chenu ; 1683. — Jean de la Chapelle, écuyer, recev. gén. du pays d'Aunis ; 1695. — Pierre de la Chapelle, gᵈ Archid. de Bourges, fils et hérit. en partie de Pierre de la Chapelle, professeur en dr. à l'université de Bourges, et Françoise Gassot, fille unique de Jeanne de la Chapelle. Fief et métairie du Plex, *al.* Plaix, par. de Levet ou Leuet : *Dun-le-Roi*, 1711, 1714. (*r*. 445, *p*. 350 ; *r*. 447, *p*. 185 ; *r*. 449, *p*. 67, 179.)

CHAPELLE (Jean de la), écuyer, fils de Robert de la Chapelle, écuyer. F. s. de Gausis, *al.* Gozis, par. S¹ Victor : *Montluçon*, 1703. — François de la Chapelle, écuyer, son fils ; *Idem ;* 1725. — Jean de la Chapelle, écuyer, pour Françoise Noblet, sa fᵉ, et Agnès de Noblet, vᵉ de Silvain de Durat, écuyer, Sg. de la Cellette. T. s. de S¹ Myon, par. *id.: Riom*, 1724. (*r*. 476, *p*. 128 ; *r*. 480, *p*. 49 ; *r*.

509, *p.* 136.) Signatures : de la Chapelle. De Noble de la Chapelle. De Naublet de la Cellette.

CHAPGRAS (Jean), bourg. de Cognac, fils de Pierre, donne à Graciot Douhet, en rente perpétuelle, un verger, et en vend un autre à Motin Legier, charpentier: *Cognac*, 1409, 1424. (*r.* 1404, *p.* 212, 213 ; *r.* 1405, *p.* 376.)

CHAPON (Guill.), paroiss. de Bocé. Parties de terre aux territ. de Brillac et de Tiernat : *Billy*, 1357. (*r.* 456, *p.* 85.) Non noble.

CHAPONAY (Octavien de), Chev. Maison, t. s. de Morancé : *Lyon*, 1680. — Gaspard de Chaponay, *al.* Chaponey, Chev. ; *Idem* ; ens. le fief d'Izerable, par. de Morancé ; 1717. — Pierre de Chaponay, Chev., son fils ; *Idem* ; 1722, 1726. (*r.* 495, *p.* 87 ; *r.* 496, *p.* 283 ; *r.* 497, *p.* 135, 283.)

CHAPOT (Gilbert), pour Bienvenue Borner, sa f^e. Quatre pièces de terre au territ. de Vaulx : *Chaveroche*, 1386. (*r.* 468, *p.* 71.)

CHAPPE-St-MARC (Louis), receveur des octroys de la ville de Lyon. Maison en la rue du bourg-chanin, à *Lyon ;* 1715. (*r.* 496, *p.* 221, 231.)

CHAPPELAIN (Jean), paroiss. de Buxières. Cens et rentes aud. lieu : *Bourb.*, 1408, 1443. (*r.* 432, *p.* 44 ; *r.* 463, *p.* 192.)

CHAPPELAIN (Magdel.), f^e de Pierre Vidard, écuyer, Sr de Montmarquelain. T. s. de Sunay : *Partenay*, 1701. (*r.* 437, *p.* 8.)

CHAPPERON (Pierre), écuyer, Sg. de Lorillonière. Herbergement au bourg du St Jean de Montfaucon ; 1445. — Jeanne Chapperon Dame de Vigneau, v^e de Gilles de Clerambaut, Sg. du Plessis-Clerambaut et de la Plesse, constitue pour son proc. Jean Bussonneau, écuyer, Sg. de la Gannerière, à l'effet d'avouer son fief de Lorillonière : *Montfaucon*, 1505. (*r.* 332, *p.* 62 ; *r.* 333, *p.* 7.)

CHAPPERON (Jean), écuyer, Sg. de Masaugeau. Partie de terrein planté en saulaye en l'isle du Port-Hamelin ; maison et courtil en la ville de *Chât.-Ceaux ;* 1455, 1478. (*r.* 332, *p.* 117 ; *r.* 341, *p.* 138, 163 ; *r.* 350, *p.* 24.)

CHAPPES (Pierre de), *de Capis*, cons. clerc du Cte de Clermont, Sire de Bourbon, obtient de son maître, en considér. de ses services, pour Jean *Mecault* et Perronelle, ses *père* et mère, le mas de Prugnes en la par. de Sazeret, et le chesaul dit Druet, en la par. de *Chapes*, maisons, dom. et dr., frans de tailles et autres coutumes, moyennant 12 den. annuels de cens ; et pour lui Pierre de Chappes, divers cens et tailles sur la baillie du vill. de Beauquaire : *Murat*, 1314, 1319. (*r.* 460, *p.* 331 ; *r.* 461, *p.* 2, 43.) Remarquez ce changement de nom du père au fils, occasionné par des cessions d'immeubles faites à celui-ci.

CHAPPES (Tachon de), Dam. Cens, tailles sur divers tènemens, acq. de Guill. de Chatellud, Dam. : *Forez*, 1342. (*r.* 493 *bis, p.* 6.)

CHAPPES (Guill. de), paroiss. de Sazeret, à cause de Jeanne de Beauquaire sa f^e. Maison, terres, dîme, pêche, garenne, cens et tailles ès par. de St Saturnin, Sazeret et Deux-Chaises ; 1351. — Pierre de Chappes, leur fils, professeur en droit. Le mas des Ouches ; maison, dom., bois, garenne, étang, par. de Sazeret ; 1354. Le même pour lui et ses frères Guill. et Pierre. Tailles sur les hommes du vill. et baillie de Beauquaire; 1356. — Guill. de Chappes, docteur ès lois, chan. de Bourges. Justice, cens et tailles au vill. de Beauquaire; 1357 : *Murat*. (r. 460, p. 406, 408, 409 ; r. 461, p. 407.)

CHAPPES (Guill. de), écuyer, paroiss. de Sazeret. Fief des Prugnes et des Ouches, dom. et dr. en dép.; 1407, 1443. — La qualité d'écuyer raturée au texte. — Jean, Pierre, Roger, et autre Jean Chappes, écuyers, paroiss. de Sazeret. Mêmes fiefs et dom.; 1449 : *Murat*. (r. 460, p. 388 ; r. 461, p. 39, 84.) Voy. ci-dev. Capes.

CHAPPETES, *al*. Chappectes (Jean de), écuyer, et Girbert de Chappectes, son oncle. Hôtel de Chappectes, dom., dîmes, garennes et censives ès par. des Deux-Chezes, Sazeret, Chappectes et autres : *Murat, Verneuil*, 1443. (r. 374, p. 460.) — André de Chappetes, écuyer. T. s. de St Marcel et de la Garde : *Murat*, 1505. (r. 453, p. 56.)

CHAPPON (Geneviève), f^e d'Aubin Robin, m^d à Issoudun, héritière de Jean et Pierre Moines, ses cousins. Moulin, pêche, terres et rentes foncières à Leudraulde, tenus du Roi en plein fief : *Issoudun*, 1672. (r. 445, p. 374.)

CHAPPUIS, *al*. Chapus, Chappus, Chapusi, Chapusii (Guill.), Sg. de Chanlit, veuf d'Ysabelle, fille de Guill. Fauquelin, pour leurs enfans Hugues, Perrin et Durand. Trois pièces de terre et un pré vers le moulin de Pousset; 1349, 1353. — Jean Chappuis, pour sa f^e Ysabelle, fille de feu Durand Mather. Moulin, prés, terres et bois; 1367. — Durand Chappuis. Portion de pré, terre et bois; 1399. — Hugues Chappus. Terres, prés, bois; 1411 ; par. de Lourcy, *al*. Luperci-sur-Abron : *Moulins*. (r. 454, p. 85, 146, 255 ; r. 455, p. 44, 100.)

CHAPPUIS (Jean), écuyer, Sg. de Plantigny, âgé de 70 ans : *Bourbonnois*, 1507. (r. 1368, p. 1535.) Pour mémoire.

CHAPPUS (Jean). T. s. d'Arnaise, par. St Ambroise; 1660. — Jean Chappus, Sr de Bois-Fermier, présid^t en l'Élect. d'Issoudun, fils de Jean Chappus, assesseur crim. au baill. du même lieu. F. s. de Poulliault, par. de Lizery; 1671. — Cather. Chappus, v^e de Jaques Hurtault, Sr de Baignoux, donataire universelle de feu Jean Chappus, S^r d'Arnaise, son frère. F. s. d'Arnaise, par. St Ambroise; 1681 : *Issoudun*. (r. 443, p. 8 ; r. 444, p. 31 ; r. 445, p. 322, 401.)

CHAPPUIS (François), écuyer, cons. au présid. de Lyon. T. s. de la Fay, par. de l'Aubespin ; ens. la h. m. et b. justice de la terre de Vaudragon, par. de la Rajasse; 1674. — Michel Chappuis, écuyer, fils de Claude Chappuis et de Marie Raymond. Chât. fort, t. s. de Villette, acq. par Vital Chappuis, son aïeul ; ens. la t. et seg. de Trezette, acq. par sa mère, d'Ant. Cte d'Albon ; 1674. — Claude Chappuis, écuyer, cons. au baill. de Forez. Maison, dom., bois et rentes de la Goutte, par. d'Estivareilles ; 1686 : *Forez*. (r. 495, p. 101 ; r. 496, p. 15, 21.)

CHAPPUYS (Elisabeth), de la Fay, v^e de Camille d'Inguimbert, Chev., Sg. de Pramiral, tutrice de leurs enfans. T. s. et rentes nobles de Chatillan d'Azergues ; 1737. — N. Chappuis. T. s. de Clerimbert, par. Sr Symphorien-le-Châtel ; 1739 : *Lyon*. (*r*. 498, *p*. 150, 171.)

CHAPTAR, *al*. Chatard (Guill.), écuyer. Maison, dom., vigne, garenne, censives en la par. de Bayet : *Estole* ou *Chantelle* ; 1452. (*r*. 469, *p*. 57.) Au dos : *dubitatur de nobilitate*.

CHAPUS (Durin), de Chapusères, paroiss. de Trongi, pour Jeanne de Manhios. Maison, dom., bois aux Manhios, *al*. Manhioux, par. de Vocé : *Murat*, 1350. (*r*. 460, *p*. 358.) Non noble.

CHARAL (Jean). Menus cens au territ. de Charney : *Forez*, 1336. (*r*. 490, *p*. 170.)

CHARBONEAU (Aubert de), écuyer, et sa f^e Perrine, fille d'Etienne de Chevagnieu et de Jeanne d'Assigny. T. s. de la Bourgeoisie, la Mignardière et Couppechou : *Gien*, 1518. (*r*. 469, *p*. 78 ; *r*. 483, *p*. 44.)

CHARBONEL (Girard). Le chât. de Cuise et dép. : *Forez*, 1290. (*r*. 493 *bis*, *p*. 60.)

CHARBONEL (Hugues), mari d'Adèle, fille de Refud, recon. tenir de Guigues, Sg. de la Roche, Chev. ce qu'il possède en la par. de St Pierre de Ville au dioc. de Viviers ; 1309. (*r*. 1398, *p*. 687.)

CHARBONELLE (Michel), bourg. de St Porcien, pour Bienvenue, sa f^e. Maison, cens et rentes à Lochi : *Verneuil*, 1345. — Pierre Charbonelle, leur fils ; *idem* ; 1367. (*r*. 459, *p*. 167 ; *r*. 460, *p*. 41.)

CHARBONELLE (Me Jean), recon. tenir en fief de la seg. de la Roche, ses héritages assis à Mallefosse, Lorant, Escharosse et autres lieux ; *Forez*, 1383. — Philippine Charbonelle, sa fille, transige de sa succession avec Jarenton Charbonelle, fils de feu Perrin Matermoin ; 1398. (*r*. 1398, *p*. 705, 714.)

CHARBONER (Etienne), rachète de Jean de Farnay, Dam., les prestations, services et usages qu'il lui devait, à cause de ce qu'il tient à Lavaur : *Forez*, 1349. (*r*. 494, *p*. 165.)

CHARBONÈRES (Etienne de), Dam., vend à Gui, Cte de *Forez*, diverses perceptions sur le grenier de Chambeon ; 1245. (*r*. 1395, *p*. 332.)

CHARBONÉRES (Jean), paroiss. de Salis, Pierre et Hugues, ses frères. Le tènem^t de Charbonères, dom. et cens, au mandem^t de Cernerie ; 1318. — Jean Charbonères, fils de feu Etienne Charbonères, paroiss. de Salis ; *idem* ; 1328, 1333. — Cather., sa v^e, tutrice de leurs enfans, Jean et Robert. Moitié du Courtil de Charbonères, maison, pré et cens ; 1333. — Barthelemy de Charbonères, fils de feu Jean de Charbonères. Grange de Charbonères, terres, prés, bois, garenne et mouv., 1338 : *Forez*. (*r*. 490, *p*. 209, 210 ; *r*. 492, *p*. 48 ; *r*. 493, *p*. 57 ; *r*. 494, *p*. 68.)

CHARBONNIER (Thevenin), de Nevers, à cause de sa f^e Marie, fille de Clerembaut Boyaud. Le vill. de la Valée, h. j., cens et rentes : *Moulins*, 13. 4. (*r*. 454, *p*. 19.)

CHARBONNIER (Jaquet), fils de feu Perrin Charbonnier. Une pièce de terre en la par. de Cusi, et tailles en celle de *Moulins*, 1384. (*r*. 455, *p*. 116.)

CHARBONNIER (Guill. et Philib.), frères. Dîmes, cens, rentes, et autres dev. acq. par Pierre Charbonnier, leur oncle : *Moulins*, 1506. (*r*. 452, *p*. 21 ; *r*. 453, *p*. 160.)

CHARBONNIER (Bridal), écuyer. Maison, dom. et seg. du Clos-Regnaud, par. de Lourcy : *Verneuil*, 1505. (*r*. 453, *p*. 193 ; *r*. 459, *p*. 98.)

CHARBONNIER (Nicolas-Gilbert), fils de feue Marguer. Guillerie de Laurendière. F. s. de la Mote-Champloux, par. de Chapeaux : *Bessay*, 1722. (*r*. 478, *p*. 219.)

CHARBONNIER (Anne), comme héritière de Cather. Roze, sa mère. Le terrier appel. Neureux, par. de Lurcy et de Mesaugy : *Bourb.*, 1722. (*r*. 478. *p*. 275.)

CHARBONIÈRES (Jean de), Dam., fils de feu Rauffet de Charbonières, Dam. Arr. fiefs et dr. d'aide sur les grains vendus à *Gannat*; 1377. (*r*. 458, *p*. 37.)

CHARDON (François), cons. en la Cour des Aides de Clerm.-Fer. T. s. de St Bonnet, près l'Allier ; 1669. — Jean Chardon, écuyer, son fils, et Françoise Fayol, sa f^e, aussi cons. en la même Cour ; *Idem* ; ens. le fief de la Chaud. consistant en une tour carrée, dom., moulin, cens et rentes, par. St Remi de Chargniat ; 1683, 1686 : *Riom, Usson*. (*r*. 499, *p*. 26 ; *r*. 500, *p*. 96 ; *r*. 503, *p*. 110 ; *r*. 504, *p*. 125.)

CHARDON (Françoise), v^e de Gabriel Biencourt, écuyer, Sr de Pezartz. Fief appel. la Rente de Guillotz : *Monmorillon*, 1684. (*r*. 435, *p*. 21.)

CHARDON (François-Benoît), Chev., trés. de France. T. s. de Goudole et d'Auterive-sur-Allier : *Issoire, Usson*, 1685. (*r*. 503, *p*. 487.)

CHARDONAY (Jean de), Dam. Tailles, corvées et main-mortable sur plusieurs tènemens en la par. de Cronay : *Bourb.-Lancy*, 1378. (*r*. 467, *p*. 33.)

CHAREG (Marie de), *al*. Chargère, v^e de François de Druy, écuyer, comme tutrice de leurs enfans. Le fief d'Avril-les-Loups, par. d'Aubigny : *St P.-le-Moustier*, 1726. (*r*. 481, *p*. 80.)

CHAREIL (Gilbert de), Chev., Sg. de Cordebeuf, pour lui et Uffaine de Palerne, son ép. Hôtel de Breuil-ès-Chaps les Beneguon, h. j., dom., bois, garenne, dîmes, cens et rentes : *Aysnay, Chaveroche, Moulins* ; 1451. — Blaise de Chareil, écuyer. T. s. de Cordebeuf, de Louzac et de Goyse, ès mêmes châtell. ; 1499, 1505. (*r*. 452, *p*. 170 ; *r*. 462, *p*. 310 ; *r*. 484, *p*. 8.)

CHAREIL (Michelette), Damoiselle, v^e de Gilbert de Pierrepont. T. s. de Ballene ; justice de la Grange et de Lucenay : *Belleperche*, 1505. (*r*. 453, *p*. 177.)

CHARELLE (Arsende), v^e, 1° de Pierre Ymbert, notaire, 2° de Guill. Enjubaut, cède à Richard Penery, notaire, ses dr. sur les ventes qui se font à Cognac, et vend à Pétronille Peyrerie, v^e de Jean Dohet, une rente percept. aud. Cognac : *Angoul.*, 1342, 1379. (*r*. 1405, *p*. 362, 364.)

CHARENES (Gui de), Dam. Dîmes et mouv. en la par. de Varennes-sur-Tesches : *Chaveroche*, 1301. (*r*. 468, *p*. 15.)

CHARENON (Gilbert), Sr de Lorme. F. s. des Allots, par. de Monestier-le-Comble et de Fleuriet : *Chantelle*, 1722. (*r*. 478, *p*. 307.)

CHARENTON (P. de), recon. tenir du Sire de Bourb. les bois de Veure, Cheselles et Minas, l'étang et les moulins de Traisy et arr. fiefs ; ens. la maison de Renaud Berruier, et le fief de W. de Colengi : *Germigny*, juin 1209. (*r.* 466, *p.* 100.)

CHARENTON (Pierre de), Chev. ; 1311. — Jean de Charenton, Dam. ; 1354. — Jehanet de Charenton ; Dam. ; 1357. — Pierre de Charenton, écuyer ; 1371. — Jean de Charenton, écuyer ; 1445, et son fils Claude de Charenton, écuyer ; 1478. Hôtel, t. s. de Traisy, *al.* Tresy et arr. fiefs : *Germigny.* (*r.* 465, *p.* 268, 288, 294, 336 ; *r.* 466, *p.* 58, 72.) Vassaux : Jean Grueaul, Chev. ; Guill. d'Orouer, *de Oratorio ;* Jean de Chât. - Regn., Damoiseaux.

CHARENTON (Guill. de), Dam., fils de Guill. de Charenton. Chev. ; 1311. — Odet de Charenton, *de Karentonio*, écuyer : *Armiger* ; 1354 ad 1374. — Guill. de Charenton, écuyer ; 1399, 1420. — Jean de Charenton, écuyer ; 1443, 1461. Hôtel, manoir et dép. de Cheselles ; ens. la terre de la Croix, par. de la Chapelle-Hugon : *Germigny.* (*r.* 365, *p.* 226, 260 ; *r.* 466, *p.* 1, 10, 91, 92, 96, 98 ; *r.* 1374, *p.* 2366.)

CHARENTON (Jean de), Sg. de Cheselles. Moitié de l'hôtel, t. s. de la Piarre, appel. anciennem^t Villenette : *Aisnay*.... (*r.* 463, *p.* 10.)

CHARESIEU (J. B.), de la Christinière, avocat, fils de feu noble Jean-André Charesieu, aussi av. Maison, dom. et bois tenus allodialem^t, ès par. de St Sorlin et de Mornant : *Lyon*, 1715. (*r.* 496, *p.* 218, 242.)

CHARETON, *al.* Charreton (Guill.), receveur du Duc de Bourbon, à Chât.-Chinon. Divers héritages en la par. de Couranci et à Champ-Fleur : *Chât.-Chinon*, 1404. (*r.* 470, *p.* 69 ; *r.* 1380, *p.* 3258.)

CHAREULLE (Pierre), fils de feu Jean Chareulle, à cause de sa f^e Jeanne, fille de feu Jean de la Veure. Chesal de la Veure, dom., pêche, cens et autres dev. en la par. d'Ingrande, possédés par indivis avec Jean et Marguer., frère et sœur de lad. Jeanne : *Bourb.*, 1351. (*r.* 464, *p.* 329). Non nobles.

CHARGÈRE. Voy. Sergère.

CHARISES (Pierre de), et Jeanne, son ép., paroiss. de Cordelle. Dom. et dr., *ibid.* : *Forez*, 1282. (*r.* 1395, *p.* 390.)

CHARLEMAGNE (François), écuyer, fils de Charles Charlemagne, cons. au présid. de Bourges, lequel était fils de Jean Charlemagne, Sr de Vilcomte, secrét. ordin. de la Reine ; ledit François, lieut. partic. au présid. de Bourges. Partie de dîme en la par. de Bery, et terres au ter. de Lureaux : *Mehun-sur-Y.*, 1670. Phil. Charlemagne, écuyer, son fils ; *idem* ; 1686. (*r.* 445, *p.* 98, 153, 390 ; *r.* 446, *p.* 145.)

CHARLEMAGNE (Charles), bourg. de Bourges, fils d'Urbain Charlemagne, et de Marie Facier. Le Pré-Perrin et les censives de Dellats : *Mehun-sur-Y.*, 1674. (*r.* 445, *p.* 240 ; *r.* 448, *p.* 111.)

CHARLES (Odin), Chan. de Cucy, (plutôt Cusset). Partie de la dîme de Creschy, et cens, hérités de ses père et mère : *Billy*, 1443. (*r.* 453, *p.* 263 ; *r.* 457, *p.* 9.) Non noble.

CHARLES (André), fils de Gilbert Charles, et Antoinette Neveux, sa f^e, fille de Louis Neveux. Fiefs de la Tour-Pourçain en Barrois : *Chaveroche* ; ens. de Glene, par. de Lubier, et de la Martillière, par. de Creschy : *Billy*, 1722. (r. 478, p. 186, 190, 191.)

CHARLES (Ant.), bourg. de Gueret, pour Jeanne Bourgeois, sa f^e. Le fief de Peyras, par. Ste Fayre : *Gueret*, 1724. (r. 481, p. 33.)

CHARLIER (Phil.), habitant de Monnestier, pour Jeanne Miquereaud, sa f^e. F. s. des Allots, par. de Fleuriet : *Chantelle*, 1689. (r. 475, p. 22.)

CHARLIEU (Louis de), Dam., recon. relever de la châtell. de *Semur* ; 1320. (r. 1392, p. 673.)

CHARLIEU (Alesie de), f^e de Guiguon de Châtillon de la Palud, *de Palude*, Chev. Maison, t. s. de Jarnosse : *Beaujeu*, 1400. (r. 489, p. 343.)

CHARLIN, aussi Charles (Gilbert), de Marchau. F. s. de la Martillière, dîme d'Arbayat, cens et dev., par. de Maignet : *Billy*, 1717, (r. 477, p. 473.)

CHARLOT, al. Karoli (Hugues), bourg. de Cucè (Cusset), et Cather., sa f^e, fille de Jean de Saône. Dîme de Creschy et menues rentes : *Billy*, 1390. (r. 457, p. 86.) Non noble.

CHARMEAU (Guill.) Maison située à la Rochote, par. St Symphorien de Marmagne, et plusieurs mas relev. de lui : *Beaujeu*, 1330. (r. 489, p. 257.)

CHARMEL (Guill. de). Maison, dom. et dr. ès par. de Huchon, de Charboncy et autres : *Beaujeu*, 1275. (r. 489, p. 341.)

CHARNAN (Jean), m^d tanneur à Moulins, pour lui et Françoise Jarie, sa f^e. T. s. de Vessie, par. de Treteaux : *Chaveroche*, 1697. (r. 475, p. 223.)

CHARNANT (Jean de), Dam., paroiss. de Chastel ès montagnes, *in montanis*. Redevances en bled et argent ès par. de St Loup, Varennes et Coutigny : *Verneuil*, 1342. (r. 460, p. 278.)

CHARNAU (Girard de), clerc, et Alise, sa sœur, v^e de Jean le Sage. Moulin de la Chamarande, et une terre acq. par échange, du Sire Manassey, Chev. : *Forez*, 1290. (r. 492, p. 115.)

CHARNAY (Jean de la), Dam. pour Agnès, Damoiselle, s f^e. T. s. de Lamour : *Aisnay*, 1357. (r. 467, p. 378.)

CHARNAYS (Girard de), Dam. Etang de Montpalays, appel. l'Etang de Feillenbert, et trois tènemens, dom., bois et mouv., par. de Grunnat : *Bourb.-Lancy*, 1380. (r. 467, p. 59.)

CHARNÉE (Perrin de la), fils de feu Jean de la Charnée ; Hugues, Pierre et Agnès de la Charnée, celle-ci f^e de Symonin, dit Aladame, de Maregny, vendent tant à Gui, Cte de Forez, qu'à Guill. Maréchal, Dam., le g^d étang de la Charnée, ès par. de Cressenges et de Trebent : *Forez*, 1336, 1340. (r. 1394, p. 9, 127.)

CHARNIERES (Gabriel), écuyer, donataire de Pierre Riverain, lieut. au siége royal de Beaufort, mari de Jaquine de Charnières, tante de l'avouant. T. s. de Gresigne, de Bourg-Chevereau et de Mailletière : *Baugé*, 1667. (r. 357, p. 3 ; r. 431, p. 31.)

CHARNO (Lyonard de), écuyer, Sg. des Meloises. Dom., bois, tailles, corvées et main-mortables aux finages de Buxy, par. d'Arox : *Chât.-Chinon*, 1453. (r. 470, p. 98.)

CHARON (Jean de), Chev., Sg. de la Gravelle. T. s. de Vivonne, par. de Thou : *Rochefort*, 1683, 1717. — Angélique de Charon, sa fille et hérit., v^e de Jean Concaret, écuyer, comme tutrice de leurs enfans ; *Idem* ; 1722. (r. 435, p. 17 ; r. 439, p. 91 ; r. 440, p. 62.)

CHARPENTIER (Pierre), du Haut-Rocher, fils de feu Jean Charpentier et de Charion Montelle, vend au Cte d'Angoul. diverses possessions et droits situés au Colombier et au petit Brueil : *Cognac*, 1456. (r. 1404, p. 265.)

CHARPENTIER (François et Guill.) ; ens. Guill. Maillard, pour Françoise Charpentier, sa f^e, tiennent en fief de Montfaucon, deux journaux de pré et autres objets ; 1504. (r. 332, p. 60.)

CHARPIN (Simon), écuyer, Sg. de Genestines, veuf de Germaine de la Forge, pour Gaspard, leur fils. Cens et rentes en la baron. de *Thiers* ; 1518. — Jean de Charpin, écuyer. Maison forte, t. s. de Genestines, par. St Romain : *Thiers*, 1675. (r. 472, p. 79, 87 ; r. 483, p. 72 ; r. 496. p. 75.)

CHARPINEL (Ponce), s'accorde avec Artaud, Sire de Rossillon au sujet du chât. de Valgoire ; 1235. (r. 1392, p. 760.)

CHARPINEL (Etienne et Phil.), Dam., fils de Guill. de Marzy, transigent avec Louis, Sire de Beaujeu, sur la justice du lieu et prieuré de Saules en *Beaujolois* ; 1284. (r. 1390, p. 847.)

CHARPINEL (Hugues), Chev. Maison de Charete, dîmes, justice, tailles et corvées en la par. de Cyvent, et au mandement de Noireau, par indivis avec Hugues Raybi, Chev. ; 1323. 1333. — Béatrix, sa fille ; *Idem* ; 1341 : *Forez*. (r. 490, p. 278, 279 ; r. 491, p. 107 ; r. 493, p. 100.)

CHARPINELLE (Pétronille), et Mathie, sa fille, paroiss. de St Cyr, vendent à Jean, Cte de *Forez*, une quartelée de bois à Sury-le-Bois ; 1324. (r. 1395, p. 258.)

CHARPY (Ant.) et Marguer. Ligonnet, sa f^e. Deux tiers du fief et seg. de Crochepot, acq. de Pierre Sausson, écuyer, Sr de la Vallée, et de Françoise Picauld, son ép., par. de Chastellois : *Hérisson*, 1692. 1695. — Gilbert, Jean et Christine Charpy, leurs enfans ; *Idem* ; 1711, 1717. (r. 475, p. 69, 153 ; r. 477, p. 8, 431.)

CHARPY (Jeanne), v^e de Gilbert Aubouer, laboureur. F. s. du Petit-Bigu, par. St Menoux : *Bourb.*, 1717. (r. 477, p. 366.)

CHARPY (Nicolas de), de Clapisson d'Ulin, Chev., Sg. de Roquemont, hérit. de Pierre de Clapisson d'Ulin, Sg. de Chartrette, son oncle qui l'était de Clapisson d'Ulin, cons. en la cour des aides de Paris, légataire univ. de Pierre de Clapisson d'Ulain, controll. gén. de l'artill. de France, suiv. son testam. du 3 octob., 1665. Rente noble appel. Layer et Montenard en la par. de Dargoire : *Lyon*, 1731, 1735. (r. 498, p. 59 ; r. 510, p. 48.)

CHARRASSON (Suzanne), v^e d'Etienne Piot, m^d. Deux maisons à *Lyon* ; 1721. (r. 487, p. 125.)

CHARRETON (François), Sr de Beaulieu, élu en l'Élection de Montluçon, pour Louise Marie Verrouquier, sa f^e. Fief de Lavault du Creux, par. de Deneville : *Murat*, 1711. (r. 477, p. 31.)

CHARRETON (Jeanne), v^e de Claude Michalon, boucher, fils de

Gabrielle Monnet, vᵉ d'Ant. Michalon. Maison en la rue Confort à Lyon ; 1715. — Vincent Charreton, boucher. Etal en la boucherie des Terreaux ; *ibid. ;* 1720. — Jean Charton, aussi Charreton, l'aîné, dessinateur ; J. B. Charton. mᵈ boucher, et autres enfans de Vincent Charreton. Etal en la boucherie de la Lanterne ; *ibid. ;* 1733. (*r.* 496, *p.* 206, 207 ; *r.* 497, *p.* 2, 58 ; *r.* 498, *p.* 89 ; *r.* 810. *p.* 22.)

CHARRIER (Pierre et Perrin), frères. Rentes et 8 pièces de terre en la par. de Rougeres : *Billy,* 1410. (*r.* 455, *p.* 285.)

CHARRIER (Charles). F. s. de Millaufray, par. d'Allony : *Mehun-sur-Y.,* 1646. — Ant. Charrier, son fils ; *Idem ;* 1669, 1672. (*r.* 443, *p.* 25 ; *r.* 444, *p.* 51 ; *r.* 445, *p.* 58.)

CHARRIER (Michel), Sʳ de Varennes, Chev., très. de Fr., fils d'Ant. Charrier, cons. au siége présid. d'Auvergne. Dîmes, cens et rentes ès par. de Perier, Sauvaigniat et le Broc : *Issoire,* 1669. — Guill. Charrier, écuyer, Sʳ de Varennes, son fils ; *Idem ;* 1685. (*r.* 499, *p.* 611 ; *r.* 503, *p.* 472.)

CHARRIER (Roger), lieut. gén. de police en la châtell. d'Aisnay, pour Anne Montet, sa fᵉ. Partie de la dîme de Chavennes, par. de Trinnat : *Belleperche,* 1726. (*r.* 480, *p.* 12.)

CHARRIER (Jaques), bourg. de Souvigny. T. s. de Courdin, par. de *Souvigny ;* 1736. (*r.* 481, *p.* 179.)

CHARRIERE (Jaques), mᵈ à Aubusson. Troisième partie de la dîme de Fougeraud, par. de Quinsains ; et moitié d'une autre en la même par. : *Montluçon,* 1697. (*r.* 475, *p.* 215.)

CHARROZ (Jean de), dit de Mauguibert, Chev. Hôtel, t. s. de Rue-ès-Junchereux, par. de Limoise, de Pouzy et d'Augi : *Bourb.,* 1350. (*r.* 463, *p.* 133.)

CHARRUING (Etienne de), Dam. Échange avec Guichard., Sire de Beaujeu, de divers devoirs, rentes et usages en la par. de Cous, mandement de Tisy ; 1331. (*r.* 1390, *p.* 480, 481.)

CHARRY (Clément-François de), des Gouttes, Chev., lieut. de vaisseaux. T. s. ès par. de Besson, Aurouer, Chemilly, Soupaize et Châtel-Perron : *Belleperche, Bessay, Chaveroche, Moulins, Souvigny,* 1711 *ad* 1723. — François de Charry, Chev., gentilh. de la chamb., et adjudant gén. de S. A. E. de Bavière, fils d'Ant. de Charry. Chev., capit. des vaisseaux du Roi. T. s. des Gouttes, par. de Thionne : *Chaveroche,* 1717. (*r.* 477, *p.* 15, 16, 410, 601, 603 ; *r.* 478, *p.* 343, 345.)

CHARSALA, aussi Chersala (Jocerand), Chev. Divers cens et rentes en la par. de Cordelle ; 1299. — Perronin Charsala, dal Maynils, Dam. Cens et rentes près le chât. de Sᵗ Just-en-Chavallet ; 1333. — Guill. de Charsala, Dam. Maison de Sᵗ Prix-la-Roche et dép., près l'église du même lieu, et censives en la par. de la Cordelle ; 1334. — Cather. Charsalla, sa fille, fᵉ de Guillard de Sᵗᵉ Colombe, Dam. Maison forte de Sᵗ Prix, ou Priest, de Malintré et autres dom., bois et mouv., par. de la Cordelle ; 1386 : *Forez.* (*r.* 491, *p.* 157 ; *r.* 492, *p.* 134 ; *r.* 494, *p.* 51, 106, 111 ; *r.* 1395, *p.* 371.)

CHART (Robert de), écuyer. Hôtels, dom. et seg. de Montgon

et de la tour de Tersat, par. de Bellenave et de Chirat ; *Chantelle*, 1443. (*r*. 459, *p*. 29.)

CHARTON (Gabriel-Claude), écuyer, Sr de Mauguin, pour Marie Mayet, son ép., donataire de feu Gilbert Damour, chan. de la Ste Chapelle de Bourbon. F. s. de Rozière, par. de *Bourbon ;* 1719. (*r*. 478, *p*. 15.)

CHARTRAIRE (François), Cte de Montigny et de Biere, trés. de Fr. ; Pierre-François de Fradon, écuyer ; Abraham Carré, Sg. de Dracy ; Jeanne-Elisabeth de Filquelmont et autres, tiennent en commun les chât., t. s. de Belleperche, Balmont et St Germain en Charolois : *Lyon*, 1729. (*r*. 810, *p*. 43.)

CHARTRES (Regnaut de), acquière du Roi pour le prix de 10,000 l. la terre de *Vierzon ;* 1425. (*r*. 1378, *p*. 3036.)

CHARTRES (Mathelin de), écuyer, pour Philiberte d'Anlezy, Damoiselle, sa f^e. Hôtel, motte, t. s. de Creanges : *Bourb.*, 1443. — Ant. de Chartres, écuyer ; *Idem* ; 1488. — Claude de Chartres, écuyer ; *Idem ;* 1506. (*r*. 453, *p*. 52 ; *r*. 463, *p*. 238 ; *r*. 464, *p*. 274 ; *r*. 484, *p*. 66.)

CHARUER (Guill., Etienne et Thibaut), enfans de Girald Charuec, de Villers, paroiss. de St Giran-des-Vaux, donnent à Jean Peregrin un emplacement situé à Villefranche : *Beçay*, 1379. (*r*. 455, *p*. 164.)

CHARUIERE (René de), écuyer, Sg. de la Bouchefolière, par success. de sa mère Claude Tracher, Dame de Poissonnières. Le fief de Gresigne : *Baugé*, 1609. (*r*. 353, *p*. 43.)

CHAS (Jean de), écuyer, pour Dauphine de Lyone, sa f^e, fille de feu Guiot de Lyone, écuyer. Mote, terres et prés d'Alerit, dîmes, cens et arr. fiefs : *Vichy*, 1443. (*r*. 457 *bis*, *p*. 31.)

CHASAUD (Mathieu de), fils d'Ant. de Chasaud, paroiss. de St Germain-le-Val, institue pour hérit. univ. Pierre de Chasaud, son fils : *Forez*, 1475. (*r*. 1402, *p*. 1192.)

CHASAUVERT (Jaques de), proc. du duc de Bourbon, à Montluçon. Rente en grain sur la dîme de Nassigniel. — Jean de Chasauvert, licentié ès lois. Dom. et partie de dîme ès par. d'Oulches et de Linerolles : *Hérisson*, *Montluçon*, 1501, 1512. (*r*. 461, *p*. 177 ; *r*, 484, *p*. 110.) Non nobles.

CHASAYNT (Pierre de), fils de feu Etienne Chasaynt, vend à Jean, Cte de *Forez*, les dr. et actions qui lui appartiennent sur le marché de St Germain-Laval, 1307. (*r*. 1395, *p*. 275.)

CHASELLE (Jean), et Guill. Huguet, bourg. de Moulins, le dernier comme tuteur des enfans de son frère Jean. Menus cens et tailles à la Valée et la Broce : *Moulins*, 1351. (*r*. 454, *p*. 201.)

CHASEUL (Arnoul de), Dam. Hôtel, dom., moulin de Chaseul, *de Casolio*, par. de *Billy ;* 1342. (*r*. 454, *p*. 276.)

CHASLUTZ (Jean), et Béatrix, sa f^e, paroiss. de St J. B. de Retornat, dioc. d'Annecy. Dom. et dr. au tènement d'Arcietas et autres lieux : *Forez*, 1319. (*r* 493 *bis*, *p*. 83.)

CHASOTE (Hugues de la), Chev., et Héliote, sa f^e. Grange d'Aleyron, dom., cens, rentes et autres dr., par. St Priest : *Forez*, 1292. (*r*. 492, *p*. 314.)

CHASPOUX, *al*. Chapoux (Jaques), écuyer. T. s. du Plessis-

Savary; ens. celle de Verneuil par lui nouvell. acq. : *Loches*, 1660, 1666. (*r*. 356, *p.* 105 ; *r*. 357 *p.* 53.)

CHASSAIGNE (Morin de la), paroiss. de Bar. Moitié par indivis des terres, maison, vignes, etc., situées au territ. de Garret, par. de Tresail : *Chaveroche*, 1300. (*r*. 468, *p.* 308.)

CHASSAIGNE (feu Guill. de la). Dam. Sa v⁰ Cather., tutrice de leurs enfans, tient la maison, grange, dom., bois et redevances de Chassaigne; ens. la moitié du four de Cernerie : *Forez*, 1318. (*r*. 494, *p.* 43.)

CHASSAIGNE (Guill. de la), *de Cassania*, al. *Chassanha*, Chev. Maison de la Chassagne, dom., moulin, cens, rentes et tailles, par. de Pallières et de Thiers : *Forez*, 1335, 1339. (*r*. 472, *p.* 20, 23; *r*. 492, *p.* 162.)

CHASSAIGNE (Jeanette de), Damoiselle, v⁰ de Guill. de St Nicet, Sg. de Surine. T. s. depuis la rivière de la Ridoire jusqu'à celle de la Turdine, par. de Blanzy : *Beaujeu*, 1338. (*r*. 489, *p.* 81.) Tient d'elle : Guiot de Montchambert ; présent, Perrin de Molins, Damoiseaux.

CHASSAIGNE (Florimond de la), Dam. Rentes et tailles en la par. d'Iseure : *Moulins*, 1357. (*r*. 454, *p.* 330.)

CHASSEIGNE (Guill. de la), Chev., et Blanche, sa f⁰, fille de feu Pierre Aleyne, Chev., reçu à hom. : *Auv.*, 1366. (*r*. 470, *p.* 258.)

CHASSAIGNE (Charles de la), écuyer, Sg. de Sereys. T. s. de Chomelis-le-Bas, par. *id.*, acq. du Vte de Polignac en 1669 : *Riom*, 1670, 1684. — Jaques de la Chassagne, Sg. de Sereyes ; *Idem* ; 1699. — Jean-Marie de la Chassaigne, de Sereyes, Chev. T. s. du Lac, par. de Monestier ; ens. le fief du mas de Chaumel. Et comme donataire de feu Pierre-Ant. de Floquet, les t. et seg. de St Genest-Réal, et de Terneyre, par. dudit St Genest et de St Germain l'Hérin ; 1723. (*r*. 500, *p.* 37 ; *r*. 503, *p.* 232 ; *r*. 505, *p.* 70 ; *r*. 508, *p.* 115 ; *r*. 509, *p.* 113.)

CHASSAIGNE (Hierome de la), écuyer, Sr de Rosemont. T. s. de Luthenay ; 1677. — Joseph-François de la Chassaigne, son fils. T. s. de la Vefure, ou Vefvre, par. de Luthenay : *St. Pierre le Moustiers*, 1689, 1692. (*r*. 474, *p.* 355, 745 ; *r*. 475, *p.* 7, 68.)

CHASSAIGNE (Jaques), bourg d'Arlenc, fils de Guill. Rente en directe à Malpertays, par. de Chambon : *Issoire*, 1685. (*r*. 503, *p.* 476.)

CHASSAIGNE (Jean), huissier audiencier en la châtell. d'Aisnay. Partie du fief de la Tour du Bouys, par. de Barday : *Aisnay*, 1711. (*r*. 477, *p.* 44.)

CHASSAGNE (Hélène), v⁰ de Louis Michaud, huissier. T. s. de l'Estang-Mordesson, par. de Barday : *Aisnay*, 1722. (*r*. 478, *p.* 218, 262.)

CHASSAING (Aubert du). Fiefs du Munay et du Charnay : *Cheveroche*, *Moulins*, 1488. (*r*. 484, *p.* 88.)

CHASSELOUP (Jean), m⁰ apothic., à cause de sa f⁰ Antoinette, fille de Paul de Monteil et de Jeanne de la Forest. T. s. des Seriziers, *al.* Gallevesse, ès par. de Concize et de Sillars, tenus à hom. lige, de *Monmorillon* ; 1692. Le même devenu veuf ; *Idem* ; 1698. (*r*. 435, *p.* 338 ; *r*. 436, *p.* 213.)

CHASTAING (François du), écuyer. T. s. de Beaumont : *Dorat*, 1506. (*r*. 453, *p.* 234.)

CHASTAUHIER (Benoît de). Le mas de Chastauhier, relev. de la Rocheblahon : *Forez*, 1327. (*r.* 493, *p.* 66.)

CHASTEAU, aussi Château (Guill. de), Sire de Salvete, Chev. Le vill. de la Roche, moulins, cens, tailles et cout. : *Montluçon*, 1301. (*r.* 461, *p.* 99.)

CHASTEAUL (Pierre du), écuyer. T. s. du Chasteaul, s'étendant depuis le gué de Vernay, jusqu'à la rivière de Tervent; autres dom. et dr. en diverses par. : *Belleperche, Bourb., Moulins*, 1357. (*r.* 465, *p.* 140.)

CHASTEAU (Ysabelle, aussi Ysabeau de), v°, Dame de la Charnée et du Canal. T. s. de Chaseul; ens. les étangs, cens et tailles de la Fays : *Moulins, Verneuil*, 1367. (*r.* 454, *p.* 21 ; *r.* 459, *p.* 212.)

CHATEAU (Pierre du); Dam. Hôtel, t. s. de Château, par. d'Aubigny-sur-Allier, 1375 ; et à cause de Béatrix Egrine, son ép. ; l'hôtel et seg. de Beraud-Joffroy, dom., bois et tailles, ès par. de Chât.-sur-Allier et de Mornay; 1380. — Jean de Chasteau, écuyer ; *Idem* ; ens. la terre de Varennes; 1404, 1443. — Ant. du Chasteau, écuyer. T. s. de Beraud et autres ; 1506 : *Bourb.* (*r.* 453, *p.* 205 ; *r.* 463, *p.* 99, 211 ; *r.* 464, *p.* 283, 284, 286.) Voy. Chastel, souvent confondu avec Chasteau.

CHASTEAU (Charles du), écuyer. Maison et seg. de la Prairie : *Bourb.*, 1505. (*r.* 453, *p.* 68.)

CHASTEAU (Jean), bourg. de Bort en Limousin. Cens, rentes, h. m. et b. j. sur plus. vill. en la par. de Vighon : *Riom*, 1669. (*r.* 499, *p.* 260.)

CHASTEAU (Ant.), fils d'Antoine. T. s. de Cheyssac, par. de Vebret, 1669 *ad* 1685. — Bernard Château, bourg de Bort ; *Idem* ; ens. le chât. de Rochemoux et les Issarts ; 1717, 1723 : *Riom*. (*r.* 499, *p.* 55 ; *r.* 503, *p.* 11 ; *r.* 504, *p.* 13; *r.* 507, *p.* 194 ; *r.* 508 *p.* 78.)

CHATEAU (Jean-François du), Chev., Sg. de la Cour ; 1698. — Louis du Chasteau, Chev., Sg. de la Feuillé, 1717. — Jean du Château, écuyer, Sg. des Montois ; 1722. — et François du Château ; 1723. T. s. de la Pierre et du vieil Chât. de Cerilly : *La Bruyère-l'Aubepin*. (*r.* 476, *p.* 20 ; *r.* 477, *p.* 319, 320 ; *r.* 478, *p.* 279, 419.)

CHAT.-BAUDEAU (Julien de), Chev., et Anne de Bouelles, sa f^e, fils de Charles de Chât.-Baudeau, Chev. Le fief d'Usson ; ens. la t. et seg. de St Fargeol : *Gannat*, 1669. (*r.* 499, *p.* 648.)

CHAT.-BODEAU (Sébastien de), écuyer, fils de feu René-Marie de Chât.-Bodeau, et de Susaune-Reinery. F. s. d'Anchon ou Archon, par. St Farjol : *Montluçon*, 1729. (*r.* 479, *p.* 33.)

CHASTEAU-BRIENT (Jean de), Sire de Léon, tient du chât. d'*Angers*, sa châtell. de Challain ; 1407. — Theaude de Chast.-Briend, écuyer; *Idem* ; et, à cause de Françoise Oudarde, sa f^e. La forteresse de Verrières : *Loudun*, 1450, 1476. — René de Chast.-Briend, Chev., Sg. de Longuy ; *Idem* ; 1500. (*r.* 337, *p.* 64 ; *r.* 338, *p.* 6 ; *r.* 339, *p.* 3 ; *r.* 341, *p.* 50; *r.* 346, *p.* 25 ; *r.* 348 *bis*, *p.* 19.) Vassaux : Bertrand de Beauvau ; Ant. de Clermont, Sg. de Bernezay ; Bertrand de la Jaille ; Thibaut de Montecler, bail de Jean de Montecler, fils aîné de feu Guill. de Montecler ; Jean Odart ; Jean Sanglier ; Jean de Villeneufve ; Chevaliers. Guill. de la Barre ; Jean Baudoin ; Jacquet de Bournain, écuyers. Voy. Dinan.

CHASTEGNEN (Jean de), Dam. Dom. et seg. ès par. de Vigegneulle, St Angel et autres : *Hérisson*, 1301. (*r*. 462, *p*. 139.)

CHASTEIGNER, *al*. Chastaigner (Jean du), écuyer, et Phil., sa f^e. Hôtel, dom. et seg. en la par. de Domerat : *Montluçon*, 1409. (*r*. 461, *p*. 238.)

CHASTEGNIER (Pierre du), écuyer, paroiss. de Cenquoins. Hôtel, t. s. de Fraigne ; ens. celui de la Brosse, par. de Gouzon : *Bourb*., 1456. (*r*. 461, *p*. 149 ; *r*. 465, *p*. 95.)

CHASTAIGNIER (Anne), Chev., Sg. de la Rocheposay, abbé commendataire de Beauport, pour son frère Charles de Chastaignier, Chev., Sg. d'Andilly et autres lieux, lieut. gén. au gouvernem^t du Haut-Poitou, fils aîné de Jean Chastaignier et de Diane de Fonsèque. Châtell., t. s. de la Rocheposay : *Tours*, 1664. (*r*. 356, *p*. 18.) — Polixène-Françoise, *al*. Françoise-Polixène Chastaignier de la Rocheposaye, épouse de Henry-Franç. de Rambure, *al*. d'Haremburre, Chev., Sg. de Romfort, absent du royaume pour cause de religion. Chât. herbergement et dép. appel. Charmant, en la ville de *Cognac ;* 1718 ; veuve en 1725. (*r*. 440, *p*. 1 ; *r*. 441, *p*. 30.)

CHASTEIGNER (Henri-François), Chev., Cte de St Georges. T. s. de Chincé, par. de Jaulnay ; 1668. — Joseph-Roch Chasteigner, Chev., Cte de St Georges. T. s. de la Pigeollière, de la Tousche Montouzeau, etc. ; 1669, 1687. — Louis-François Chateigner, Chev., Mis de St Georges, son fils aîné ; 1703. — Alexis Chateigner, Chev., Mis de St Georges, Sg. de Touffon, frère et hérit. de celui-ci ; 1711. — Eutrope-Alexis Chasteigner, Mis de St Georges. Mêmes possess. ; 1716 : *Fonten.-le-Comte, Maubergeon*. (*r*. 433, *p*. 154 et suiv., 197 ; *r*. 435, *p*. 212, 213 ; *r*. 437, *p*. 37, 186 ; *r*. 438, *p*. 190 et suiv.)

CHASTAIGNIER (Jean), av. en parl. et juge de Pleaux, comme mari de Paule de Biard. Tènem^t appel. les Boissières : *Riom*, 1669. (*r*. 499, *p*. 350.)

CHASTEIGNER (Nicolas), Chev. T. s. de Tenessue, par. de Maillou, *al*. Amaillou : *Maubergeon*, 1669. — Jean Chasteigner, Chev., Sg. de la Blouère, son fils aîné ; *idem*, 1675, 1686. — Jean-Charles Chasteigner, autorisé par son curateur Jaques-Phil. de Belleville, écuyer, Sg. de Richemont ; *idem*, 1715. (*r*. 433, *p*. 43, 142 ; *r*. 435, *p*. 188 ; *r*. 437, *p*. 273 ; *r*. 438, *p*. 165.)

CHASTEL (Dalmas et Pierre, de), enfans d'Etienne de Chastel, rendent hom. à Archambaud, sire de Bourbon, de ce qu'ils tiennent en la châtell. de *Décize ;* avril 1217. (*r*. 457, *p*. 68.)

CHASTEL (Jean du), Dam., et Marguer., damoiselle, son ép., envoient à Agnès, Dame de Bourbonnois leur féal Chev., Simon de Malaufroy, pour lui rendre hom. de leurs fiefs ; mai 1269. (*r*. 463, *p*. 93.)

CHASTEL (Etienne du), Dam., Sg. d'Ussel. Maison forte de Châtel, h. j., dom., dîmes, cens et rentes ès par. de Vic, Isserpan,

Breul et autres : *Billy*, 1300. — Chatard de Chastel, Chev., Sg. d'Ussel. Hôtel, t. s. de Crespin, ès par. de Cruzet, St Germain-des-Fossés et de Vic ; et du chef de Marguer., son ép., la t. et s. de Sornay, tailles et autres servitudes: *Billy, Bourb.-Lancy*, 1343 ad 1356. — Jean du Chastel, sire d'Ussel, Dam. T. s. de Crespin, de Pohent, de Lierres et arr. fiefs ; la t. et seg. de Sornay : mêmes Châtell. ; 1366, 1377. — Jaques de Chastel, ses frères et sœurs, enfans de feu Jean de Chastel, dit d'Ussel, Dam., agissant par leur tuteur Guibert du Puy, Chev., Sg. de Malomont. T. s. de Sornay, mote, garenne, bois, étang, moulin, tailles et corvées : *Bourb.-Lancy*, 1406. — Ant. du Chastel, dit d'Ussel, pour lui et Claude de Chabannes, sa mère. Maison, justice et seg. d'Ussel en Crespin, et de la Sarrée : *Billy, Moulins*, 1505. (*r.* 453, *p.* 61 ; *r.* 455, *p.* 265, 323 ; *r.* 456, *p.* 131 ; *r.* 457. *p.* 96 ; *r.* 467, *p.* 80, 82.)

CHASTEL (Guill. de), Chev., Sg. de Randan. Maison forte de Hauterive, t. s. en dép., et autres possess. en la par. de Perigny : *Billy, Verneuil*, 1300. — Guill. de Chastel, Sg. dud. lieu et de Salvert, *de Aula viridi*, pour sa f^e, Alays de la Guierche. Hôtel de Hérisson, dom., dîmes, moulin, cens, rentes et tailles en diverses par. : *Hérisson*, 1301. (*r.* 457, *p.* 179 ; *r.* 462, *p.* 201.)

CHASTEL (Jean de), Dam. T. s. des Holmées, *al.* Ormées, ès par. de Tresail et de Varennes-sur-Tesche ; *Chaveroche*, 1301. (*r.* 468, *p.* 311.)

CHASTEL (Géofroy du), curé de Domevre, *domno apro*. Droits et actions sur la terre des Ygaus, et la dîme d'un clos de vigne, près Semur en Brionnois : *Beaujeu*, 1319. (*r.* 489, *p.* 185.)

CHASTEL (Agnès, v^e de Robert du), Damoiselle. Moitié de la dîme des vignes situées au Clos du Sg. de Semur, et moitié d'une terre assise à Yguerande : *Beaujeu*, 1322. (*r.* 489, *p.* 187.)

CHASTEL (Perrin de), Dam. Manoir du Chastel, fossés, dom., bois, dîmes, cens et tailles ès par. de Cozon et d'Aubigny : *Bourb.*, 1322. (*r.* 464, *p.* 24.)

CHATEL (Jaquette, Perronelle et Jeanne du) Damoiselles. Dom. et censives en la seg. des Noyers, près Semur : *Beaujeu*, 1330. (*r.* 489, *p.* 273.)

CHATEL (feu Laurent de). Maul, sa fille, rend aveu de ses dom. et mouv. situés en la châtell. de Huchon : *Beaujeu*, 1345. (*r.* 489, *p.* 351.)

CHASTEL, aussi Chatel (Étienne de), Dam., Sg. en partie de Bocé. Maison forte, dom. et seg. de Chatel et autres possess. ès par. de St Giran-de-Vaux. Parey, St Félix et St Georges de St Porcien : *Billy, Verneuil*, 1350, 1357. Le même, comme tuteur de Jean et Audin Machebeuf, autrem^t dits de Verney. Dom. et dr. féodaux ès par. de Soytes et d'Ussel : *Chantelle, Verneuil*, 1357. (*r.* 456, *p.* 44, 134 ; *r.* 459, *p.* 55, 202 ; *r.* 460, *p.* 246, 264.)

CHATEL (Marguer. du), v^e de Perrin de Monthoret, Dam., Maison de Chambeyrat, dom. et dr. en dép. : *Chantelle*, 1352. (*r.* 458, *p.* 107.)

CHASTEL (Agnès), Dame de la Sale, *de Aula*. Dîmes et cens à Chagy, Lucenay, Tiffanges et Vernullet : *Bourb., Moulins*, 1357. (*r.* 454, *p.* 82 ; *r.* 464, *p.* 383.)

CHASTEL (Jean de), Chev., Sg. d'Olivats, pour Ysabelle de Rossillon, son ép. Hospice de Cuzy, l'étang de Mon, et plus. mas relèv. de lui : *Beaujeu*, 1363. (r. 489, p. 312.)

CHASTEL (Pierre de), Dam. Terres, prés, bois, cens, et rentes en la par. de Montellis : *Belleperche*, 1374. (r. 465, p. 199.)

CHASTEL (Pierre de), Dam., Terres, prés et cens à St Martin-des-Lacs : *Moulins*, 1375. (r. 454, p. 222.)

CHASTEL (Pierre du), écuyer. Hôtel du Chasteaul, par. d'Aubigny-sur-Allier, terres, bois, garenne, étang, moulin, tailles, etc., même par. ; témoin Phil. de Sarrie, écuyer, sire de la Vallée : *Bourb.*, 1411. (r. 465, p. 43.) Voy. Chasteau.

CHASTEL (Androdias du). F. s. de Luzillat, et le chât. de Rioux : *Riom*, 1723. (r. 508, p. 80.)

CHATEL (Gabriel du), écuyer, capit. au rég. de Bresse, pour Barbe, sa f^e, fille de Jean de la Cour. Fiefs de Lourdois-St Michel et de la Bretaudière, par. de Fresselinière : *Marche*, 1727. (r. 481. p. 87.)

CHASTELAIN (Marie), v^e d'Etienne Girard, M^d à Dun-le-Roi. Partie de censives, mouv. de *Bourges*, 1669. (r. 445, p. 43.)

CHASTEL-HENUR. Voy. *Villa-Honoris*.

CHASTELIER-BARLOT (René du). Chev., B^{on} dud. lieu, en la par. N.-D. de Courlay. La châtell. de Brillac : *Fontenay-le-Comte*, 1662. (r. 433, p. 269.)

CHASTELLAIN (Jaques de), contrôl. gén. des fin. en la général. de Moulins. T. s. d'Arizolle : *Belleperche*; 1633. (r. 474, p. 363.)

CHASTELLET (Emanuel de), écuyer, fils d'Antoine de Chastellet, écuyer. T. s. de Chastellet ; dom. noble de la Gorre, et le Réal, en la baron. de la Tour : *Riom*, 1669. (r. 499, p. 620 ; r. 502, p. 26.)

CHASTEL de Montagne (Etienne Sg. de), *Castelli de Montana*, s'avoue homme lige de Robert, sire de Bourbon, à raison du vill. de Hiceroles, et y oblige ses successeurs en la possession du Chastel de Montagne, sauf la foi due au Roi de France : *Moulins*, mars 1215. — Guill. Sg. de Chastel de Montagne, tient de Gui de Dampierre, Sg. de St Just, oncle d'Archambaud, sire de Bourbon, un fief à Paluel, vers St Porcien, se terminant à la rivière de Scioule; avril, 1245. — Jeanne de Chastel de Montaigne, v^e de Martin de Roulat, Chev. T. s. de la Bouteresse : *Moulins*, 1455. (r. 455, p. 2 ; r. 457, p. 117 ; r. 459, p. 123.)

CHASTEL ès Montagnes (n. h. sire Guill. de), *de Casto in Montanis*. Seigneurie sur plusieurs tènemens assis au même lieu : *Forez*, 1348. (r. 491, p. 247.)

CHASTEL ès Montagnes (Guill. de.) Dîmes en la par. de Breuil, *de Brolio*; bois de la Rappaz ; 4e partie du chât. de St Giran et autres possess. considérables : *Billy*, 1365, 1374. (r. 457, p. 35, 36.)

CHASTEL-MORAND (Hugues de). Fief relev. de la châtell. de Huchon : *Beaujeu*, 1360. (r. 489, p. 350.)

CHASTEL-MORAND (Jaques de). T. s. de Chastelmorand et autres : *Bourb.*, 1505. r. 452, p. 106.)

CHASTELNEUF. Voy. Châteauneuf.

CHASTEL, aussi Château-le-Perron (Guichard de), *Castro petri*, Chev. Le Châtelet de Chaster-Perron, près l'église dud. lieu ; ens. les fiefs de Lurère, Lavernoy et Châtel-Morand : *Beaujeu*, 1232, 1281. (*r*. 485, *p*. 78, 79.)

CHASTEL-LE-PERRON (le sg. de), cons. du sire de Bourbonnois. Ordonnance à l'effet de le réintégrer en la possession de la Maladrerie de la Borlière : *Chaveroche*, 1322. (*r*. 468, *p*. 93.)

CHASTEL, *al*. Château-le-Perron (Hugues de), Chev., sire de la Ferté-Chauderon, *de firmitate Calderonis*. Maison forte de Genardon ; h. m. et b. j. à Livry ; 1314, 1386. — Arnoul de Chât.-le-Perron, sire de Parise-le-Chât., Dam. Même maison forte ; t. s. de Genardon sur la Loire, en la châtell. de Semur ; 1328 : *Beaujeu, Bourbon*. (*r*. 454, *p*. 283 ; *r*. 460, *p*. 420 ; *r*. 489, *p*. 234.) — Ysabeau de Chastel-le-Perron, Dame de la Ferté-Chauderon. Maison forte de Brinon, dom., bois, cens et tailles : *Habant*, 1351. (*r*. 470, *p*. 139). V. Château-Perreux.

CHASTELLUS, Chatelus, Chatellux, etc. : *Castrum Lucii*.

CHASTELUZ (Etienne de), Chev., et Eustache, son fils, après avoir relevé de Gui de Dampierre, les vill. et dom. d'Ande et de St Pierre du Bois, les reportent désormais à Archambaud, sire de *Bourbon*, et se recon. aussi pour ses hommes liges de tout ce qu'ils tiennent depuis l'Hôpital de Fontaine-Gaulthier, le long du chemin qui va à Dreturays, delà à St Martin de l'Estrau, et revient audit Hôpital. Le fils déclare que n'ayant point encore de sceau, il se sert de celui de son père ; 1218, 1239. — Eustache, sire de Chastelluz, Chev. T. s. dans les confins des rivières de Deaume et de Berbelan, de la Croix de Tréau, le Gué de St Pierre de Laval, le Pont de la Valette, etc. ; ens, dom. et seg. vers Croset, qu'il a hérités de Jean, de Chatelluz, son oncle : *Forez*, 1261. (*r*. 455, *p*. 254, 333 ; *r*. 491, *p*. 238 ; *r*. 492, *p* 139.)

CHATELLUZ (Tachon de), Dam., et Petronille, son ép. Maison, t. s. de Malvernoy : *Forez*. 1285. (*r*. 493, *p*. 92.)

CHATELLUS (Guichard de), Chev., Sg. de Chât.-Morand. H. justice sur la terre que tiennent de lui Pierre de Vitri, Chev., et André, son frère, ès par. de St Martin de l'Estrau, de Dreyturas et autres : *Forez*, 1287 ; plus, la t. et seg. de Pierrefite, avec la dîme de Tresail : *Chaveroche*, 1300 ; et, pour Jean, son fils et de Margot *al*. Isabelle de Bretoles ; l'hôtel, t. s. de Billezeis, par. id. : *Billy*, 1300. — Isabelle, sa vᵉ, pour Jean, leur fils et Isabelle, son ép. T. s. de Chât.-Morand : *Forez*. 1304. Le même Jean. T. s. de Pierrefite ; autres dom. et dr., ès par. de Tresail. et de *Chaveroche*, 1304. — Jean, Sg. de Chastellus, Dam. Dom. et h. j. entre Arfeuille et St Bonit : *Forez*, 1343. — Guill. de Chatellus, Dam., fils de feu Jean de Chatellus, Chev., remet ès mains de Gui, Cᵗᵉ de Forez, divers cens et rentes assis près la riv. de Brevene, et en la par. de Tavent, pour en investir Guill. de Châtel-ès-Montagnes, et Henri d'Isserpent, Chev. ; 1348. — N. Chatelus, Sg. de Châtel-Morand, Chev. H. j. t. s. en la par. de Ternant : *Montagu*, 1350. — Hugues de Chastellus, Chev., Sg. de Chât.-Morand, pour lui et ses enfans Guichard, Béatrix et Jean. Moitié des t. et s. de Ramon, Sanceaux et Luigny : *Aisnay*. 1366. (*r*. 456, *p*. 92 ; *r*. 462, *p*. 362 ; *r*. 468,

p. 23, 287 ; r. 469, p. 102; r. 492, p. 92 ; r. 493 bis, p. 54, 77 ; r. 1395, p. 276, 299.)

CHATELLUZ (Durand de), Dam. Maison, t. s. de Champlong, près Villerese : *Forez*, 1328. (r. 491, p. 176.)

CHATELUS (Tachon de), Chev. Le tènement de Prades, *de Pradis*, par. de Seele, dioc. de Clerm., dom. et dr. en dép. ; présens Jean de Genat et Hugues de Villart, Damoiseaux : *Thiers*, 1331. (r. 472, p. 60.)

CHASTELLUZ (Aymon de), Dam., Sg. de Boisverd, *Boscoviridi*. Maison de Pengut, et mouv. sur divers tènemens ès par. d'Arfeuille et de Laval : *Forez*, 1335 (r. 495, p. 52.)

CHATELUS (Guichard, Guill. et Jocerand de), frères. Maison forte, t. s. du Verdier ou Verger, *de Viridario, de Virgulto*, par. d'Arfeuille, de St Bonit et de St Pierre de Laval ; 1335. — Guichard de Chatelutz, Dam. Sg. du Verdier, vend à Gui, Cte de *Forez*, la troisième partie du bois de Volons qu'il partageoit avec Guill. et Jocerand, ses frères, par. d'Arfeuille ; 1343. (r. 1395, p. 162.)

CHATELUS (Eustache de), Chev. Moitié de la t. et seg. du Verger, *de Virgulto*, par. d'Arfeuille : *Forez*, 1337. — Jean de Chateluz, Dam., son fils. Serment de fidél. et prom. d'aveu au Sire de *Beaujeu* ; 1339. (r. 489, p. 127 ; r. 490, p. 265.)

CHASTELLUS (Guill. de), Dam. Cens, rentes et tailles ès par. d'Estrechy et de Barberie : *Chantelle*. 1349, 1357. (r. 458, p. 187, 209.)

CHATELLUD (Pierre de), autrement dit Plotard de Mauvert, *Maloverneto*, Chev., et Marguer. de Valeres, son ép. vendent à Gui, Cte de *Forez*, leurs cens et rentes percept. en la par. de Torzy, dioc. de Clerm. ; 1285. (r. 1394 ; p. 33.) — Plotard, Sire de Chateluz, Chev., et Marguer. de Valieres, son ép. Hôtel fort de la motte de Valieres, dom. et h. j. : *Billy*, 1352. (r. 455, p. 308.) Na. S'il y a identité de personnes, 67 ans de mariage est chose possible, mais bien peu commune.

CHASTELLUZ (Jean de), Chev. T. s. h. j. de Chastellux : *Billy*, 1352. (r. 457, p. 52.)

CHATELUS (Jean de), Dam. pour Alise de Sauzet, son ép. Cens, tailles et rentes ès par. d'Ingrande et Estrossat : *Bourb., Chantelle*, 1357. (r. 464, p. 263.)

CHASTELUS (Jean de), Chev. Sg. de Mauvernet, *Maloverneto*, hérit. univ. de feu Girbert Domas, Dam., Sg. de la Couldre, vend cette succession à Perrin du Chastel, Dam. Sg. d'Ussel : *Bourb.*, 1385. (r. 1360, p. 825.)

CHASTELLUS (Jean de), écuyer, Sg. dud. lieu. Hôtel fort et seg. de Chasteney ; ens. celui de Marcilly, *al.* Martillet ; autres possess. et dr. : *Beçay, Billy, Chantelle, Verneuil*, 1443, ad. 1453. (r. 458, p. 184, 193, 195 ; r. 459, p. 235.)

CHASTELLUS (Jean de), écuyer, Sg. dud. lieu. Hôtel, dom. et seg. au Chambon ; ens. celui du Plex, dom. etc., par. de Bayet ; présent Jaquet de l'Espinace, écuyer : *Beçay, Billy. Estole, Souvigny*, 1452. (r. 455, p. 145 ; r. 456, p. 145 ; r. 467, p. 138 ; r. 469, p. 56.)

CHASTELUS (Jean de), bourg. de Roanne. Maison forte tombée en ruines, appel. de Praïer, jardin, prés, vignes. verger; ens. une rente noble acq. du Mis de Rebbé, en la par. de Lentigny : *Forez*, 1674. (r. 495, p. 161.)

CHASTENET (François du), écuyer, Sr du Liege, et Henri du Chastenet, écuyer, Sr de Quinsac, son frère. F. s. de Soubrebolots ; 1683. — Charles du Chatenet, écuyer. F. s. des Fours, de la Cigongue et Boisserolle; 1709. — Henri-Salomon du Chatenet, écuyer; *Idem* ; 1716 : *Chizaie, Maubergeon*. (r. 435, p. 119 ; r. 437, p. 162 ; r. 438, p. 152.)

CHASTENEY (Guill. de), autrement dit de Montfan, *de Montefano*, Chev. Dom., cens, rentes et tailles ès par. d'Ussel, Fourelles et Fleuriet : *Chantelle*, 1321. (r. 458, p. 183.)

CHASTENOY (Simonin). Fief lige en la par. de Mailmet : *Billy*, 1300. (r. 457, p. 156.)

CHASTENOIS (Guill.), Dam. Maison de Tesche, par. de Tresail : *Chaveroche*, 1366. (r. 468, p. 150.)

CHASTENOYS (Jean), Dam. Sixième partie de la dîme de Fontquartaul, qui est partagée avec le Sire Guill. de Bourbon et le curé de Chaveroche ; 1378. — Jean Chastenoys, Dam. Hôtel de la Broce, dom. et seig. en la par. de Sulli : *Billy*, 1378. (r. 456, p. 178 ; r. 468, p. 354.)

CHASTILLON, aussi Chatillon (Hugues de), *de Castellione*, Sg. de Scole ; Aalis, son ép. et Géofroy, leur fils, tiennent d'Archambaud, Sire de Bourbon, tout ce qu'ils possèdent audelà de l'Allier, vers Beçay et Billy : *Chantelle, Moulins*, 1227. (r. 471, p. 53.)

CHASTILLON (Hugues de), Sire de Jaligny, *Jalegniaci*, et Isabelle son ép., fille de Guill. de Merlot. Hôtel, t. s. de Billezeis, tenus d'Archambaud, Sire de Bourbon : *Billy*, 1234. (r. 455, p. 330, 368; r. 456, p. 104 ; r. 463, p. 94.)

CHATILLON (Gauthier de), Sire de St Aignan en Berri. Assignation de part d'héritage à sa sœur, Yolande de Châtillon, f^e d'Archambaud, Sire de Bourbon ; 1248. (r. 1369, p. 1666.)

CHASTILLON (Gauthier de), Dam. Dom. et dr. en la châtell. de Toissey (Dombes) : *Beaujeu*, 1274. (r. 488, p, 56.) — Gauthier de Châtillon, Connét. de France, s'engage à payer 8000 l. de dot pour le mariage de Marie sa fille avec Guichard de Beaujeu; janv. 1308. (r. 1389, p. 253.)

CHATILLON (Berard de), dit Garnerens, Dom., donne à connoître que Pierre de la Forest vend à Ysabelle, Dame de *Beaujeu*, un pré et ses dép. en la par. de Monteuz ; 1284. (r. 1389, p. 378.)

CHATILLON (Girard de), Chev., à cause de son mariage avec la fille aînée de Louis, Cte de Clermont, Sire de Bourbon, reçoit de celui-ci 400 livres de terre à placer sur la châtell. de *Beçay* ; 10 mars 1317. (r. 1401, p. 1129.) — Gérard de Chastillon, Chev., Sire de la Roche de Milay. Traité de mariage entre Blanche, sa fille, et Erars d'Arcies, Sire de Chasteñay et de Pisy ; il donne en dot à sa fille la maison forte de Pooix, t. s. en dep. au ressort de Moulins-Engilbert : *Nivernois*, 1330. (r. 1377, p. 2916.)

CHATILLON (Jean de), Sg. de Griferi. Partie du terrage et du bois de Vallayauz vers St Bonit et Crozet ; 1322. — Hugonin de Chastillon, Sg. de Griseys. Dom., cens, rentes et autres dr. ès mandemens de Croset et de St Habund ; 1335. (*r.* 491, *p.* 126 ; *r.* 492, *p.* 102.)

CHATILLON (Humbert de), sacriste de St Just de Lyon, vend plusieurs menus cens à Edouard, Sire de *Beaujeu ;* 1345. (*r.* 1389, *p.* 377.)

CHASTILLON (Jeanne de), Dame de Chât.-Neuf et de la Palice, ép. de Louis de Culant, Amiral de France, vend au Duc de *Bourbon* la terre et châtell. de la Palice ; 1427. (*r.* 1355, *p.* 20 ; *r.* 1377, *p.* 2853.)

CHASTILLON (Jaques de), Chev., Sg. de Dampierre, et Jeanne de Ravel, son ép., vᵉ de François d'Aubrichcourt. Terre et châtell. d'Escole donnée en forme de douaire à lad. Dame par le Duc de Bourbon, moitié lors de son premier, l'autre lors de son second mariage, pour en jouir sa vie durant ; 1432. (*r.* 1374, *p.* 2393.)

CHASTILLON (Jean de), écuyer, Sg. de la Greve. Baronnies de Moncontour, de Marnes, de Bouville en Gatinois, et de Bouillé, mouv. tant de *Saumur*, qu'immédiatement de la Couronne ; 1484, 1501. (*r.* 348 *bis*, *p.* 16 ; *r.* 351. *p.* 70, 81.) — Claude de Chastillon, écuyer, et Charles de Chastillon, écuyer, son fils. Mêmes baronnies ; 1550, 1590. — Gilles de Chastillon, Chev., Sʳ de Boisrogues, fils de Claude de Chastillon et de Renée Sanglier. Droit de minage en la ville de Loudun, et métairie de Boisfolet ; 1596. — André de Chastillon, Chev., Sg. d'Argenton, fils de Gilles de Chastillon, agissant par Urbain d'Archambaut, écuyer, Sʳ de la Marsaudière. T. s. du Boisrogues, par. de Rossay ; 1666. — Claude-Elzeard, Cᵗᵉ de Chastillon, Bᵒⁿ d'Argentan, fils et seul héritier de feu François de Chastillon, par. success. de Charlotte-Elisabeth de Chastillon, Dame de Montesson, fille d'André de Chastillon. T. s. de Boisrogues ; 1669. Le même, mestre de camp ; 1680 : *Loudun*. (*r.* 351, *p.* 50, 81, 91 ; *r.* 357, *p.* 42 ; *r.* 405, *p.* 41 ; *r.* 425, *p.* 55.)

CHASTILLON (Louise de), vᵉ en premières noces de Charles d'Apchon. T. s. de la Jaille ; ens. les fiefs de Bois-Gourmont, Renton et Preaux, à elle délaissés par Jaques d'Apchon, en indemnité de ses deniers dotaux : *Loudun*, 1613. (*r.* 354, *p.* 107.)

CHASTILLON (Etienne), docteur en médecine. Moulin sur la rivière de Barangon, terres et prés en dép., appel. d'Auterive, par. de Vouzeron : *Mehun-sur-Y.*, 1672. — Simon Chastillon, mᵈ, son fils ; *Idem ;* 1706. (*r.* 444, *p.* 56 ; *r.* 445, *p.* 200 ; *r.* 448, *p.* 137, 141.)

CHASTILLON (Annet de), écuyer. T. s. de Montarboux, de Palloigneu et de Chorignieu, par. de Saulmain ; *Forez*, 1674. (*r.* 496, *p.* 47.)

CHASTILLON (Marie de), vᵉ de Joseph d'Angennes, Chev., Mⁱˢ de Pougny, mère et tutrice de Marguer. leur fille. F. s. de Concressault : *Bourges*, 1687. — Alexis-Henri de Chastillon, Chev. des Ordres, à cause de Marie-Rosalie de Brouilly de Pierine, son ép., héritière de Charles, Cᵗᵉ d'Angennes, son cousin. Même f. et seg. de Concressault ; 1712. (*r.* 446, *p.* 151 ; *r.* 449, *p.* 91.)

CHASTON (Jean). Sergenterie fayée à *Baugé ;* 1507. (*r.* 348, *p.* 37.)

CHASTOT (Etienne de). T. s. du Chastot, et en partie celle de Bocé : *Billy*, 1352 (*r*. 455, *p*. 319.)

CHASTRE, aussi Chatre (Ysabeau de la). Maison, t. s. de Perrolle, par. de Valligny et de Barday : *Ainay*, 1301. (*r*. 463, *p*. 51.)

CHATRE (Jeanne de), veuve. Moitié du four de Grevoys, et 2 parts d'une pièce de bois appel. le bois de Montmean : *Habant*, 1350. (*r*. 470, *p*. 176.) Voy. Plesse, *an*. 1356.

CHASTRE (Archambaud de la), Chev. Sa v^e, Marguer. de Mehun, Dame de la Roche. Hôtel et manoir de la Roche en la par. de St Laurins-sur-Barenjon : *Mehun-sur-Y.*, 1365. (Anc. hom. de France, t. 1, cotte 529.)

CHATRE (Guill. de la), Chev. Droit d'usage en la forêt de Tronçay, pour le service de son hôtel de Poiseox ou Priseox : *Hérisson*, 1378. (*r*. 461, *p*. 268.)

CHASTRE (Helyon de la), écuyer, Sg. de Brueillebault. Hôtel, mote, fossés, dom., justice et seg. de Marcy, et arr. fiefs : *Germigny*, 1497. (*r*. 466, *p*. 64 ; *r*. 484. *p*. 83.)

CHASTRE (Henri de la), Cte du Bouchaige, pour lui et Gabrielle de Barthenay, sa mère ; ens. Françoise de Barthenay, sa tante. T. s. de Nançay, et de Baussay en partie : *Loches, Loudun*, 1605. (*r*. 352, *p*. 87, 88.)

CHASTRE (feu Louis, Mis de la) Chev., Cte de Nançay, gouverneur des chât. et ville de Bapaume. Sa v^e Charlotte d'Hardoncourt, rend hom. de la seg. de Neufvy-sur-Barenjon ; ens. du fief de Chantaloup, dit la garenne, sis en Soloyne : *Mehun-s.-Y.*, 1671, 1683. (*r*. 445, *p*. 169, 181, 433.)

CHASTRE (Louis de la), écuyer, Sr de Laré, veuf de Gabrielle de Muzard, fille de feu Claude de Muzard, écuyer, Sr de Sauzelle et de Forges, tant pour leur fils que pour Cather. de Muzard, fille aînée dud. Claude, v^e du Sr de Montmorency, Chev., Sr de Neufvy-Paillou. T. s. de Sauzelle et de Forges : *Maubergeon*, 1692. (*r*. 435, *p*. 336, 337.)

CHASTRE (Jaques de la), Chev. F. s. de Sauzelle et de la Roche-Blusson, par. de Leigne ; 1699. Sa v^e, Marie-Philippe, comme ayant la garde noble de Louis, Charles et Marie de la Chastre, leurs enfans ; *idem : Maubergeon*, 1712, 1717. (*r*. 436, *p*. 294 ; *r*. 437, *p*. 228 ; *r*. 438, *p*. 287). Elle signe Phelipe.

CHASTRE (Phil. de la), S^r de l'Herbé, dem. à Issoudun, comme Mari d'Anne, al. Jeanne de l'Estang, héritière d'Anne-Marie Augier, sa mère, fille unique de Gilles Augier, écuyer, Sg. du Coteau. F. s. de Senay, par. de Preuilly-sur-Cher ; 1703. Le même, comme tuteur de leurs enfans François, écolier en l'Université de Bourges, Guillaume, Marie et Magdeleine de la Chastre ; *idem*, 1715, 1718 : *Vierzon*. (*r*. 448, *p*. 59, 122 ; *r*. 449, *p*. 193, 265 ; *r*. 450, *p*. 18.)

CHASTRE (Louis, Mis de la), Cte de Nançay, lieut. gén. des armées. Droit de foire et de marché au bourg de Neufvy-sur-Barenjon : *Mehun-s.-Y.*, 1719 ; ens. et stipulant pour lui son fils Charles-Louis de la Chastre, Chev. ; les baronnies de la Roche-Simon, la Flèche et de Varennes-l'Enfant : *Mans* ; plus, la châtell. de Poillé :

Chât.-du-Loir; la t. et seg. de Champfreau : *Saumur ;* le tout du chef de sa f⁰ Anne-Charlotte de Beaumanoir ; 1724. Charles-Louis de la Chastre, leur fils, Chev., gouverneur survivancier du chât. de Salins ; *Idem ;* 1727. — Charles-Louis de la Chastre, son fils mineur de onze ans, et de sa v⁰ Marie-Élisabeth Nicolas, *Idem ;* ens. la terre de Bonne-Fontaine ; 1737. (*r.* 426, *p.* 22, 35, 72 ; *r.* 450, *p.* 64.) Voy. Pellerin.

CHASTRE (Gabriel), sabotier. Maison sise au bourg de Reuilly, tenue à plein fief d'*Issoudun ;* 1708. (*r.* 448, *p.* 160.)

CHASTRY (Vincent), fils aîné de René Chastry et de Vincente de la Fouchardière. F. s. de Mousseaux, par St Secondin : *Civray,* 1703, 1716. (*r.* 437 *p.* 80 ; *r.* 438, *p.* 64.)

CHASUYL (Arnoul de), Dam. Terres, cens et arr. fiefs ès par. de Long-Lac, *Longo-Lacu* et de *Billy ;* 1301. (*r.* 455, *p.* 273.)

CHATANAY (Jean de), al. de Braycal, et Cather., son ép. Dîmes, cens, rentes, et la baillie de Tissat, par. de Bruymart, Chirat et *Chantelle ;* 1300. (*r.* 459, *p.* 51.) Non noble.

CHATARD, *al.* Chatart (Marguer., v⁰ de Géofroi), Dam. Maison et dép. à Varennes, et mouv. ès par. de St Victor, Verney, Malicorne et St Angel : *Hérisson,* 1301. (*r.* 461, *p.* 15.)

CHATART (Perrin, Mathieu, Jean et Guill.), Dam., frères. Dom. et seg. ès par. de Neuville, St Genez et St Angel : *Hérisson,* 1310. (*r.* 462, *p.* 116. — Guill. Chatart, Dam. Hôtel, t. s. de Varennes, par. St Victor ; ens. la terre et sg. des Escurades, par. de Neuville, de Villebrete et autres : *Hérisson, Montluçno,* 1350. (*r.* 461, *p.* 257; *r.* 462, *p.* 31, 227.)

CHATARD (Jaques), bourg. de Cuci. Cens et rentes en la par. de Vic : *Billy,* 1443. (*r.* 455, *p.* 295.)

CHATEAUFORT (Guill. de), Chev., et Henri de Velont. Dîmes et fiefs ès par. de Chanise, de Varennes, de St Sene et autres ; 1319, (*r.* 432, *p.* 67.)

CHATEAU-MORAND (feu Guichard de). Sa v⁰ Johanete, tutrice de leur fils. T. s. de Chât.-Morand, ès par. de St Pierre de Laval, de Durbise et autres : *Forez,* 1329. (*r.* 494, *p.* 70.)

CHATEAU NEUF, aussi Chastel Neuf (Jocelin, Sire de), s'avoue homme lige d'Archambaud, Sire de Bourb., à raison de 50 liv. mon. de Savigny, de revenu annuel, qu'il lui a assigné sur sa ferme de Montluçon ; déc. 1242. (*r.* 461, *p.* 224.)

CHAT. NEUF (Ponce de), Dam., vend à Etienne Vermeil, médecin, ses cens et rentes de Dinhac relev. de Guigues, Sg. de la Roche : *Forez,* 1254. (*r.* 1397, *p.* 610.)

CHAT. NEUF (Damase de), et Stella, sa f⁰, vendent à l'év. de Perpignan leur chât. et vill. de Rosa, relev. du roi de Majorque, Sg. de Roussillon et de Montpellier ; 1294. (*r.* 334, *p.* 48.)

CHAT. NEUF (Guill., Sire de), Dam. Dom. et mouv. dans les mandemens de la Roche d'Arcias et de Maliverias ; 1311 ; accord entre lui et Guigue de la Roche, son Sg. immédiat, sur la justice de Chât. Neuf ; 1317. — Hugues et Guill. de Chât. Neuf, Dam., fils de feu Guill. de Château Neuf. Mouvances sur divers tènemens au mandement de la Roche ; 1325 : *Forez.* (*r.* 493 *bis, p.* 81, 82, 89 ; *r.* 494, *p.* 14.)

CHAT. NEUF (Girard de), Chev. Hom. à Jean de Chât. Vilain, Sg. de Luzy, de divers cens et dev. en la par. de Blanzy, aussi Blangis ; 1322. — Jean de Chastelneuf, Chev., Sg. de Monay, F. s. ès vill. de Blangis, Monceau et autres ; 1334. — Jean de Châteauneuf, Chev., Dom., tailles et autres dev. en la par. de Blangi, tenus de Guichard de Beaujeu, Sg. de Perrines, Chev. ; 1355. — Jean de Chastelneuf. F. s. de Blanzey ; 1357. — Jean, Sire de Chastelneuf, vend au duc de Bourbon la terre de Germigny, moyennant 2500 florins ; 1366 : *Beaujeu, Bourb., Semur en Brionnois.* (*r.* 466, *p.* 116, 130, 136 ; *r.* 1356, *p.* 220, *r.* 1377, *p.* 2944.)

CHAT. NEUF (Armand de), Dam., transige avec Garin de Chât. Neuf, Sg. d'Apchon, au sujet de la justice sur les possess. de l'église de Cerries en la châtell. de Montbrun : *Carlat,* 1324. (*r.* 473, *p.* 86.)

CHAT. NEUF (Maragde de), v^e de Bertrand de Rota, tutrice d'Armand, Marguer. et Walburge, leurs enfans. Chât., t. s. de Montpilleu et de Rota : *Forez,* 1333. (*r.* 492, *p.* 133.)

CHAT. NEUF (Thomas et Pierre de). Maison sise au bourg de Noireau, *Nigre unde,* avec deux vignes ; 1334. — Michel de Chât. Neuf. Maison à Noireau, héritée de Pierre de Chât. Neuf, son frère ; 1338. — Jean de Chât. Neuf, clerc en la Cour du Forez. Vigne à Noireau, 1338 : *Forez.* (*r.* 491, *p.* 139 ; *r.* 493 *bis, p.* 53 ; *r.* 494, *p.* 53.)

CHAT. NEUF (Galhard de), Dam., du dioc. de Grenoble. Mouvance sur divers mas : *Carlat,* 1355. (*r.* 473, *p.* 148.)

CHAT. NEUF (Cather. de), Dame de la Couldre, *de Codra,* v^e d'Aymon du Mas, *de Maso,* Chev., tutrice de Gerbert, leur fils. Hôtel, t. s. de la Couldre, du Mas et de la Mote ; ens. le péage de Moulins, par. de Louroux et autres : *Bourb., Herisson, Montluçon, Moulins Verneuil,* 1367. (*r.* 432, *p.* 43 ; *r.* 457, *p.* 246 ; *r.* 459, *p.* 109 ; *r.* 461, *p.* 205, 228 ; *r.* 464, *p.* 221.)

CHAT. NEUF (Gainon, Sire de) et de Laignet, donataire de Jean de la Bruyère et d'Ysabelle, son ép. Maison, grange, dom. et mouv. assis vers Chazalet, au mandem^t de St Bonit : *Forez,* 1400. (*r.* 494, *p.* 100.)

CHASTEL NEUF, aussi Chât. Neuf (Dinet de), Chev., Sg. de Perebonne, *al.* Pierrebonne, et Jeanne de Laye, sa f^e. Hôtel fort, t. s. d'Issart, cens, tailles, dîmes et arr. fiefs ès chatell. de *Billy, Bourb., Moulins, Souvigny, Verneuil* ; 1414, (*r.* 454, *p.* 68, *r.* 455, *p.* 289 ; *r.* 460, *p.* 181 ; *r.* 465, *p.* 58 ; *r.* 467, *p.* 109.)

CHASTELNEUF (Dinet de), Sg. de Pierrebonne et d'Issart, veuf de Marguer. d'Avenères, comme tuteur de leurs enfans, Guill. et Alips. Hôtel, t. s. du Montet, péage de Chantelle-la-Vieille, et moitié de la t. et s. de Donezon ; 1417. — Guill. de Chastel Neuf, aussi Chât. Neuf, Chev., Sg. de Pierrebonne, *al.* Pierrebrune. Chât. fort, t. s. de Montet, par. de Bellenave ou Bellevane ; ens. partie de rentes et dîmes par indivis avec Marguer. de Neuville, f^e de Remond de Rochedragon, Chev. ; 1449 : *Chantelle, Murat.* (*r.* 459, *p.* 14,

15 ; *r*. 460, *p*. 15 ; *r*. 461, *p*. 77.) — Guill. de Chastelneuf, Chev., Sg. de Pierrebrune. F. s. de Buxière, et partie de celui de Maleret; la dîme des Chevaliers et partie de celle de St Christophe ; ens. l'étang de Passat. *Herisson, Montluçon*, 1452. (*r*. 461, *p*. 111, *r*. 462, *p*. 6.)

CHAT. NEUF (Guill. de), écuyer, Sg. de Rochebone. Chàt., t. s. de Leignat, à lui échus par le décès de Claude de Chât. Neuf, son oncle, chan. de la cathédrale de Rodès : *Forez*, 1485. (*r*. 492, *p*. 73.)

CHAST. NEUF (Louis de), Chev., âgé de 90 ans, Sg. de Marcillat, près Ebreul, et Pierre de Chastelneuf, son fils. Dîme d'Escolle, cens et rentes en la baron. d'Usson : *Auv.*, 1493. (*r*. 471, *p*. 194.)

CHASTEAUNEUF (Jacques de), Chev., Sg. de Pierrelevée, gouverneur des chât. et ville de Niort. Mairie héréditaire dud. lieu de *Niort ;* 1697, 1716. (*r*. 436 ; *p*. 68 ; *r*. 438, *p*. 181.)

CHAST. NEUF (Marguer. de), v^e d'Éléonor de Gosse. F. s. d'Ardin, par. *id. ; Partenay*, 1699. (*r*. 436 : *p*. 318, 319.)

CHAT. NEUF (Charles de), écuyer, Sg. de la Planche, capit. de dragons, à cause de Marie Raymond, sa mère. T. s. de la Vaillette, par. St. Pierre de l'Isle : *Aunay*, 1719. (*r*. 438, *p*. 389.) Signe Chasteauneuf.

CHAT. PERREUX (Guichard), le jeune, Sg. de la Ferté-Chauderon et de St Paris, Chev., et Ysabelle, son ép., vendent à Jean, Cte de *Forez*, la moitié du chât. de Rodenne ou Rouanne ; 1290. (*r*. 1394, *p*. 104.)

CHAT. REGNAUT (Pierre de). Rente sur le chesau et moulin apparten. aux enfans de feu Regnaut Toreaul, par. de Beçay ; ens. une dîme et cens à Tornecey : *Aisnay*, 1300. (*r*. 463, *p*. 68.)

CHAT. REGNAUD (Jean de), et Jean Galioz, gendre de la Ragote. Maison tenue à cens perpétuel, située à *Germigny ;* 1337. (*r*. 465, *p*. 332.)

CHAT. REGNAUD (Jean de), Dam., et Agnès, sa f^e, fille de feu Guill. Fabre. Hôtel. f. s. de Buxières, *de Buxeriis*, par. de Francesches ; 1355 — Jean de Chât. Regnaud, écuyer ; *Idem;* 1443. — Pierre de Chast. Regnault, écuyer ; *Idem ;* 1506, 1511 : *Bourb.* (*r*. 453, *p*. 207 ; *r*. 463, *p*. 81, 204, 226, 276.)

CHAT. REGNAUD (Jean de), Dam. Quatrième partie de la terre de Brocas, par. de Pozay, *al*. Poisy ; ens. un chesal tenu de lui, 18 boisselées de terre et un pré : *Bourb., Germigny*, 1355. (*r*. 464, *p*. 59 ; *r*. 466, *p*. 76.)

CHASTEL REGNAUT (Guill. de), écuyer. Chesauls, dom., bois, rentes et tailles, ès par. de Changy, de Francesches, Buxières et Poisy : *Germigny :* 1385. — Guill. de Chât. Regnaut, écuyer ; *Idem ;* 1398. (*r*. 464, *p*. 294 ; *r*. 466, *p*. 66.)

CHASTEAU VERD (Jean et François), tant pour eux que pour les autres habitants du vill. de Fressignan. Les fiefs de leur village : *H.-Marche*, 1669. (*r*. 474, *p*. 199.)

CHATEAU VILAIN (Jean), Sg. de Luzy, acquerre de divers particuliers un moulin et étang assis à *Bourb.-Lancy ;* 1266. (*r*. 1378, *p*. 2786.)

CHAT. VILAIÑ (Jean de), Sire de Semur en Brionnois. Accord avec le prieur de Marcigny, au dioc. d'Autun; 1290. (r. 1388, p. 33.)

CHAT. VILLAIN (Jean de), Chev., Sg. de Luzy. Traité de mar. entre lui et Cather. de Beaujeu, sœur de Guichard, Sire de Beaujeu, enfans de Louis et d'Eléonore de Savoye : dot, 9000 l. tour.; 1305 ; dont il reconnaît avoir touché le restant en 1320; en la même année, il donne Jeanne, sa fille, en mariage à Guichard, Sire de Beaujeu (c'était sa 3me fe) ; celle-ci quitte à Édouard, Sire de Beaujeu, tout ce que lui avait donné son mari, s'accorde avec Jean de Chât. Vilain, son frère au sujet de la success. de leur père ; 1339 ; et transige avec Marie du Tyl, Dame de Beaujeu, fe d'Édouard, tutrice d'Ant. leur fils, ens. Guill. des Loges et Jean Ducis, bourg. de Beaujeu, sur les péages de Belleville et de Villefranche; 1351. (r. 1367, p. 1526 ; r. 1377, p. 2915, 2937 ; r. 1385, p. 11 ; r. 1389, p. 146, 152, 262.)

CHAT. VILLAIN (Jean de), et Jeanne, son ép., en considération du mariage de Guion, leur fils, avec Ysabelle de Jaligny, lui donnent pour en jouir après leur décès, des terres et châtell.; puis, par disposition testamentaire, ils font le partage de leur succession et ordonnent des substitutions à l'égard de leurs enfans, Simon l'aîné, époux de Marie, fille du Cte de Flandre (Gui de Dampierre), de Jean, clerc, d'Aalis, et des hoirs dud. Guion; 1384. (r. 1377, p. 2913, 2914, 2923.)

CHAT. VILAIN (Jean de), Dam., Sg. de Luzy, et son ép. Marie de Chatillon, fille de feu Henri de Chatillon, Dam. Transport à eux fait par Gui de Bourbon (fils naturel de Louis I, sire de Bourbon), Chev., Sg. de Cluys, *Classiaco*, et de la Ferté Chauderon, de différentes terres; 1341. (r. 1377, p. 2928.)

CHAT. VILAIN (Guill. de), cons. du Roi, archid. de Bayeux, recon. avoir reçu de noble Dame Jeanne de *Chât. Vilain*, Dame de Beaujeu, la somme de 140 l. ; 1341; et convient avec elle qu'il retiendra, sa vie durant, la seg. de Vaux-la-Comtesse; celle de Lay demeurant à lad. Dame ; 1344. (r. 1367, p. 1531 ; r. 1388, p. 10.)

CHAT. VILAIN (Jean de), Sire de Luzy et de Bourb.-Lancy, rend hom. au Duc de Bourgogne, et lui vend ses terres de Blay en Ampoys ; ens. une rente sur le péage de *Moulins*; 1344, 1351 ; (r. 1355, p. 87 ; r. 1377, p. 2971.)

CHATEGNOL (Jean de), Dam. T. s. ès par. de Blanzat, St Marcel et Essartines : *Montluçon*, 1301. (r. 464, p. 103.)

CHATELAR (Roger de), Dam. Hôtel de Secolier, par. de Champs, et divers cens : *Gannat*, 1322. (r. 357 bis, p. 130.)

CHATERGNAC (Aynaud de), Dam. Hôtel, t. s. de Santes et de la Forest, par. d'Eschaztières : *Chantelle*, 1301. (r. 458, p. 113.)

CHATON (Jean) de Crouset le vieil. Menus cens. quelques pièces de terre et dr. d'usage dans le bois de Metz : *Billy*, 1411. (r. 456, p. 161.) Non noble.

CHATONIER (Jean), md, à cause de sa fe, Maronne Chaulhaguet. Moulin allodial · St *Flour*, 1670. (r. 499, p. 756.)

CHAU (Helyon de), écuyer, Sg. de Segondat, et Peronelle Boutignone, sa f°. Cens, tailles et portions de dîmes ès par. de Neris, Columbier S¹ Genier et autres : *Hérisson*, *Montluçon*, 1443. (*r.* 461, *p.* 247.)

CHAUBIER (Charles), régent en dr. à l'université de Poitiers. F. s. de Larnay : *Maubergeon*, 1690. (*r.* 435, *p.* 318.) Voy. Thomas.

CHAUCÉE (Guill. de la). T. s. de Bornezeaus, *al.* Bornezeis ; 1329 *ad* 1389. — Jean de la Chaucée, écuyer ; *Idem ;* 1395 *ad* 1470. — Ant. de la Chaucée, pour Guillemette Fouchere, sa f⁰. Herbergement au vill. de Champaigne ; 1452 : *Mirebeau*. (*r.* 330, *p.* 30, 100 ; *r.* 430, *p.* 134, *ad* 137.)

CHAUCELÉE (Jean de), Valet. Herbergement de Mesvele, et bois contigu : *Loudun*, 1319. (*r*, 432, *p.* 68.)

CHAUCHAT (Gerard), pannetier du Roi, et Jean Chauchat, valet du Roi. Don à eux fait par Louis, Sire de Bourbon, de 100 arpens en la forêt de Giverlay : *Chantelle*, 1306. (*r.* 459, *p.* 72.)

CHAUCHAT (Jean), *Calcati*, bourg. de Clermont, neveu de, feu Rouffet Chauchat, chan. de Clerm. Dîmes aux ter. du g^d et petit Mayes, et à Cantart, tenues en franc hom. de main et de bouche ; *Chantelle*, 1350. (*r.* 458, *p.* 95.)

CHAUCIERS (Jaquet de). Menus cens et tailles ; ens. la dîme de la Broce, tant à S¹ Bonnet qu'à Chagy : *Moulins*, 1411. (*r.* 454, *p.* 99.)

CHAUD (Jaques), écuyer, Sr de Lenet, fils de Léonard Chaud. F. s. de la Motte-Rouflame, par. de Saulgé : *Monmorillon*, 1715, 1726. (*r.* 437, *p.* 275 ; *r.* 438, *p.* 530.)

CHAUDERASSE (Gilbert, *al.* Phil. de), écuyer, fils d'Anne de Crestes, et époux de Marie de Laise, tient du chef de sa mère, le chât., t. s. de Crestes et autres biens nobles ès seg. de S¹ Vincent et de Chidrac, *al.* Chirat, mouvans tant du Dauphin d'Auvergne que de la seg. de Cirgue : *Riom*, 1669. — François de Chanderasse, Chev., fils de Marc de Chauderasse, Chev. T. s. de Roche-Romaine, Suchat et autres, par. S¹ Victor, S¹ Paulin et S¹ Vincent ; ens. le chât. ruiné de Rochemain, moulin, cens, rentes, en la par. S¹ Nectaire : *Montpensier, Riom, Usson*, 1669, 1684. (*r.* 499, *p.* 438 ; *r.* 503, *p.* 346, 556.)

CHAUDERIER (Jean), écuyer, Sg. de Nueil, à cause de Jeanne de Coullaines, sa f^e. Fief de la Possonnière ; 1425, 1443. — René Chaulderier, écuyer, Sg. de Nyort, près de Taillebourg, vend à Pierre de Salignac, écuyer, Sg. de S¹ Martin, comme proc. de Georges de la Trimoille, Chev., Sg. de Craon, etc., la terre et châtell. de la Possonnière au duché d'Anjou ; 1475 : *Angers*. (*r.* 337, *p.* 82 ; *r.* 341, *p.* 5, 6 ; *r.* 1346, *p.* 251.)

CHAUDERON (Arnoul), *Calderonis*, Sg. de la Ferté, *de Firmitate*, relève d'Archambaud, Sire de Bourbon, tout ce qu'il possède audelà de l'Allier vers les chât. de Bourb. et d'Apremont ; 1230 ; et du Cte de Forez, les fiefs d'Estaing et de Piney ; ens. un autre fief sis au chât. et mandement de Feures, *de Foro ;* 1242, 1248 ; et vend à Renaud, Cte de Forez, son fief de Piney, situé au mandement de Sury-le-Bois ; 1263. (*r.* 463, *p.* 334 ; *r.* 492, *p.* 311 ; *r.* 493, *p.* 131 ; *r.* 1395, *p.* 234.)

CHAUDERON (Guill.), de Donzy, Chev. Maison de la Sale, dom.

et dr. au mandement de Sivray ; 1262. Et, en considération de frère Guill., son fils, moine de Savigny, il lègue à cette maison une t. et seg. sis au mandement de St Just en Chavallet. Mais le legs n'est point accepté, attendu l'impuissance où se trouvent les religieux d'en acquitter les dev. féodaux envers le Cte de *Forez ;* 1292. (*r.* 492, *p.* 302 ; *r.* 493 *bis, p.* 53.) Voy. Perroe.

CHAUDERON (Bertrand), de la Sale, Dam., vend à Pierre, fils de Guill. de Vernet, bourg de *Montbrisson,* un pré voisin de la rivière de Donzy: 1294. (*r.* 1395, *p.* 183.)

CHAUDERON (Jean), Sire de Dorne, Dam. Partie de la dîme de Lussenat, et un moulin à *Belleperche.* Et, pour Marguer. de Varennes, sa f^e. Hôtel, dîmes et rentes, ès par. de Varennes et de Vorox, *Voracii : Billy,* 1350. (*r.* 455, *p.* 300 ; *r.* 465, *p.* 172.)

CHAUDERON (Guill.), de la Ferté, Dam. Hôtel de Chât.-Firme, dom. et dr. en dép., par St Menoux : *Bourb.,* 1386. (*r.* 464, *p.* 262.)

CHAUDERON (Armand), bourg de Besse, par success. de Guillarde, *al.* Ganiarde et Anette Moret, ses mère et tante. Cens et rentes ès par. de Besse et de St Victor, en la baron. de la Tour : *Riom,* 1669. (*r.* 499., *p.* 267 ; *r.* 502, *p.* 140.)

CHAUDERON (Jean), meunier. Portion de pré et de terre, démembrée du fief de la Grange-Rouge, par. de Bery : *Mehun-sur-Y.,* 1724. (*r.* 451, *p.* 140.)

CHAUDES-AIGUES (Pierre de), avoc. en parl., fils de Jean de Chaudes-Aigues. H. m. et b. j. en la par. de Chaudes-Aigues ; 1684. — Pierre de Chaudes-Aigues, son fils et d'Elisabeth Valette, controlleur et payeur des gages de la cour des Aides de Clerm.-Fer. F. s. de Tarrieux, Fontbonne, la Vergne, par. de la Vastrie ; ens. les fiefs de Mirabel et de la Besse, par. de Maignet ; 1716 : St *Flour.* (*r.* 503, *p.* 260 ; *r.* 507, *p.* 56, 227 ; *r.* 508, *p.* 4 ; *r.* 510, *p.* 39.)

CHAUDESOLLE (Paul de), écuyer, Sg. d'Auterive, secrét. du Roi. Terre et baron. de Brocginiat ; ens. la t. et seg. de la Queille, par. de même nom : *Riom,* 1670, 1684. (*r.* 499, *p.* 775 ; *r.* 503, *p.* 210.)

CHAUDET (Barbe de), v^e de Jaques de Bernard, Chev., Sg. de Champigny. T. s. de Lazenay, Mautrot le Creux, etc. : *Issoudun;* et 1/4 des dîmes de la par. de Cerloy : *Vierzon,* 1717. (*r.* 449, *p.* 280.)

CHAUDIEU, *al.* Chodieu, *Chodioco,* (Antoine de), Dam. et Amphilesie, sa mère. Maison forte de Porprieres et dép. : *Beaujeu,* 1459 *ad* 1478. (*r.* 485 *bis, p.* 6, 7.)

CHAUL (Perrin de la), *de Calce,* Dam. paroiss. de Lubie, à cause d'Agnès de la Mauhie, son ép. Les moitiés des deux tènemens et leurs dép. en la par. de Varennes-sous-Tesche, tenus par indivis avec Pierre de Montpaleix, Chev. : *Chaveroche,* 1342. (*r.* 467, *p.* 272.) Voy. Chol.

CHAULET (François), m^d limonadier, à Lyon. Partie de rente en la par. de Sarcey : *Lyon,* 1735. (*r.* 498, *p.* 129.)

CHAULT (Léonard), Sr de Bois-du-Mont. F. s. de la motte de Rouflaines : *Monmorillon,* 1685. (*r.* 435, *p.* 156.)

CHAULX (Jean de la), Dam., Sg. de Bourbes, par. de Lubie. Moitié de la dîme de Fontaines, par. de Sindré ; ens. la moitié de la dîme des vins de Colonges et du clos Esglantiers : *Chaveroche*, 1399, 1411. (*r*. 468, *p*. 344, 353.)

CHAUME (Huguete de la), v^e de Guiot de Niry, écuyer, pour elle et leurs enfants Jean, Philiberte et Jeanne. Maison, dom., bois, etc., de Niry : *Chât.-Chinon*, 1366. (*r*. 470, *p*. 7.)

CHAUMEAUL (Jean). Dîmes, tailles, rentes et garennes ès par. d'Averine et de Lizigny : *Moulins*, 1443. (*r*. 454, *p*. 214.)

CHAUME-JEAN (Colas de), écuyer, pour lui et Perronnelle de Givry, sa f^e. Hôtel, t. s. de Givry et de Chaume-Jean ; dom. et mouv. en d'autres lieux, ès par. de Brenay, St Germain d'Entrevaux et de Besson : *Souvigny, Verneuil*, 1443. (*r*. 467, *p*. 252, 255.) La qualité d'écuyer rayée dans la pièce — Perronnelle de Chaumejean, v^e de Jean Seguin, de la Matherie, bourg. de Souvigny. Cens, rentes et autres dev. au territ. de Leuz : *Estolle, Ussel*, 1454. (*r*. 469, *p*. 52, 72.)

CHAUME-JEAN (Louis de), écuyer. T. s. de même nom : *Verneuil*. 1506. (*r*. 453, *p*. 146.)

CHAUME-JEAN (Henri de), Chev., Mis de Fourille, brigad. génér. des armées. F. s. de la Tour Baunay, *al*. Bonnay : *Chatelleraut*, 1703, 1717. — Blaise de Chaume-Jean, Chev., son fils aîné ; 1723 ; *idem*, *r*. 437, *p*. 52 ; *r*. 438, *p* 288, 496.)

CHAUMEL, aussi Chaumeil et Chomeil (Jaques de) écuyer, Sg. de Fayssinere, et Jeanne de Chaumel de la Bourgeade, sa sœur, enfans de Jaques de Chaumel, écuyer. Maison, dom. et h. j. au vill. de Puysoutre, *al*. Peuchsotra, ès par. d'Ailly, Brageac, *al*. Braghat, Pleaux et autres, 1669, 1684. — François de Chaumel, écuyer, Sg. de la Roche, son fils. Chât., dom., bois, moulin et mouv. en la par. de St Cirgues ; 1669 ad 1684. — J. B. de Chaumeil, Chev., par success. de celui-ci. T. s. de St Cirgues et de Malbergue ; 1723 ; Elect. d'Aurillac : *Riom*. (*r*. 499, *p*. 397, 526 ; *r*. 500, *p*. 156 ; *r*. 503, *p*. 297, 423 ; *r*. 504, *p*. 72 ; *r*. 505, *p*. 108 ; *r*. 508, *p*. 86.)

CHAUME (feu François de), écuyer. Ses enfans, sous la tutelle de Claude de Faucon de Villeret, écuyer, Sr du Bouschet. T. s. de Bourdelles, par. St Clement : Elect. *d'Issoire*, 1670. (*r*. 499, *p*. 698.)

CHAUMONT (Guichard, *al*. Richard de). Divers mas en la par. de Montreul, vendus au Sire Louis de *Beaujeu*, pour le prix de 1000 liv. Vien. ; 1286. (*r*. 488, *p*. 22, 23.)

CHAUMONT (Jean de), Dam. Rentes ès par. de Mirebel, Verney, L'Ouroux et Doyet : *Herisson*, 1300. — Jean de Chaumont, Chev. Maison, t. s. de même nom ; autres dom. et mouv. en la châtell. de Huchon : *Beaujeu*, 1317, 1334. (*r*. 462, *p*. 135, 143 ; *r*. 489, *p*. 95, 292.)

CHAUMONT (Ant. de), écuyer, secret. du roi. Fief de Bois-Mortier, j. h. m. et b. : *Loches*, 1734. (*r*. 426, *p*. 65.)

CHAUMUHIET (Guill. de), Chev., Sg. dud. lieu. Trois parties du chât., t. s. de Sauzet ; ens. la dîme de Mazeret : *Gannat*, 1350. (*r*. 457 *bis*, *p*. 54.)

CHAUNAC (Ant. de), écuyer, Sg. dud. lieu, fils d'Anne de Teyssieres.

T. s. de Montlauzy, etc., ès par. de Lauquand, Roussy et autres : *Carlat*. (r. 1669. 499, p. 445.)

CHAURAYS (Victor de), l'un des capit. de la ville de Tours. T. s. de Durdan, par. St Martin-Le-Beau, et la métairie de Cuigny : *Amboise*, 1616. — Charles de Chaurais, Sr de la Moriniere, son fils ; Idem ; 1666, 1669. (r. 355, p. 115 ; r. 357, p. 25, 41 ; r. 431, p. 49.)

CHAUSSECOURTE (Raoul de), *de Chaucacorte*, Dam. Fief en la par. de Vualeth, relev. d'Archambaud, Sire de *Bourbon*, 1240. (r. 1369, p. 1681.)

CHAUSSECOURTE (Raoul de), *Caligæ curtæ*, Dam., paroiss. de Doutrey. Manoir de Truchavent, par. d'Aumartz, dom., bois et cens en la par. de Rugnat, dioc. de Limoges : *Montluçon*, 1300. (r. 461, p. 152.)

CHAUSSECOURTE (Ahelis de), Dame de Doutrey, sœur de feu Bertrand de Chaussecourte, Dam. et f^e d'Amblard *de Caslucio* (au dos : Chaselux), Dam., Sg. de Monrodeys, al. Monrondes. T. s. et h. j. de Doutrey, châtell. d'Auzance en *Combraille* ; 1353. (r. 469, p. 127.)

CHAUSSECOURTE (Jean de), *de Caliga Curte*, paroiss. de Marc, *de Marcio*, dioc. de Limoges. T. s. ès par. de Buillac, Marc et autres : *Combraille*, 1399. (r. 469, p. 141.)

CHAUSSECOURTE (Louis de), Chev., pour Cather. de Rochedragon, sa f^e. Hôtel fort, t. s. de Douzon ; 1443. — François de Chaussecourte, écuyer : *Scutifer* ; idem ; ens. les seg. de Ceretes et de Juillat ; 1488, 1494 : *Chantelle*. (r. 458, p. 106 ; r. 459, p. 77 ; r. 484, p. 25.)

CHAUSSECOURTE (Louis de). Sa veuve Jeanne de Haurny, comme tutrice de leur fils Louis Godefroy de Chaussecourte, âgé de 12 ans, agissant par son proc., Silvain de la Rochedragon, écuyer, Sg. de la Norrille. T. s. de l'Espinas et du Soulier : *Guéret*, 1669, 1684. (r. 474, p. 302, 519.)

CHAUSSECOURTE (Ursin de), écuyer. T. s. de Jarrige. — Symphorien de Chaussecourte, écuyer. F. s. de Pradeau : *H.-Marche*, 1669. (r. 474, p. 296, 312.)

CHAUSSECOURTE (Charles de), écuyer, Sg. de Chairdon, fils de Louis de Chaussecourte, et sa f^e Magdel. de Salers. Cens, rentes et autres dev. en la par. de Doutreix : *Riom*, 1670, 1684. (r. 499, p. 730 ; r. 503, p. 248.)

CHAUSSECOURTE (Gabriel de), écuyer, Sg. de Montfloux et de Goutiere, brigad. des armées, pour Claude de Brundon, son ép. T. s. de Goutiere, par St Genest : *Montluçon*, 1723, (r. 478, p. 407.)

CHAUSSÉE (Gabriel de la), bourg. de Bellevane, pour Marie Farjonelle, sa f^e. Huitième partie d'une dîme en la par. de Monestier-le-Comble : *Chantelle*, 1718. (r. 477, p. 350, 645.)

CHAUSSÉE (Gabriel de la), Sr de la Mothe, pour Gilberte Trellet, sa f^e, fille de Jean Trellet. T. s. de la Mothe, par. de Mazerier : *Bourb.*, 1722. (r. 478, p. 198.)

CHAUSSIERES (Girard de.) Hôtel, dom. et seg. de la Porte, en la par. de Contigny : *Verneuil*, 1443. (r. 460, p. 105.) Non noble, et la qualité d'écuyer raturée au texte.

CHAUTELLIER (Thevenin et Perrot du), frères, à cause d'Ysabeau et Agnès de Chaucieres, leurs f^es. Menues tailles et rentes, par. St Bonnet : *Moulins*, 1411. (*r.* 454, *p.* 190.)

CHAUTELLIER (Girard), et Jaquet de Chaussies. Cens et rentes en la par. de Lezigny : *Moulins*, 1443. (*r.* 454, *p.* 197.)

CHAUTERES (Jaquet.) Fief médiocre, non spécifié : *Moulins*, 1411. (*r.* 454, *p.* 268.)

CHAUTRING (Eustache), écuyer, Sg. de Nothe. Moitié de la seg. de Rangoux : *Moulins*, 1506. (*r.* 453, *p.* 185.)

CHAUVEAU (Tachon), bourg. de Moulins, et Marguer. Chauvelle, sa sœur, f^e de Guill. Laurent de Chémarent. Maison et mote d'Averines, terres, garennes, 3 étangs, cens et tailles ès par. de Lisegny et d'Iseure : *Moulins*, 1408. — Agnès, f^e de Jean Chauveau, de Culant. Partie de terres, prés et bois, avec une dîme, et Champart au vill. de Vaux, par. de la Chapelle-ès-Chaz ; *Ibid.*, 1410. (*r.* 454, *p.* 55, 149 ; *r.* 455, *p.* 73.)

CHAUVEAU (Phalie.) Partie de vigne appel. l'Ouche de Reuilly : *Vierzon*, 1678. (*r.* 445, *p.* 293.)

CHAUVEAU (Jean), proc. au parl. de Paris. T. s. de Sazay, tenue à foi lige et le baiser : *Niort*, 1689. (*r.* 435, *p* 311.)

CHAUVEAU (Jean), fils de Jean. Partie de la vigne appel. l'Ouche de Reuilly : *Vierzon*, 1722. (*r.* 451, *p.* 44.)

CHAUVEREAU, al. Chauvreau, cons. du roi, trésorier des turcies et levées de la Loire. F. s. de Poillé : *Tours*, 1664. (*r.* 356, *p.* 21, 62.)

CHAUVERY (Etienne de), écuyer, ép. de Marguer. de Vernoisy, vend à Guill. le Beau, autrem^t dit de la Coulture, son neveu, les héritages à lui échus par le décès de sa mère Jeanete de Poissons, g^d mère de l'acheteur, situés ès par. d'Arleu et de *Chatel-Chinon* ; 1410. (*r.* 1380, *p.* 3265.)

CHAUVET (Jean.) Moitié du dom. de Quarteron : *Chât.-Ceaux*, 1476. (*r.* 350, *p.* 9.)

CHAUVETON (Pierre.) Pré appel. des Pastureaux, *al.* le pré Quarré ; 1679. — Louis Chauveton, Sr de Vouet, lieut. crim. au baill. d'Issoudun ; *Idem*, par. St Denis lez *Issoudun* ; 1684. (*r.* 445, *p.* 364.)

CHAUVIGNY, Chovigny, Chouvigny, etc., *Chauvegniaco, Chauvigniaco, Chalvinhiaco.*

CHAUVIGNY (Guill. de), Sg. de Chât.-Roux, se rend caution envers son ami Archambaud, Sire de Bourbon, de 500 liv. tourn., dus à celui-ci par Mathieu Garelli ; 1227. (*r.* 1369, *p.* 1668.)

CHAUVIGNY (Guill. de), Chev. Chât. fort, t. s. de Chauvigny, par. de Salapaleyne, et arr. fiefs : *Chantelle*, 1300, 1350. (*r.* 458 ; *p.* 155, 156.) Rel. de lui : Mess. Jean de Veausse, Sg. dud. lieu, Mess. de Chauvigny, Sg. du Vivier ; Jean de Nades, Chev., Sg., dud. lieu ; Blein de Chatrinhat, *al.* de Santes ; Ymbert de la Pangha, Chev.

CHAUVIGNY (Bertrand de), Dam., pour Agnès de Sauzet, son ép. Maison, t. s. de Chaseul ; ens. l'hôtel et dép. de Sauzet, ès par. de Varennes, St Loup, St Georges et autres : *Gannat*, 1300. (*r.* 458, *p.* 44 ; *r.* 459, *p.* 219.)

CHAUVIGNY (Guill. de), Chev., et Roger de Chauvigny, Dam,, frères. Hôtel fort de Nades, et partie de la terre de la Glisole : *Chantelle*, 1322. (*r.* 459, *p.* 128.)

CHAUVIGNY (Guill. Sire de), Chev. T. s. en la par. de Chaney, à lui échue par le décès d'Agnès de Sauzet, sa mère; cens et rentes en la châtell. de Treset : *Beaujeu, Forez*, 1335 *ad* 1348. (*r.* 489, *p.* 66, 226; *r.* 490, *p.* 57.)

CHAUVIGNY (Bleyn de), Sg. de St Just en Combraille. Hôtel, tour et mote de Valençon, t. s. en dép., par. Ste Marie de Varennes; cens et rentes en celle de Rougeres : *Billy*, 1344. (*r.* 456, *p.* 185.)

CHAUVIGNY (Blein de), Chev, autrem^t dit de Nades. Maison forte, t. s. de St Giran-des-Vaux : *Montagut*, 1351 ; ens. la t. et seg. de Goyse : *Verneuil*, 1353. (*r.* 460, *p.* 210, *r.* 469, *p.* 123.)

CHAUVIGNY (Jean de). Chev. Hôtel fort de Nades; h. m. et b. j. de la Gisole, dom. et dr.; et, à cause de sa f^e Alienore du Chastel de Montagne, les t. et seg. de Taconay et de la Mote-Morgon, ès par. de Mauhiet, Billezeys et de Vic : *Billy, Chantelle, Habant*, 1350 *ad* 1375. (*r.* 458, *p.* 47; *r.* 459, *p.* 50; *r.* 465, *p.* 71; *r.* 470, *p.* 148.)

CHAUVIGNY (Phil. de), dit Bichat, de Nades, chambel. du duc Louis de Bourbon. T. s. de St Giran-de-Vaux, de St Loup et de Parey ; ens. l'hôtel fort de Valençon, terres de Varennes, de Rugieres et de St Giran le Puy : *Billy, Verneuil*, 1366, 1374. (*r.* 456, *p.* 184 ; *r.* 459, *p.* 211 ; *r.* 1374, *p.* 2383.)

CHAUVIGNY (Jean de), Dam., Sg. de Blot, et Cather. de Bressolles, son ép., fille de feu Regnaud de Bressolles, Chev. Maison forte de Montmorillon, dom. et seg. en dép.; ens. l'hôtel, t. s. de Rozier, par. St Christophe-ès-Montagnes : *Billy, Vichy*, 1375, 1377. (*r.* 456, *p.* 151 ; *r.* 457 *bis*, *p.* 13.)

CHAUVIGNY (Jean de), écuyer, Sire de Monz en Genevois, et Marguer. de Bourbon, son ép., donnent à Macé de Jonchery et Guiot, son frère, un champ appel. des Couroys : *Chatel-Chinon*, 1376. (*r.* 1380, *p.* 326.)

CHAUVIGNY (Jean de), Dam., Sire de Blot. Hôtel, t. s. de la Sapalayne, par. de Marcillac ; ens. le bois de Champbertrand et arr. fiefs : *Chantelle*, 1377. (*r.* 458, *p.* 154.)

CHAUVIGNY (Jean de), Chev. Sire de Blot. Le pré de Chastallar, le bois de Marleughe et arr. fiefs: *Gannat*, 1377, *ad* 1383. (*r.* 457, *p.* 134; *r.* 458, *p.* 9; *r.* 1356, *p.* 192.)

CHAUVIGNY (Jean, Guill., Thevenin et Bertrand de), héritiers de la terre de Vivier, par leur père, et, de celle de Blot par leur mère, enfans de Guillemin de Chauvigny et de N. de Blot, petits-fils de Bertrand de Chauvigny, dont deux enfans, l'un appel. Guillaume, l'autre Guillimin. Information si la terre du Vivier, dépendante de celle de Blot, est du ress. de Bourbonnois ou d'Auvergne ; 1399. (*r.* 1356, *p.* 185.)

CHAUVIGNY (Marguer. de), ép. de Beraud, dauphin d'Auvergne, Cte de Clermont et de Sancerre, sœur de Gui de Chauvigny, Sg. de Chastel Raoul, et Vte de Brousse. Acquit de sa dot par celui-ci; 1426. (*r.* 1361, *p.* 936.)

CHAUVIGNY (Jean de), Chev. Maison forte, t. s. de St Giran de Vaulx, de St Loup, dîmes et arr. fiefs; 1443. — Phil. de Chauvigny, dit Bichat; *idem*; 1455: *Verneuil*. (*r*. 459, *p*. 128, 132.) — Feue Jeanne de Chauvigny, fille de feu Jean de Chauvigny, et ép. de feu Phil. de Bourbon, écuyer, Sg. de Montperroux. Vente par ses hérit. au Duc de Bourbon, de sa succession, savoir de St Germain-des-Fossés, Fretay, la Guillermie, Montperroux, etc.; 1466. (*r*. 1364, *p*. 1387.)

CHAUVIGNY (André de), Chev., promet de faire ratifier par Jeanne de Renel, ou Revel, *al*. Ravel, v^e de François d'Aubrichcourt, un accord au sujet de la donation à elle faite par le Duc de Bourbon; 1448. — Louise de Bourbon, Dame de Chauvigny, V^{tesse} de Brosse, v^e d'André de Chauvigny, vend à Pierre, Duc de Bourb. une rente de 50 écus, qu'elle levoit sur le grenier de Berre en Provence; 1503. (*r*. 1374, *p*. 2394; *r*. 1379, *p*. 3119.) Voy. Jaques de Chastillon, et Renelle.

CHAUVIGNY (Martin de), Sg. de Bonnebaud, de Ruttère et de Vaulx. T. s. ès par. de Rugniet, St Angel, Chamblet et autres; ens. les bois de la Frete et de la Forest: *Hérisson, Montluçon, Murat*, 1449, (*r*. 461, *p*. 107.)

CHAUVIGNY (Ysabeau de), Dame de Montmorin, de Nades, d'Espinace et de St Clément, v^e de Pierre de Montmorin, Chev., Sg. desdits lieux. Chât., t. s. en la châtell. de Vichy; la moitié de la h. j. de Coignet; le bois de Francheraude; la dîme d'Estole, cens et rentes: *Billy, Chantelle, Vichy*, 1456. (*r*. 456. *p*, 182; *r*. 457 *bis*, *p*. 15; *r*. 469, *p*. 63.)

CHAUVIGNY (Cather. de), v^e de Charles d'Amboise, Sg. de Chaumont. T. s. et justice de Germigny en Luisant, rachetée d'elle par le Duc de *Bourbon*, pour le prix de 4000 l.; 1485. (*r*. 1346, *p*. 228.)

CHAUVIGNY (Michelle de), Damoiselle, v^e de Louis de Culant, Chev., tutrice de Gabriel et Anne leurs enfans. T. s. de Mirebeau: *Saumur*, 1488.; les f. et seg. de St Désiré: *Hérisson*, 1494. (*r*. 351, *p*. 108; *r*. 462, *p*. 238; *r*. 484, *p*. 58.)

CHAUVIGNY (Ysabeau de), Damoiselle. F. s. de Ruault: *Montluçon*, 1506. (*r*. 453, *p*. 84.)

CHAUVIGNY (Claude de), Sg. de Plancy et de Brière. Troisième partie de la Forêt d'Ozouer et de la Feullarde, tailles et autres dev.: *Gien*, 1513. (*r*. 1370, *p*. 1871.)

CHAUVIGNY (Charles, batard de), écuyer. T. s. et h. j. de Murat en la châtell. de Crosant: *B.-Marche*, 1521, (*r*. 471, *p*. 60; *r*. 483, *p*. 79.)

CHAUVIGNY (Jaques de), de Blot, écuyer. T. s. de St Agoulin, par. *id*.: *Bourb*., 1522. (*r*. 478, *p*. 274.)

CHAUVIGNY (Charles de), de Blot, Chev., fils de Gilbert de Chauvigny, Chev. T. s. du Vivier et du Darrot, ès par. de St Gal et de St Quentin: *Riom*, 1669. (*r*. 499, *p*. 292; *r*. 500, *p*. 74.) — Charles de Chauvigny, Chev., aussi fils de Gilbert, et Diane de Blot sa f^e. Chât., t. s. de Blot; ens la maison de Ste Christine, par. de même nom, et de St Remy: *Riom*, 1669 *ad* 1683. (*r*. 499, *p*. 539; *r*. 501, *p*. 18; *r*. 503, *p*. 164, 175.)

CHAUVIGNY de Blot, (Gilbert de), Chev., gentilh. ordin. de la chamb. du Roi. Chât. t. s. de Pouzol; et, comme tuteur des enfans de César de Chauvigny de Blot, Chev., son frère. Chât., t. s. et dîmes de Blot-l'Eglise, par. *id*., Elect. de Gannat: *Riom*, 1669. (*r*. 489, *p*. 531, 532;

r. 502, *p*. 113, 114; *r*. 503, *p*. 315.) — Amable de Chauvigny, écuyer, fils de César de Chauvigny, mari de Françoise de Roux. T. s. de Blot et d'Auchier en partie : *Riom*, 1683. (*r*. 503, *p*. 332.)

CHAUVIGNY (Charles de), de Blot, Chev., Sg. du Vivier, par success. de Gilbert de Chauvigny de Blot, son oncle, Chev., gentilh. ordin. de la chamb. T. s. de Pouzol, par. de même nom; Election de Gannat: *Riom*, 1700. (*r*. 505, *p*. 109.)

CHAUVIGNY de Blot (Gilbert de), Chev. et son ép. Etienette de Damas-Cormaillon. Chât., t. s. de Blot-le-Chât., autrem^t dit de Blot-le-Rocher, par. de St Remy ; ens. la seg. de Blot-l'Eglise, celle de Vilart y jointe, Elect. de Gannat: *Riom*, 1724. (*r*. 509, *p*. 50, 145.)

CHAUVIN, *al*. Chauvant (François), écuyer. F. s. du g^d et petit Chour, sis à la Ferrière : *Partenai*....

CHAUVIN (Gilbert), bourg., par success. de sa mère, Marie Fauchier. F. et dom. noble de Guerinet, par. de St Priest de Bramefoin: *Riom*, 1717. (*r*. 508, *p*. 157.)

CHAUVINEAU (Jean). Un roc et 3 journaux de terre en la par. de Marsault: *Angoul.*, 1480. (*r*. 1405, *p*. 327.)

CHAUX (Roland de la), de *Calce*, Dam. Maison de la Chaux et dép., par. de la Cordelle, et 2 vignes à St Maurice; 1290. — Perronet de la Chaux, fils de feu Guill. de St Marcel. Menus cens en la par. de St Habund; 1291. — Mathieu de la Chaux, de St Habund, fils de feu Guill. de la Chaux. Menus cens en Roannois, par. St Roman; 1291. — André de la Chaux, paroiss. de St Roman en Roannois. Menus cens en lad. par. : *Forez*. (*r*. 492, *p*. 61, 306 ; *r*. 493 *bis*, *p*. 61, 74.)

CHAUZ (Marguer. des), v^e de Jean *Deffinemo*, Sg. de l'Estang. Quatrième partie de la dîme de Sanziac ou Sauziac; droit de foire à St Julien de Cray, et divers mas relev. d'elle : *Beaujeu*, 1354. (*r*. 489, *p*. 60.)

CHAVAGNAC, Chavanhac. Chavaniac.

CHAVANHAC (Dame Bazille de), v^e d'Armand, Sg. de Laurie et de la Valete, comme tutrice de leurs enfans Hugues, Gabrielle et Anne, agissant par ses proc. Claude Chavanhac, écuyer, Sg. dud, lieu, et Pierre de Chavanhac, ses frères. F. s. de Laurie: *Auv.*, 1493. (*r*. 471, *p*. 172.)

CHAVANIAC (François-Roch de), Chev., fils de Balthasard. Chât., t. s., dîmes et rentes de Chavaniac en la seg. de Mercœur ; ens. les seg. de Terrisses, Crouzet, Roche-Jean, vers l'Allier, et de la Garde, par. d'Auriac, de St Julien, St Amandine et autres, dont aveu par lui et l'un de ses fils Gaspard ; Elect. de Brioude: *Riom*, 1669. — Jaques-Roch de Chavaniac, son fils; *idem*; 1683 *ad* 1723. — Claude Ferdinand de Chavagnac, Chev. T. seg. de la Garde, par. de même nom: Elect. de St Flour; 1683. — Anne de Chavagnac, Chev., lieut. des chevaux légers de la Garde du duc d'Orléans, fils de François de Chavagnac. T. s. de Chavagnac, Elect. de Brioude : *Riom*, 1669. (*r*. 499, *p*. 470, 471, 695 ; *r*. 502, *p*. 112; *r*. 503, *p*. 116 ; *r*. 505, *p*. 102 ; *r*. 506, *p*. 60 ; *r*. 508, *p*. 12; *r*. 510, *p*. 8.)

CHAVAGNAC (Henri-Louis de), Chev., capit. de Vaisseaux. T. s. de Blesle et de Chavagnac : Elect. de *Brioude*, 1717. (*r*. 507, *p*. 233.)

CHAVANNES (Zacharie de), et Cecile, son ép., fille de Pierre Jomar, de St Baldomer. Grange appel. la Peyretère, terres, bois, garennes et rentes : *Forez*, 1345. (*r*. 491, *p*. 56.)

CHAVANNES (Jean de), écuyer. Chât., t. s. de Beauche ; ens. les héritages assis à Chevanes, qu'il tient à hom. du Cte de Breine et de Liche, Duc d'Athènes, 1351 ; *Forez*. (*r*. 1378, *p*. 3079.)

CHAVANES (Archimbaud de), Dam., paroiss. de Tiel, à cause de sa f^e Marguer. de la Bruère. Un pré en la par. de Barres, et 2 quartiers de bois, avec une garenne : *Billy*, 1353. (*r*. 457, *p*. 25.)

CHAVANES (Jean de), Dîme de Rogis en la par. de Deuo, ayant appartenue à feue Sibylle de Villecourt, al. de Coulonges, Damoiselle : *Beaujeu*, 1392, 1395. (*r*. 489, *p*. 123, 124.)

CHAVANON (Jean de), écuyer, huissier d'armes du Roi, capit. du bois de Vincennes, pour Philiberte de Digoyne, sa f^e. H. j. à Monterron, dom., redev. et arr. fiefs : *Chât.-Chinon*, 1399. (*r*. 469, *p*. 201.)

CHAVASSIEU (Martin de), recon. tenir du Cte de Forez, le moulin de Leyrignac au mandem^t de *Montbrisson*; 1498. (*r*. 1402, *p*. 1307.)

CHAVEAU (Gilbert), laboureur. F. s. de Lavaux du Creux, par. de Denneville : *Murat*, 1727. (*r*. 480, *p*. 83.)

CHAVENES (Pierre de). Serm. de fidél. et prom. d'aveu au sire de *Beaujeu*; 1400. (*r*. 486, *p*. 138.)

CHAVENES (Jean de), Dam. Maison forte, dom. et seg. de Laye, par. d'Arne, prés. de Villefranche : *Beaujeu*, 1459. (*r*. 486, *p*. 169.) Voy. Chaviers.

CHAVENON (Gilbert), bourg. de Cosne, et Monde de Biotes, sa f^e. Cens, rentes et moitié de la dîme de Biotes ; autre dîme en la par. de St Sornin, partie de bois, et la baillie de Francesches : *Bourb.*, *Hérisson*, *Murat*, 1443. (*r*. 460, *p*. 372.) Non noble.

CHAVENON (Gilbert), Sr de Lorme. F. s. du petit dom. des Allots, par. de Monestier ; 1720. — Jaques, **son** fils ; *idem* ; 1728 : *Chantelle*. (*r*. 478, *p*. 107 ; *r*. 480, *p*. 112.)

CHAVEROCHE (Gui de), Chapelain de Peracot. Hôtel de Chaveroche, dom., cens et rentes, par. de Chamblet : *Murat*, 1301. (*r*. 462, *p*. 22.)

CHAVEROCHE (Guiot de), *Canarupe*, Dam. Partie de terres, vignes, étang, dîmes et redev. ès par. de Sanghat, Chamblet et autres, à lui donnée par son oncle Etienne de Donafour, doyen de Bourges : *Hérisson*, 1375. (*r*. 462, *p*. 82.)

CHAVEROCHE (Michel de), Pierre de Gorferol, et Pierre de Fragny. Cens en grain, percept. aux environs de Lazeray : *Verneuil*, 1374. (*r*. 460, *p*. 55.) Non nobles.

CHAVEROCHE (Pierre de), écuyer. T. s. de Chaveroche : *Murat*, 1445. (*r*. 460, *p*. 383.)

CHAVIALE (Guion et Martin de), celui-ci av. en parl., enfans de Guion de Chaviale, Sr de Maynial. Maison et h. j. de Pallier en la ville de Salers : ens. une métairie, cens et rentes en la par. St Bonit. : *Riom*, 1669 *ad* 1685. (*r*. 499, *p*. 33 ; *r*. 500, *p*. 164 ; *r*. 503, *p*. 444.)

CHAVIER, *Chaverii* (Jean), de la Pradat. Maison, terres, bois, garenne, par. de Neronde : *Thiers*, 1334. (*r*. 472, *p*. 14.)

CHAVIERS (Jean de), *de Chaveriis*, Dam. Maison forte de Laye, par.

d'Arne, près Villefranche : *Beaujeu*, 1441, 1477. (*r.* 486, *p.* 53, 54.) V. Chavennes.

CHAVINIER (Pierre), bourg., pour Anne de Champfeu, sa f°. F. s. de la Rimbaudière, par. de Tiel : *Bessay*, 1717. (*r.* 477, *p.* 465.)

CHAZ (Guill. le), écuyer, et Hugues, son frère. Une maison et une pièce de vigne en la ville de Habant : *Chat.-Chinon*, 1351. (*r.* 469, *p.* 144.)

CHAZAUVERT (Jaques de), proc. du duc de Bourbon à Montluçon. Rente en grain sur la dime de Nassigniet, par. *id.* : *Montluçon*, 1501. (*r.* 484, *p.* 110.)

CHAZAY (Philippon de), boucher, vend à Theyrot Géargilhon, aussi boucher, un banc en la boucherie d'*Angoul.* ; 1493. (*r.* 1405, *p.* 329.)

CHAZE (Jean la), m^d en la ville de Pleaux, fils de Jean de la Chaze. Rente en la seg. de St Christophe, par. de Chaussenat, baron. de la Tour : *Riom*, 1669, 1672. (*r.* 499, *p.* 304 ; *r.* 500, *p.* 160.)

CHAZEL (Marie), v^e de Mathieu Ronssat, m^d drapier. Rente noble appel. la Guise, par. de Villechencneu : *Lyon*, 1676. (*r.* 495, *p.* 70.)

CHAZELEDES (Pierre), praticien, résidant à Riom, fils de Pierre Chazeledes, notaire. Dom. noble de Grellet, par. de Roffiat : *St. Flour*, 1730. (*r.* 510, *p.* 41.)

CHAZELLES (Ponce de), Dam., fils de feu Guigues-Aymery de la Roche, Chev. T. s. d'Ursin, *al.* de Chazelles et de St Fargeau, relev. de Guigues de la Roche, fils de Guigues. Contestation entre eux, commencée en 1273, et jugée en faveur du Sg. dominant en 1302 : *Forez*. (*r.* 494, *p.* 11.)

CHAZELLES (Guichard de), Dam. Serm^t de fidél. et prom. d'aveu au Sire de *Beaujeu* ; 1402. (*r.* 487, *p.* 26.)

CHAZELLES (Tristan de), écuyer, S^r de St Loup, fils de Louis de Chazelles ; 1669. — Paul Tristan de Chazelles, écuyer, fils de feu Louis de Chazelles, écuyer ; 1683. — Jean de Chazelles, écuyer, son frère ; 1699. — Charles de Chazelles, écuyer (signe : St Loup de Chaselle) ; 1723. Chât., t. s. de Huliet, par. d'Ussel en Plainaise, et autres : *Murat.* (*r.* 499, *p.* 503 ; *r.* 503, *p.* 167 ; *r.* 506, *p.* 34 ; *r.* 508, *p.* 126.)

CHAZERAT (Claude de), Chev., directeur en chef des fortifications de Flandre. T. s. de Ligonne et de Seichalle, par. de Lezoux, acq. de Jean Ribeyre de Fontanilles, Chev., Sg. de Lezoux : *Riom*, 1684, 1716. (*r.* 477, *p.* 409 ; *r.* 503, *p.* 257 ; *r.* 507, *p.* 9.)

CHAZERAT (Gilbert de), écuyer, grenetier au grenier à sel de Moulins, fils de feu Gilbert Chazerat, écuyer, et de Marie de Laire. F. s. de Goudailly, par. St Geran le Puy : *Billy* ; 1689. — Gilbert de Chazerat, écuyer, élu en l'Elect. de Moulins ; *Idem* ; 1699, 1723. (*r.* 472, *p.* 284 ; *r.* 475, *p.* 242.)

CHAZERAT (Claude de), Chev., Sg. de Seichalle et de Ligonne, par. St Antoine d'Ornon, ancien major au gouvernement de Valenciennes. T. s. de Puyfol, acq. de Marie Esmée de Pierrepont, v^e de François Albost, écuyer, par. de Cindré ; 1700. — Gabriel de Chazerat, Chev., Sg. de Cigourgne, son fils ; *Idem* ; ens. la t. et seg. de Ligonne et le mas d'Omon, par. St Pierre de Lezoux ; 1723. — Ant. François de Chazerat, Chev.

cons. en la cour des aides de Clerm. Fer., par success. de Claude de Chazerat, Chev., et comme hérit. de Gabriel de Chazerat, son frère, enfans de Claude. Mêmes fiefs de Ligonne et de Puifol; 1724, 1730: *Chaveroche, Riom*. (*r.* 476, *p.* 4, 153; *r.* 478, *p.* 417, 530; *r.* 508, *p.* 35; *r.* 510, *p.* 68.)

CHAZERAUT (J. B.), fils de Jean Chazeraut. Petit pré appel. les Bergerolles, par. de Desertines: *Montluçon*, 1724. (*r.* 478, *p.* 497.)

CHAZERON (Jean de). Hom. de la t. et seg. de Chazeron: *Auv.*, 1437, (*r.* 470, *p.* 168.)

CHAZETES (Antoine de), fils de Pierre. Portion de dom. et d'une rente au vill. de Bargues, ès par. de St Paul et de St Sornin; *Riom*, 1669. (*r.* 499, *p.* 193.)

CHAZETTES (Jaques de), av. en parl. et juge ordin. en la ville de Salers, pour sa mère Cather. Sauvage. Maison, pré, grange en la ville de Salers, au vicomté de *Murat*, H.-Auv.; 1672. — Jean-André de Chazette, écuyer, résidant à Salers. Le fief del Pont, par. de St Paul, j. h. m. et b., cens et rentes au vill. de Bargnes, par. St Sornin; 1723: *St. Flour*. (*r.* 500, *p.* 116; *r.* 508, *p.* 143.)

CHAZOT (Claude), écuyer. Terre et châtell. de Boisredon: *Cognac*, 1740. (*r.* 442, *p.* 54.)

CHEBRICI (Ant.). Hôtel, dom., h. j. avec une partie du bois appel. de Mary, au vill. de la Morinie, par. de Chaylade, dioc. de *Clerm.*; 1503 (*r.* 471, *p.* 137.)

CHEILNEU (Jean de), et Mathieu, son fils; 1317. — Hugues de Cheilneu, fils de celui-ci. Cens, rentes et autres dr. à Cheilneu, mandem^t de Chât. Neuf: *Forez*, 1329. (*r.* 492, *p.* 216, 239.)

CHEMBELLY (Françoise de), fille de Jean de Chembelly, et v^e de Jaques Robert, av. en parl. Cinquième partie de la dîme de vin du g^d pressoir de l'archev., par. de Ste Lezaigne: *Issoudun*, 1671, 1679. (*r.* 445, *p.* 172, 404.)

CHEMENS (Géofroy de), écuyer, Sg. de Chemens, vend au duc d'Anjou, pour cent écus d'or, une maison sise au chât. de Baugé, et recon. tenir de lui le dom. du Montet; ens. la t. et seg. de la Guetière ou Luguetière; *Baugé*; 1447, 1453. — Jaques de Chemens, écuyer. Mêmes possess.: 1477, 1480. — Géofroy de Chemens, écuyer, son fils; *Idem*; 1502, 1508. (*r.* 329 *bis*, *p.* 117; *r.* 342, *p.* 68; *r.* 348, *p.* 36; *r.* 348 *bis*, *p.* 13.)

CHEMESNES (Jean de), écuyer, à cause d'Ysabelle de Chevennes, sa f^e, sœur de Guiot de Chavennes. Maison, dom., moulin, par. du Teil: *Chaveroche*, 1443. (*r.* 432, *p.* 43.)

CHEMILLÉ (Pierre, Sire de), Chev. Herbergement de Benays: *Chinon*, 1319. (*r.* 432, *p.* 61.)

CHEMINART (Pierre), écuyer. Châtell., t. s. de Challonge, de la Vieillière et de la Rivière-Coullon: *Angers*, 1575, 1581. (*r.* 351, *p.* 12.)

CHEMINON (Pierre), payeur des gages au bureau des finances de Bourges. Fief de Fosses, consistant en dom., dîmes, cens et rentes, par. de Brinay: *Vierzon*, 1713. (*r.* 449, *p.* 126.)

CHENAIE (Géofroy de), Chev. Herbergem^t de Veine et dr. d'usage en la forêt de Bursay: *Chât.-du-Loir*, 1548. (*r.* 344, *p.* 58.)

CHENART (Louis), Chev., Sg. de Baugny. T. et châtall. de St Antoine du Rocher: *Tours*, 1725, 1729. (*r.* 426, *p.* 31.)

CHENAUD (Jeanne de), v^e de Pierre Bourgeois, proc. du Roi au présid. de Gueret. Rentes sur le vill. de Montel. *Marche*, 1669. (*r.* 474, p. 116.)

CHENAUD (Jean), Sg. de la Cour. Dîme inféodée en la par. de Peyre-le-Vade : *Aubusson,* 1684. (*r.* 474, *p.* 512.)

CHENET, aussi Chenez (Raymondin), écuyer. Maison et fief de Somaborse près Luzeray; 1282. — Vezean et Guiot Chenet, frères, Dam.; *Idem* ; ens. l'hôtel et seg. d'Eschalette, par. St Giran de Vaux, 1357 : *Billy, Verneuil.* (*r.* 455, *p.* 232 ; *r.* 457, *p.* 176 ; *r.* 460, *p.* 116.)

CHENET, *al.* Chanet (Perrin), Dam. Hôtel, dom. et seg., ès par. de Montaudre et de Creschy : *Billy,* 1352. (*r.* 456, *p.* 3.)

CHENET (Guiot), Dam., paroiss. de St Giran de Vaux, *in vallibus*, à cause de Cather. Celerier, sa f^e, et de Luque, sœur de celle-ci, v^e de Vezian Chenet. Maison, tour, dîme à *Gannat ;* ens. la dîme de Tortesay : *Hérisson;* et rentes sur diverses maisons à *Moulins;* 1366 *ad* 1377, (*r.* 454, *p.* 263 ; *r.* 458, *p.* 2 ; *r.* 459, *p.* 172 ; *r.* 462, *p.* 107.)

CHENET (Remondin), Dam., paroiss. de St Giran de Vaulx, Maison forte de Luzeray, mote, fossés, terres, garenne, bois, cens et tailles : *Verneuil,* 1375. (*r* 459, *p.* 169.)

CHENET (Etienne, Vezien et Perrin), frères, Dam. La quatrième partie de la tour de *Gannat ;* divers tènemens, motes et fossés au territ. de Villars, paroisse de Montodre ; dîmes, cens, tailles, et rentes, ès par. de Mazeret et de Sauzet ; 1378. — Vezien Chenet, Dam., dîme de Tortezay, par. de Rungères : *Hérisson;* ens. l'hôtel de Monceaux : *Chaveroche;* et troisième partie d'un hôtel et tour à *Gannat ;* dîme et cens qui furent au Sire Regnaut Celerier, Chev. ; 1397. (*r.* 457 *bis, p.* 56, 112 ; *r.* 462, *p.* 96 ; *r.* 468, *p.* 164.)

CHENEUES (Guiot des), écuyer, mari d'Ysabeau de la Fourest, et Jean de Cheneues, écuyer, son frère. Le manoir de Cheues et dép. : *Moulins,* 1443. (*r.* 455, *p.* 26.)

CHENEY (Jean de), clerc, fils de feu Uldin de Cheney. La baillie de Longepré, par. de Varennes sur Tesche : *Chaveroche,* 1301. (*r.* 468, *p.* 333.)

CHENEY (Guill. de). Maison, dom., bois, garenne au territ. de Montmayran : *Chaveroche,* 1314. (*r.* 468, *p.* 220.)

CHENEYE (Jean de), Dam. Justice et seg. s'étendant depuis le moulin de Montjomer jusqu'à la rivière de Chameil : *Beaujeu,* 1311, 1321. (*r.* 489, *p.* 50, 51.)

CHENIER (Jean), autrement dit Paysant. Maison appel. la Guillaume ; trois pièces de terre, et la dîme sur deux autres pièces ; 1398. — Jean de Chenier, pour Marguer. de la Varo, Damoiselle, sa f^r. Hôtel de la Varo, par. St Plesir ; la baillie dud. lieu, dom., bois, cens et rentes ; 1443 : *Bourb.* (*r.* 464, *p.* 88, 448.) Non nobles.

CHENIÈRES (Blenet et Pierre de), écuyers, frères. Hôtel, dom. et seg. de Chenières, par. de Sancet : *Verneuil,* 1443. (*r.* 459, *p.* 161.)

CHENILLAC, *Chenilliaco* (Pierre de), autrement dit des Ais, *de Asiis*, Dam. Dom., dîmes, cens et tailles, ès par. de Chatelay, St Chieure et Avalon : *Hérisson,* 1301. (*r.* 462, *p.* 123.)

CHENILLAC (Moreton de), Dam. — Perrin de Chenillac-sur-Aiz, Dam. — Jaumin, *al* Baudins de Chenillac. Maisons, terres, bois, garennes, dîmes, cens, tailles et arr. fiefs, ès par. de Trebent, Mellars, Feline, Monestey, Sanciet et autres : *Verneuil*, 1322. (*r.* 460, *p.* 6, 11, 300.)

CHENILLAC (Jean de), *al.* des Hais. Maison, f. s. de Vieillefont: *Verneuil*, 1350; rentes en grains, par. de Besson : *Souvigny*, 1366; et, à cause de sa f^e Perronelle Celerier, moitié de l'hôtel de Bobonat: *Chantelle*, 1366. (*r.* 458, *p.* 185; *r.* 460, *p.* 51; *r.* 467, *p.* 142.)

CHENILLAC (Jeanne de), Damoiselle, f^e de Pierre de Montjournal, Chev., Sg. de Drassy, Chambel. du Duc de Bourbon. Hôtel fort des Hays à Trebent, et celui de Vieillefont à la Feline, dom., dîmes et mouv.; ens. d'autres posses. et seg. ès par. de Monestey, Mellars, Baigneux, Lucenay, Ouroux et autres: *Belleperche, Bessay, Chantelle, Gannat, Verneuil*, 1397, 1411. (*r.* 455, *p.* 36; *r.* 458, *p.* 26, 103, 275; *r.* 460, *p.* 9, 57; *r.* 464, *p.* 264; *r.* 465, *p.* 178.)

CHENOY (Jean de), Dam. Tènemens relev. de lui en la par. de Montmigin; 1308. — Dinet de Chenoy, Dam. paroiss. de Varennes-sur-Tesche, et Jaquette, *al.* Marquete de Valeres, Damoiselle, son ép., v^e de Jean de la Fauge. Dom. et mouv. aux environs de Montjomer et Semur, vers le moulin de Montmigin, *de Montemigino : Beaujeu*, 1333 *ad* 1357. (*r.* 489, *p.* 76, 221, 222, 230.)

CHENU (Pierre de), Partie de la terre de la Roche, par. St Macaire. *Montfaucon*, 1460. — Jean Chenu, écuyer, Sg. de la Bernardière. Partie de la même terre; 1499. (*r.* 332, *p.* 71; *r.* 335, *p.* 15.)

CHENU (Jean le), fils de feu Perrin le Chenu. Dr. de vinaigre sur la recette de *Baugé*; 1507. (*r.* 349. *fol.* 9.)

CHENU (Anne), fille de Jean Chenu, écuyer, et de Françoise Habert. Partie de bois en celui de la Percheraye, par. de Vasselaye; 1676. — Marguer.-Françoise Chenu, v^e d'André Chenu, cons. au présid. de Bourges. Partie de bois taillis en la par. de Vasselaye; 1714 : *Bourges*. (*r.* 445, *p.* 260; *r.* 449, *p.* 144.)

CHENUE (Marie), Damoiselle, v^e d'Aymeri Brisay, écuyer. Hôtel de Masueil et dép. : *Mirebeau*, 1454. (*r.* 330, *p.* 34.) Tient d'elle, Louis de Marconnay, écuyer, son hôtel d'Estivet. Voy. Brisay.

CHENUZIL (Perrin et Guill. de), vendent à Gui, Cte de *Forez*, leurs cens et rentes percept. à Estrociat; 1349. (*r.* 1394, *p.* 60.)

CHERBEYE (Thibaut de). Fief de Ligron, par. de Corzé: *Baugé*, 1431. — Marguer. de Cherbeys, sa fille; *Idem*; 1454. — Michel de Cherbeye, écuyer, Sg. d'Ardanne, secrét. du Roi, mari de Jeanne Chabote, fille de feu Pierre Chabot; *Idem*; ens. la t. et seg. de la Mallières, par. de Friche ; compromis entre lui et Ysabeau de Maridort, sa belle mère, au sujet de cette terre et seg. : *Baugé*, 1469 *ad* 1481. — Jean de Cherbeye. Mêmes t. et s.; 1502. — Jaques de Cherbeye, Chev., Sg. d'Ardanne, gentilh. de la Chamb., par son proc., Louis de Cherbeye, écuyer ; *Idem*; 1666 (*r.* 347, *p.* 34, 35; *r.* 348, *p.* 36; *r.* 357, *p.* 56, 68; *r.* 1345, *fol.* 14; *r.* 1346, *p.* 151.)

CHERBEYE (Jean de), écuyer de cuisine du Duc d'Anjou, *al.* du Cte du Maine. Maison et dom. de la Fontaine-St Martin; ens. celle de la Segrairie: *Mans*, 1471. (*r.* 343, *p.* 40; *r.* 345, *p.* 53.)

CHERBEYE (Michel de). T. s. de St Oyn, de la Peret et autres: *Amboise*, 1515 *ad* 1524. (*r.* 432, *p.* 20, 76, 81, 83.)

CHEREIL (Gilbert de), Chev., Sg. dud. lieu. Forteresse de Cordebeuf, dom. et mouv. en dép. *Billy*, 1443. (*r*. 432, *p*. 49.)

CHERELLE (Etiennette la), v^e de Guill. le Balleur, Métairie de Buessay, par. de Rigueil : *Chât.-du-Loir*, ... (*r*. 348 *bis, p*. 18, 21.)

CHERFETAIN (Silvestre, frère de), écuyer, lieut. de cavalerie au rég. de Beringhem. Fief et dom. de Jabert, par. de Bessenay ; ens. la maison de Cherfetain : *Lyon*, 1722. (*r*. 497, *p*. 173.)

CHERIE (Guill. de), fils de Simonin de Cherie. — Berthomer, *al*. Bertholomer de Cherie, son frère Matheron de Cherie, Dam. Hôtel, t. s. de Cherie, par. de *Souvigny* ; 1300, 1357. (*r*. 467, *p*. 187, 220, 224, 237.) Voy. Chery.

CHERITÉ (Jean). — Mathurin Cherité, écuyer. T. s. de Voisin, Noyaulx et Chereaulx : *Baugé*, 1480 *ad* 1508. — François de Cherité, écuyer, par success. de Phorien de Cherité, Chev. ; *Idem ;* 1603. — Charles de Cherité, Chev. ; *Idem ;* 1676. (*r*. 347, *p*. 21, 22 ; *r*. 348, *p*. 36, 37 ; *r*. 352, *p*. 106, 125 ; *r*. 405, *p*. 26 ; *r*. 453, *p*. 81, 82.)

CHERITÉ (Charles de), Chev., Sg. de la Verderie, fils aîné de feu Louis de Cherité, Chev. T. s. de Pallites, Beaulieu et Moreau ; ens. la châtell., t. s. d'Apvrilly, acq. de Charles Giroust, écuyer, fils de feu Jaques Giroust, Chev. : Beaufort en *Anjou*, 1664. (*r*. 357, *p*. 91 ; *r*. 396, *p*. unique.) Rel. de lui : Honoré du Bueil, Sg. de Fontaines ; René de la Grandière, Sg. de Montgeffroy ; Gabriel de Launay de la Methaye, Chevaliers ; Jaques de Maumeschin, Sr de la Cormière ; Hercules de Torcé. Sr de la Pinochère, écuyers. Me François Foullon, lieut. crim. à Saumur, mari de Magdel. Giroust.

CHERITÉ (Henri). Office d'huissier fayé hérédit. au bureau des finances de Bourges, acq. de Claude Loizeau, dont hom. : *Dun-le-Roi*, 1726. (*r*. 451, *p*. 92.)

CHERMETTE (Claude), écuyer, S^r de St Maurice, gendarme de la garde du Roi. Rentes nobles de la Mollière, Cleard et Reorge : *Lyon*, 1720. (*r*. 497, *p*. 62, 70.)

CHERPENTIE (Marie-Blanche), v^e d'Alexandre Fretard, écuyer, Sg. de Rinville. F. s. de St Constant : *Aunay*, 1700. (*r*. 436, *p*. 370, 381.)

CHERRIER (Nicolas), Sr de Guilly, av. en parl., pour sa f^e Augard. Maison à *Vierzon;* 1676. (*r*. 445, *p*. 262 ; *r*. 446, *p*. 30 et suiv.)

CHERS (Jean de), à cause de Jeanne Jordain, sa f^e. Hôtel de Giverlay, dom., dîmes et dr. en dép. : *Hérisson*, 1449. (*r*. 462, *p*. 206.)

CHERTEMS (Pierre), de Seuil, Chev., capit. d'infanterie. Terre et châtell. de Charon : *La Rochelle*, 1717, 1739. (*r*. 439, *p*. 120 ; *r*. 442, *p*. 43.)

CHERUET (Jaques), pour Benoît Cheruet, son père. Le tènement de Servietères, par. de Bie : *Chaveroche*, 1505. (*r*. 452, *p*. 143.)

CHERY (Jean de). Fief situé en la châtell. de *Moulins*, et moitié de la dîme de Praël, autrement Roncel : *Verneuil*, 1375. — Simon de Chery, écuyer, Sg. dud. lieu. Partie de la même dîme ; 1410. (*r*. 432, *p*. 4 ; *r*. 460. *p*. 47, 211.)

CHERY (Simonin de). Hôtel, t. s. de Chery, par. de Besson : *Souvigny*, 1410. — Pierre de Chery ; *Idem* ; 1449, 1452. — Jean de Chery, écuyer ; *Idem ;* 1488. — Gilbert de Chery, écuyer, son fils ; 1488, 1505. (*r*. 453, *p*. 70 ; *r*. 454, *p*. 67 ; *r*. 467, *p*. 114, 116, 257 ; *r*. 484, *p*. 112.)

CHERY (Jean de), écuyer. Chât., t. s. de Molin-Porchier : *Aisnay-le-Chatel*, 1454. (*r.* 453, *p.* 28 ; *r.* 462, *p.* 267, 268.)

CHERY (Claude du), écuyer, pour Marguer. du Mostier, *al.* Moytié, sa f^e. T. s. de Champgaraud, par. de Culhat : *Riom*, 1669. (*r.* 499, *p.* 61 ; *r.* 502, *p.* 65.)

CHERY (Eustache de), Chev., Sg. de Beaumont, chan. et trésor. de la Cathédr. de Nevers, tuteur des enfans de la Roche-Loudon. Chev. T. s. de Reimbé, par. de Baunegon : *Ainay*, 1714, (*r.* 477, *p.* 13.)

CHÉS (Jean), Dam. pour Marguer., son ép. Justice h. m. et b. en la terre de Magnence, par. de Mulines et de Pin, par indivis avec Archambaud de St Girand : *Moulins*, 1350. (*r.* 454, *p.* 73.)

CHÉS (Pierre de), écuyer. Hôtel, dom. et seg. d'Antinay : *Murat*, 1418. (*r.* 460, *p.* 334.)

CHESAUS (Jean du), de Pareze, clerc. Terres, prés, garenne en la par. de Livry : *Bourb.*, 1300. — Guill. du Chesaus, de Pareze, son fils ; 1323. (*r.* 464, *p.* 296, 435.) Non nobles.

CHESAUT (Gilbert), écuyer. Fiefs de la Besoule et du Chiron : *Marche*, 1669. (*r.* 474, *p.* 25.)

CHESE (Perrin de), Dam., Raoulet et Girard, ses frères, vendent à Hugonin Groygnon, Dam., Sg. de Serchamp, leur dîme, garenne, cens, rentes et tailles ès par. de St Julien d'Oddes et de St Germain-Laval ; 1320. — Raulet de la Chese, Dam. Maisons, dom. et mouv. ès par. de Cordelle et de St Cyr, mandement de Verdier ; 1337. — Etienne de la Chese, Dam. Maison, t. s. au territ. de Rillé, mêmes par., 1337 : *Forez*. (*r.* 490, *p.* 118 ; *r.* 492, *p.* 290 ; *r.* 1397, *p.* 273.)

CHESE (Martin de la.) Maison, terres, prés, jardin de la Chese, par. St Bonit de Quadrelles ; 1351. — Pierre de la Chese. Prés et bois sur le chemin de la Chese, mandement de Chastel Neuf ; 1351 : *Forez*. (*r.* 490, *p.* 151 ; *r.* 491, *p.* 87, 91.)

CHESE (Hugues de la), *de Chizia*, à cause d'Ysabelle de Mailly, *de Malliaco*, Damoiselle, son ép. La grosse tour de Mailly, le bois de Chauvaigny ; justice, cens et tailles sur plusieurs tènemens sis à Crevant et ailleurs : *Bourb.-Lancy*, 1377. (*r.* 466, *p.* 218.)

CHESE (Jean de la), écuyer, pour lui et sa mère Cather. de la Goute. F. s. de Tremolin au mandement de St Just en Chavalet : *Forez*, 1509. (*r.* 452, *p.* 95.)

CHESNAYE (Huet de la), écuyer, Sg. du Pin, et sa f^e Anette d'Auxigné, vendent à Martin Leudays, dit Gulant, écuyer, garde du pont de Sé pour le Duc d'*Anjou*, 2 maisons sises aud. lieu, dont l'une chargée d'un cens féodal ; 1453, 1459. (*r.* 1356, *p.* 12, 29.)

CHESNAYE (Louis de la). Chev., Bon de Puymorin. F. s. de la Guillotière, par. de St Pierre de Melle : *Chatelleraut*, 1703. (*r.* 437, *p.* 70.)

CHESNAYE (Louise de la), ép. de François-Charles de Gilliers, Cte de la Villedieu. F. s. de Juvarsay, par. de Beaussay : *Melle*, 1716. (*r.* 438, *p.* 89, 90.)

CHESNE (Georges du), écuyer, et Marie de Vairières, sa f^e. H. justice en leur terre du Tail : *Baugé*, 1458. — Fouques du Chesne, écuyer ; *Idem* ; 1502, 1508. (*r.* 342, *p.* 13 ; *r.* 348, *p.* 36, 37 ; *r.* 457, *p.* 39.)

CHESNE (Samuel du), écuyer, S^r de St Léger, fils et seul hérit. de feu Esaie, al. Isaye du Chesne, écuyer, et petit-fils de René du Chesne, aussi écuyer, Sg. de S¹ Léger, et Esaie du Chesne, écuyer, son fils. Fief de Gorse, al. Goise, par. S¹ Mandé. — Jean du Chesne, écuyer, Sg. de S¹ Léger. Fief des terres nouvelles en la même par. de S¹ Mandé : *Aunoy*, 1669 ad 1727. (r. 433, p. 135 ; r. 434, p. 88 ; r. 436, p. 267 ; r. 437, p. 310 ; r. 438, p. 575.)

CHESNE (Gilbert du), Sʳ de Nozay, mᵈ. Le terrier de Vialet, par. de Rougere ; ens. le fief de Bornière, par. de Varennes : *Billy*, 1720, 1724. (r. 478, p. 93, 484.)

CHESNEL (Jean), écuyer, Sg. d'Auge. Dr. de dîme en la par. de Faverolles : *Montrichard*, 1484. (r. 353, p. 5.)

CHESNEL (Louis), Chev., Sg. d'Escoyeux. F. s. de Fourras à lui échu par sa mère Marie de Polignac ; 1707. — Charles-Louis Chesnel, Chev., Sg. d'Escoyeux, capit. des vaisseaux du Roi, et Gabrielle Thérèse Chaslogne, al. Chataigner ; idem ; ens. les fiefs de Mesnac, Chasotte, Montigny et Boissereau : *Cognac, Rochefort*, 1716 ad 1726. (r. 439, p. 27, 47 et suiv. ; r. 440, p. 40 ; r. 441, p. 51, 52.) Signe, d'Escoyeux.

CHESSÉ (Marie-Elisabeth de), vᵉ de Jean Fumée, écuyer, Sg. des Bordes, mère et tutrice de leurs enfans Marie-Thérèse–Elisabeth, née le 25 août 1713, et Ant. Honoré Fumée, né le 21 sept. 1714. F. s. de Chât.-Fromage, par. de Bignon : *Maubergeon*, 1716. (r. 438, p. 28.)

CHEUAIS, ou Chevais (Jean), Sʳ de Coudres. T. s. de Marigné : *Civrai*, 1688. (r. 435, p. 230, 231.)

CHEUARRIER (Marie), vᵉ de Gilbert Bernard. T. s. de Breuards et du Pouyet, par. de Limons : *Gannat*, 1716. (r. 507, p. 111.)

CHEUENES, Cheuesnes. Voy. Chevenes.

CHEUOIR (Marie-Jeanne le), vᵉ de René du Boulie–Turquant, Chev. T. s. de Resnon et de Pouzieux ; ens. le fief de la Sale aux Chauvins : *Chatelleraut*, 1684. (r. 435, p. 148, 149.)

CHEURER (Guill.), al. Poisant, paroiss. d'Aveuldre. Maison de Beguignères, et terrein contigu ; 1398. — Guill. Cheurer. Plusieurs pièces de terres et de pré, avec une portion de dîme, en la par. de Mesangy ; 1410, 1443 : *Bourb.* (r. 463, p. 141 ; r. 464, p. 352 ; r. 465, p. 24.) Non nobles. Voy. Cheuret, ci-ap.

CHEURES, Cheuret, Cheuroz. Hugues Cheuret, Dam. Dom., terrage, cens et tailles à Champseur, al. Chanseur, etc. ; 1345. — Bureau Cheuroz, Dam. Maison de Champseur, dom., bois, moulin, par. de Corency ; 1349. — Bureau Cheures, Dam. Hôtel de Champseur, Dom., bois, moulin, serfs et arr. fiefs ; 1351 : *Chât.-Chinon*. (r. 470, p. 38, 122, 126.) — Bureau Cheuret, Dam. Diverses parties de prés, champs, vignes et cens : *Bourb.-Lancy*, 1361. (r. 467, p. 48.)

CHEURET (Marguer. et Jeanne), filles de feu Jean Cheuret. Dom. et rentes en la par. de Mesangy : *Bourb.*, 1410. (r. 464, p. 132.) Non nobles.

CHEURIER (Gui), Chev. Maison de la Forest (confisquée pour forfaiture sur Pierre Remy) ; ens. l'usage dans la forêt de Grosbois : *Bourb.*, 1340. (r. 464, p. 312.)

CHEUROZ (Regnaut dit), féal sergent d'Agnès, dame de *Bourb.*, reçoit d'elle, à cause de ses louables services, le chesal appel. le mas Rousset, et dép., avec le dr. d'usage, dans le bois de Perroigne; octob. 1269. r. 463, p. 248.)

CHEURIER (Pierre), Sr de Champré, bourg. d'Issoudun. Fief seg. de Rezay, par. de Maron : *Issoudun*, 1705. — Etienne, son fils ; *Idem* ; 1717. (r. 448, p. 107, 180 ; r. 449, p. 259 ; r. 450, p. 20.)

CHEVAGNY (Ysabeau de), mère de Mun, segnor Perron de Monflor. F. s. au Montet, par. de Maletay en Brionnois : *Autun*, 1261. (r. 466, p. 1666.)

CHEVAIM (Jeanne), v^e d'Ant. Bourdaloue. Le pré de Peloille : *Mehun-s.-Y....*

CHEVAL (Jean), fils de Durand Cheval, al. Duyat, et Cécile, sa f^e, fille de Thevenin Cherner. Trois pièces de terre ès ter. de la Garenne, Limon et Villaigne, 1397 : *Beçay*. — Gilles Cheval. Terres, cens et rentes en la même châtell. de *Beçay* ; 1457. (r. 455, p. 35, 154.)

CHEVALEAU (Jean), Valet, à cause de Bretholomée de Larchiere, sa f^e. Terres et rentes aux environs de Champaigne : *Mirebeau*, 1406. (r. 330, p. 102.)

CHEVALIER, aussi Chevallier (André.) Habergem^t de la Bouroliere : *Chât.-du-Loir*, 1348, (r. 344, p. 82.)

CHEVALIER (Rolland), écuyer, Sg. de Louresses, et Marie d'Ormes, sa f^e. Hôtel et dom. de Jargeau : *Sully*, 1418. (r. 432, p. 23.)

CHEVALIER (Pierre), écuyer. T. s. de Montperroux : *Chât.-Chinon*, 1444. (r. 470, p. 6.) Tient de lui Jean de Chaille, écuyer.

CHEVALIER (Pierre), Sr de la Chicaudière, cons. en l'Elect. du Maine. T. s. de Bildoux, par. de Vivoing : *Beaum.-le-Vte*, 1661. (r. 356, p. 91 et suiv. ; r. 431, p. 9 ; r. 457, p. 89.)

CHEVALIER (Jean), bourg. de Salers, fils de Jean. Dom., h. m. et b. j. de Longevialle et d'Elfaud, ès par. de St Paul et d'Anglard : *Riom*, 1669, 1685. — Louis Chevalier, bourg. de Salers ; *Idem* ; 1723. (r. 499, p. 29 ; r. 500, p. 158 ; r. 503, p. 441 ; r. 508, p. 42.)

CHEVALIER (Jacob), Sr de la Jarne. T. s. de St Xandre, en partie : *La Rochelle*, 1673. (r. 433, p. 67.)

CHEVALIER (François), écuyer. Sg. de Villemorin. T. s. des Cerisiers, et celle de Villemorin : *Aunay, Civray*, 1679, 1699. (r. 435, p. 89, 90 ; r. 436, p. 252, 253.) — François Chevalier, écuyer ; *Idem* ; 1718. (r. 438, p. 369, 370.)

CHEVALIER (Marie-Angélique), v^e de J. B. Victor de Cremeau d'Entragues, Chev. T. s. d'Entragues, pour restitution de sa dot, par. d'Eglise-Neuve : *Riom*, 1684. (r. 503, p. 205.)

CHEVALIER (Anne), f^e de Jean Pichonnet, et Jaquette Chevalier, sa sœur, heritières de Mathurin, leur frère. F. s. de Beaufranc, par. de la Souterraine, tenu à foi lige avec le baiser : *Monmorillon*, 1686. (r. 435, p. 172.)

CHEVALIER (Louis), Chev., Sg. d'Apchon, comme tuteur de ses nièces, filles de feu Claude d'Apchon, G^d Sénéch. d'Auv., son frère. T. s. d'Apchon, par. St Hypolite, et celle de Falgoux-le-Vaulmier, etc. : Elect. de *St. Flour*, 1699. (r. 506, p. 32.) Voy. Apchon, d'où paraîtrait que le nom *Chevalier* n'est ici qu'un titre.

CHEVALIER (Yves). Mis d'Alegre, M^{al} des Camps et armées. T. s. de Flageau et autres : *Brioude, Clerm., Riom*, 1699. (r. 506, p. 50.)

CHEVALIER (Jean-Paul), Chev., Sg. de Cancolle, Mis de la Motte d'Airan, capit. de vaisseaux, pour Marie-Anne d'Ocoy, al. d'Oquois, fille de feu François d'Oquoy, Chev., Sg. de Couvrelle, et d'Anne Gombaud. F. s. de Saintrejan, al. St Trojean et autres: *Angoul., Cognac,* 1700 ad 1721. (r. 439. p. 15, 113; r. 440, p. 50.)

CHEVALIER (Phil.), écuyer, pour Jeanne le Large. Partie de la t. et s. de Chambon: *Dun-le-Roi,* 1704. (r. 448, p. 76.)

CHEVALIER (Phil.), proc. du roi en la châtell. de Chantelle. T. s. de Molle et de Vernet, al. Verinet. par de Marcilly: *Chantelle,* 1712, 1719. (r. 477, p. 79, 571 ; r. 478, p. 24.)

CHEVALIER (Antoine), notaire. Fief, terre et franchise de la Prugne, par. de Reugny: *Herisson,* 1713 ad 1722. (r. 477, p. 102, 172 ; r. 478, p. 249.)

CHEVALIER (Jaques), S^r de St Mars. T. s. de Murzeau, par. de Boisvert: *Aunay,* 1718. (r. 438. p. 366.)

CHEVALEAU (Jean), Chev., Sg. de Bois-Ragon, donataire de Marie du Verger, sa belle-mère. F. s. de Mazerolles, par. de Pezay-le-Château: *Aunay,* 1705. (r. 437, p. 136.)

CHEVECHERE (Pierre de). paroiss. de Salis, vend à Gui, Cte de *Forez,* les cens, rentes et dr. de lods et ventes qu'il relève de lui à la Chevechere ; 1337. (r. 1395, p. 172.)

CHEVEGNY (Jean de), Dam., et Ameiart, son ép., fille de feu Himbaut, Chev. Dime de Veures et autres objets ès par. de Colandon, Agouges, Marcegny et autres: *Bourb.,* 1300. (r. 463, p. 167.)

CHEVEIGNY, *Chevenhiaco* (Thibaut de), Dam. Hôtel, dom , bois et arr. fiefs de Cheveigny ; ens. les fiefs de Pouzeux et de Verreres, par. de Marci, Montiglis, Colendon, Iseure et autres ; et, à cause de Marguer. sa f^e, fille de Gui Boutefeu, Chev. La dîme de St Sornin, cens et tailles en la par. de Veurdre: *Belleperche, Bourb., Moulins, Murat, Pougny,* 1353 ad 1372. (r. 454. p. 161, 209 ; r. 461, p. 15 ; r. 464, p. 336 ; r. 465, p. 109, 176, 181, 194.)

CHEVENIE (Guigone, v^e de Humbert de), Dam., tutrice de leurs enfans, Maison de Chevenie et dép., par. de Harzilletz: *Beaujeu,* 1331. (r. 485, p. 95.)

CHEVESNES, Chevaines, Chevanes, Chevenes (Jean de), Dam. Maison de Quincises, al. Quineises, dom., bois, j. h. m. et b. *Chât.-Chinon,* 1351, 1356. (r. 470, p. 56, 110.)

CHEVENES (Jean de), Dam. Hôtel de Chevanes, et tailles sur le tènement de Pasturaul: *Chaveroche,* 1367. (r. 454, p. 245 ; r. 455, p. 184.)

CHEVESNES (Huguenin des), écuyer. Le tènement de Chevesnes, par. de Thiel ; 1411. — Jean des Chevenes, écuyer, et Cather.-Ysabeau de Colligny, sa f^e. F. s. de Chevenes ; 1454 : *Moulins.* (r. 454, p. 86, 108.)

CHEVENES (Jean de), écuyer. Devoirs féodaux sur divers immeubles, assis aux environs de *Chaveroche* ; ens. le tènement de Laugière, acq. de Guill. Prost: *Pougny,* 1454. (r. 455, p. 223 ; r. 468. p. 374.)

CHEVREAU (Denis et Pierre). Fief de la Bouygniere, al. Boygniere etc., autrement di le Petitbois: *Amboise,* 1515, 1522, (r. 432, p. 81, 83.)

CHEVRIERES, Chevericre. Cheurrere (Henri de la). Herbergem^t de la Roche-de-Vaux ; 1342.—Jaques de la Chevrieres: *Idem,* et du Bouschet ;

1489. — Jean de la Cheveriere, écuyer; *Idem;* 1603. — Marguer. de la Chevriere, v° de J. B. Louis de Beaumanoir, Chev., B°ⁿ de Lavardin, fille de Jean de la Chevriere, Chev., et d'Anne de Jussan, tient de son chef les châtell. de la Roche-de-Vaux et du Bouchet-aux-Corneilles, par. de Regueil ; et, comme tutrice de leurs enfans, la seg. de Bataillière; 1659. 1661 : *Chât.-du-Loir.* (r. 344, p. 58; r. 348 bis, p. 18; r. 352. p. 152; r. 356, p. 109 ; r. 365, p. 11.) Rel. de cette Dame : Michel du Bouchet, Sʳ de la Forterie ; Sébastien de Broc, Sʳ de Perraye, écuyers.

CHEZY (François de). F. s. du Moulin Porchier ; *Bourb.*, 1513. (r. 452, p. 224.)

CHIGNON (Jeanin). Maison, dom. et tailles ès finages de la Volote : *Chât.-Chinon*, 1396. (r. 469, p. 184.)

CHILLEAU (François, al. Jean-François du), Chev., Sg. du Vignaud ; Marie de Tusseau, sa fᵉ; François et Gabriel du Chilleau, Chev., leurs fils. F. s. de la Charrière : *Niort;* ens. celui de la Tour-Savary, par. de Naintré: *Châtelleraut,* 1662 ad 1717. (r. 435, p. 158 ; r. 437, p. 32, 125 ; r. 438, p. 94, 289.)

CHINART (Guill.), fils de Humbaut. Rente en la par. de Besson : *Souvigny*, 1300. (r. 467, p. 240.)

CHINICHÈRE (Jean de la). Tènement de la Chinichère, par. de Salis, mandemᵗ de Cernerie : *Forez*, 1334. (r. 491, p. 147.)

CHIOCHE (Jean), écuyer, Sg. de la Rochière. F. s. de Fougières : *Marche*, 1506. (r. 452, p. 268.)

CHIPIÈRE (Guill. de), Dam. : *nobilis vir Guillelmus de Chipetra domicelus,* pour Marguer. son ép. F. s. du Lateys et d'Ariseulles : *Moulins*, 1365. (r. 454, p. 13.)

CHIRAT (Alise de), v° de Hugues Coulon, *Columbi*, Chev., et le sire Gualerand de Montfan, leur fils. Maisons, forteresses, dom., bois, dîmes, cens et tailles ès par. de Montfan, Lochi, Mellars et autres; ens. une partie du péage d'Entrevaux : *Verneuil*, 1322. (r. 460, p. 43, 136.)

CHIRAT (Jean-Claude). Boutique en la boucherie de la Lanterne : *Lyon*, 1715 (r. 496, p. 210.)

CHIRION (Guiot de), écuyer, Sg. de la Rodère, ou Roderie. Tènemᵗ de Lage-Bougrin : *Marche*, 1506. (r. 453, p. 239.)

CHIRON (Blaise). Deux tiers du fief de la Brodière : *H.-Marche*, 1669. (r. 474, p. 321.) Signe, Chirour.

CHIROUS, aussi Chiroux (Bartholomée de), Dam. paroiss. de S°° Croix de Gannat. Etang et moulins de Chiroux, menus cens et partie du péage de *Gannat;* 1301. — Roger de Chiroux, Dam.; 1321 ad 1351 ; *Idem.* — Perrot de Chiroux, Dam. Etang de la Vanellière et rentes en grain ; 1377. (r. 457 bis, p. 77 ; r. 458, p. 3, 16, 175 ; r. 458, p. 176.)

CHISSÉ (Jean de), écuyer, Sg. de Vaux-le-Vᵗᵉ, pour Marie Freimère, son ép. Dr. d'usage en la forêt de Berczay : *Chât.-du-Loir*, 1489. (r. 348 bis, p. 18.)

CHITAIN, aussi Chitaing (Hugues, al. Guill. de), Chev., et Agnès, sa fᵉ, fille de Gilles de Clement, Chev. Dom., bois, cens, tailles et arr. fiefs ès par. de Varennes-sur-Tesche, de Veurdre et de Besson : *Chaveroche, Montluçon, Souvigny*, 1301. (r. 467, p. 222 ; r. 468, p. 320 ; r. 469, p. 86.)

CHITAIN (Jean de). Maison de St Etienne; ens. sa chevance de Maignet, al. Marguet: *Billy*, 1506. (r. 452, p. 130.)

CHITAIN (Claudine-Marie de), v° de Guill. Routier, cons. au présid. de Moulins. F. s. de St Etienne-du-Bas, par. du même nom : *Billy*, 1722. (r. 478, p. 306.)

CHITTON (Angélique), f^e de Pierre Chitton, écuyer, Sr de Maulaurier, al. Montlorier. F. s. de Plibou : *Civray*, 1698, 1717. (r. 436, p. 157; r. 438, p. 312.)

CHIVALIER (Pierre), dit Porcien. Dîme des vieilles Broces : *Verneuil*, 1342. (r. 460, p. 50.) Non noble.

CHIVEGNE (Jean de), Dam. Maison, t. s. de la Bessace ès par. de Charenton et d'*Aisnay* ; 1300. (r. 463, p. 49.)

CHIVRAY al. Sivray (Jean de). Une pièce de terre en la par. de Teneuil : *Bourb*., 1403. (r. 465, p. 14.) Non noble. Voy. Sivray.

CHIVRÉ (Gédéon de), Chev., Sg. de Meillian et autres lieux. Maison, t. s. de la Touche-Moreau et du Heaulme, en la châtell. de St Laurent-des-Mortiers : *Anjou*, 1670. (r. 358, p. 12, 52.) V. Chuire.

CHIVRERE (Jeanne), Dame de la Buxière. Maison forte de Sarrie ; dom. et seg. ès par. de St Didier et de Varennes-en-Briennois : *Beaujeu*, 1354. (r. 489, p. 193.)

CHIZEILLES (Agnès de), Dame de Clary. T. s. de Mornant, mouv. de *Chât. Chinon*, cédée autrefois par Gibaust de Mello, Chev., Sg. d'Espoisse, son frère, à Philib., Sg. de Paillart, présid^t au parl. de Paris, dont elle l'avait rachetée pour en faire don à vie, à Jean des Essars, abbé de St Jean de Sens ; 1379. (r. 1357, p. 335.)

CHODENAY (Jean de), Dam. Maison d'Ayrat, vigne, pré contigu, 4e partie de la dîme de Moustier, *Monasterii*, et dr. d'usage dans le bois de Tronceon, par. de Bellevane. — Guill. de Chaudenay, Dam. Même dr. d'usage; ens. l'hôtel d'Ussel, dîmes, cens et rentes, par. de Monetey ; 1322 : *Chantelle*. (r. 458, p. 218, 312.)

CHODENAY (Guill. de), Dam. Huitième partie de la dîme de Bouzat : *Gannat*, 1322. (r. 458, p. 77.)

CHODENAY (Guill. de), Dam., paroiss. de Bellavaine. Dom. et redev. en la par. de Vernuces : *Murat*, 1322. (r. 461, p. 73.)

CHODENAY (Marguer., v^e de Guill. de), Damoiselle, pour Cather. leur fille. Rente sur la dîme de Bouze : *Rochefort*, 1326. (r. 469, p. 4.)

CHOFEUX (Tristan de), pour Cather. Huguetière, sa f^e. Quatrième partie de la dîme des Chezaux, par. de Chemilly : *Beçay*, 1411 (r. 455, p. 156.) Non noble.

CHAUFFOIS (Claude). Le fief d'Essuis : *Marche*, 1669. (r. 474, p. 161.)

CHOINS, al. Choinet (Antoine de), Damoiselle, v^e de Louis Alexandre, écuyer, Sr de Chantelou. Fief de Russeaulx : *Chât.-du-Loir*, 1604. (r. 352, p. 140.)

CHOISEUL (François de), Chev., Sg. de Praslin, lieut. gén. en Champagne, pour Charlotte de Hautefort, son ép., fille du Mis de Hautefort. T. s. de Tuffières, par. de Vas : *Chât.-du-Loir*, 1662. (r. 356, p. 10, 90; r. 431, p. 23.)

CHOL (Girbert), Dam. — Guill. Chol, son fils. — Guilleme, v^e d'Odon, *al.* Odin, *al.* Eudes Chol. — Vezian Chol, fils de feu Odon Chol. — Girbert Chol, Dam. Hôtel de Gohoneyre, dom., bois, cens et arr. fiefs; ens.'la maison de la Jarrie, dom. et bois ès par. de Tresail, Fleuret, Marcegnie, Varennes-sur-Tesche; et autres : *Chaveroche,* 1300 *ad* 1342. (*r.* 467, *p.* 314; *r*, 468, *p.* 16, 17, 211, 279, 331, 384.)

CHOL (Hugues et Monin), Dam. Hôtel de Roser, *al.* Roset. Terres, bois et mouv. en la par. de Tresteaux. — Hugues et Guill. Chol, de Champpelloux, Dam. Dom., dîme en la par. de Tresail. — Jean Chol, Dam., fils de feu Guill. Chol. Maison, dom. et mouv. en la par. de Tresteaux. — Rolin, *al.* Raoulin Chol., Dam., paroiss. de Tresteaus. Dom., cens et rentes au territ. de la Condemine. — Phil. Chol. Dam. Hôtel de la Fontanère, *de Fonteanera,* dom. et mouv. : *Chaveroche,* 1342. (✿ 468, *p.* 72, 120, 139, 161, 197, 199, 242, 263.) Voy. Choul, Chous.

CHOLE (Luque), v^e de Girbert Fortin; Girbert et Jean, leurs enfans. Censives percept. au territ. de Chambon-sur-Tesche : *Chaveroche,* 1364. (*r.* 468, *p.* 227.)

CHOLEI *al.* Choleus, prévot de St Baldomer. Maison sise aud. lieu : *Forez,* 1333. (*r.* 492, *p.* 30.)

CHOLET (Audin), Sg. de Geneytos, Dam., achète de Jean de Feudo, paroiss. de Neironde, et d'Audine de la Blanchonie, son ép., un pré au territ. de Moulin-Jobert : *Forez,* 1315. (*r.* 1395, *p.* 189.)

CHOLET (Jeanet), Dam., pour Pétronille, sa f^e, fille de Pierre de Genestines. Hôtel de Genestines, dom. et mouv.; ens. les dîmes de Gondaux et du Verdier, ès par. de St Plesir et de Couleuvre; 1365. — Jean Cholet, écuyer; 1407, 1411. — Phil. Cholet, écuyer; *Idem;* 1443: *Bourb.* (*r.* 464, *p.* 257, 362; *r.* 465, *p.* 28.)

CHOLIER (Pierre), Chev., Sg. de Cibenis, présid^t en la cour des monnoies de Lyon. T. s. d'Albigny, Montmorand et autres : *Lyon,* 1720. (*r.* 497, *p.* 79.)

CHOMBERG (Françoise de), v^e de Daillon Cte du Lude. Le comté et la seg. de Rillé au duché de Beaumont : *Tours,* 1620. (*r.* 454, *p.* 58.)

CHOME (Jean de la), écuyer. Maison d'Anglure, dom., bois, cens et tailles : *Habant,* 1351. (*r.* 470, *p.* 124.)

CHOMEL (Ant.) lieut. en l'élect. de Moulins. T. s. de Montcoquier, Linars et Gravières, par. de Monestay-sur-Allier, acq. sur Claude de la Souche, écuyer, S^r de St Augustin : *Verneuil,* 1696, 1699. (*r.* 475, *p.* 236,)

CHOMEL (Claude, *al.* Claudine), v^e de Charles Texier, Sr de la Nogerette, receveur gén. du Bourbonnois, tutrice de leurs enfans. F. s. de Montifaut, de la Vieure, *al.* la Rivière, et de la Villate, par. de Melliers, Châtillon et autres : *Souvigny, Verneuil,* 1717, 1720. (*r.* 477, *p.* 314, 315; *r.* 478, *p.* 126.)

CHOMET (Ant.), m^d. Partie du terrier de Puyguillon, par. de Baune, acq. de Gilbert de la Mousse, écuyer, Sr de Baune : *Murat,* 1714, 1726. (*r.* 477, *p.* 110; *r.* 480, *p.* 77.)

CHOMET (Gilbert), garde des forêts du Roi. Cens et dev. acq. en la par. de Beaune, de Claude du Peroux, écuyer, Sg. des Escures, et d'Anne Magdel. de Rollat, son ép. : *Murat,* 1720. (*r.* 478, *p.* 94.)

CHOMET (Ant.), garde des forêts du Roi. Cens et dev. ès par. de

Chirat, Guérin et autres, acq. de Jean Aumaistre, Sg. de Chirat : *Chantelle*, 1720. (*r.* 478, *p.* 97.)

CHONNEAU (Jaques), homme lige des lieux de Guimont et de Chieicaradon : *Marche*, 1507. (*r.* 453, *p.* 229.)

CHINNETON (Pierre), de Malicorne, et Marguer. Rondillone, tiennent à hom. franc et lige de main et de bouche, le lieu de Montassogier, dom., bois, garenne, pêche, dîmes, cens: *Montluçon, Murat*, 1443. (*r.* 461, *p.* 7.) Non nobles.

CHOPIT. Choppy, Chospy (Jean de), notaire à Chenerailles. Le fief du vill. de Biourat, par. St Pardoux. — Gilbert Chospy. Le fief de Margniat, même par.; 1669. — Léonard Chopit, stipulant pour lui Jean Lombard, bourg. d'Aubusson, son curateur et frère uterin. Même fief de Margniat; 1684. — Claude Chopit (sig. Choppy). Le fief d'Essouis, par. St Pardoux ; et comme tuteur des enfans de feu François Choppy. Partie d'une petite dîme en la par. St Dizier; 1684: *Ahun, Chenerailles*. (*r.* 474, *p.* 163, 251, 460, 461, 545.)

CHOPPIN (Jean et Ant.-Jaques), dem. au vill. de Lery, par. de Baune, fils de feu Pierre-Jaques Choppin. Menus cens et dev. acq. de Louis de St Martin, Chev., Sg. de Villard : *Murat*, 1703. (*r.* 476, *p.* 81.)

CHORLLON (Ant.). F. s. de la Villasi ; 1669. — Isaac Chorllon (signe, Chorillon). F. s. des Rioux. et de Cherdemond ; ens. la dîme de Brugnat ; 1669. — Alexis Chorllon, présid^t au présid. de la Marche. F.'s. de Chardemont ; 1717. — Valerie Chorlon. T. s. de la Villate, par. St Sulpice-le-Gueritois; 1724 : *Guéret*. (*r.* 474, *p.* 283, 284; *r.* 477, *p.* 448 ; *r.* 481, *p.* 30, 52.)

CHORY (François), à cause de sa f^e Claire de la Porte, fille de Léonarde de la Boureys. Fief du Fresse, par. de Peyrat : *Chenerailles*, 1684. (*r.* 474, *p.* 501.)

CHOS (Phil.), Dam., paroiss. de Treteaus. Maison, dom., bois, garenne et dr. ès par. de Tresail, Floret, Varenne-sur-Tesche et autres; 1350. — Jean Chos, de la même par. Maison de Champrosies, dom., bois, arr. fiefs ès par. de Tresail et de Floret : *Chaveroche*, 1350. (*r.* 468, *p.* 139, 156.) Voy. Chol, et Choul.

CHOSSAING (Aubert de), écuyer, fils d'Hector de Chossaing, Chev., et de Jeanne des Ormes, fille de Louis des Ormes, Chev. Hôtel et mote de Munez, dom. et dr. en dép. : *Chaveroche, Moulins*, 1488. (*r.* 454, *p.* 307.)

CHOTARD (Colas). Dom. ès par. de Jurignac, St Esteve et de Birac, ès châtell. de Bouteville et de Chât.-Neuf : *Angoul.*, 1489. (*r.* 1404, *p.* 166.)

CHOUET (René), Chev., cons. au G^d Conseil, fils aîné de feu Jaques Chouet, Chev., cons. au Parl. de Bretagne, et d'Anne le Vayer, frère de feu Zacharie Chouet, écuyer, et petit-fils de Zacharie Chouet, écuyer, Sr de Fourches. F. s. du Busson, autrem^t de la Tousche-des-Planches, érigé en vicomté sous le titre de Mauny : *Mans*, 1675 *ad* 1684. (*r.* 405, *p.* 34 ; *r.* 410, *p.* 4 ; *r.* 421, *p.* 72.)

CHOUL (Hugonin). Ses héritages ès par. de Tresail et de Bare ; 1301. — Rolin Choul, paroiss. de Tresail, Dam. Hôtel, dom. et mouv. de Nozieres, par. de Varennes-sur-Tesche ; 1364. — Guill. Choul, de

Trestiaux, *al.* Treseaux, Dam. Maison de Fontaneres, terres, prés, vignes et rentes; ens. cens et tailles ès par. de Voivat et de Lesigny; 1374, 1384. — Guill. Choul. Hôtel, dom. et mouv. de Nozieres; 1401, 1411. — Gilbert Choul, écuyer, mari de Cather. François, et Jean Choul, son frère; *Idem;* 1443. — Tachon Choul, écuyer. Hôtel, t. s. de Fontaneres et autres possess.; 1443: *Chaveroche, Moulins.* (*r.* 454, *p.* 165; *r.* 455, *p.* 60; *r.* 468, *p.* 80, 82, 172, 176, 232, 312.) Voy. Chol, et Chos.

CHOUPPES (Guill.), *al.* Chaopes. Herbergem^t de Chouppes, terres, bois, garennes, censives, etc.: *Mirebeau,* 1329. — Jean de Chouppes, Valet; *Idem;* 1366.— Philippon de Chouppes, Valet; *Idem;* 1409, 1411.— N. de Chouppes, écuyer; *Idem;* 1447.—Alexandre de Chouppes, écuyer; *Idem;* 1469. (*r.* 329, *p.* 8 *ad* 11. 46, 47, 48). Vassaux: Jean et Jean Henri de la Chaucée, à cause de leurs f^{es} Jeanne et Guillemette de Chouppes; ens. Julienne de Chouppes, toutes trois sœurs de Philippon ci-dev.; comme aussi Fouquet de la Roche; Alexandre de Chouppes; Etienne et Ant. de la Chaussée, et Bertrand de Moussy, écuyers, celui-ci à cause de Jeanne de Charnes, son ép.

CHOUPPES (Aymard de), Chev., Sg. dud. lieu, lieut. gén. des armées. Baron., t. s. du Fau: *Loches,* 1662. — Emard de Chouppes, Chev., son fils aîné; *Idem;* 1695. (*r.* 356, *p.* 106; *r.* 425, *p.* 101.)

CHOUPPES (Renée-Elisabeth de), héritière de Pierre de Chouppes. Dîme et terrage de Premereul, par. de St Gondon: *Bourges,* 1678. (*r.* 445, *p.* 291.)

CHOUVANCE (Briant de), Chev., Sg. de Rochebriant. Hôtel, dom. et seg. de Cheume: *Montluçon,* 1456. (*r.* 461, *p.* 137.)

CHOUX (Marguer. des), v^e de Jean de Semur, Dam. Seg. de l'Estang; dîme de Gonon: *Beaujeu,* 1357. (*r.* 489, *p.* 93.)

CHOUX (Jean), à cause de Jeanne de Rochefort, sa f^e, et Jean de Rochefort, écuyer. Règlem^t de mouvances entr'eux et le Sg. de *Bourb.-Lancy,* 1445. (*r.* 432, *p.* 49.)

CHOUX (Jean et Claude), frères, écuyers, Sg. de Rochefort. T. s. de Chaix, par. de Vandenesse; 1482, 1497. — Louis Choux, écuyer, pour lui, Jean et Jaques Choux, ses frères, Sg. de Rochefort; *Idem;* 1517: *Bourb.-Lancy.* (*r.* 465, *p.* 120 *ad* 122; *r.* 467, *p.* 84.)

CHROZIERS (Marc), écuyer. T. s. de Crost, par. de Cesguson, au comté de Crotzau: *Marche,* 1669. (*r.* 474, *p.* 264.)

CHUIRE, ou Chivré (Charles de), écuyer, Sg. du Plesseys, et Jean de Chuiré, son fils, écuyer. Maison spacieuse à Angers, relev. de l'abbaye de St Serge, et en supériorité du duc d'*Anjou;* 1464. (*r.* 346, *p.* 60.)

CHUNCHERE (Pierre de la), paroiss. de Salis. Maison avec 2 jardins, situés à la Chunchere, et une pièce de terre tenue à hom. lige: *Forez,* 1334. (*r.* 490, *p.* 93.)

CIEUTAT (Marguer. de), f^e de Raymond de Beinac, Chev., Sg. des Aisies, comme tutrice des enfans de son 1er mari Simon Berthelin, Chev., Sg. de Cluseau. T. s. de Cluseau-Bonneau, par. de Latus: *Monmorillon,* 1702. (*r.* 437, *p.* 17.)

CINCÉ, aussi Cincei (Perrin de), Dam. Dom., bois, dîme, garenne, cens, tailles et arr. fiefs ès par. de Trestiaus, de Tresail et de Cindré; 1300. — Perrin de Cincé, Dam., son fils et d'Ysabeau de Paroy, de l'accord de ses parens, Jean de Paroy et Guys de Tays, Chev.; mis sous la tutelle de Dalmas de Cincé, Dam.; 1340, 1350: *Chaveroche*. (r. 455, p. 231 ; r. 468, p. 119.)

CIRAND (Marguer., f^e d'Eustache). Le mas de Rozet, et m. j., par. de Pers: *Carlat*, 1355. (r. 473, p. 23.)

CIRZAR... (Jocerand, Sg. de). Hom. de ce qu'il tient du Sg. de Rossillon, au chât. et mandem^t d'Annonay: *Forez*, 1342. (r. 494, p. 175.)

CIS, *al.* Cys (Pierre et Guillemet de), frères ; Johannet et Johannin de Cis. Cens, rentes et tailles sur le courtil de Cis, par. St Marcel ; 1334. — Etienne de Cis, clerc ; *Idem* ; 1354: *Forez*. (r. 490, p. 170 ; r. 492, p. 283; r. 494, p. 58.)

CISTEL (Charles de), Chev. T. s. de Lodon, par. de Courtesserre: *Riom*, 1673. (r. 499, p. 820.)

CISTERNES (Monsieu Me Etienne), présid. en la Cour des Aides de Clerm.-Fer., fils de Pierre Cisternes. Chât., dom., dîme et seg. de Vinzelles et de Banssat, par. de Banssat et de Channonat: *Riom*, 1669, 1684. — Pierre de Cisternes, son fils ; *Idem* ; ens. la t. et s. de Teix, 1687 *ad* 1716. (r. 499, p. 337 ; r. 502, p. 17 ; r. 503, p. 353 ; r. 505, p. 90 ; r. 506, p. 253, 261 ; r. 507, p. 39.)

CISTERNES (Pierre), Sr de Lorme, à cause de sa f^e Marie-Marguer.-Angel. l'Huilier, fille de feu Claude l'Huillier, receveur des deniers patrimoniaux de St Flour. Partie de la t. et seg. de Roche-Goude, ès par. de Cussac et de Neuve eglise : *Murat*, 1717. (r. 507, p. 181.)

CITARD (Etienne), vend à Marquese Coillone des parties de terre sises à Champrose, par. St Julien de Mondon : *Forez*, 1297. (r. 1402, p. 1414.)

CITOYS (Françoise), v^e d'André Goudon, comme tutrice de leur fille mineure. T. s. de Laage de Plaisance, par. de Saulge : *Monmorillon*, 1715. (r. 437, p. 189.)

CIVILLIER (Jean), paroiss. de Flore. Rentes et tailles en la par. de Tresail: *Chaveroche*, 1443. (r. 468, p. 158.) Non noble.

CIVRAY (Jean de). Tènement de Villebougie, et moitié de celui de Vileine ; dom. et mouv., en la par. de Teneul : *Bourb.*, 1443. (r. 463, p. 151). Non noble. Voy. Sivray.

CLABAT (Jean), écuyer, Sr de la Maison neuve, bailli du duché de la Melleraye à Partenay, T. s. du Chaillou ; 1672. — Armand Clabat, écuyer; *Idem* ; 1682. — Jean Clabat, son fils aîné ; *Idem* ; 1715, 1717: *Maubergeon*. (r. 433, p. 57 ; r. 435, p. 39 ; r. 437, p. 274 ; r. 438, p. 236.)

CLAIRET (Simon), paroiss. de Sansat. Deux parts d'un bois appel. Jorsat, par. de Laugy ; et diverses parties de terres et prés : *Billy*, 1410. (r. 457, p. 58.) Non noble.

CLAIRVILLE (Jean). Fief de la Picardière, par. St Georges: *Maubergeon*, 1703. (r. 437, p. 26.)

CLANULEIO (feu Hugonin de), Dam. Sa v^e Guillemette rend aveu de ses cens et tailles sur des tènemens situés au vill. d'Ulbillet: *Beaujeu*, 1334. (r. 489, p. 110.)

CLAPOSE (Jean), recon. tenir de Guion de la Roche, Sg. du chât. de Meyrac, divers cens et rentes sur le mas de Mascello: *Forez*, 1281. (r. 1399, p. 299.)

CLAPPISSON D'ULIN (Pierre), écuyer, Sg. de la Chartraille, fils de feu Robert Clappisson d'Ulin, auditeur en la Chamb. des Comptes de Paris, et hérit. univ. de son oncle Nicolas Clappisson d'Ulin, secret. du roi. Rente noble en la par. d'Argoire : *Lyon*, 1698. (*r.* 496, *p.* 126.)

CLARAVAULX (Pierre de), à cause d'Antoinette Rogier, sa f^e. Le fief d'Espinasse, par. de Champagnat. — Claravaulx (Catherine de), v^e de François Mercier, Sr de Fournoux. Partie du fief de Lanonnelx, par. St Alpinien : *Aubusson*, 1684. (*r.* 474, *p.* 408, 566.)

CLARET (Gaucelin de), fait hom. de son chât. de Castries, de *Castriis*, à Guil., Sg. de Montpellier, 1259. (*r.* 334, *p.* 16.)

CLAREU (Richard de), Dam. Maisons et mouv. à St Baldomer : *Forez*, 1321. (*r.* 493, *p.* 46.)

CLARION (Pierre), et Phil. de Pré-Loire, son ép. Maison, t. s. de Pré-Loire, de *Prato-Ligeris* : *Forez*, 1333. (*r.* 491, *p.* 194.)

CLARION (Etienne), fils de feu Michelet Clarion, de St Paul, échange avec Renaud de *Forez*, divers héritages situés au champ de Loy ; 1344. (*r.* 1401, *p.* 1102.)

CLAROUST (Perrot), et sa f^e, fille de feu Guill. Walverner. Cens et autres objets en la châtell. de Rochefort : *Anjou*, 1322. (*r.* 469, *p.* 14.)

CLARPERY (Jean), de Croset, Clerc, au nom d'Alise, son ép. Cens et rentes en la par. de Torey : *Forez*, 1337. (*r.* 491, p. 223.)

CLARY (Charles de), Chev., Sg. de St Angel, cons. en la Cour des Aides de Clerm.-Fer., fils de Martial de Clary, et Jeanne Vidal, son ép., fille de Me Vidal, Sg. de Chappette, très. de France. T. s. de Chapette, par. de Deux-Chaises : *Murat* ; et de Vergnes, par. St Sauve : *Clermont* ; 1716, 1723. (*r* 478, *p* 384 ; *r.* 507, *p.* 38.)

CLAUSTRE (Guill. de) ; 1300, — Hugues de Claustre ; 1342. — Guill. de Claustre ; 1386 ; et son fils Jean de Claustre ; 1392 ; Damoiseaux, paroiss. d'Arfeuille. Dom., dîmes et mouv. ès par. de Varennes-sur-Tesche, et de Cindré : *Chaveroche*. (*r.* 467, *p.* 271 ; *r.* 468, *p.* 11, 177, 315.)

CLAVEAU (Jean), écuyer, Sr de Nouhes, à cause de son ép. Magdel. le Large, fille de feu Germain-le-Large, cons. en l'Elect. de Bourges, et de Magdel. Poupardin. F. s. de la Souche et le moulin d'Aulerine, par. de Vouzeron : *Mehun-sur-Y.*, 1669. — François et Louis Claveau, écuyers, comme hérit. de lad. Magdel. leur mère ; *idem* ; 1717, 1726. (*r.* 443, *p.* 48, 50 ; *r.* 445, *p.* 59, 60 ; *r.* 450, *p.* 19 ; *r.* 451, *p.* 114.)

CLAVELÈRES (Guill. de). Maison de Clavelères, et partie des terres en dép. ; ens. plusieurs chesauts en la par. St Hilaire : *Bourb.*, 1300. (*r.* 464, *p.* 395.) Non noble.

CLAVELÈRES (Jean de), Dam. Terres, champs et près en la châtell. de *Germigny* ; 1354. (*r.* 466, *p.* 23.)

CLAVELIÈRES (Marc de la), écuyer, prêtre. T. s. de Boucherolles. par. de Trebent. Et, comme hérit. de Simon de la Roche, les fiefs de la Rue et de la Porte, par. de Coutigny : *Verneuil*, 1688, *ad* 1716 (*r.* 474, *p.* 736 ; *r.* 476, *p.* 186 ; *r.* 477, *p.* 185.)

CLAVÈRES (Guill. de), Dam., et sa f^e Béatrix, fille de feu Hugues de Senoches, dit Groignon. Censives en la par. de Roneysons ; *Forez*, 1326. (*r.* 492, *p.* 203.)

CLAVEURIER (Jaques), écuyer, Sg. de la Rousselière. F. s. de la g^{de}

dîme d'Allone, *al.* Aslone, par *id.* ; 1715. — Marie Claveurier, sa fille; *idem;* 1725. *Secondigny.* (*r.* 437, *p.* 269; *r.* 437, *p.* 147, 520.)

CLAVEYSSON, *al.* Clavayson, (Arthaud, Sg. de). Moitié du chât., forteresse, t. s. de Clavayson ; *Forez,* 1327. — Béatrix, Dame de Claveysson, f^e de Jaques de Hostedun, Dam. Chât., t. s. de Claveysson, relev. de la Dame de Rossillon et de Villars : *Forez,* 1434. (*r.* 494, *p.* 127, 173.)

CLAYETTE (Emard de la), Chev., Sg. de Nay-Marchangy, et de Fraigne, Chambell. du Roi, bailli et gouverneur d'Auxerre, etc. Quittance de la pension que lui fait le Duc de Bourbon ; 1520. (*r.* 1375, *p.* 2601.)

CLAYRY (Silvion de), Sg. de la Rochegluon, fait un leg de 2000 l. aux frères Prêcheurs de Valence ; 1279. (*r.* 1360, *p.* 841.)

CLEAUX (Phil. de), Dam., fils de feu Guy de Boscoturaul, Chev., Sg. de Cleaux, pour lui et Pierre son frère. Manoir, dom. et seg. de Cleaux; quatrième partie des parceries de Ronceaut; cens et tailles sur divers tènemens sis à Besson : *Souvigny, Verneuil,* 1357, 1366. (*r.* 459, *p.* 227 ; *r.* 465, *p.* 112 ; *r.* 467, *p.* 126.)

CLEDE (Ant. de la), cons. au présid. de Riom, et Cather. de la Clede, sa fille. Dîmes, cens, rentes et les vill. de Sionne et de Pullefort, avec j. h. m. et b., ès par. St Priest et autres . *Gannat, Riom,* 1670, 1684. (*r.* 499, *p.* 736 ; *r.* 503, *p.* 401.)

CLEMENÇON (Ant.), Jean Druineau, Ant. Souli laboureur. F. s. de la Chaussée et de Jay, par. de Limoise et de Franchesse : *Bourb.,* 1717, 1723. (*r.* 477, *p.* 561 ; *r.* 478, *p.* 426.)

CLÉMENT. (Perrin), de la Ferté-Monial. Une pièce de terre et un pré dit Rossel : *Beçay,* 1330. (*r.* 455, *p.* 216.)

CLÉMENT (Jean). Cens et rentes en la par. de Bosrond : *Chantelle,* 1443. (*r.* 459, *p.* 4.) Non noble.

CLÉMENT (Gilles), écuyer. T. s. de Chazeul, *al.* Chasuel, par. de Vouroux, acq. sur les Dames Charlotte le Boutillier, v^e en premières noces de René d'Averton, Cte de Blera, et en secondes noces, d'Ant., Cte d'Albon, Sg. de Chazuel ; Charlotte-Cather. d'Albon, f^e de Christophe François, Chev., Cte de Barge, et Marie d'Albon, ép. de Gilbert de Gadagne, Chev., Cte de Verdun : *Verneuil,* 1691, 1717. — Françoise-Charlotte Clément, Damoiselle, sa fille : *idem,* 1723. (*r.* 475, *p.* 65 ; *r.* 477, *p.* 540 ; *r.* 478, *p.* 405.)

CLÉMENT (Charles), m^d. Moitié du pré appel. Berthomier : *Bourges,* 1712. (*r.* 449, *p.* 89.)

CLÉMENT (Louis), commis à la recette gén. des finances de Moulins, pour Marie, sa f^e, fille unique de Jaques Febvrier, et de Marie Heulchard. F. s. de la Motte de Brouillot, par. de Toulon : *Moulins,* 1716. (*r.* 477, *p.* 192.)

CLEMES (Ant. de). Hôtel de Clemes, mote, fossés, colombier, dom., bois, garenne, étangs, etc., ès par. de St Bonnet, des deux Chieses et autres : *Hérisson, Murat,* 1443. (*r.* 462, *p.* 175). Non noble, et la qualité d'écuyer, effacée au texte.

CLEPEY (Hugonin), de Croset, vend au Cte de *Forez,* divers cens percept. à Croset; 1355. (*r.* 1396, *p.* 256.)

CLEPPIER (Guill.), bourg. de Croset, notaire. Maison, tour, courtil et cens aud. lieu : *Forez,* 1413. (*r.* 494, *p.* 78.)

CLERAMBAUT (Jean). Herbergem^t de la Maugesolière, *al.* Monthefolière et dép.: *Montfaucon*, 1402. — Guill. Clerambaut, Chev.; *idem*, 1442. (*r.* 333, *p.* 14; *r.* 362, fol. 1.)

CLERAMBAUT (Ant.), Chev. Fief et dom. de Chalonge. Et, à cause de Cather. du Plantis, son ép., moitié de la vicomté de Montrevaux: *Angers, Chât.-Ceaux*, 1446, 1455. (*r.* 332, *p.* 129; *r.* 337, *p.* 48; *r.* 340, *p.* 125; *r.* 341, *p.* 128, 150). Relev. d'eux: Jean de Coaismes; Jean Amenart de Daillon; Jaques du Plessis; Guy de Ver; Chevaliers.

CLERAMBAUT (Louis), écuyer, et Marie Sanglier, son ép., et, de son chef, par success. de son oncle Guill. Sanglier. Finance pour le relief de la terre de Bizay: *Loudun*, 1477. (*r.* 1343, *p.* 100.)

CLERAMBAUT (Jaqueline), v^e de Pierre de Laval, Chev., Bon de Lezé, héritière de feu René Clerambaut, Chev. Baronnie de Montreveau par indivis avec Georges de Clermont, Chev.: *Angers*, 1583. (*r.* 380, *p.* unique.)

CLERC (Etienne, *al.* Stevenin le), bourg. de Souvigny, pour Marguer. sa f^e, fille de feu Denis Michette. Maison, dom., vignes, cens, tailles, par. de Neufvy, et rente à Creschy: *Billy, Moulins*, 1411, 1443. (*r.* 454, *p.* 171; *r.* 455, *p.* 259.)

CLERC (Colas le), écuyer, Sg. de Juigné. Moitié de la chatellenie, t. et seg. de Milon: *Baugé*, 1480. (*r.* 348, *p.* 37.)

CLERC (Louis le), Chev., mari de Louise Chenu. T. s. de Lassé et du Pré: *Baugé*, 1508. (*r.* 346, *p.* 48.) Tiennent de lui: Jean de Boislaufray, écuyer, au lieu de feu Dreux, écuyer; Jean de Gennes, écuyer, Sg. de Launay; Ambroys de Peirites, écuyer, Sg. du Bouschet.

CLERC (René le), Chev., S^r des Roches et des Aunays. T. s. de Saultray, acq. de François de Chabanes et de son ép. Hélène de Daillon: *Angers*, 1617. — Pierre le Clerc, Chev., S^r des Roches et de Chasille. Terre et châtell. de Tanye, acq. de Louis et René le Clerc: *Mans*, 1627. (*r.* 354, *p.* 61, 62; *r.* 355, *p.* 113.) Rel. de lui: Honorat du Bouchet; Jaques de Girois, Sg. de Neufvy; Louis Sanson, Sg. de Mellon; Chevaliers. Jean le Mire ou Nure, Sr de Millière, écuyer.

CLERC (Georges le), Chev., Bon de Juigné, veuf d'Elisabeth de Nouches, sœur de Charlotte, v^e de Louis de Coursillon, Chev., Sg. de Dangeau, ayant la garde noble de Jaques le Clerc, Chev., leur fils aîné. Baronnie de la Lande; ens. la Châtell. de la Chapelle-Themer, et Bodet: *Niort*, 1653. — Le même Jaques, Chev., Mis de Juigné, fils de feu Georges le Clerc, Chev., dem. ordinairem^t en son chât. de Verdelle, par. de Poillé au Maine, de présent en son chât. de Bodet, par. de la Chapelle-Themer; 1668. (*r.* 433, *p.* 181, 283.)

CLERC (Louis le), Sg. des Aulnay. Châtell., t. s. de Breon-Subert, autrem^t de Daon, acq. de Françoise de Montalais, v^e de Jean, sire du Beuil, Chev., Cte de Marans: *Angers*, 1670. — Amé-Emery le Clerc, donataire de Pierre le Clerc des Aunois, et de Thephanie, ses frère et sœur; même châtell. de Bréon; 1706. (*r.* 358, *p.* 58; *r.* 425, *p.* 49.)

CLERC (Crisante le), Chev., lieut. des maréch. de France, fils aîné de feu René le Clerc, Chev. T. et châtell. de Saultray: *Angers*, 1700, 1722. (*r.* 425, *p.* 77; *r.* 426, *p.* 10.)

CLERC (François), et Marie de Seroix, *al.* de Croix, sa f^e. Maison et jardin à la Guillotière: *Lyon*, 1720. (*r.* 497, *p.* 136.)

CLERC (Joseph le), Sr de Montet, professeur en droit à l'Université de Bourges, pour Elisabeth de la Varennes, son ép., héritière de Marie Bailly, sa tante, v^e de François de la Varennes, prévôt royal de Mehun-sur-Y. Le fief de la Roche-Chancenay, par. d'Allouy : *Mehun-sur-Y.*, 1723. (r. 451, p. 23, 53.)

CLERC (Marguer. le), ép. de Jean André, écuyer. T. s. de Vomas, par. id. : *Moulins*, 1736. (r. 481, p. 164.)

CLERC (Pierre le), cons. au Parl. de Paris. Terre et baron. de Rillé : *Tours*, 1744. (r. 427, p. 54.)

CLEREAU (Jean), écuyer. T. s. de Gastines, Chemiré et Bois-Jousselin : *Baugé*, 1471 ad 1502. (r. 347, p. 1, 20 ; r. 348, p. 16.) Rel. de lui : Jean d'Aulnier, à cause de Marie du Maisnil, sa f^e, v^e de Robert Fourreau, Sr de la Tousche ; Charles Clereau ; Thibaut du Plessays, Sg. de Monchanon, écuyers. — Charles Clereau, écuyer, héritier de feu Jean Clereau, son frère ainé ; 1507. (r. 348, p. 37. — Olivier Clereau, écuyer, Sg. de Gastines, de Derval, et de Chemiré. T. s. de Bois-Jousselin, etc. : *Baugé*, 1605. (r. 352, p. 56 et suiv.)

CLERET (Jean de), écuyer, T. s. de Fretat : *Bourb.*, 1506. (r. 453, p. 257.)

CLERGEAULT (Etienne). Terre et fief noble des Moulins, prés *Sablé ;* 1552. (r. 432, p. 134.)

CLERIE (Guill. de), Dam., Maison, dom., dîme et seg. de Montvianeys : *Forez*, 1318. (r. 493 bis, p. 15.)

CLERLHON (Thibaut), paroiss. de St Giran de Vaulx. Menues parties d'héritage au terr. de Vilars : *Verneuil*, 1357. (r. 459, p. 148.) Non noble.

CLERMONT (Paulete de), Dame de Mays, v^e de Guigon-Payen, Chev., transfére à Béatrix, leur fille, ép. de Jaques de Jareys, le chât. de Mays : *Forez*, 1322. (r. 491, p. 275.)

CLERMONT (Eustache de), à cause de sa f^e. Moitié de la châtell. de g^d Montreveau : *Angers*, 1414. (r. 337, p. 60 ; r. 340, p. 137.) Tient de lui ; Thibaut de l'Espine, Chev.

CLERMONT (Ant. de), Chev., Sg. de Surgères. T. s. de Bernezay et dr. de foire aud. lieu : *Loudun*, 1449. (r. 331, p. 70 ; r. 346, p. 27.) Tient de lui Guill. Turgis, écuyer.

CLERMONT (Louis de), écuyer, Sg. de Clermont. La vicomté de Montreveau : *Angers*, 1470. (r. 338, p. 11 ; r. 340, p. 138.) Rel. de lui : François Baraton ; Jean Daillon ; Pierre Pierres ; Jaques du Plessis ; Chevaliers.

CLERMONT (feu Odet de), Sg. de Surgères et de Bernezey. Prétendans à sa succession ; Ant. de Belleville à cause de sa f^e, sœur du défunt, et Joachim de Velort, Sg. de la Chapelle, mari de Cather. de Levis, auparavant v^e d'Ant. de Clermont, père dud. Odet : *Angers*, 1470. (r. 1342, fol. 65.)

CLERMONT (Louise de), v^e de Jean Amenart, écuyer, Sg. de Chanzé, comme bail de René Amenart, leur fils. Châtel., t. s. de Cornusson : *Saumur*, 1470. (r. 342, p. 71.)

CLERMONT (Guill. de), écuyer, Sg. de Ch.... aigue. Vente par lui faite à Jaques Odart, écuyer, Sg. de Cursay et de St Marsolle, de la t. et seg. de Maulevrière : *Loudun*, 1476. (r. 1346, p. 216.)

CLERMONT (René de), Chev., Sg. de St Georges, l'un des cent gentilh. ordin. de l'hôtel du Roi. T. s. de Noizay : *Baugé*, 1634. (*r*. 348 *bis, p*. 14.)

CLERMONT (Georges de), Chev., fils de Henri de Clermont, Chev., par son proc. Charles de Moré, écuyer, Sg. de Chaufour. La châtell. de St Aignan : *Sonnois*, 1665. (*r*. 357, *p*. 89.)

CLERMONT (Claude-Nicolas de), M^s de Chaste et de Charpey. T. s. de Chasseignolles, par. id. : Elect. d'*Issoire*, 1670. (*r*. 499, *p*. 772.)

CLERMONT (Henri de), et Renée de Mauve, son ép. T. s. de Gallerande saisie sur eux : *La Flèche*, 1687. (*r*. 421, *p*. 50.)

CLEUX (Seguin de), écuyer. Hôtel fort, t. s. de la Cepere : *Hérisson*, 1455. (*r*. 462, *p*. 167.)

CLEUX (Simone de). Cens en la par. de Nasseignet, et au vill. de Forges : *Hérisson*, 1455. (*r*. 462, *p*. 147.)

CLEUX (Perronelle de), v^e de Jean Marechal, écuyer, Sg. de Forchault, paroiss. de Besson. Maison sise à *Moulins* ; 1470. (*r*. 1376, *p*. 2632.)

CLEYNES (Ant. des), écuyer de cuisine du duc de Bourbon. Hôtel, t., dîme et seg. de Cleynes, ès par. de St Bonnet, Vigneulle et autres : *Hérisson, Murat*, 1472, 1473. — Claude des Cleynes ; *Idem* ; 1506. (*r*. 432, *p*. 59 ; *r*. 462, *p*. 228 ; *r*. 453, *p*. 168 ; *r*. 1357, *p*. 384.)

CLEYSSAC (Grégoire), fils de Vital de Cleyssac, paroiss. de St Pierre de Champ, dioc. d'Annecy, tient de Guigues, Bon de la Roche, Vte de Lautrec, ses maisons, granges et terres situées au bourg et chât. de Malivernas, proven. de ses auteurs, dès l'an 1269 : *Forez*, 1352. (*r*. 494, *p*. 25 ; *r*. 1398, *p*. 674.)

CLISSON (Olivier, Sire de), et de Belleville, Connét. de France, acquiert la t. et seg. de Chât.-Ceaux : *Angers*, 1392. (*r*. 332, *p*. 129.)

CLOCHER (Barthelemy del), fils de feu Pierre-Raymon, et Durante sa mère, vendent au chap. de *Montbrisson* divers cens percept. au même territ. ; 1267. (*r*. 1402, *p*. 1406.)

CLOS (Perrotin du), fils de feu Guill. du Clos. Moitié d'une maison au territ. de la Forêt, et un cens en la par. de Cindré : *Chaveroche*, 1329. (*r*. 468, *p*. 229.)

CLOS (Durand des). Les prés de Pontlhuin, *al*. Pontgluin, et moitié des terres de la Noé-Meliere ; 1350. — Jeanne des Clos, f^e de Guill. Bardet, paroiss. de Lurcy. Trois prés à Pontgluin ; 1398. — Agnès des Clos, v^e de Perrin Brunet. Les prés de la Font de Pontgluin et de Naumeguier, par. d'Ingrande ; 1411 : *Bourb*. (*r*. 463, *p*. 265 ; *r*. 464, *p*. 297, 349.) Non nobles.

CLOS (Jean du), *de Clauso*, aussi *de Claustro*, et Jeanne, sa f^e, fille de feu Durand ; ens. Jehanin du Clos et Jehanette, sa f^e. Terres, dîmes, cens, rentes en divers vill. de la châtell. de *Murat* ; 1352. (*r*. 460, *p*. 410.) Non nobles.

CLOS (Guill. du). Tènemens, dom. et dr. en dép., par. d'Orfeuil : *Billy*, 1358. (*r*. 456, *p*. 49.)

CLOT (Jaques), m^d à Bourges, pour Marie Ferou, sa mère, v^e de Jaques Clot. Maison sise à *Bourges*, 1669. (*r*. 445, *p*. 56.)

CLOTEREAU (Jean). Dom. au terroir du Clou : *Mirebeau*, 1454. (*r*. 332, *p*. 33.)

CLOUE (Jean de), écuyer, à cause de Jeanne du Bois-Simon, sa f^e. T.

s. de Vauberault et du Puy de Chources, par. de Nazelles : *Amboise*, 1477. (*r.* 432, *p.* 22.)

CLOUEL, *al.* Claouel et Claouveau, *Clouelli*, (Barthelemy, *al.* Bartholomée), à cause de Béatrix d'Ardenne, sa f^e, fille de feu Guill. d'Ardenne. Cens, tailles et autres redev. ès par. St Hilaire et de Buxières : *Bourb.*, 1350, 1356. (*r.* 463. *p.* 140 ; *r.* 464, *p.* 142.)

CLOUSIZ (Michelle des), v^e de Jean du Plessis, dit le Begue, Sg. de Parnay, chambell. du duc d'Anjou. Dispense de finance pour l'acquis. faite précédemnrent de la t. et seg. de Villebonnay : *Angers*, 1477. (*r.* 1343, *p.* 93.)

CLOUX, *al.* Cluis (Monton de), écuyer, Sg. de Briante. Terre appel. de Villenei, et chesauls, tenus de lui, ès par. de Gravier et de Voroz ; 1395 : *Germigny*. (*r.* 465, *p.* 342.)

CLOUX (Gilbert du), écuyer, Sr de Soumagnat. Fiefs de St Avit et de Segondat : *Marche*, 1669. (*r.* 474, *p.* 86.)

CLOYPERI (Hugues). Menus cens à la Roche, territ. de Croset : *Forez*, 1337. (*r.* 492, *p.* 32, 34.)

CLUREU (Guichard de), Dam., et Jean de Clureu, Dam., son fils, celui-ci héritier de feu Robert d'Essartines, son frère. Maison, t. s. d'Averes, et censives entre St Baldomer et Montbrisson : *Forez*, 1322, 1334. (*r.* 490, *p.* 171 ; *r.* 491, *p.* 267.)

CLUSEAU (Jean), de Souvigny, pour Philippine, sa f^e, fille de feu Etienne de Villeban. Partie d'un chesal à Gipsi, quelques terres et cens : *Bourb.*, 1356. (*r.* 365, *p.* 61.) Non noble.

CLUSEL (Hugonin du), Dam. Dîmes, vignes, cens et tailles, ès par. de Sanciat et de Mellers : *Verneuil*, 1322. (*r.* 460, *p.* 287.)

CLUSEL (Hugues du), Dam., paroiss. de Chirat. Dîme du Clusel, par. de Cosne : *Hérisson*, 1322, 1353. (*r.* 462, *p.* 28, 102.)

CLUSEL (Poncet du), dit Morel, Dam., prêtre, Sg. de Girin du Clusel, et Cather. du Clusel, Damoiselle. Cens et cout. vers le bourg de Chatelus : *Forez*, 1334. (*r.* 491, *p.* 127.)

CLUSEL (Hugues du), Dam. Maison, t. s. du Clusel : *Chantelle* ; 1322. — Cather. du Clusel, Damoiselle, ép. de Nicolas Doyron. Même t. et seg. ; 1400, 1411. (*r.* 458, *p.* 222, 289, 306.)

CLUSEL, aussi Cluzel (Eléonore du), v^e d'Hector de Combres, écuyer, Sr du Mas, résidant aud. lieu du Mas, par. de Sansac en Velay, comme tutrice de leurs enfans. Dom. noble du Fayet, avec les ruines d'un chât. fort, par. de Bainet : *Riom*, 1669, 1671. (*r.* 499, *p.* 623 ; *r.* 502, *p.* 23.) Voy. Combres.

CLUSEL (Bonnet), m^d à Riom. Cens et rentes en toute seg. à usage de Chev., percept. ès par. de Chatel-Guyon et de Persigniat : *Riom*, 1670. (*r.* 499, *p.* 790 ; *r.* 501, *p.* 45.)

CLUSEL (Claude), Sr de Croix, comme tuteur des enfans de feu Ant. Clusel, Sr de Melles, son frère. Fief de Verney, par. de Nerignet : *Chantelle*, 1688. (*r.* 474, *p.* 718 ; *r.* 475, *p.* 3.)

CLUZEL (Jean), m^d. Dom. à Montmareau ; et à cause de Françoise Savoisin, sa f^e, fille de Jacques Robin. Le dom. du Petit-Puy, par. St Marcel ; 1706 ; puis veuf et comme tuteur de leurs enfans ; *Idem* ; 1716 : *Murat*. (*r.* 476, *p.* 178 ; *r.* 477, *p.* 189, 390.)

CLUZET (Jean du), écuyer. Fief noble de la Vausene et de la Prugne, acq. de Jean-Pierre d'Autour, écuyer : *Gannat*, 1686.*(r. 505, p. 12, 28.) Signe, la Prugne de la Vausene. Voy. Clusier.

CLUSEURS (Thebaut de), écuyer, à cause d'Ysabeau de la Broce, Damoiselle, sa fᵉ. Hôtel de Chamberlain, terres et redev. : *Bourb.*, 1443. (r. 463, p. 241.)

CLUSIER (Jean du) écuyer, garde du corps : et Robert-François du Clusier, son frère, enfans de feu Pierre du Clusier, écuyer. Partie de la dîme de Tizal, par. de Deneuille ; et led. Jean, à cause de Marie Blein, sa fᵉ, auparavant vᵉ d'Annet Pelisson, comme tuteurs des enfans de ce premier mariage. Le fief et seg. de Tignat, par. de Fleuriet : *Chantelle*, 1723, 1725. (r. 478, p. 317 ; r. 480, p. 105.)

CLUSIER (François du), écuyer, fils de Jean du Clusier, écuyer, lequel étoit héritier de feu Pierre d'Autour, son oncle. Le fief noble de la Vauzaine, par. de Charbonnières-les-Vieilles : *Gannat*, 1724. (r. 509, p. 145.)

CLUSOUR (Jean), à cause de Phil., sa fᵉ, fille de feu Et. de Villeban. Moitié d'une maison, jardin et vigne avec menus cens, par. d'Autray : *Souvigny*, 1356. (r. 467, p. 213.)

CLUYEU (Jean de), et Phil., son frère, enfans d'Etienne de Cluyeu, rendent hom. au Sg. de Villars et de Thoyre, des dom. et censives qu'ils tiennent de lui : *Forez*, 1387. (r. 1399, p. 786.)

CLUYS (Odard de), Dam. Hôtel, t. s. de la Cepiere, dîme et moulin de Lavau, de Cosne, etc., et, comme tuteur de Plotard, Daulphine et Allantine, enfans de feu Sire Plotard de Cluys, Chev. Hôtel, t. s. de Reimbert : *Ainay, Hérisson*, 1350. (r. 462, p. 83, 86, 348.) Vassaux : Raoulin Angibaus ; Jean Astier ; Jeanet de Chalistre ; Girbert de Montcleon ; Jean Seguin, Damoiseaux. — Odard de Cluys, *de Closis*, Chev. Mêmes t. et seg. de Reimbert, la Cepiere et arr. fiefs ; 1374, 1387. (r. 462, p. 331 ; r. 463, p. 16.)

CLUYS (Odonet, aussi Odart de), fils de noble Odart de Cluys, Chev. T. s. de Raimbert ; et pour Jeanne de la Faye, son ép. Les t. et seg. de la Faye et de Vernassour, par. de Teneul et de l'Ouroux ; ens. la dîme de Lavau et le bois de Pontgloin. Le même, veuf et tuteur de leurs enfans Guill., Jean, Jeanne et Plotard : *Ainay, Bourb., Murat*, 1374, 1397. (r. 460, p. 343 ; r. 464, p. 82, 136 ; r. 462, p. 378.)

CLUYS (Plotart de), écuyer. Hôtel et manoir de Bourdes, dom. et mouv. ; ens. la terre de Villemer, par. de Veroz : *Germigny*, 1447. (r. 466, p. 94.)

CLUYS (Jean, aussi Louis de), écuyer. Maison de la Depere et dép. : *Gueret*, 1506. (r. 452, p. 315, 320.)

CLUYS (Joseph de), écuyer. Les fiefs et seg. de la Dauge et de la Coste, par. de las Piré ; et, à cause de Marie de Cluys, vᵉ de François de Chabannes, Chev., Cᵗᵉ de Seignet. Rente et dîme sur la par. de Bonnat : *Gueret*, 1669, 1684. (r. 474, p. 208, 527.)

CLUYS (Antoinette de), vᵉ de François de Ligondeix, Chev., pour Henri de Ligondais, leur fils absent. T. s. de Genouillet, par. *id.* : *Gueret*, 1669, 1691. (r. 474, p. 327 ; r. 475, p. 47.)

COAINTRE (Guill. le), *al.* le Coiute. Terre de la Richoudière, par. Sᵗ Sauveur : *Chât.-Ceaux*, 1453. (r. 332, p. 120 ; r. 341, p. 151.)

COAISMES. Voy. Coysmes, etc.

COCCU (Hurion), receveur de R. (Renaud), Cte de *Forez*, obtient de son maître à perpétuité, pour lui et ses enfans Hurion, Henri et Guill., le moulin de Chambeau, etc.; 1267. (r. 1401, p. 1121.)

COCHA (Armand), Dam., hérit. de Guill. de Montvianeys, Dam. Maison, t. s. et dîme de Montvianeys : *Thiers*, 1339. (r. 491, p. 141.)

COCHET (Perrin), d'Alneudre, Dam. Maison et Oche de Barbate, prés et vignes : *Murat*, 1320. (r. 461, p. 76.)

COCHET (Amable), proc. d'office et premier consul du bourg de Dalet, pour les habitans, à raison du bateau de Dalet sur l'Allier ; 1723. (r. 508, p. 162.)

COCHON (Phil.), Sr du Puy, médecin à Niort. F. s. de la Fontaine-Espinette, par. St André de *Niort* ; 1716. (r. 438, p. 147.)

COCQ, aussi Coq (Mathurin le), écuyer, Sr de Neufville. T. s. d'Orfous en la forêt de *Loches* ; 1647. (r. 355, p. 58, 59.)

COCQ (Théodore le), écuyer, S^r des Forges, M^e d'hôtel ordin. du Roi. Tour et seg. d'Anguitard : *Maubergeon*, 1653. (r. 433, p. 297.)

COCQ (François le), Chev., Sg. de Germain, cons. au Parl. de Paris, et son ép. Leurs t. et s. de Limors et de Champ-Rambault, par. de Classay et de Ste Souline, mises en régie, attendu leur sortie du royaume pour cause de religion ; 1703, 1716. — Aymard-Frédéric le Cocq, Chev., fils de feu Aymard le Cocq, Chev., Sg. de Brion, et de Marie-Magdel. Ollier de Bessac, héritier dud. François le Cocq. Mêmes t. et seg.; 1727, *Civray, Melle*. (r. 437, p. 71, 81 ; r. 438, p. 179, 572, 573.)

COCQUEBORNE (René de), écuyer, gentilh. ordin. du duc d'Orléans, fils de Léonard de Cocqueborne, écuyer. Justice, voirie et vicomté de Fussy : *Bourges*, 1672. — Gaspard de Cocqueborne, écuyer, son fils ; *Idem*; 1685. — Claude, Marie, René et Anne, ses enfans ; *Idem*; 1708, 1723. (r. 445, p. 366, 380 ; r. 446, p. 86 ; r. 448, p. 157 ; r. 451, p. 80.)

CODERE (Pierre), notaire. Rente de Boissonne en la seg. de Bonnet-le-Chastel : *Riom*, 1669. (r. 499, p. 121.) Voy. Codos.

CODERE (Jean), lieut. au bailll. d'Arlant, tant à cause de Vitalle Chassagne, son ép., que comme tuteur de Pierre Chassagne, son beau-frère. Fief et rente de Malpertuy, par. de Chambon : *Issoire*, 1700. (r. 506, p. 89.)

CODOS (Pierre), notaire à Arlant. Rentes sur plus. vill. en l'Elect. d'*Issoire* ; 1670. (r. 502, p. 34.)

CODRE (Jean de la), le jeune, subdélégué de l'intendance de Moulins. Cens, rentes, dîmes, corvées et autres dev. détachés de la seg. du Bouchat, acq. de J. B. de Girondel, écuyer, Sr de la Dauphinée, et de Marguer. de Lingendes, son ép. ; ens. le fief de Puyreal, par. de Saulcet ; 1702. — Pierre de la Codre, Sr de Montpansin, son frère. Dîme en la par. de Louchy ; 1717, 1725. — François de la Codre, pour Cather. de Rive, sa f^e. F. s. de la Grellière, par. de Monestay-sur-Allier ; 1724, 1733. — Gabriel de la Codre, *al*. Coudre, écuyer, garde du corps, fils de feu Jean de la Codre, subdélégué, etc. Le fief de Puyroye, par. de Saulcet ; 1733 : *Verneuil*. (r. 476, p. 82, 160 ; r. 477, p. 467 ; r. 478, p. 499 ; r. 479, p. 43 ; r. 480, p. 85 ; r. 481, p. 124.)

CODROY (Guion de), Valet. Herbergement à Festfé, par. de Bernezay: *Loudun*, 1319. (*r*. 432, *p*. 70.)

CODURIER (Perronin), de St Priest, *Prejecto*, cède à Gui, Chev., fils aîné du Cte de *Forez*, les cens et rentes qu'il perçoit sur diverses par. 1338. (*r*. 1394, *p*. 119.)

COEDIC (Alexandre de), Chev., Sg. de Richebourg, et Marie-Anne Brethe, sa f^e, auparavant v^e de Jaques de la Court, écuyer. F. s. de Fontenion : *Partenai*, 1699. (*r*. 436, *p*. 216.)

COERES (Guill. de), de *Coeriis*, tuteur de sa fille Cather. de Fonteniol. Rente en grain et argent, qu'Etienne de Fonteniol, Dam., avoit donnée en mar. à Margote, sa fille, mère de lad. Cather.: *Murat*, 1350. (*r*. 460, *p*. 336.)

COESTAS (feu Pierre de). Ses enfans sous la tutelle de Pierre de Maursieres, *Maurseriis*, Dam. Mouv. sur deux mas, avec justice moyenne, par. de Pont: *Carlat*, 1355. (*r*. 472, *p*. 147.)

COEUR (Jaques), argentier du Roi. Terre de la Bruyere-l'Aubespin, acq. du Duc de Bourb., à faculté de remeré (confisquée sur lui en 1456) : *Bourb.*, 1445. Le même condamné à 400,000 écus d'or pour maléfices et autres crimes ; 1457. (*r*. 1358, *p*. 585 ; *r*. 1374, *p*. 2425 *ad* 2436.)

COEUR DE ROY (Marguer.), fille de François Coeur de Roi, Sr de la Vignatre, v^e de François de Mareuil, Sr de la Barde. Le fief de Couppé: *Monmorillon*, 1671. (*r*. 433, *p*. 91.)

COGNAC (François de), Chev., Mis de Pers, sourd et muet, placé sous la curatelle de Charles-René de Cognac, Chev., Mis de Nallier, et de son ép. Anne-Placide Bouhier de Roche-Guill., fille unique de feu Bouhier de Roche-Guill., Chev. T. s. de la Grange, par. de Longesve : *Vouvant*; ens. le fief et seg. de la Cailloterie, par. de Lautier: *Monmorillon*, 1693 *ad* 1717. (*r*. 436, *p*. 12 ; *r*. 437, *p*. 231 ; *r*. 438, *p*. 277.)

COGUEREU, ou Cognereu (Jean de), Dam., et Marguer. son ép., fille de Guichard de Bonne, Dam. Maison, dom., et mouv. de la Chaux, ès par. de la Cordelle et de St Maurice : *Forez*, 1336. (*r*. 491, *p*. 146). Voy. Chaux.

COIFFERANT (Guill. de), écuyer. Maison sise à Grevoys, terres, hommes et femmes Taillables haut et bas : *Habant*, 1351. (*r*. 470, *p*. 1333.)

COIFFIER, aussi Coyffier (Gilbert), fils de feu Bertrand Coiffier, bourg. d'Aigueperse. Cens par lui vendus à la duch. de *Bourbon*, 1508. (*r*. 1359, *p*. 721.)

COIFFIER (Nicolas), écuyer. Le fief de Tilloux, par. de Deux-Chaises: *Murat*, 1686. — Nicolas Coiffier, écuyer, et Antoinette de Champfeu, sa f^e. T. s. de Breuille, par. de Lusigny; *Moulins* : ens. celle de Tilloux : *Murat*, 1717, 1724. (*r*. 474, *p*. 674 ; *r*. 477, *p*. 393 ; *r*. 478, *p*. 152, 473.)

COIFFIER (Claude), écuyer, S^r des Nonettes, de Demoret, et autres lieux. Le fief de Guittière, par. de Buxière, acq. de Jean Richard et de Gilbert de la Maisonneuve, écuyers: *Hérisson* ; et du chef de sa f^e Marie-Thérèse de Culant, fille de Robert de Culant, écuyer. Le fief de Perassier, par. de Nerys: *Montluçon*, 1696, 1708. — Louis-Michel, Coiffier, écuyer, leur fils. T. s. de Demoret : *Moulins*, 1724 ; et, à cause de son ép. Magdel. de la Motte d'Apremont, donataire de Cather. de Mechatin, vᵉ de Gilbert de Rochebut, écuyer. T. s. de la Faye et Verfeu, ès par. de Theneuil et d'Ingrande : *Bourb.*, 1734. (*r*. 475, *p*. 165 ; *r*. 476, *p*. 212 ; *r*. 478, *p*. 500 ; *r*. 481, *p*. 157.)

COIFFIER (Cecile), vᵉ de Louis de Genetoux, écuyer, Sʳ des Manteaux, pour leurs enfans Jean et Alexandre de Genetou. F. s. de Vallière, par. de Neufvy-sur-Allier : *Moulins*, 1706, 1717. (*r*. 476, *p*. 183 ; *r*. 477, *p*. 469.)

COIFFIER (Jean), écuyer, Chev. d'honneur au présid. de Moulins. F. s. de Belair, par. de Neufvy : *Moulins*, 1717. (*r*. 477, *p*. 600.) — Louis Coiffier, écuyer, Chev. de Sᵗ Louis, fils de feu Nicolas Coiffier. Le fief de Breuille, par. de Lusigny ; et, avec Marie, sa sœur, Damoiselle. La moitié dud. fief de Belair ; 1736. — Claude Coiffier, docteur en Sorbonne, hérit. de feu Claude Coiffier, écuyer, Sg. de Demoret. Le quart du même fief de Belair ; 1736. (*r*. 481, *p*. 157, 161, 162.)

COIGNART (Hugonin), Dam. La motte de Montiffault, sise à Vitry, et celle de Cruses, par. de Cronay, dom., bois et mouv. ; 1391, 1401. — Noble Chev. mons Jean Coiguart. La mote d'Acilly, dom., bois et seg. ; 1396. — Jean Coignart, Chev., Sg. d'Aceilly. Etang de Nuille, dom., terrage et le bois du Tremblay ; ens. la directe sur plusieurs tènemens au vill. de Fraise ; 1407 : *Bourbon-Lancy*. (*r*. 466, *p*. 230, 231, 236). Voy. Miniere.

COIGNEUX (Jacques le), Mⁱˢ de Montmeillan, présid. à Mortier au parlem. de Paris, pour Marie d'Allongny, son ép. Châtell., t. s. de la Poissonnière : *Angers*, 1661. (*r*. 355, *p*. 14 ; *r*. 405, *p*. 37.)

COGNEUX (Gabriel le), mestre de camp de cavalerie, veuf de Marie-Thérèse d'Armagnac, comme tuteur de leurs enfans. Chatell. et prevôté de Sᵗ Generoux : *Saumur*, 1725. (*r*. 426, *p*. 32.)

COINDRE (Jean), notaire, et Claude Buyet, dit Bardin. Chât., maison forte, t. s. de la mote Dés, en la chatell. de Villeneuve : *Beaujeu*, 1518. (*r*. 488, *p*. 96.)

COING (Marie du), fille de Louis du Coing, et de Marie Peigne, vᵉ d'Ant. Chollet, écuyer. F. s. de Soye : *Dun-le-Roi*, 1669. (*r*. 445, *p*. 87.)

COINGDE (Florence), vᵉ de Guill. Coingde, et Raymonde, leur fille, donnent à l'hôpital de Montbrisson une vigne située à Tullier : *Forez*, 1254. (*r*. 1402, *p*. 1305.)

COINTE (Joseph le), bourg. de Culant, fils de Gilbert le Cointe. Moulin de la Presle, par. de Reigny : *Dun-le-Roi*, 1708. (*r*. 448, *p*. 165.)

COLAS (Jean de), fils de Noël de Colas, Sʳ de Guedevaux et de Marie Legoux. Fief de la Lande-Charles, par. de Jumelles ; *Baugé*, 1665. (*r*. 357, *p*. 126.)

COLBERT (Magdel.), vᵉ de Louis Brulart, Chev. Chatell. et seg. de Broussin : *Mans*, 1639. (*r*. 354, *p*. 21.)

COLBERT (François), Chev., Sg. de Sᵗ Mars, capit. des vaisseaux du Roi. F. s. de la Suze et de la Lesse, par. de Charonne : *La Rochelle*, 1699, 1717. — Charlotte-Marguer.-Thérèse Colbert, sa fille, et de Charlotte Leché ; *Idem* ; 1723. (*r*. 439, *p*. 10, 11, 68, 69 ; *r*. 440, *p*. 73.)

COLBEBT (J. B.-Marie), Mⁱˢ de Seignelay, Mᵉ de la garbe-robe du Roi, fils de J. B. Colbert. F. s. de Bois-Cirame, par. de Vorly : *Dun-le-Roi*, 1701. (*r*. 448, *p*. 22.)

COLBERT (J. B.), Mis de Torcy, etc. Marquisat et pairie de Sablé : *Mans*, 1711 *ad* 1726. (*r.* 425, *p.* 5, 6, 42 ; *r.* 426, *p.* 6, 7 ; *r.* 429, *p.* unique.) Vassaux : René-Charles de la Barberie, écuyer ; Urbain-Claude Bastard, Chev., Sg. de Fontenay; Marie-Thérèse de Bautru, v^e du Mis de Vaubrun; Anne-Louise de Bouillé, v^e de Jaques-Phil. de Girard. Mis de Charnacé ; Louis du Bouchet, Chev., Cte de Monsoreau, Mis de Sourches; Pierre de Brisay, Cte d'Enouville ; Charles-Bernard de Canouville, Chev., Cte de Raffetot ; Marie Toussaint de Charcul, v^e du Mis de la Galissonnière ; Louis de la Chatre, Chev., Mis dud. lieu, à cause d'Anne-Charlotte de Beaumanoir, son ép. ; Jacques le Clerc, Chev., Mis de Juigné ; Pierre Gaspard de Clermont, Chev., Mis dud. lieu ; Christophe-Henri de Cumont, Chev., Sg. de Jouy ; Louis de Geneciau, Chev., mari de Gabrielle Trochon ; Marie-Jeanne-Jaqueline Goblen, v^e de François de Sanson, Chev., Sg. de Milon; Marie-Anne de Grout de Beaufort, v^e de François du Gard, Chev., Sg. de Longpré ; Anne-Angelique du Guesclin, v^e de Pierre de Scepeaux, Chev., Sg. de Chemin ; Charles-Hyacinthe de Longueil, Chev. ; Claude-Charles de Margot, écuyer, Sg. de la Vairie; Henri du Mesnil, écuyer, S^r d'Auxigné ; Louis-Constantin de Pontoise ; Louis Rollin-Rouillé, Chev., Cte de Jouy ; Charles-François-Louis-Alphonse de Sassenage, Cte de Brion, Mis de Pons, et Marie-Françoise-Camille de Sassenage, son ép. et cousine issue de germain ; Renée-Anselme de St Rémy, f^e de René Hardouin, Chev., Sg. de la Girouardière.

COLBERT (Henriette-Louise), v^e de Paul du Beauvilliers, Duc de St Aignan, tient le comté de Buzançois ; *Tours*, 1722. (*r.* 425, *p.* 6.)

COLENGI (Aymonin de), fils d'Aymonin, Dam., et de feue Jeanne, fille de feu Odon Becher, Chev., transporte à son père sa maison de Charnée, dom., bois, pêche, vignes, cens et tailles : *Bourb.*, 1298. (*r.* 1377, *p.* 2779.)

COLIN (Guill.), écuyer. Hôtel noble de la Guierche en la châtell. de Crozant : *Marche*, 1506. (*r.* 453, *p.* 226.)

COLIN (Gaspard), écuyer, Sg. de Gevaudan, et Marguer. de Badier, son ép. Chât. t. s. de la Poivrière et de St Priest, possédés autrefois par Louis de Bourbon, Chev., Cte de Busset ; ens. la t. et seg. de Montet, par. de Sarbonne, acq. de Marie-Anne de Saule-Tavaune, ép. de Claude-Joseph de Digoine, Chev., Mis du Palais : *Gannat, Riom, Vichy*, 1716, 1723. (*r.* 478, *p.* 50 ; *r.* 507, *p.* 89 ; *r.* 509, *p.* 41.)

COLIN, *al.* Collin (Magdel.), v^e de Jean-Marie Thomas, écuyer. Le quart du f. et seg. de la Varoux et Fromantaud, par. de St Plaisir et de Franchesse : *Bourb.*, 1725. (*r.* 480, *p* 30.)

COLLADON (Denis), boucher à Vierzon. Quatrième partie du fief et métairie de Bonaigle, par indivis avec Et. Gougot, présid. du gren. à sel de *Vierzon*; 1673. (*r.* 445, *p.* 231.)

COLLADON (Pierre), avocat au présid. de Bourges, et Marie Bonnelat, sa f^e, fille de Vincent Bonnelat et de Magdel. Libault. Moitié de la dîme de Changy, par. de Cous et de Broize : *Ainay*, 1724. (*r.* 478, *p.* 470, 536.)

COLLEROT (Géraud), Dam. Terres, dîme, garenne, cens et tailles ès par. de St Germain d'Entrevaux, Mellers et autres : *Verneuil*, 1322. (*r.* 460, *p.* 272.)

COLLEROT (Giraud, al. Gerard), Dam., paroiss. de Secet. Dom., bois, dîmes, cens, rentes et tailles ès par. de Begnes, Churat et autres : *Chantelle, Rochefort*, 1322. — Jean Collerot, de Sacet, *Saciaci*, Dam. ; *Idem ;* 1352, 1357. (*r.* 458, *p.* 163, 164, 166 ; *r.* 469, *p.* 10, 21.)

COLLEROTE, *al.* Coillerotte (Marguer.), Damoiselle, f^e de Perrin Minet, écuyer. Moitié de la mote, fossés, dom., cens et rentes de Cesset: *Chantelle,* 1410. (*r.* 458, *p.* 168.)

COLLET (Ant.), écuyer, S^r de St Maur, fils de Vincent Collet. F. s. de Bourgy, par. d'Allogny : *Mehun-sur-Y.*, 1669. (*r.* 444, *p.* 7 ; *r.* 445, *p.* 45.)

COLLET (Gaspard), m^d à Bourges. Dîme de vin, appel. La Croix-Clavier, par. de Vasselay : *Bourges,* 1684. (*r.* 445, *p.* 362.) — Gaspard Collet, Sr du Breuillet. Le fief de Ripuis, par. Ste Radegonde ; 1689. — Magdel. Collet, v^e de François Baudon, élu en l'Élect. de Bourges, fille de Gaspard Collet. Fief de Rippières ; 1705 : *Dun-le-Roi.* (*r.* 447, *p.* 38 ; *r.* 448, *p.* 108.)

COLLET (Jean), curé-chan. d'Issoudun. Dîmes ès par. de St Cyr et de Ste Lizaigne, acq. de Michel-Henri de l'Estang, Sr de Villeclerc, et de Louise Agard, son ép. : *Issoudun,* 1706, 1717. (*r.* 448, *p.* 131, 140 ; *r.* 449, *p.* 149, 175, 249.)

COLLINCOURT (Henri de), écuyer, Sg. de Presle. F. s. de Mougnon, *al.* Laurière ; 1705, 1718. — Angélique de Collincourt, v^e de Gabriel de Félix, Sr de la Salle, aiant la garde-noble de leurs enfans. F. s. de Vinax ; 1722 ; *Aunay.* (*r.* 437, *p.* 122 ; *r.* 438, *p.* 367, 479.)

COLLINET (Denis), m^d. Quatrième partie d'une dîme en la par. de Venas, par indivis avec Ant. Heyrault : *Hérisson,* 1688. (*r.* 474, *p.* 689.)

COLLOMBE (Jean de la), écuyer, fils de Jaques de la Collombe, écuyer, Sr de la Chapelle. T. s. de la Guilhomie, par. de Vernet et autres : *Riom, Usson,* 1669. (*r.* 499, *p.* 372 ; *r.* 502, *p.* 32.)

COLLOMBETTE. Voy. Damas.

COLOMBI (Hugues), fils d'Etienne Colombi, vend à Archambaud, Sire de Bourbon, tout ce qu'il tient en la châtell. de *Billy;* 1232. (*r.* 1377, *p.* 2756.)

COLOMBI (Elisabeth), v^e de Phil. Vion, jardinier. Maison et jardin à la Guillotière : *Lyon,* 1722. (*r.* 497, *p.* 165.)

COLOMBIER (Jean du), Dam., à cause d'Ysabelle de Montfan, *de Montefano,* son ép. Hôtel fort, t. s. de Montquanquier, *Montisquaquerii,* etc., par. de Monestay et autres : *Chantelle, Moulins, Verneuil,* 1366. Et, comme veuf d'Ysabelle, pour Jean, leur fils ; *Idem;* 1375, 1378. (*r.* 455, *p.* 103 ; *r.* 458, *p.* 165, 296 ; *r.* 459, *p.* 149 ; *r.* 460, *p.* 80, 107.)

COLOMBIER (Pierre du), écuyer. Hôtel-fort, dom. et seg. de Montquanquier ; autres possess. et dr. ès châtellenies d'*Aynay, Bessay, Souvigny, Verneuil,* 1455. (*r.* 455, *p.* 129 ; *r.* 460, *p.* 145, 303, 311 et suiv. ; *r.* 463, *p.* 48 ; *r.* 467, *p.* 259.)

COLONGE (Philippard de), *de Colongia,* Dam. Maison, dom., bois et mouv. de la Colonge ; 1304. — Pierre de Colunge, vend à Guichard, Sire de Beaujeu, plusieurs cens percept. à Vanens ; 1314 : *Beaujeu.* (*r.* 488, *p.* 72 ; *r.* 1389, *p.* 342.)

COLONGES (Guill. de), clerc, et Marguer., sa sœur, f^e de Giraud de

Martinhac, le jeune. Hospice, dom. et mouv. en la par. de *Thiers* ; 1334. (*r*. 472, *p*. 25.) — Alise Colonges. Moitié de Maison, terres, prés, bois, garenne et dev.: *Thiers*, 1334. (*r*. 472, *p*. 35.)

COLONGES (Charles de), écuyer, Claude et Louis de Colonges, ses frères. Maison, t. s. d'Onay: *Bourb.-Lancy*, 1490. (*r*. 467, *p*. 1.)

COLONGES (Pierre de), fils de Gerard de Colonges. Hom. de ce qu'il tient en la châtell. de Thiers, au devoir de garder, les jours de foire et de marché, la porte du chât. de *Thiers* ; 1512. — Pierre de Colonges, fils de feu Jean de Colonges. Maison et jardin à Colonges ; ens. le tènement du Peyrier, tenus à la même charge que ci-devant ; 1517 : *Thiers*. (*r*. 472, *p*. 88, 107.)

COLONGES (Jean de), écuyer, Sg. de la Mote, lieut. gén. du Sénéch. d'Auv., et Ysabeau de la Forest, sa f^e. T. s. de St Germain ; la prévôté du Puy-Guill.; ens. son chât., maison, dom., dîmes et h. j. avec arr. fiefs en la par. de Dorat : *Thiers*, 1515, 1517. (*r*. 472, *p*. 110 ; *r*. 483, *p*. 64.)

COLONS (Regnault de), écuyer, et Marie, sa f^e. Maison à Cuises ; dom., bois et cens ès par. de Chastrin et de Possignot: *Chât.-Chinon*, 1444. (*r*. 469, *p*. 172.)

COLUMBARS (Barthélemy de), de Sivry-Comtal, vend à Jean, Cte de *Forez*, un pré assis à Vacherent ; 1309. (*r*. 1395, *p*. 317.)

COLUMBEL (Mathieu), de St Baldomer, vend à Robert de Chalus, Chev., Sg. de Botheon, une vigne tenant au moulin de Fontfort : *Forez*, 1390. (*r*. 1397, *p*. 511.)

COLUMBIER (Benoît), bourg. de la ville d'Ambert, fils de Martial Colombier. Partie de rente et de dom. en la seg. de Savine, par. de Monestier : *Issoire*, 1669. (*r*. 499, *p*. 683.)

COLUNBETES (Béatrix de), tutrice d'Arthaud, fils de Guill. Pozoles. Rentes au mandement de Mars ; ens. la Maison-le-Palaiz près de Feurs : *Forez*, 1338. (*r*. 490, *p*. 44.)

COLUNGES (Hugues de), Dam., abandonne à Jean de Chavannes, veuf de Denise de Bere, Damoiselle, ses dr. sur le tènement de Villecort, par. de *Dun-le-Roi* ; 1392. (*r*. 1392, *p*. 113.)

COLURBUS (Marguer. de), v^e de Robert Vigier, Sg. de Vernassat, comme tutrice de leurs enfans. Dom., cens et rentes en la baron. de Mercœur : *Auv.*, 1491. (*r*. 471, *p*. 180.)

COMAING (Hugues de), *Comaigni*, Dam., fils de feu Perreaul de Comaing, Dam., à cause de Béatrix, son ép., fille de feu Perronin de Ginay, Dam. Mote et garenne de la Prée ; dom. et mouv. en la par. de Crisset : *Semur en Brionnois*, 1323. (*r*. 466, *p*. 147.)

COMBE (Pierre et Ant. de la), frères ; Bertrand et Jean Mouri, frères, du vill. de la Mourmye. Maison, dom., bois, cens et rentes, par. de Chaylade, dioc. de *Clermont*, tenus en fief franc à honneur et hom. de main et du baiser à la bouche : *Auv.*, 1502. (*r*. 471, *p*. 130.)

COMBE (Pierre la). Le dom. de Neyrestan et de Verdelou, par. de Falgous, Élect. de Mauriac : *Riom*, 1669, 1672. (*r*. 499, *p*. 514 ; *r*. 500, *p*. 142.) Nommé aussi Combard.

COMBES (Gui de), *al*. Bluc, *de Bluco*, à cause de Monteychie, sa f^e, et Guill. de Combes, Dam., paroiss. de Celle, ou Telle. Fief lige de main et de bouche, consistant en cens et rentes sur divers tènemens : ens. la motte de Melle, ès par. d'Isserpans et de Vic: *Billy*, 1353, 1374. (*r*. 457, *p*. 6, 8.)

COMBES (Pierre de), Dam., paroiss. de Celle. Cens en grain et argent, par. d'Isserpans : *Billy*, 1378. (*r*. 457, *p*. 110.)

COMBES (Amable de), écuyer, pour lui ses frères et sœurs. T. s. de Miremont, par. de même nom ; 1669, 1672. — Philib. de Combes, son fils; *Idem* ; 1717 : *Riom*. (*r*. 499, *p*. 240; *r*. 500, *p*. 143; *r*. 509, *p*. 202.)

COMBES (Charles de), écuyer, présid^t au siége présid. de Riom, fils de Gabriel de Combes. Dom. et seg. de Montfaucon ; t. s. du Puy-St Bonnet ; dîmes ès par. de Queuille, de Teilled et de Loubeyrat ; 1669 *ad* 1683. — Gabriel-Michel de Combes, écuyer, lieut. gén. au présid. de Riom, son fils. Même t. et s. du Puy-St Bonnet ; 1699. — Victor de Combes, Chev. de St Louis, capit. de Dragons ; *Idem* ; 1723 : *Riom*. (*r*. 499, *p*. 580 ; *r*. 501, *p*. 63 ; *r*. 503, *p*. 100 ; *r*. 506, *p*. 18 ; *r*. 508, *p*. 52.)

COMBES (Jean de), écuyer. T. s. d'Escolette et de Morelles, par. d'Estrossat, St Cyprien et autres ; 1686. — Ant. Gilbert de Combes, écuyer, son fils; *Idem;* 1723 : *Billy, Chantelle, Moulins, Ussel*. (*r*. 474, *p*. 606, 725 ; *r*. 478, *p*. 463.)

COMBETES (Ant. de), écuyer. Seig. mote et garenne du Selier : *Murat*, al. *Verneuil*, 1506. (*r*. 453, *p*. 133.)

COMBETTES (Gabriel de), écuyer, Sg. de Jourzat, *al.* Jursat, et de Bouteiz. Seig. directe, dite de Limagne, cens et rentes ès par. de Vialle, Charnat, Vinzelles et autres ; 1669. — Louis de Combettes, écuyer, Sr de Fayons, capit. au rég. de Condé. Maison aiant apparence de chât. ; dom. et rentes à Jouzat, par. de Vialle: 1683 : *Riom*. (*r*. 499, *p*. 357 ; *r*. 502, *p*. 86 ; *r*. 503, *p*. 108.)

COMBLAT (François de), écuyer, Sr de Gorsses. Dom. noble de Jarrouset, par. de la Chapelle d'Alaignon, dont partie en vertu de substitution au profit de sa f^e Anne de Massebeau, par Louis de Massebeau et Jean-François d'Espinchal, ses ayeul et bisayeul : Elect. de St *Flour*, 1684. (*r*. 503, *p*. 189.)

COMBORN (Guichard *al.* Bernard de), fils de feu Archambaud, Vte de Comborn, compose avec Humbert, sire de Beaujeu, au sujet de la succession de Guicharde, sa mère, et lui vend ses terres assises ès par. de St Bonnet, St Nizier, Belleroche, Tisy et autres en la baron. de *Beaujeu ;* 1247, 1248. (*r*. 1388, *p*. 45, 67, 100 ; *r*. 1389, *p*. 357.)

COMBOURC (Jean, Vte de), Sg. de Treignat en Limousin, recon. qu'il doit 100 florins d'or à Rodrigue de Villandrale, Cte de Ribadieu, Capit. de gens d'armes et de traits, pour avances qu'il en a reçues ; 1434. (*r*. 1372, *p*. 2124.)

COMBRES (Anne de), v^e de Jean de Sauzet, tutrice de leurs enfans. Chât. t. s. de Saulzet, par. de Berbezy, Fournol et autres : *Riom*, 1669. (*r*. 499, *p*. 621 ; *r*. 502, *p*. 22.)

COMBRES (François de), écuyer, Sr du Mond, *al.* du Mas, fils d'Hector de Combres, écuyer. Maison, t. s. du Fayet, par. de Bainsvelais ; cens et rentes à la Roche-Margniat et à Mirefleur : *Riom*, 1669 *ad* 1684. (*r*. 499, *p*. 415 ; *r*. 500, *p*. 58 ; *r*. 503, *p*. 346.)

COMBRET (Jean-Joseph de), écuyer, Sg. de la Bessarie, l'un des 100 gens d'armes de la garde du Roi, mari de Jaqueline de Rochemantel, fille de Jean de Rochemonteix. J. h. m. et b. en la par. de Cheylade : St *Flour*, 1699. (*r*. 506, *p*. 51.)

COMBROS (Zacharie de). Cens sur divers tènemens près le chât. de St Just en Combros; *Forez*, 1334. (*r*. 492, *p*. 217.)

COMEGRAIN (Jean de), écuyer, pour Jeanne, sa f^e, fille de feu Perrin le Valet de Boyart. Partie de maisons, terres et tailles à Champseur et à Meulenetes : *Chât.-Chinon*, 1353. (*r*. 470, *p*. 54.)

COMENGE (Louis, Cte de), gouverneur de Saumur, Sg. de l'Esquille en la général. de Guienne, Chev. des Ordres. Fief des Breuil-St Fort-sous-Brouage : *Saintes*, 1691, 1700. (*r*. 439, *p*. 1, 14.)

COMERCEY (Simon de), fils de Jean de Sarrebruche. Son mariage avec Marguer., sœur de Louis de Savoye, Sg. de Vaud, v^e de Jean Vaunory; 1309. (*r*. 1390, *p*. 401.) *N*^{a}. Ce Louis de Savoie, qualifié Bon de Vaud, est mentionné sans plus, dans l'Art de vér. les dates, t. 3, p. 619.

COMITISSE (Marie), v^e de Giraut Comte, Jean et Hélie, leurs fils ; ens. Gerald Contauld et Arnaud du Puy, vendent à Pierre Audoyn leurs manoirs, *maynamenta*, de las Contoulyenes, par. St Saturnin : *Angoul.*, 1259. (*r*. 1405, *p*. 351.)

COMMEAU (Jean). Herbergem^t et dom. relev. de Beaufort : *Anjou*, 1424. (*r*. 335, *p*. 89.)

COMMINES (Phil. de), Sg. d'Argentan et de Renescure. Exemption de finance pour cause du don à lui fait par Louis XI, du chât. t. seg. de Berrye, mouv. de *Loudun*; 1472, 1479. (*r*. 443, *p*. 14 ; *r*. 1343, *p*. 215.) C'est le célèbre historien.

COMMIRNES (Etienne de), Dam., fils de feu Guiot Commirnes, Dam. Le bois de Montaville; partie de la dîme de Treveret, et mouv. sur divers tènemens, par. de Chaney : *Forez*, 1377. (*r*. 490, *p*. 108.)

COMMON (Abraham). T. s. de Montbuèz : *Loudun*, 1631. (*r*. 354, *p*. 27.)

COMNENE (François-Vidal de), Chev., Capit. de vaisseaux, envoyé extraord. du Roi en Anglet., Italie et Hollande, à cause de Marguer. Lauraire de la Garde-St Paul. Chât. fort, t. s. de la Tourgoyon, par. de même nom, et de celle d'Ambert : *Issoire*, 1687. (*r*. 505, *p*. 46.)

COMPAING (Nicolas), bourg. de Souvigny. Moitié-part dans la g^{de} dîme de Neuvic; le bois Moreau, conten. 60 arpens ; la grange appel. de Soye, sise à Prunay, terres, colombier, étang, cens, tailles et rentes, ès par. de Nemuz, Neuvic, etc. : *Montluçon, Moulins, Souvigny*, 1352, 1357. (*r*. 454, *p*. 259 ; *r*. 464, *p*. 163 ; *r*. 467, *p*. 140, 176.)

COMPAING (Remon), à cause de sa f^e Marguer. Boelle. Cens ès par. de St Menoux et d'Agouges : *Souvigny*, 1352. (*r*. 463, *p*. 221.) Non noble.

COMPAING (Guill.), Sr de Dazenay. T. s. de St Aubin : *Bourb.*, 1517. (*r*. 483, *p*. 26.)

COMPAING (Jean-Louis), écuyer, fils de feu Georges Compaing, écuyer et de Susanne Garnier. T. s. de la Tour-Girard, par. de Ponthumé, al. d'Aulongne : *Chatelleraut*, 1703 *ad* 1717. (*r*. 437, *p*. 319 ; *r*. 438, *p*. 264.)

COMPANS (Milet, *al*. Milon de), écuyer. Dom., bois, cens et tailles, ès par. de Gascoigne, de Chaumoy et autres : *Chât.-Chinon*, 1349, 1357. (*r*. 470, *p*. 36, 66.)

CORDOUAN (René de), Chev., Mis de Langey, colon. de cavalerie, fils unique de feu Jaques de Cordouan, Chev. T. s. de Maimbré, Cheheré et Coulombiere, relev. de Beaumont le Vte : *Sonnois,* 1668. (*r.* 358, *p.* 109.)

CORFEZ (Guill.). Terres à Nueli et Becay : 4e partie de la dîme de Chenai, etc. : *Aynay,* 1300. (*r.* 463, *p.* 58.)

CORGENAT (Michel de), écuyer, et Herarde du Luz, sa f^e, fille d'Etienne le Clerc, dit du Luz, bourg. de Souvigny. Maison, terres, cens et rentes en la par. de Neufvy : *Moulins,* 1452. (*r.* 454, *p.* 202). Le proc. du Roi prétend que la qualité d'écuyer doit être prouvée, l'avouant étant étranger.

CORGENAY (Jaques de), écuyer. La seg. du Corgeray, celle de Fleuriet et autres : *Chantelle, Moulins,* 1505. (*r.* 453, *p.* 198.)

CORGUHET (Andrieu du), Georges de Corguhet, et Gouyn Cartalier, paroiss. d'Escotoux. Trois quarts d'un tènement et garenne au vill. de Corguhet, à charge de guet au chât. de *Thiers;* 1517. (*r.* 472, *p,* 101.)

CORLETZ (Jean), neveu de feu Perrin Riquebon, Ysabelle, sœur dud. Perin, et Jean Payen donnent divers meubles et immeubles à l'hôpital de *Montbrisson;* 1317. (*r.* 1402, *p.* 1351.)

CORLIER (Guill. de), Dam., fils de feu Etienne Corlier. Maison forte de Corlier, *de Corlerio,* mouv. de Humbert de Villars, Sg. de Thoyre; 1344. — Humbert et Jean Corlier, Dam., frères. Echange d'objets avec le même Sg. ; 1350 : *Forez.* (*r.* 494, *p.* 138 ; *r.* 1390, *p.* 506.)

CORNAÇAY (Perrin de), Dam. Dom. et seg. ès par. de Mallet et de Griulay, *al.* Grislay : *Hérisson,* 1307. (*r.* 462, *p.* 117.)

CORNELLE (Odard de la), *de Cornella,* Dam. Maison de la Grange Guippi, dom. et mouv., par. de Croisy, *de Croiziaco : Germigny,* 1357. (*r.* 466, *p.* 87.)

CORNER (Jean du). Terres, fossés, garenne, serfs en la par. d'Oroer; ens. le fief de Liedon et la dîme de Laveschet : *Belleperche,* 1300. (*r.* 465, *p.* 209.)

CORNEREAU (Jean), bourg.; Claude Charrus, brodeur, Charles et Claude, ses enfans, et de feue Anne des Moulins ; Gilbert Berthet, Sr de Meris, élu en l'Elect. de Moulins ; Louis Aupetit et Gilbert Chicoix, vignerons, tant pour eux que pour Marguer. des Granges, v^e de Jean Chazeraut. Héritages dép. du fief de la maison de Brade, par. d'Essertines : *Montluçon,* 1703. (*r.* 476, *p.* 124.)

CORNESSONS (Nicolas de), plutôt Cornesse, *Cornessa,* pour Agnès, sa f^e. Chesal et dépendance, avec un champ appel. des Crés, et le portage de vins à *Germigny;* 1310. (*r.* 466, *p.* 21.) Qualifié au dos : écuyer.

CORNILLAT, (Guiot de). Terres, près, bois, cens et serfs au territ. de Poissons : *Chât.-Chinon,* 1399. (*r.* 469, *p.* 235.)

CORNILLAT, *al.* Bernaige (Alips, fille de feu Perrin), expose que son père a péri à l'armée, qu'elle est pauvre, encore pucelle, âgée sculem^t de 16 ans environ ; que si elle étoit franche, elle trouveroit à se marier avec un homme franc, et reviendroit demeurer à *Chât.-Chinon,* Accordé moyen^t 20 liv. tourn.; 1415. (*r.* 1380, *p.* 3256.)

CORNILLIER (Etienne), auditeur des comptes de la Duch. de Bourbon. Dom. et seg. ès châtell. de *Billy, Moulins, Verneuil;* 1510. (*r.* 452, *p.* 293 ; *r.* 482, *p.* 46.)

CORNO (Jean de), Dam. Terres, bois, garennes, dîme, serfs, tailles et corvées ès par. de Cernaut, Moreulle et St Alay : *Montagu*, 1301. (*r*. 469; *p*. 100.)

CORNONS (Jean de), Dam. Maison forte de Cornons et dép. : *Beaujeu*, 1336. (*r*. 488, *p*. 44.)

CORNU (Macé). Herbergement de la Bourelière : *Chât.-du-Loir*, 1342. (*r*. 344, *p*. 118.)

CORNU (Jean). Tour et féage du g^d Suyri, par. de la Grimaudière : *Mirebeau*, 1452. (*r*. 330, *p*. 126.)

CORNU (Magdel. le), v^e de Claude Labbe, écuyer, Sg. de Champeignettes. T. s. de la petite Mullotière : *Baugé*, 1606. (*r*. 352, *p*. 92.)

CORNUAU (Nicolas), écuyer, pour son père Nicolas Cornuau de la Grandière, écuyer, S^r des Granges ; 1655. — Le même, fils de feu Nicolas Cornuau ; 1663. T. s. de Meurcé et du Bois au parc : *Beaum.-le-V*^{te}. (*r*. 355, *p*. 58 ; *r*. 356, *p*. 81, 82 ; *r*. 431, *p*. 10.) Rel. de lui : Jean de la Barre, Sg. de Nouans et de Bellangerie ; Louis et Jaques de Clinchamps ; Marie Durat, v^e de Louis de Cordouans, Sg. de Moeré ; René le Coustelier ; Chevaliers. Louis Renard, Sr de la Brainière, écuyer.

CORNUAU (Jaques), de la Grandière, chan. d'Angers, par son proc. Nicolas Cornuau de la Grandière, cons. auditeur de la Chamb. des Comtes, fils de Nicolas Cornuau de la Grandière et d'Anne Eveillard, T. s. d'Escharbot, *al*. de Charbot-Nyart, par. St Silvain : *Angers*, 1669, 1678. (*r*. 358, *p*. 96 ; *r*. 405, *p*. 5.) Rel. de lui : Marie Durand, f^e de Phil. de Bergeon, écuyer, Sr de Villemanseul, et Marie Trouillet, v^e de Jean-Jaques Lanier, écuyer, Sg. de la Basse Guerche, cons. au siège présid. d'Angers. *N*^a Nicolas Cornuau signe, de la Grandière Cornuau, un aveu de l'an 1681. (reg. 415.) Il y a plus d'un exemple de ces habits retournés.

CORRE-BAILLON (Jean). Mothe-Chantoing et dép., sans justice, par. St Priest-Bramefont ; 1723. — Claude Corrèbaillon, son fils ; *Idem* ; 1730 : *Riom*. (*r*. 508, *p*. 145 ; *r*. 510, *p*. 63.)

CORTAT (Bernard et Guiot) ; Jeanet et Jean Cortat frères, ceux-ci à cause de leurs f^{es} Jeanne et Beatrix de Lauges, sœurs. Propriétés à Lauges, par. de *Germigny* ; 1399, 1411. (*r*. 465, *p*. 263, 266, 267.) Non nobles.

CORTÉ (Jean du), *al*. dou Correy, *al*. de Corré, fils de feu Archimbaud Blanc. Maison de la Mote de Corté, moitié d'une garenne contiguë, terres et prés : *Chaveroche*, 1300. (*r*. 468, *p*. 193.) Voy. Blanc.

CORTEON (Gilet de), Dam. T. s. de Cambon : *Chaveroche*, 1364. (*r*. 468, *p*. 221.)

CORTIAL (Jean le), écuyer, S^r dud. lieu. Quatrième partie d'une dîme en la par. de Val-sous-Chât. neuf du Drac : Elect. d'*Issoire*, 1684. (*r*. 503, *p*. 322.)

CORTIL (Guill. du), Chev., à cause de sa f^e Cather., fille de feu Guill. de Blanzat. Maison et baillie de Fleuriet, dom. et dr. en dép. : *Chantelle*, 1352. (*r*. 459, *p*. 44.)

CORTIONS (Gilet de), Dam. Etang et moulin de la Riagle ; dr. sur la dîme de Frontenat, et mouv. dans les vill. de Chanteloup, Bartillac et autres : *Montluçon*, 1288. (*r*. 461, *p*. 277.)

COMPTOR (Etienne), Sg. de Combron, Chev., et Ginat de Cosant, son ép. Maison, t. s. de Chamoy : *Beaujeu*, 1321. (r. 489, p. 227.)

COMTE (Guill. le), Terre de Richoudière : *Chât.-Ceaux.*, 1453. (r. 341, p. 132.)

COMTE, *al.* Conte (Phil. le), écuyer, Sg. du Couldray en la par. de Parsay, tient du Duc d'*Anjou* une sergenterie fayée ; 1504. (r. 348, p. 13.)

COMTE (Samuel le), Sr de Fortière, à cause de Marie Ragueau, sa f^e. F. s. de Fosse, *al.* Fousse : *Issoudun*, 1663. (r. 443, p. 11.)

COMTE (Ant. le), Chev., av. gén. au parl. de Toulouse. F. s. de Matha en l'Isle d'Oleron : *Xaintes*, 1723. (r. 440, p. 75.)

COMTET (Guill.), Clerc. Mote, étang, prés, et la garenne des Riauls, par. de Mornay ; 1398. — Jeanne, v^e de Jean Comtet. Moitié des Champarts de la Grasse-Vache, par. de Neufvic ; 1398 : *Bourb.* (r. 464, p. 205, 402) Non nobles.

CONA, Coua ou Cova (Robert de), paroiss. de Bocé, et Bienvenue de Borre, sa f^e, v^e de Guill. de Mart. Seize pièces de terre, un pré et une vigne : *Chaveroche*, 1378. (r. 468, p. 138.)

CONCHY (Louise de), v^e d'Ant. de Vezolles, bourg. de Fontanges, pour leurs enfans, hérit. de Pierre de Vezolles, leur ayeul. Partie de maison et jardin à Fontanges, et une montagne appel. de Sartre : *Mauriac*, 1687. (r. 505, p. 12.)

CONCIS (Jaques de), écuyer, Sr de Burie, vend au Cte d'*Angoul.* ses dr. sur le port Saunier de *Cognac* ; 1486. (r. 1404, p. 288.)

CONÇONS (Rigaud de), Chev., pour Alzabe de la Fabrie, son ép., fille d'Eustache Fabri, Chev. Dom. et mouv. en la par. de Boysset, dioc. de St Flour : *Carlat*, 1355. (r. 473, p. 147.)

CONDAILLE (Bertaud de), vend à Guill. du Verdier, Chev., diverses pièces de terre assises près de la Loire : *Forez*, 1323. (r. 1395, p. 357.)

CONDEMINE (Jean de la), Chev., tuteur de Hugues de la Condemine, fils de feu Jean de la Condemine, Dam., et de Huguete de Murat. Hôtel appel. les Haiz, sis à Trebent ; dom. et dr. : *Verneuil*, 1364. (r. 459, p. 134.)

CONDEMINE (Guill.), Dam., à cause de Joanne de Murat, son ép. Hôtel, dom. et seg. de St Hilaire : *Bourb.*, 1366. (r. 464, p. 26.)

CONDEMINE (Hugues de), Dam. Hôtel fort, t. s. du Bouchat, dîmes, cens et rentes ès par. de Millars, de Teil, Feline et autres : *Verneuil* ; 1375. — Jean de la Condemine, écuyer ; pour lui et Cather. de Milly, sa f^e. Hôtel fort, dom., dîmes et seg. du Bouchat, ès par. de Meilleras, la Feline et autres ; 1488 : *Murat, Souvigny, Verneuil*. (r. 460, p. 88, 121 ; r. 482, p. 17 ; r. 484, p. 15.)

CONDEMINE (Perronelle de la), v^e de Jean Bricadelle, écuyer. L'hôtel et mote du Pin, garenne, bois, terres, dîmes et cens : *Hérisson*, 1449. (r. 462, p. 164.)

CONDEMINE (Huguenin de la), Guill. et Humbert Marechal, écuyers, obtiennent de Louis, duc de Bourbon, des lettres de grace pour le meurtre de Jean Tortier, domestique marié, qui avoit abusé de leur parente Marguer. de Laage, âgée de 18 ans, belle-fille de Guill. de Boulée, écuyer ; 1499. (r. 1376, p. 2710.)

CONDUN (Jean de), dit Espert, écuyer, pour Marie, sa f^e, sœur de Pierre d'Espineuses, écuyer. Le tiers de la seg. de Warty, sous Clermont en *Beauvoisis;* 1404. (*r.* 1363, *p.* 1171.)

CONDUTI (Etienne), de Chambolines, par. de Bonrays, dioc. d'Annecy, fils de Pierre Conduti, vend à André de la Folose, fils de Pierre de la Folhose, un pré mouv. du Sg. de la Roche; 1390: *Forez.* (*r.* 1397, *p.* 534.)

CONELISON (Jean de), al. Charbuel, Dam. Serm. de fidél. et prom. d'aveu au Sire de *Beaujeu;* 1400. (*r.* 488, *p.* 33.)

CONERES (Ysabelle, v^e de Guy de), Guill., Guiot et Eudes, leurs enfans. Aveu de tout ce qu'ils tiennent en la terre de Bourbonnois, excepté l'étang des Noyers, acq. de Guill. Besson, etc...... *Souvigny.* (*r.* 467, *p.* 187.)

CONNAIN (Guillemine), Damoiselle, v^e de Jean Bernart, élu en l'Elect. d'Angers. Le fief de la Grillardière, et partie de la t. et seg. d'Estiau : *Baugé,* 1495, 1508. (*r.* 348, *p.* 12, 27, 30 ; *r.* 348 *bis, p.* 13.)

CONNEN (Elisabeth de), f^e de Paul le Vasseur, écuyer, héritière d'Elisabeth l'Evesque, sa mère, v^e en premières noces de Jean de Conen, écuyer, Sg. de la Villedoré, et en secondes noces de Jean de la Fitte, écuyer, Sr de la Barette. F. s. de la Suze : *La Rochelle,* 1684. (*r.* 435, *p.* 134.)

CONORT (Andrenne et Julienne), filles de feu Jean Connort, de Sury-Comtal, vendent à Jean, Cte de *Forez,* un pré assis à Valcherent ; 1309. (*r.* 1395, *p.* 227.)

CONORT (Pierre), élu en l'Elect. de Salers, fils de Pierre Conort. Montagne des Usiladons et de Lauset, justice, h. m. et b. en la par. de St Bonnet, 1669. — Pierre Conort, notaire, son fils; *Idem ;* 1685 : *Riom.* (*r.* 499, *p.* 218 ; *r.* 503, *p.* 502.)

CONQUANS (Hugues de), écuyer, très. de France. T. s. de l'Estanchouses, par. de Viexlevie en la baron. de Calvinet : *Auv.,* 1669. (*r.* 499, *p.* 625.)

CONSTANCES (René de), Chev., gentilh. ordin. de la chamb., à cause de Benigne de Croix, sa f^e. T. s. de St Ant. du Rocher de Pouilli ; ens. le fief de St Libert : *Tours,* 1590. (*r.* 354, *p.* 69.)

CONSTANS (Marguer. de), Dame de Chaliers-les-Ousches, par. St Martin, v^e de Rodolphe-Charles, Bon de Grunstein, gentilh. ordin. de la chamb. du Roi. T. s. de la motte de Melle, et rente sur le péage dud. lieu de *Melle;* 1668. (*r.* 433, *p.* 99, 178, 201, 202.)

CONSTANT (François), écuyer. Herbergement et seg. de Monts, par. de Cloué ; 1663. — Marguer. Constant, sa fille aînée ; *Idem : Lusignan,* 1698. (*r.* 433, *p.* 261 ; *r.* 434, *p.* 132.)

CONSTANTIN (Jean de), cons. en la g^d chamb. du parl. de Bordeaux. F. s. de Servant et de Soulignone : *Xaintes,* 1717. (*r.* 439, *p.* 77, 78.)

CONSTANTIN (Jean), proc. au présid. de Xaintes, F. s. de la prairie des Coutteaux, *al.* de la g^{de} rivière, par. St Vivien : *Xaintes,* 1726. (*r.* 441, *p.* 34.)

CONSUL (Thérèse et Françoise), filles de Guill. Consul. F. s. de Chât.-Roux et Fretay, par. d'Isserpans : *Billy,* 1689. (*r.* 475, *p.* 20.)

CONTATIM (Jean), de Segonzac, recon. tenir en roture du Cte d'*Angoul.,* en la châtell. de Boutteville, son hôtel et dom., assis au Mas de la Bost; 1391. (r. 1403, p. 120.)

CONTE (André le), écuyer. T. s. de Mauvoisinières : *Hérisson, Murat*, 1445. (r. 462, p. 78.)

CONTE (Philippon le), fils de feu Jean le Conte. Office et sergenterie des mesurages que, par success. de son père, il exerce ès ressorts d'*Angers* et de *Baugé*; 1458. (r. 1354, p. 19.)

CONTE (Pierre le), hérit. de feu Guill. le Conte, son frère aîné, enfans de Guill. le Conte, licentié ès lois, et de feue Jaquete Bienassis. Rente de 12 liv. tour. sur la sergenterie fayée de *Baugé*; 1507. (r. 348, p. 37.)

CONTE (Pierre), bourg. de Nevers, pour sa f^e Marie Segault; héritière d'Arnoul Segault, son frère, prêtre. T. s. de la Mothe de la Taille, par. de Gravier : *Germigny*, 1507. — Jean Conte, leur fils; *Idem*; 1516. (r. 452, p. 66, 73; r. 465, p. 238; r. 483, p. 76.)

CONTENCOUSE (Hugonin et Jean de), *Contempcosa, Contencosia*, Dam. Hôtel et seg. de Contencouse, cens, rentes, et la 20e partie du bois de Tronceon : *Chantelle*, 1300. (r. 458, p. 137, 138.)

CONTEREAU (Claude), Chev., Sg. de la Bedouere, l'un des 25 gentilh. de la maison du Roi, Chatell. de Sr Ant. du Rocher, acq. de dame Hélène de Soullon; v^e de Joseph de Constance, Sg. de Baillu : *Tours*, 1671, 1678. (r. 358, p. 47; r. 505, p. 23.)

CONTOUR (Ant.), écuyer. Moitié d'une maison en la ville de *Vichi*; 1506. (r. 452, p. 102.)

CONTRASTIN (Ant.), avocat au présid. d'Aurillac, mari d'Antoinette la Payre. Dom. au vill. de Freville, et rentes avec h. m. et b. j. au vill. d'Alleyrac et autres : *Riom*, 1669. (r. 499, p. 81.)

CONTY (René de), écuyer, Sr de Champigny, sous l'autorité de Georges-Pierre de Conty, son curateur, écuyer, Sr de la Peiteriniere. F. s. de la Tousche, par. Sr Hilaire de *Melle*; 1717. (r. 438, p. 321.)

COPIERS (Jean de), Dam., fils de feu Jean de Copiers, Dam. Serm. de fidel. et prom. d'aveu; 1400. Jeanne de Chautoys, Damoiselle, sa v^e, et Jean, leur fils. Maison, dom., bois, Moulin de Copiers; 1401 : *Beaujeu*. (r. 486, p. 56, 57.)

COPIN (Laurent), paroiss. de Neuville. Hospice de Fraigne, dom. et dr., par. d'Aziac: *Moulins*, 1392, 1410. (r. 454, p. 248; r. 455, p. 25.)

COPPIN (Robert). Menues rentes et justice foncière en la par. St Christophe : *Chât-Ceaux*, 1465. (r. 350, p. 5.)

COPPIN (Nicolas). av. en Parl. Fief de St Loup sur l'Abron : *St P.-le-Moustier*, 1676. (r. 474, p. 335.)

COQUI (Jean), clerc. Tènement et un bois à Boliards: *Beaujeu*, 1330, 1337. (r. 489, p. 179, 277.)

COQURE, *al.* Cucure (Géofroy de). Dam.; 1357. — Jean de Coqure, Chev.; 1374, 1400. — Géofroy de Coqure, Dam.; 1400. 1411. F. s. de Montarmé, *al.* Montarmant, par. de Perreux, *Perruaci*: *Beaujeu*. (r. 485, p. 36, 37, 202; r. 486, p. 74, 76, 156.)

CORABEUF. Voy. Morelet le Corabeuf.

CORAL (Louis de), écuyer. Les fiefs de la Fouchardière et de Laage-Bouchet, par. de Sillars : *Monmorillon*, 1677, 1717. — Pierre de Coral, Chev.; *Idem*, 1722. (r. 435, p. 3; r. 437, p. 298; r. 438, p. 221, 477.)

CORANT (Etienne de), Chev. à cause de Symone de Gleteins, fille de feu Hugues de Gleteins, Dam., frère de Symon de Gleteins, Chev. Rente annuelle de 60 liv. : *Beaujeu*, 1336. (r. 488, p. 12.)

CORANT (Claude de), Dam., Sg. de Tancy, et Huguete de Vernay, son ép. L'étang appel. le Bramme-Loup, et menus cens. par. de Montaignac : *Beaujeu*, 1459. (r. 487, p. 28, 29.)

CORBERS (Etienne de), et Jean Roux, son père, vendent à Guill. du Verger, Dam., un moulin vers les bords de la Loire, et diverses pièces de terre vers le port de Chautoyr : *Forez*, 1301, 1306. (r. 1395, p. 241, 243.)

CORBEYLLON (Erayllius de), Dam. Cens sur divers tènemens à St Germain-Laval : *Forez*, 1322. (r. 493 *bis*, p. 22.)

CORBEYSON (Jean de), al. Charbuile, Dam., autorisé par son père Henri de Corbeyson, Dam. T. s. de Portabo, tailles, cens et rentes en la chatell. de Toissy : *Beaujeu*, 1402. (r. 487, p. 16.)*

CORBIER (Jaques), cons. en l'Elect. de Fontenay-le-Cte. Métairie noble des Noyers et de la Mote de Cesay : *Vouvant*, 1698. — Siméon, *al* Simon, docteur en médecine, dem. à Marans, Mêmes possess. ; 1707, 1717. (r. 436, p. 126 ; r. 437, p. 147 ; r. 439, p. 315.)

CORBIN (François), av. en Parl., fils de Nicolas Corbin. — Adrien Corbin, M^e partic. des eaux et forêts de Vierzon ; François, Jean et Marguer. ses frères et sœur, enfans dud. François. Etang de l'Arsenault, terres et 20 arpens de bois taillis : *Vierzon*, 1671 *ad* 1716. (r. 444, p. 33 ; r. 445, p. 84 ; r. 447, p. 175 ; r. 448, p. 154 ; r. 449, p. 228.)

CORBIN (Etienne), écuyer, Sr de Chaulmes, cons. au présid. de Bourges. Quatrième partie de dîme en la par. de Ste Thorette, appel. anciennement la dîme de Chouday, aussi de Poudis ; 1671. — Ses enfans Etienne Corbin, chan. de Bourges, Guill., Jean et Marie ; *Idem*, 1677, 1709. — Phil. Corbin, écuyer, et ses sœurs, enfans de Guill. Corbin, écuyer, Sr de Chaulmes ; *Idem* ; 1717 : *Issoudun*. (r. 445, p. 186, 290 ; r. 446, p. 48 et suiv. ; r. 448, p. 201 ; r. 449, p. 318.)

CORCELLE (Guill. de la), clerc. Maison au vill. de Champseur ; celle de Pressy, mote, fossés, bois, moulin, serfs et dîme en la par. d'Arleu : *Chât.- Chinon*, 1443. (r. 469, p. 167.)

CORDEILS (Guillemet), Dam. Le courtil de Bazol, dom. cens et cout. au territ. de Brueil, etc. ; et, comme tuteur des enfans de feu Perronet Cordeyl. Dam. Maison et censives à Montebert, ès par. de St Christophe et de Gramont, mandem^t de Chatellus : *Forez*, 1325, 1333. (r. 490, p. 154 ; r. 491, p. 252 ; r. 492, p. 243, 267.)

CORDELIER (Johannet), fils de Jean Cordelier, Dam. Manoir de Villars, *Villaribus*. dom., bois. terrage, dîme et h. j. ; cens. le chesal de Seelon : *Germigny*, 1357. (r. 465, p. 346.)

CORDIER (Pierre). Maison de la Barre : *Germigny*, 1506. (r. 452, p. 54.)

CORDIER (Jean), écuyer, Sg. de Vallieres et de la Mothe-le-Chappeaulx. Métairie de Droussay, par. de Chevaignes, par lui vendue à la duch. de Bourbon : *Moulins*, 1506. (r. 1355, p. 103.)

CORDIER (Jean-Marie), Sr de Montifault, major de la ville de Moulins, Tailles, cens et autres dev., acq. de François l'Especier, écuyer, Sr de Villard : *Chaveroche*, 1695. (r. 475, p. 142 ; r. 487, p. 167.)

COSTE (Pierre de la), écuyer, Sr de Longuebouelle, pour Marie de Tilly, son ép., hérit. de Magdel. de Bras de Fer, sa tante, v^e de Claude de Gleneux. F. s. de Chaumont : *Vierzon*, 1669. (*r.* 445, *p.* 15.)

COSTE (Jeanne), v^e de Pierre Ymonet, tutrice d'Ant. Ymonet, leur fils, Le tènement de Vaux, par. de Volore : *Riom*, 1669. (*r.* 499, *p.* 152.)

COSTE (Etienne de la), écuyer, Sr de Longueboille. Fief de la Greslière, par. de Vouzeron : *Mehun-s.-Y.*, 1670, 1672 ; ce fief saisi après son décès, 1686 *ad* 1701. (*r.* 444, *p.* 53 ; *r.* 445, *p.* 117 ; *r.* 446, *p.* 145 ; *r.* 447, *p.* 205 ; *r.* 448, *p.* 46.)

COSTES (Pierre de la), lieut. des vaisseaux du Roi. F. s. de la Montagne, de Caradouze et de Poisac : *Rochefort*,.......

COTE (Géofroy de la), fils de feu Matheron de la Cote, et Dameron, sa f^e, fille de feu Guill. Sechaul. Terres, bois et mouv. à la Planche de Lavaul : *Beaujeu*, 1310. (*r.* 489, *p.* 308.)

COTE (Thibaut de), *al.* Cosse, écuyer de la Duch. d'Anjou. Prés en la par. de Mazé, relev. de Beaufort : *Angers*, 1451. (*r.* 1341, fol. 120, 160.)

COTECZON, *al.* Contenczon (Girard), Dam., et Guigone, sa f^e fille de Guigon de Coson. Cens, rentes et autres dr. aux mandemens de Chatelluz et de Fonteneys : *Forez*, 1323. (*r.* 493, *p.* 100.)

COTET (Jean), écuyer, Sg. de la Roche, et sa f^e Nommaye de Comberel, v^e de Jean de la Beraudière, ayant le bail de François et René, enfans du premier lit. Finance pour le relief de la terre de Parné. *Baugé*, 1476. (*r.* 1343, *p.* 54.)

COTHEREAU (Marguer.), v^e de Fortuné Nivelet, écuyer, Sg. de Chantegain. Maisons nobles de Nanteuil et de Bertaud, et arr. fiefs en la seg. de Salvert : *Maubergeon*, 1667, 1672. (*r.* 433, *p.* 221, 222 ; *r.* 434, *p.* 46, 48.)

COTHERON (Louis), licencié ès lois, Sr de Bois-Vignaud, héritier de Pierre Cotheron, proc. fiscal de la baron. de St Souline. F. s. de la Guerinière : *Civray*, 1697, 1726. (*r.* 436, *p.* 87, 119 ; *r.* 438, *p.* 525.)

COTIGNON (Michel), pour Jeanne Franche, sa f^e. Chesal de Preynaz, par. d'Ayniol, dom. et dr. en dép. : *Germigny*, 1407, (*r.* 466, *p.* 81.) Non noble.

COTIGNON (Gui), écuyer, Sr de Mogées, cons. au baill. et pairie de Nivernois. Justice et seg. en la par. de St *Pierre-le-Moust.* ; 1676. (*r.* 474, *p.* 337.)

COTIGNON de Chauvry (Joseph-Ant. de), abbé de St Pierre de Mauriac ; 1685, (*r.* 503, *p.* 439.)

COTIGNON (Jean-Louis), écuyer, hérit. de Bernarde de Balore. F. s. du Deffend et de Monvillars, ès par. de Garnat et de Baulon : *Moulins*, 1722. (*r.* 478, *p.* 155.)

COTIN (Guill.), laboureur en la par. de Valières. Métairie de la Thomasserie, tenue en foi et hom. lige. : *Amboise*, 1524. (*r.* 432, *p.* 82.)

COTIVI (Charles, Sg. de), Bon de Raiz et de Taillebourg, prince de Mortagne, promet d'épouser Jeanne d'Orléans, fille de Charles ou Jean, Cte d'Angoul., 1480. (*r.* 1403, *p.* 101.) N^a. Il s'agit, ce semble, de Charles de Bethisi, Cte de Taillebourg, et de son ép. Jeanne d'Orléans (-Valois), tante du Roi Louis XII. (Voy. l'Art de vér. les dates, t. 2. p. 713.)

COTTIER (Ant.), teinturier en soie, pour Gabrielle Monnet, sa f^e. Maison à *Lyon;* 1734. (*r.* 498, *p.* 114.)

COTTON (Pierre), garde-marteau des eaux et forêts de Paris. F. s. de Maison-Neuve, par. de Basoge en Parais: *Vouvant*, 1717. (*r.* 438, *p.* 326.)

COTURIAT (Marguer. de), Damoiselle, Dame de Coturiat et de la Maison forte de Ronno, autorisée par Dalmas de St Symphorien, Dam., Sg. de Chamosset, avoue les cens, rentes et autres dev. percept. en la par. de la Cordelle: *Forez*, 1459. (*r.* 494, *p.* 86.)

COU (Lambert le), Dam., Sg. de Rosset. Dîme de Daillie en la prévôté de Parigné, *al.* Parrigny, et deux emplacemens sous le chât. de Thisy: *Beaujeu*, 1400. (*r.* 485, *p.* 30, 31; *r.* 486, *p.* 15.)

COUART (Macé de). Partie du fief des Plantes-de-Serezay, par. de Dissay: *Chât.-du-Loir*, 1490. (*r.* 348 *bis*, *p.* 18, 21.)

COUBLADOUR (Claude de), écuyer. T. s. de la Brialle, Briadet et Laurige: *Gannat*, 1670. (*r.* 499, *p.* 787.)

COUBLADOUX (Françoise de), v^e en premières noces de Gaspard le Long, écuyer, Sg. de Fougis, et en secondes noces de François de Chaux, écuyer, Sg. de Gouttes. Dîme de St Veoir: *Moulins*, 1712. (*r.* 477, *p.* 70.)

COUCHE (Margot de la), v^e de Jean Richart, proc. du Duc de *Bourb.*, reçue à entrer dans la foi de son Seigneur; 1348. (*r.* 461, *p.* 71.)

COUCHE (Louise), v^e d'Ant. de Vezolles, bourg., tutrice de leurs enfans, hérit. de Pierre de Vezolles, leur ayeul. Partie d'une maison et jardin à Fontanges, et une montagne aud. lieu: *St Flour*, 1684. (*r.* 503. *p.* 287.)

COUDER (Joseph), Sr de Baratte, pour Rosalie du Floquet, sa f^e F. s. de Genat, par. de Cusset: *Billy*, 1723. (*r.* 478, *p.* 331.)

COUDERT (Ant.). Dîmes inféodées de la Puyrade et de Ruelle; 1669. — Jeanne Couderte, v^e de Joseph le Saint Villedard. Dîmes de Ruelle, de la Villate et du Colombier; 1724: *Gueret*. (*r.* 474, *p.* 65; *r.* 481, *p.* 49.)

COUDONYER (Marguer.), v^e d'Armand de Fombert, écuyer. T. s. de Moncombroux, par. de même nom: *Chaveroche*, 1716. (*r.* 477, *p.* 224.)

COUDRE (Jaques de la), Dam., paroiss. de St Didier et de Parey, alternativem^t. Maison de la Coudre, dom., cens èsd. par.: *Auv.*, 1352. (*r.* 471, *p.* 38). Voy. Vigeron (Jean).

COUE (Jean de), Sg. de Ray, de Fontenailles et Coucoursson. Dom. appel. les Landes, par. de Neufviz en Tour.: *Amboise*, 1499. (*r.* 432, *p.* 76.)

COUESMES. Voy. COYSMES.

COUETTE (René de). T. s. de Courtivaut et Luceau; 1603. — Jaques Couette, écuyer, comme hérit. d'Anne de Villiers, sa mère. T. s. de la Roche de Vaas; 1659, 1668: *Chât.-du-Loir*. (*r.* 352, *p.* 25; *r.* 356, *p.* 103; *r.* 358, *p.* 74, 110; *r.* 431, *p.* 47.)

COUETTERIE (Jean de la), écuyer, Sr de la Grifferie, fils de Jaques de la Couetterie, écuyer. T. s. de la Roche de Vaas: *Chât.-du-Loir*, 1606. (*r.* 452, *p.* 9.)

COUGNES (Jean de), Dam., à cause de sa f^e Jeanette, fille de feu Jean de Chaney. Dom. et mouv. en la par. de Montinighes: *Beaujeu*, 1356. (*r.* 489, *p.* 131.)

COUGNY (Jaquette), v^e de Jean Macé, Sr de Preugnes. Fief et métairie du Puy-St-Cyr, par. de même nom, dent elle est reçue à hom., moyennant par elle renoncer aux qualités de noble et de Damoiselle insérées dans son aveu : *Issoudun*, 1669. (*r*. 443, *p*. 54.)

COUGNY (Jean), cons. au présid. de Bourges. F. s. de Mandé, al. Marandé, par. de Condé : *Issoudun*, 1671. — Jaques Cougny, son hérit. ; *Idem*, 1724. (*r*. 444, *p*. 29 ; *r*. 445, *p*. 36 ; *r*. 451, *p*. 126.)

COUGNY (François), av. en parl., fils de Jérôme Cougny, bourg. d'Issoudun. Fief du petit Vorlay, par. St Cyr : *Issoudun*, 1677, 1681. (*r*. 443, *p*. 273, 399.)

COUGNY (François et Joseph), écuyers, Srs de Moulin neuf. Le Vicomté du Peron, par. de Vasselay : ens. les bois de la Percheray, indivis avec les hérit. de Pierre Chenu : *Vierzon*, 1682. (*r*. 445, *p*. 329.)

COUHET (Guill. del.), fils de Guill. Deux courtils, terres et dr. en dép., par. d'Escotal : *Thiers*, 1334. (*r*. 472, *p*. 49.)

COULANDON (Jean), M^d de Felletin. Rente sur le vill. de Chavenat, par. St Frion : *Marche*, 1669, 1684. (*r*. 474, *p*. 35, 417.)

COULANGE (Benoît), Sr du Guet, M^d à Moulins, et Philipard sa f^e. F. s. de Rouzière, acq. de René Farjon, S^r des Chevaliers ; ens. celui de la Rivère, acq. de Nicolas Coiffier, écuyer, Sr de Breuillé et du Tilloux, et d'Antoinette de Champfeu, son ép. ; dîme de Mibonnet et menus cens, par. de Toulon : *Moulins*, 1694 ad 1707. (*r*. 475, *p*. 118 ; *r*. 476, *p*. 77 ; *r*. 496. *p*. 193, 205, 206.)

COULDRAY, aussi Coudray (Bertrand du), à cause de sa f^e Béatrix, fille de feu Archinbaud Blanc. Dam, Hôtel, t. s. du Coudray, par. de Nerignet : *Chantelle*, 1322. (*r*. 458, *p*. 181.)

COUDRAY, aussi Codray (Jean), écuyer. Hôtel, t. s. du Codray, et 30 arpens dans les bois de Peillejay : *Germigny*, 1356. (*r*. 463, *p*. 126 ; *r*. 466, *p*. 327.)

COULDRAY (Colas du). Fief en la terre de la Petite Fête, par. N. D. de 3 Moustiers : *Loudun*, 1443. (*r*. 341, *p*. 75 ; *r*. 346, *p*. 24.) Tient de lui : Guill. de Remenuel, Chevalier.

COUDRAY (Louis du), Chev., Sr de Beauregard. T. s. de Bauchone, par. de Foussemore et de Leuzilles : *Amboise*, 1670. (*r*. 358, *p*. 21, 22.) Signe : Montigny.

COULDREAU, al. Coulleard (Georges), Sr de la Lande, M^e des eaux et forêts du Maine. T. s. du Couldreau, par. de Brée : *Mans*, 1620, 1623 (*r*. 354, *p*. 78 ; *r*. 430, *p*. 22.)

COULLOYGNE (Perceval de), Chev., à cause de Jeanne de la Gresille, son ép. Herbergem^t de Passau, al. Pacau : *Chât.-du-Loir*, 1403, 1406, (*r*. 344, *p*. 2, 37.)

COULON (Hugues de), Dam., comme tuteur des enfans de lui et de feue Marguer. de l'Aubepierre, *de Alba Petri*. Tailles, garenne, étang appel. de Malmenay. et bois en la par. de Jaligny : *Moulins*, 1367. (*r*. 454, *p*. 83.)

COULON (Jean de), écuyer, et Guicharde de la Ferté-Chauderon, v^e de Jean de Coulon, son frère. T. s. de l'Aubepierre : *Moulins*, 1443. (*r*. 468, *p*. 105.)

COULON (Jean), meunier. Rentes, maison et terres au vill. de Sommer, par. de Crecy : *Mehun-sur-Y.*, 1710, 1717. — François Coulon, boulanger ; *Idem*, 1724. (*r.* 449, *p.* 39. 311 ; *r.* 451, *p.* 146.)

COULPÉE (Monin, *al.* Morin), ou le Moyne Coulpée, écuyer, à cause de sa f^e Guillemette, fille de feu Jean de Champceri, Dam. Maison, dom. et serfs de Champceri, *al.* Chanceri, et dr. d'usage dans le bois de Buxy : *Chât.-Chinon*, 1351. (*r.* 469, *p.* 163 ; *r.* 470, *p.* 35.)

COUPARD (Michel), de la Bloterie, écuyer, secrét. du Roi, Sg. de la Frelonière. Chât., t. s. de Bellesault et de Creux, acq. des hérit. de Marie-Suzanne Guyon, v^e de Paul Poisson de Bourvallais, le 19 avril 1735 ; ens. la t. et seg. de la Guierche, acq. de Paul-Maximilien Hurault, Chev., Sg. de Vibraye, et d'Anne-Renée de Fremon d'Auneuil, son ép. : *Mans*, 1738. (*r.* 426, *p.* 94, 99.)

COUPRIE (Magdel.), des Landes, v^e d'Ant. de Guisse des Landes, Chev., Sg. de Chambre, lieut. du Roi au gouvernem^t de Brouage. F. s. du Petit-Château : *Partenai*, 1699. (*r.* 436, *p.* 225.)

COUR (Bertrand de la), écuyer, et Jeanne d'Astingues, Damoiselle, sa f^e, vendent au Cte d'Angoul. une rente en grain sur le minage de *Cognac*, et échangent avec lui diverses rentes et dr. contre d'autres ; 1461. (*r.* 1404, *p.* 258, 263.)

COUR (Jean de la). Partie de terres et vignes en la par. de Besson : *Souvigny*..... (*r.* 467, *p.* 219.)

COUR (Phil. de la), écuyer, Sr de la Brelaudière, pour lui, Pierre, Louise, Cather. de la Cour, et Ant. Baronnet. Le fief de Cerisier, par. de Lourdois St Michel ; 1669. — Jean de la Cour, écuyer, François et Henri, ses frères, écuyers, S^{rs} de St Michel et de Sauzolles, hérit. des feues Françoise et Marie de la Cour, leurs sœurs. T. s. de St Léon ; 1669 : *Marche*. (*r.* 474, *p.* 22, 197.)

COURANGON (Jean de). Herbergement et dom. de Bode : *Amboise*, 1429. (*r.* 432, *p.* 97.)

COURAUD (Guy), écuyer, fils de feu Guy Couraud, écuyer, Sg. de Montlouis. F. s. d'Espagne, par. de Crozant : *H.-Marche*, 1669. (*r.* 474, *p.* 222.) Signe : Honnorat Couraud.

COURAULD (Daniel de), écuyer, fils de Daniel de Courauld, écuyer. F. s. de Chevilly, par. de Merer, dont Jean de Courauld, écuyer, son ancêtre, avoit rendu hom. le 1er octobre 1583 : *Vierzon*, 1671. (*r.* 444, *p.* 39 ; *r.* 445, *p.* 81.)

COURAUD (Honnorat), Chev., paroiss. de Pressac, Sg. de Rocheureux. T. s. de Bonneuil, par. de même nom : *Maubergeon*, 1671. — César, aussi Jaques Couraud, Chev. ; *Idem* ; 1683. — François César Couraud, son fils, procédant sous l'autorité de Jean Poulé, Chev. ; Sg. de St Sornin, son curateur ; *Idem* ; 1711, 1727. (*r.* 433, *p.* 110 ; *r.* 434, *p.* 50 ; *r.* 435, *p.* 118 ; *r.* 437, *p.* 214 ; *r.* 438, *p.* 551, 582.)

COURBON (Eutrope-Alexandre de), Bon de Cosebrianne. H. m. et b. j. du bourg et par. de Clugnac : *Issoudun*, 1695. (*r.* 447, *p.* 179.)

COURBON (feu de François de), Chev., Sg. de Contre, capit. de vaisseaux. Sa v^e Ester Draud de Courbon-Blenac, comme tutrice de leurs enfans. Fiefs de Contre et de Chantemerlière, par. de Contre : *Aunay*, 1706, 1709. (*r.* 437, *p.* 141, 161, 163.)

COURBON (Louis de), Chev., Cte de Blenac, Sénéchal de Saintonges ;

CORTIS (Mathie de), bourg. de Chantelle, à cause de Cather. Chivalière, sa f°. Dime de blé et de vin au territ. de Montfan : *Verneuil*, 1443. (r. 460, p. 85.)

CORTOYS (Rogiron), Dam., paroiss. *Ostroniaci*, pour Cather., son ép. Rentes en la pàr. de Vece : *Vichy*, 1398. (r. 457 bis, p. 27.)

COS (Marguer. de), v° de Pierre d'Essertines, Chev., et Gui, leur fils. Maisonet vill. d'Essertines ; ens. la terre acq. par le défunt, de Hugues-les-Chevenes, Dam., par. de Brienois : *Beaujeu*, 1321. (r. 489, p. 226.)

COSANT (Raynaud Dalmas, Sg. de), Chev. Chât. t. s. d'Urbize ou de Durbise, et de Salvaing ; 1294. — Hugues de Cosant, Dam., son fils ; *Idem* ; 1302. — Hugues, fils de feu Amédée, Sg. de Cosant, Chev. ; *Idem* ; 1330. — Gui, Sg. de Cosant, Dam. ; *Idem* ; 1348 : *Forez*. (r. 492, p. 22 ad 27, 57.) Voy. Dalmas.

COSANT (Hugues, Sg. de), Chev. Chât., t. s. de Perrerie, *Preria*, en la chatell. de Huchon : *Beaujeu*. 1345. — Gui, Sire de Cosant et de la Perrerie. Haute, m. et b. j. sur 30 feux assis à Marcilly, 1381. — Hugues, Sg. de Cosant et de la Perrerie, Chev. Chât. t. s. de Chalaing, Salvaing et de Cosant ; 1410. — Gui, Sg. de Cosant et de la Perrerie, Chev. ; *Idem* ; ens. la Seg. de St Haon et autres ; 1414 : *Forez*. (r. 489, p. 342 ; r. 492, p. 72, 123 ; r. 493, p. 1.)

COSANZ (Jean dit), fils de feu Pierre Dals-Murs, et Marguer. son ép. Rentes en grain et deniers au mandem¹ de Croset : *Forez*, 1334. (r. 491, p. 209.)

COSNAC (Daniel de), év. de Valence, donataire univ. d'Armand de Cosnac, Chev., son frère. T. s. de la Guesle, dite Chariol-en-St-Remy-sur-Thiers, par. de Vilecomte ; 1669. — Gabriel-Honoré de Cosnac, Cte dud. lieu, Chev., capit. de dragons, pour Jean de Cosnac, Chev., son père ; *Idem* ; 1723. — Jean de Cosnac, Chev., Mis de Cosnac ; *Idem* ; 1736 : *Riom*. (r. 499, p. 475 ; r. 509, p. 29 ; r. 511, p. 46, 47.)

COSSÉ (noble personne Thebaut de), écuyer, lieut. du chât. de Beaufort, se fait adjuger le dr. de plantis vers Rousières : *Anjou*, 1455. (r. 337, p. 9.)

COSSÉ (Charles de), et de Brissac, Chev. de l'Ordre, M^al de France, comme curateur de Tiercelin-Thimoléon de Cossé, son fils aîné. Baronnies de Pouancé et de la Guerche, tenues l'une d'*Anjou*, l'autre de *Bretagne* ; 1562. (r. 351, p. 34.)

COSSÉ (feu Arthus de), Chev., M^al de France, Cte de Secondigny. Sa v^e Nicolle, fille de feue Radegonde de Maridor, tient la t. et seg. de Ballon : *Mans*, 1586. (r. 353, p. 23.)

COSSÉ (Charles de), Cte de Brissac, Chev., M^al, G^d Pannetier et G^d Fauconier de France, ép. de Judith des Luines. T. s. de Brissac ; baronnie de Luines, etc. : *Anjou, Touraine*, 1605. (r. 352, p. 98.)

COSSÉ (François de), Cte de Brissac. Baron. t. s. de Montejean : *Mans*, 1610. (r. 354, p. 127.)

COSSÉ (Marie de), v^e de Charles de la Porte, Chev., duc de la Melleraye. Baron. de Montreuil-Bellay et de Silli-le-Guill. : *Mans, Saumur*, 1669, 1681. (r. 258, p. 65 ; r. 405, p. 27 ; r. 412, p. unique). Vassaux : Julien Avril, Sénéchal de Saumur ; Yves de Ballue, Sr du Vau ; Jaques de Baranger, Sr de la Guitterie ; Phil. Bascle, Sr de la Haye ; Magdel. de Beaumanoir, v° de René de Froulay, Cte de Tessé ; Louis de Beaumont, Sg. de Claunay ; Louis le Bigot, Sr de la Salle ; Pierre Billouns, Sr du Clos ; Antoine de la Boissonade, Cte d'Ortye ; Ant. Bolloteau, Sr de la Treille ; René Boixon, Sr de Ralliers ; Guill. Bautru, Cte de Serrant, Chev. ; René de Bouillé, Cte de Va..... ; Louis de Bourbon, prince de Condé, Sg. de Chources ; Louis-Alexandre Cantineau, Sg. du Coudray, fils de Louis et de Gasparde ; Gilles Carré, S^r des Loges ; Gaspard de Champagne, Cte de la Suze ; Claude de Chapuiset, écuyer, mari de Félice de Couasnon, Sg. de Montreuil et de Ruillé ; Henri-Albert du Chastel, Sr de Billy ; Louis Chereau, Sr de la Touche ; Prosper Collaseau, Sr de Noyant ; Louis de Cheurue, Sr de Vaux, Sg. de l'Etang de Gennes, et Pierre de Cheurue, son frère aîné, enfans de Pierre de Cheurue, Chev., Sg. de Chemans ; René de Connataruel, Sg. de Pezé ; Louis de Cour de Luzignan, Vte de Baize ; Davyau, Sr de Rellay ; Claude Dorure, Sr du Verger ; le Sg. des Escotais, en la par. de Grazay ; Magdel. du Fay, v^e de Michel Sevin, écuyer ; Jean Gauvin, Sr de Puyravault ; Guill. d'Harouys, Sg. de Sureau, trés. des Etats de Bretagne ; Magdelon des Hayes, Sr de Gedeaux ; Thomas de Laval, Chev., Sg. de Tartignes ; André de Maillé, Sg. de Dessous-le-Puy, Chev. ; Claude le Maistre, Sg. de Montsabert, cons. au Parl. de Paris ; René de Mare, écuyer, Sr de Bresteau et de Champfour ; René de Maugas, Sg. de Cermaise ; Charles-Honoré Mesmin, Sr de Silli ; Thomas Nepveu, Sr de Pouanson ; Christophe le Pauvre, de la Vaudelue ; Pierre Prevot. Sg. de Cherbonnière ; Claude Regnauldin, Sg. de Vallon, proc. gén. au g^d Conseil ; Ant. du Rivau, Sg. de Plessis-Milon ; Jean de la Rivière, écuyer, bailli de la prévôté royale du Mans ; René des Roches, Sr de Chandeliveaux ; François des Romains, Sr de Folives ; Marguer.-Renée de Rostain, v^e de Henri de Beauvoir, Chev., Mis de Lavardin ; Louis de Sallonier, écuyer ; Joachim le Sanglier, mari de Jeanne de Laval ; René Sevin, S^r des Aprez, écuyer ; François-Pierre de St Germain, S^r des Coustures ; Joachim de Vallée, Sr de Passay ; François de Vallon, Sr de Noyan et d'Ambillou ; Henri-François de Vassé, à cause de sa chatell. de Vassé en Champagne, par. de Rouessé ; Jean de Vassé, Sg. de Foulletorte ; Jaques de Vaugiraud, Sr de la Cousture, préz Bouillé ; Charles de Ver, Sr de la Fontenelle ; Louis de Verté, Sr de Cumeré.

COSSON (Charles), Sr de Lassay, garde des monnoyes du Berry, élu en l'Elect. de Bourges, pour Jean Cosson, curé près d'Avranches, son frère. Huitième partie de la g^de dîme de Guiardon : *St Pierre le Moust.*, 1677. (*r.* 474, *p.* 372.)

COSTARD (Jean-Pierre-Philib. de). Chât., dom., bois et rentes nobles de la Rouzière, par St Forjeu : *Lyon*, 1720. (*r.* 497, *p.* 63, 85.)

COSTE (Pierre de la), pour son fils Bertrand, héritier de feu Hugonin de Pretas. Maison de Pretas et censives : *Forez*, 1334. (*r.* 490, *p.* 95.)

COSTE (Guill. de la), Dam. Maison de la Coste, dom. et dr. en dép., par. de l'Ouroux ; rentes et tailles ès par. de Montvic, Malicorne et Balna : *Chantelle, Hérisson, Murat*, 1347 *ad* 1357. (*r.* 458, *p.* 92, 308 ; *r.* 464, *p.* 382.)

COSTE (Pierre de la), fils de Jean de la Coste. La baillie de la Coste que tenoit feu Robert de la Coste, son oncle, émolumens et profits en dép., par. de Montessobros : *Chaveroche*, 1355. (*r.* 468, *p.* 92.)

1720. — Gabriel-Magdel. de Courbon, Cte de Blenac, Chev., G^d Sénéchal de Saintonges. F. s. de Blenac et de Romegous: *Xaintes*, 1724. (*r.* 440, *p.* 36; *r.* 441, *p.* 11, 12.)

COURCELLES (Jean de), Chev. T. s. de Breuil, *Brolii ;* ens. sa maison de Vaurs, par. de Brassac, de Ste Florine et Auzat: *Nonnette*, 1441. (*r.* 471, *p.* 68.)

COURCERIES (Roberde de), v^e de Henri le Veyer, Chev. Fief d'Averton au *Mans;* 1455. (*r.* 345, *p.* 47.)

COURCILLON (Cather. de), ép. de Jean Guichard, Chev., Mis de Pertay, *al.* Peroy, absent du royaume pour cause de religion. T. s. de la Bertinière : *Partenay*, 1698. (*r.* 436, *p.* 161, 162.)

COURGAIN (Pierre de), Chev., Sr de Cangé, l'un des cent gentilh. de l'hôtel. T. s. de St Aubin: *Amboise*, 1520. (*r.* 432, *p.* 83.)

COURGAN (Robert de), capit. de la garde du duc d'Anjou, obtient la h. m. et b. j. sur ses terres de Cherueux et de Pontcheuron : *Gien*, 1475. (*r.* 1351, *p.* 47.)

COURSEUL, *al.* Courseulle (Jean de), Chev., Sg. de Rouvray, gentilh. ordin. de la chamb. du Roi, lieut. de sa venerie, à cause de Marie de Haltes, son ép., fille de Gilles de Haltes, Chev., Sg. de Suze, présid. au parl. de Rouen. T. s. de St Cyr-en-Bourg, anciennement appel. la Crillonière et Vieilleroche : *Saumur ;* 1609. (*r.* 353, *p.* 45, 46; *r.* 430, *p.* 13.)

COURT (Jeanet de la), *al.* du Plaixeis, aussi Plasseiz, Dam. Cens, tailles, h. m. et b. j. au vill. de Briseules : *Bourb.*, 1367. (*r.* 464, *p.* 279.)

COURT (Jean de la), écuyer, Sg. de la Raye, mari de Gilette, de Rochefort, fille de feu Guyon de Rochefort, Sg. de la Barboere. Composition pour le rachat (ou lods et vente) de cette terre de Barboere : *Montfaucon*, 1475. (*r.* 1343, *p.* 54.)

COURT (Mathurin de la), écuyer. Le vill. de St Léon, dom., cens, rentes et dîmes : *Marche*, 1506. (*r.* 452, *p.* 271.)

COURT (Hardy de la), écuyer, pour Anne de la Court, écuyer. Châtell., t. s. de la Haye-Fougeureuse : *Saumur*, 1605. (*r.* 352, *p.* 115.)

COURT (Jean le), cons. au présid. de Clermont, fils de Pierre, et neveu de François le Court, aussi frère de Blaise Rochette, écuyer, secrét. du Roi. Rentes aux vill. de Moissat, du Broc et de Beauregard : *Riom*, 1669. — Michel le Court, Sr de Mondory, av. gén. en la cour des aides de Clerm.-Fer., fils de François le Court, cons. en la même cour. Le dom. de Vazeilles et dép.; ens. le quart des dîmes de Brassac, Ste Florine et Soligniat; 1687 : *Brioude, Nonnette*. (*r.* 499, *p.* 533, 534; *r.* 505, *p.* 86.)

COURT (Jeanne le), v^e de Jean le Mousnier, m^d, fille de Charles le Court, m^d verrier. Maison sise à *Bourges;* 1684, 1686. (*r.* 445, *p.* 263; *r.* 446, *p.* 65.)

COURT (Victor le), S^r de St Aigue, cons. au présid. de Clermont, fils de Jean, cons. en la cour des aides de Clerm.-Fer. T. s. de Montplaisir, par. de Solignac ; cens et rentes en diverses autres paroisses : *Clermont, Issoire*, 1699, 1716. — Jean le Court, écuyer, son fils; *Idem ;* 1723. (*r.* 506, *p.* 46; *r.* 507, *p.* 37; *r.* 508, *p.* 47.)

COURT (Julien le), écuyer. T. s. de la Garde ; dom., dîme et h. j. de Hurongue, par. de Pomey; ens. le fief de Pluvy, et une maison en la rue

St Jean à *Lyon* ; 1699, 1717. (*r*. 496, *p*. 129 ; *r*. 497, *p*. 227.) Signe : Pluvy.

COURTAININ (Jean), cons. du Roi en la sénéchaussée de Fontenay-le-Cte. F. s. du Pasty, par. de N. D. de *Fontenay-le-Comte*, 1716. (*r*. 438, *p*. 52.)

COURTAIS (Mathias de), écuyer, stipulant par son proc. Gilbert de Villars, écuyer. Les fiefs de la Souche et de Salvert : *Murat*, 1686. — Henri de Courtais, Chev., son fils ; *Idem* ; 1717. (*r*. 474, *p*. 601 ; *r*. 477, *p*. 261.)

COURTAIS (Gilbert de), écuyer, lieut. col. au rég. de Chartres, caval. puis brigadier des armées du Roi. F. s. de la Guerche et de Neufville, par. de Massigny ; de Laspierre, par. de Souvigny-le-Comtal ; de Ronfière, par. de Maillet, acq. de Gabriel d'Assy, écuyer, Sg. de Pouziaux ; ens. la dîme des Barons, par. de Cone, acq. de Jaques-Robert des Champs, écuyer, Sr de la Mallerée : *Hérisson, Murat*, 1715, 1724. (*r*. 477, *p*. 141, 170, 174 ; *r*. 478, *p*. 136, 320, 552.)

COURTARUEL (Hubert de), Mis de Pezé, m^{al} des camps et armées. Le marquisat de Mezières en Brenne : *Tours*, 1732. (*r*. 426, *p*. 60.)

COURTAUREL (Jean-Pierre de), écuyer, fils d'Ant. Courtaurel, écuyer, pour lui et ses frères Gabriel et Charles. Chât., terres, dîme et seg. de Rouzat ; ens. le dom. de Layat, par. de Randon et de St Vincent : *Riom*, 1669. — Charles de Courtaurel, écuyer, son fils ; *Idem*, 1685. — Jean de Courtaurel, écuyer, capit. d'infanterie. Mêmes possess. ; 1723. — Jaques de Courtaurel, écuyer ; *Idem* ; 1730. (*r*. 499, *p*. 307 ; *r*. 500, *p*. 2 ; *r*. 503, *p*. 447 ; *r*. 508, *p*. 119 ; *r*. 510, *p*. 47.)

COURTAVEL (Guillelmine de), v^e de Pierre Robinart. Hôtel de la Roche-Gastevin : *Baugé*, 1502. (*r*. 347, *p*. 19.)

COURTEIX (Jean de), écuyer, *al*. Courtoys, Sg. de la Maison-Neuve, à cause de sa femme Ysabeau Perrignon. Deux cinquièmes de la dîme de Teillet, cens en grain et argent : *Montluçon*, 1449. (*r*. 461, *p*. 154.)

COURTENAY (Guill. de), Chev., Sg. de Champigneules, s'engage sous serment à procurer le mariage d'Ysabelle, sa fille, et de feue Marguer., son ép., avec Guill. de Bourbon, Dam., Sg. de Beçay, et donne pour cautions les Sires Pierre et Guill. des Barres, et Archambaud de Monteches, Chev. ; ens. le Sire de Brul, Dam. Fait à *Nevers*, 1270. (*r*. 1377, *p*. 2769.)

COURTET (Jean), bourg. de Souvigny, à cause d'Ysabeau Esmonette, Damois., sa f^e. Hôtel sis à Besson, dit Esmonet, terres, bois, garenne, rentes et tailles ; ens. la terre de la Chaume, dîme et mouv. ; cens et rentes au Chambon d'Allier : *Beçay, Murat, Souvigny*, 1410. (*r*. 455, *p*. 149 ; *r*. 461, *p*. 8 ; *r*. 467, *p*. 128.)

COURTIAL (An.), notaire. Rente noble appelée la Table ronde, au bourg de la Guillotière : *Lyon*, 1776. (*r*. 495, *p*. 79.)

COURTIGNON (Henri), bourg. Le fief de la Vilatelle, par. du Chauchet : *Marche*, 1726. (*r*. 481, *p*. 80.)

COURTIL (Arthaud du), Dam., fils de Guill. du Courtil, *de Cortili*, Dam., paroiss. de Retornat. Cens et rentes sur divers mas en la seg. de la Roche : *Forez*, 1336. (*r*. 495, *p*. 38.)

COURTILHES (Jean de), écuyer, Sg. de Segondat, tient, du chef de sa mère Jeanne de Lage de Brudieu, la t. et seg. de Faydet, par. de Giac : *Riom*, 1669 *ad* 1683. (*r*. 499, *p*. 414 ; *r*. 503, *p*. 123.)

COURTIN (Noble Georges), greffier en chef au bureau des finances de Riom, Résident auparavant auprès des Etats de Hollande. Dîmes inféodées assises ès par. de Vandons, *al.* Vandre, et de Cellule : *Riom;* 1670, 1672. — Georges Courtin, écuyer, greffier en chef au même bureau, fils d'Ant. Courtin. Mêmes dîmes ; 1683. (*r.* 499, *p.* 712 ; *r.* 500, *p.* 127 ; *r.* 503, *p.* 71, 519.)

COURTIN (Alexandre-Germain), Chev., Sg. de Thierville, à cause de Cather. Blanche d'Estampes son ép., fille unique de François d'Estampes, Chev. T. s. d'Autry et de Telley ; 1683, 1687. — Ant. Courtin, Chev., Sg. de Thierville, hérit. de feu Germain Courtin, Chev., Sg. d'Autry, et d'Anne-Cather. Courtin, ses frère et sœur. Moitié des terres, châtell. et scg. de Teillay et d'Autry, par. de Merré ; 1716 : *Mehun-sur-Y.* (*r.* 445, *p.* 338 ; *r.* 446, *p.* 98 ; *r.* 449, *p.* 228.)

COURTIN (Jean), cons. au siège royal de Fontenay-le-Comte. T. s. du Paty : *Fonten.-le-C*^{te}, 1688. (*r.* 435, *p.* 271.)

COURTIN (François), bourg. d'Issoudun. Fief et métairie de Villement, par. St Oustrille ; ens. le fief des moulins de la Douaire. par. St Cyr, acq. de Jean Chappus, Sr de Pouilliault et de Jeanne Robert, son ép. ; 1687 *ad* 1693. — François Courtin, av. en parl., son fils ; *Idem;* 1704 *ad* 1717 : *Issoudun.* (*r.* 446, *p.* 148 et suiv. ; *r.* 447, *p.* 141, 151 ; *r.* 448, *p.* 73, 118.)

COURTINIER (Pierre), écuyer. F. s. de la Millanchère, au comté de Secondigny : *Poitou,* 1697, 1717. — François Courtinier, écuyer ; *Idem;* 1724. (*r.* 436, *p.* 92 ; *r.* 438, *p.* 237, 512.)

COURTOIS (Jean). m^d F. s. de Chezelle, par. de Maillet, acq. de Henri de St Germain, Chev. Cte d'Apchon : *Hérisson,* 1721. (*r.* 478, *p.* 148.)

COURTON (Etienne de), Chev. Maison, dom., bois, mouv., justice, g^{de} et petite à Taconay : *Habant,* 1351. — Gilles de Courton, son fils, pour lui et Guill. son frère. Hôtel, t. s. de Langeron, avec moitié de la h. j., et arr. fiefs : *Bourb.,* 1352. (*r.* 465, *p.* 107 ; *r.* 470, *p.* 122.)

COURTOUX (Jaques de), Chev. de l'Ordre, gentilh. ordin. de la chamb., fils de Louis de Courtoux. Baronnie, t. s. de la Chastre, aussi Chartre sur le Loir : *Mans,* 1639, 1659. (*r.* 355, *p.* 3, 4, 8 ; *r.* 436, *p.* 14 ; *r.* 431, *p.* 5.) Rel. de lui : Françoise de la Barre, v^e de Henri de Maillé, Sg. de Bouchard ; Guill. de Berziau, Sg. de Champgrimon et des Hayes ; René-Jean de Bueil, G^d Échanson de France ; François de Laval, Chev. de l'Ordre de St Jean de Jérusalem ; René d'Ogaigne, *al.* de Gaigne, Sg. de Loire ; Charles de Plais, Sr de Boislandry, mari de Magdel. Marbault ; Nicolas de la Rivière, Sg. de Montigni ; François de Salmon, Sg. de Chastellier et des Roches de Marsan ; Chevaliers. Jaques Gaudin, Sr de la Pommeraye ; Léonard de Salmon, Sg. de Negron, veuf de Marie Dionneau ; Simon de la Saussays, Sr de Betune, écuyers. — Courtoux (Marc-Ant. de). Chev., fils du précédent, petit-fils de Louis de Courtoux, Chev. Même baronnie ; 1689. (*r.* 421, *p.* 34, 38.) Tiennent de lui, outre plusieurs des vassaux ci-dev. ; René de Maillé, Mis de Beuchard ; Urbain de Salmon, Sg. du Chastellier et des Roches de Marson. Chevaliers. René Blanchecotte, Sr de la Menesuerie ; Jean Bourguignon, Sr de la Bouleasserie, fourrier des logis du Roi ; Jaques de Courtaux ; René Fresneau, Sr du Chasteau ; Henri de Garhan, cons. au parl. de Guienne, mari de Renée Marbaut; Jaques de Petit Jean, Sr de la Roussardière, veuf de Renée de Salmon; Jean Percheron, Sr de Crouzillés, M^{al} des logis du Duc d'Orléans, écuyers.

COURTOUX (Nicolas-Robert de), Chev., intendant des turcies et levées du Royaume. Le Marquisat de la Chartre, érigé sous ce titre au mois d'avril, 1697 : *Mans*, 1727. — Cather. Courtoux, veuve d'Anne-Nicolas-Robert de Courtoux, Chev. Même marquisat que son beau-père, Marc-Ant. de Courtoux, avoit donné à son mari en considération de leur mariage ; 1733. (*r.* 426, *p.* 35, 64.)

COURTZ (Charles des), Chev., Sg. de la Chapelle, capit. de chevaux légers, Fief de la Pacaudière, et moitié d'une dîme appel. Puichevalin, par. St Bonnet-le-Désert : *Ainay*, 1697. (*r.* 476, *p.* 16.)

COURVAISIER (Jaques le), Sr de Courteilles, cons. du Roi au présid. du Maine, fils de feu Julien de Courvaisier, Sr du Plessis, cons. au même siège, et de Marie de Breil, fille aînée de Jean du Breil, receveur du domaine au même pays. T. s. de la Fontaine ; ens. la moitié de la châtell. d'Oustillé : *Chât-du-Loir*, 1603. (*r.* 352, *p.* 121, 122.) — Ant. Corvaisier, lieut. crim. au même siège. Mêmes possess. ; 1659. — Jean le Corvaisier, Chev., Sg. de St Vallais. Châtell. t. s. de Gilbourg ; 1725 : *Angers*. (*r.* 355, *p.* 28 ; *r.* 426, *p.* 25.)

COUSAIN (Pierre), bourg. de *Lyon*. Maison en cette ville ; 1732. (*r.* 498, *p.* 73 ; *r.* 810, *p.* 15.)

COUSAN (Gui, Sg. de), Chev. Chât. et dép. en la seg. de Roannois : *Forez*, 1414. (*r.* 1359, *p.* 739.)

COUSANT (Cather. de), Dame de Moncresson et Villoysel, reconnait avoir reçu de son fils François d'Aubrichecourt, Sg. de Rochefort, le remboursement des frais de réparations faites à son château ; 1402. La même, v^e de Jean de Ste Croix, le jeune, Chev., rend hom. au Roi de la terre de Coulange-la-Vineuse et du chât. d'Auxerre ; 1408. (*r.* 1378. *p.* 3102.)

COUSES, *al.* Coulses (Jeanne de), v^e de Jeanet d'Orgeres. Dom. et serfs en divers territ. : *Chât.-Chinon*, 1355. (*r.* 469, *p.* 242.)

COUSIN (Claude), bourg. de Bourges, comme étant aux droits de Michel Changy, écuyer, Sr de Montigny, et de Charlotte Merlier, son ép. Dîme de la Croix-Clavier, *al.* des Ricardes, par. de Vasselay : *Bourges*, 1670. (*r.* 444, *p.* 11 ; *r.* 445, *p.* 24.)

COUSIN (Gilbert), écuyer. Maison noble. appel. de la Tour fondue, dom., dîme, cens et rentes, par. St Amand et du Crest : *Clerm.*, 1730, 1733. (*r.* 510, *p.* 38 ; *r.* 511, *p.* 38.)

COUSIN (Gilberte), v^e de Jean Cantat cons. au présid. de Moulins. Vigne au clos de Beauregard, par. St Bonnet : *Moulins*, 1736. (*r.* 481, *p.* 158.)

COUSSAYE (Cather. de la), tutrice de ses enfans Marie-Radegonde, et Vincent-René-Auguste des Roches. F. s. de Mary, par. de Dissay : *Maubergeon*, 1722. (*r.* 438, *p.* 465.)

COUSSAYE (René de la), écuyer, fils aîné de René de la Coussaye, écuyer. F. s. de Granger, par. de Cherzay : *Fontenay-le-Cte*, 1697, 1716. (*r.* 436, *p.* 95 ; *r.* 438, *p.* 206.)

COUSTANE (Ant. de), écuyer, fils de Pierre de Coustane, écuyer, et de Magdel. Bechet. Maison de Channonat, appel. de Tordes, cens et rentes en la baron. de la Tour : *Riom*, 1669. (*r.* 499, *p.* 181 ; *r.* 503, *p.* 27.)

COUSTARD, *al.* Coustart (Marie-Louise de), f⁰ de Marien de Chauvigny, écuyer, Sg. de Salles, héritière de Claude Mallet, sa mère. Fiefs de Lavellier, de Ponsu, de Châteauvert et de Beaujardin, ès par. de Fleuriet, Sansat, Paray et Louzat, saisis sur elle par ses créanciers : *Billy, Chantelle*, 1711. La même, veuve dud. Marien. Le fief de la cour de Ponsat, par. de Sansat : *Billy*, 1736. (*r.* 481, *p.* 140.)

COUSTE (Jean de la), Herbergement à S¹ Martin-le-Beau, terres, prés, bois et féages : *Amboise*, 1383. (*r.* 432, *p.* 92.)

COUSTURE (Jaques de la), écuyer, Sg. dud. lieu, et Phil. de Murat, sa f⁰. Terre, justice et seg. de Manelet, et autres fiefs : *Montluçon, Moulins, Ussel*, 1444. (*r.* 461, *p.* 219.)

COUSTURE (Ant. de la), écuyer. F. s. de la Cousture ; 1506. — Jean de la Cousture. T. s. de la Cousture et de la Chaussade, en la châtell. d'Aubusson ; 1506 : *Marche*. (*r.* 452, *p.* 225, 249.)

COUSTURE-RONON (Anne de la), vᵉ de Christophe de Villedon, écuyer. F. s. de Chanteloube : *Monmorillon*, 1686. (*r.* 435, *p.* 168.)

COUSTUREAU (François), cons. en la chamb. des comptes de Bretagne, fils et seul hérit. de feu Nicolas Coustureau, présidᵗ en la même chambre. T. s. de la Jaille, par. de Samarelle : *Loudun*, 1605, 1618. (*r.* 352, *p.* 96 ; *r.* 355, *p.* 114.)

COUSTURES (Jean de), Dam. Prés et rentes à Aillent, relev. de Pierre de Norry, Chev. à cause de son chât. de Breul : *Hérisson*, 1397. (*r.* 462, *p.* 207.)

COUSTURES (Guiot de), écuyer, et Marguer. de Bois, Damoiselle, son ép. Hôtels et seg. de Marçain et de Barday : *Aynay, Hérisson*, 1443. (*r.* 463, *p.* 15.)

COUSTURES (Pierre de), écuyer, et mᵉ Galaud Audayne, licentié ès lois, à cause d'Agnès de Chastel-Regnaud, Damoiselle, son ép. Leurs parts et portions de l'hôtel de Coustures, dom. et dr. en dép. : *Hérisson*, 1443. — Pierre de Coustures, écuyer, et Anthonie de Brix, son ép. T. s. de Seaulne et dîme de Lavau, par. de Venas et de Parey : *Hérisson*, 1449. (*r.* 462, *p.* 193, 205.)

COUSTURIER (René), élu en l'Elect. de la Marche. Fief de la gᵈᵉ Valexiste, par. de Foionat : *Marche*, 1669. (*r.* 474, *p.* 9.)

COUSTURIER (Marguer.), vᵉ d'Ant. de Miromandre, présidᵗ-châtelain de Felletin, tutrice de leurs enfans. Fief d'Alleman ; 1669. — Joseph Cousturier, présidᵗ-châtelain, etc. T. s. de Roumaille, par. d'Auzesme ; 1669, 1717 ; signe, Couturier de la Prugne : *Gueret*. (*r.* 474, *p.* 11, 63 ; *r.* 477, *p.* 348.)

COUSTURIER (Anne), cons. du Roi au présid. de la Marche. Le Fief de Sᵗᵉ Fayre, *al.* Sᵗᵉ Affayre ; 1669. Jean Couturier. F. s. du Fiel, et les dom. faisant partie des biens dotaux de Cather. Seigliere, sa f⁰, par. Sᵗᵉ Affayre ; 1724 : *Gueret*. (*r.* 474, *p.* 204 ; *r.* 481, *p.* 49.)

COUTEL (Antoine), lieut. particulier au baill. de Sᵗᵉ Feline, à cause de Charlotte Chauliaguet, sa f⁰. Les rentes de Vazelles, de Montz et de Cussat, relev. de Montpensier ; et celle de Rochegude, mouv. de l'évêché de Sᵗ Flour : *Riom*, 1669. (*r.* 499, *p.* 294.)

COUTEL (Jean), Sʳ de Coupiat, bourg. de Sᵗ Flour, fils de Germain

Coutel. Cens, rentes et biens nobles ès par. de Couret et de St Ilpize : *Riom*, 1669. (*r*. 499, *p*. 427.) — Gilbert Coutel, bourg. de St Flour. Rente percep. à Clavières, par. Ste Marie : *Murat*, 1669. (*r*. 499, *p*. 158.)

COUTERIN (Guill. et Colette Couterine, enfans de Jean), vendent à Migot de Lavau une maison sise à *Cognac* ; 1416. (*r*. 1405, *p*. 353.)

COUTOCHEAU (Luc), écuyer, Sg. de Gallardon ; cons. au présid. de Poitiers. T. s. de St Hilaire de Leigné : *Chizaye*, 1671, 1674. (*r*. 433, *p*. 59, 68 ; *p*. 434. *p*. 38.)

COUTRE (Agnès), v^e de Pierre de Beauvergier, écuyer, Sr de la Faye. Dom., justice h. et b. ès par. de Vabres et de St Georges, dioc. de Brioude : *Murat*, 1669. (*r*. 499, *p*. 63.)

COUTURE (Guill. de la), *de Cotura*, Dam. Hôtel de Cressanges, dom. et droit en dép. : *Verneuil*, 1322. (*r*. 459, *p*. 144.)

COUTURIER (Jean, fils de Berthomer le). Pièce de terre au territ. de la Peyrere, et ce que tient de lui Denis Boulandon au territ. de la Ronde-Alligot : *Billy*, 1383. (*r*. 457, *p*. 88.)

COUUET ou Couvet (Anne de), de Marignanes, v^e d'Ant. de Couuet, Cte de Montriblon, Mis de Villars. Chât. fort, t. s. de St Bernard : *Lyon*, 1676. (*r*. 495, *p*. 37.)

COUX (Jean, *al*. Gelin le), Dam. Maison forte, t. s. et h. justice de Varennes, par. de Ruillon : *Beaujeu*, 1314 *ad* 1332. (*r*. 489, *p*. 112, 114.)

COUX (Jocerand de), fils de feu Pierre Perraud de Couz, Dam. Moitié de la terre de Channey ; autres dom., maisons et bois en la par. de Montzont : *Beaujeu*, 1325, (*r*. 485, *p*. 68.)

COUX (Jeanette de), v^e d'Aymon d'Auvergne, bourg. de Villefranche. Maison, dom. et bois en la par. de Montzont : *Beaujeu*, 1406. (*r*. 486, *p*. 112.)

COYSME, Coesmes, Coaesmes, Couesmes, etc. N^a. On trouve dans l'histoire un Mathieu de Coismes, Chevalier très-renommé du Perche, Sénéchal du Duc de Bretagne, et bailli de Belleme ; 1234.

COYSMES (Ysabelle de), v^e de Jean Turpin, Chev. Mote et hebergement d'Esporée, h., m. et b. justice : *Mans*, 1390, 1399. (*r*. 343, *p*. 67 ; (*r*. 345, *p*. 60.)

COYSMES (Lyon de), Chev., chambellan du Roi de Sicile. T. s. de la Fontaine : *Chât.-du-Loir*, 1392. — Le Sire de Coaymes, Chev. Repit d'aveu ; 1395. — Lyounel de Coysmes, Chev. capitaine de la ville d'Angers. Repit d'aveu : *Chât.-du-Loir*, 1399. (*r*. 356, *p*. 31, 35, 44.)

COYMES (Buent de), Chev. Domaine de Brez et de Goubiz, par. de Meneil : *Angers*, 1392. (*r*. 337, *p*. 39.)

COAYMES (Brisegaud de), à cause de Marie d'Eschelles, *al*. Eschielles, sa f^e. Les châtell. de Lucé et de Pruille : *Chât.-du-Loir*, 1406. (*r*. 344, *p*. 1, 118 ; *r*. 356, *p*, 49.) Tiennent de lui : Guill. Morin, Chev. Jean de Clermont ; Jean de Grazay, Sg. de Vaulx ; Robert Morin, écuyers.

COESMES (François Sire de), fils de Charles de Coaesmes. T. s. de Rouillon : *Mans*, 1443. (*r*. 345, *p*. 60.)

COYSMES (François de), écuyer, Sg. de Lucé, tient, du chef de sa f^e Jeanne Turpin, la châtell., t. s. de Marrigne : *Angers*, 1453, 1468. (*r*. 337, *p*. 92 ; *r*. 351, *p*. 4 ; *r*. 340, *p*. 135.) Rel. de lui : Jean Baraton et

Hugues de Montallays, Chevaliers. Pierre d'Avaugour ; Adam le Roy ; Pierre de la Rouveraye ; Etienne des Rues ; Jean de la Saussaye, écuyers.

COUESMES (François), Sg. de Coesmes, âge de 60 ans. T. s. de Lucé, Orthe et Neubourg : *Chât.-du-Loir*, 1484. (*r*. 348 *bis*, *p*. 19.)

COAESMES (Nicolas de), écuyer, Sg. dud. lieu et de Lucé. Troisième partie de la seg. de Tourroil, *al*. Tourreil : *Saumur*. Et, comme curateur de Jeanne Turpin, Damoiselle, sa mère, v^e de François de Coaesmes, châtell., t. s. de Marrigne en la châtell. de Baugé : *Anjou*, 1489. *r*. 343, *p*. 14 ; *r*. 348 *bis*, *p*. 16, 18, 21.)

COUESMES (Charles de), écuyer, Sg. dud. lieu et de Lucé. T. s. de Tourreil : *Saumur*, 1508. (*r*. 348 *bis*, *p*. 14.)

COUESMES (Jean de), fils de Louis, Sg. et Bon de Lucé, gentilh. ordin. de la chambre du Roi. T. et seg. à Bonnetable : *Chât.-du-Loir*, 1573. (*r*. 351, *p*. 18.)

COYNET (Marguer.), de Marclopt de Rochefort, f^e de Claude de Harene, Chev., Sg. de la Condamine, comme héritière de Louis-Hector-Melchior de Rochefort, son oncle. Rente noble appel. de Baronnat, par. de Chessy : *Lyon*, 1733. (*r*. 498, *p*. 87.)

COYNON, *al*. Coysnon (feu Guill.), écuyer. Sa v^e Guillemette de Hauteville, tient du chât. d'*Angers*, la terre et seg. d'Averse, par. de Jenardeil ; 1450. (*r*. 337, *p*. 85 ; *r*. 339, *p*. 5.)

COYON (Hugues de), écuyer, et Guye d'Arte, sa f^e, v^e de Henri de Basso, Chev. T. s. de Moussi et de la Broce : *Chât.-Chinon*, 1352. (*r*. 469, *p*. 142.)

COYRETES (Renaud de), Dam. Maison et grange de Coyretes, cens à Perigney et St Bonit : *Forez*, 1291 *ad* 1340. (*r*. 491, *p*. 41, 273 ; *r*. 492, *p*. 256.)

COYTEUX (Jeannet), dit Pobeaul, paroiss. de Cozon, à cause de Jeanne, sa f^e, fille de Pierre Rochery. Portions de pré et de bois, tenues en fief lige en la par. d'Aubigny ; *Bourb*., 1410. (*r*. 464, *p*. 160.) Non noble.

COZON (Pierre de) aussi Coson, Dam. Maison de Coson, dom., cens et rentes aux mandemens de Chatellud et de Fontaneys ; 1334. — Margot de Cozon ; *Idem* ; plus, la moitié de trois moulins sur la rivière de Coson ; 1350 : *Forez*. (*r*. 492, *p*. 181 ; *r*. 494, *p*. 76.)

CRAFFORT (David), écuyer. Vinaige sur la recette de *Baugé* ; 1507. (*r*. 349, *fol*. 9.)

CRAIS (Marguer. des), Damoiselle. Terres appel., l'une, les Clés de Chaut-Soleil, l'autre la terre de Bolloises, assises à Mesangi : *Bourb*., 1351. (*r*. 463, *p*. 161.)

CRAMAIL (Giraud), de Blanzac, et Gilbert de Campniac, Chev. ; ens. leurs épouses Ermengarde et Béatrix, transigent avec l'abbé de Masclion au sujet du moulin du Calucet, que Bertrand de Frebouville, agent de ces dames, avoit autrefois donné à l'abbaye de Masclion : *Angoul*., 1228. (*r*. 1404, *p*. 144.)

CRANT (Jeanette, v^e de Jean de), bourg. de Calomont, vend à Pierre Guillaume, curé de Calomont, et à Jean Guillaume, notaire son frère, ses dr. sur l'étang de Coneysoux, par. de Ronzuel : *Beaujeu*, 1404. (*r*. 1391, *p*. 547.)

CRAON (Amaury et Pierre, Sires de), Chev. T. s. de Sablé, la Ferté-

Bernard et autres : *Anjou,* 1371, 1394. — Ant. de Craon, Chev., Chambel. du Roi, fils de Pierre de Craon, vend au Duc de Bourbon, une rente sur la terre de Sacy-le-G^d, en *Beauvoisis;* 1403. (*r.* 333, *p.* 108 et suiv. ; *r.* 336, *p.* 21 ; *r.* 1369, *p.* 1743.)

CRAON (Jean de), Chev., Sire de la Suze. Châtell. de Champtocé, d'Ingrande et autres *Anjou,* 1409. (*r.* 337, *p.* 74 ; *r.* 339, *p.* 33.) Rel. de lui : Raoul de Brie, à cause de sa terre de Serrent, et Jean Ruffier, *al.* Rouffier, Chevaliers.

CRAON (Guill. de), Chev. T. s. de Moncontour et de Mames, ou Marnes : *Saumur,* 1409. (*r.* 341, *p.* 121 ; *r.* 345, *p.* 1.) Tiennent de lui : Gui de la Rochefanton, Chevalier, et Thibaut de la Cloistre, écuyer.

CRAON (le Sire de), donataire de sa mère, Dame de la Trimouille. T. s. de Rochefort et de Doué : *Angers, Saumur,* 1472. (*r.* 1342, *fol.* 128.)

CRECHAT, *al.* Crepchat (Jean), autrement dit. de Mazerat, Dam. Hôtel et seg. de Nafour ; dîmes, cens et rentes à Tison, Sansat, Chamblet, etc. ; ens. la t. et seg. de Chammoncel, par. de St Ferreol : *Hérisson. Montluçon,* 1350, 1354. (*r.* 462, *p.* 103, 234.)

CREMEAUZ (Jeanette, fille de feu Etienne de). Cens, rentes, devoirs et coutumes, ès par. de St Maurice, de Buylle et autres : *Forez,* 1327. (*r.* 492, *p.* 233.)

CREMEAULX (François de), écuyer, Sg. dud. lieu. Maison forte, motc, garenne et mouv. appel. de Dorat, par. de *Thiers;* 1517. (*r.* 472, *p.* 81 ; *r.* 483, *p.* 71.)

CREMEAUX (J. B. Victor-Amédée de), Chev., gouverneur de Mâcon, fils de Guill. de Cremeaux. T. s. d'Entragues : *Riom,* 1669. (*r.* 499, *p.* 616.) Voy. Remeaux.

CRENES (Perrin de), fils de feu Guill. de Crenes, Dam. Cens, tailles et autres dev. au territ. de Blanzay : *Beaujeu,* 1322. (*r.* 489, *p.* 302.)

CRENON (Jean de), Chev. T. s. de Boessay, et dr. de chasse en la forêt de même nom : *Chât.-du-Loir,* 1371, 1393. (*r.* 344, *p.* 10, 36.)

CREPON (Yonnet), secrét. du Duc de *Bourbon.* Don de 20 l. à lui fait par son maître, à l'occasion de son mariage avec Gillette, fille de feu Jaques de Sorviller ; 1349. (*r.* 1360, *p.* 838.)

CRÉS (Agnès, fille de feu Berard des), Damoiselle. Maison et dîme à Charuzy, par. d'Azy : *Moulins,* 1367. (*r.* 454, *p.* 100.)

CRÉS (Ant. de), écuyer, gendarme de la garde du Roi. F. s. d'Angle et de Villedezeaux : *Aunay, Chizaye,* 1726. (*r.* 438, *p.* 532, 533.)

CRESANCE (Marguer. de), v^e de Simon Gouge, pour leur fille Gilon. Hôtel, t. s. du Pleix de Bour, et le moulin de la Chayne ; 1357 : *Bourb.* (*r.* 464, *p.* 199.)

CRESANCY (Phil. de), écuyer, pour lui et Dauphine de Courtois, son ép. Hôtel, t. s. du Plex-Vaschot, par. de Pouzy : *Bourb.,* 1475. (*r.* 465, *p.* 103.)

CRESPAT (Durand), Sg. de Duitot, près Clermont, père de Giraud Cresput. Cens et rentes tenus du Cte de *Montpensier;* 1493. (*r.* 471, *p.* 192.)

CRESPAT (Geraud de), Chev. Chât. t. s. de Ludesse, par. de même nom ; Élect. de *Clermont,* 1693. — Jean, *al.* J. B. de Crespat, Chev., son fils, mari de Susanne de Varennes ; *Idem;* 1716, 1717. (*r.* 471, *p.* 192 ; *r.* 505, *p.* 112 ; *r.* 507, *p.* 20, 160.)

CRESPEL (Pierre). Terres, prés, moulin en la châtell. de *Rochefort;* 1327. (*r.* 469, *p.* 18.)

CREPEL (Jean), prêtre. Partie d'une dîme appel. ès-Marteaux, et 3ᵉ partie d'un pré en la par. de Villane : *Billy,* 1356. (*r.* 457, *p.* 132.) Non noble.

CRESPELLON (Guill.), de Lochy, pour Cécile Placote, sa fᵉ. Rente en grain sur les dîmes de Belquayre, par. de Deux-Cases et de *Murat;* 1355. (*r.* 461, *p.* 36.)

CRESPIN (Guill.). T. s. du Vau et de Cheres, acq. de Guill. Crespin, son neveu, avocat au *Mans;* 1602. (*r.* 352, *p.* 166.)

CRESPIN (Marie-Magdel. de), vᵉ de Jean-Charles de Potin, Chev. Sg. de Potin, fille de Phil. de Crespin, Chev., Sg. de Billy, et de Marguer. Bouju, stipulant pour elle Louis de Barbançon, Chev., Sg. de Marmagne. Héritages situés en la par. de Meneton-Sallon : *Bourges,* 1715. (*r.* 449, *p.* 187.)

CRESPINE (Louise), vᵉ de Jean Rochereul. Le fief Hullin : *Chât.-Ceaux,* 1460. (*r.* 350, *p.* 28.)

CRESPINGES (Pierre de), Maison de *Grandi rivo,* dom. et mouv. au mandement de Chât.-Neuf ; et comme hérit. de Jean, son frère Cens, tailles et autres devoirs à la Varenne : *Forez,* 1322, 1333. (*r.* 490, *p.* 236 ; *r.* 492, *p.* 218.)

CRESSONNIERE (Louise de la), vᵉ de Louis Maistre, Chev., Sg. de la Papinière. La baronnie de la Cressonnière, et le Petit-Chât. : *Fontenay-le-Cᵗᵉ,* 1655. (*r.* 433, *p.* 277.)

CRESTIEN (Claude), Chev., gentilh. de la chamb. du Duc d'Orléans. T. s. de Brialles, par. Sᵗ Pourçain : *Gannat,* 1684. (*r.* 503, *p.* 436.)

CRESTIEN (Claude), capit. au rég. d'Anjou, dem. en la par. d'Iseure. Fief de Blansat-la-Fay, par. de Chareil : *Chantelle,* 1693. — Claude Chrestien, écuyer, lieut. col. d'Infanterie, fils de Claude Chrestien, écuyer, tant de son chef que de celui de sa fᵉ. T. s. de Brialles, Bricadet, Loriges ; ens. le fief de Bonnefond, par. de Chareil, Parey et autres ; 1717 : *Billy, Chantelle, Gannat, Moulins, Verneuil.* (*r.* 476, *p.* 42 ; *r.* 477, *p.* 592 et suiv. ; *r.* 507, *p.* 190.)

CRESTIEN (Cather. de), vᵉ de François Bardon, écuyer, Sʳ de Méage, tutrice de ean Bardon leur fils, héritier de René-François, son frère. T. s. de la Mote-Morgon : *Billy,* 1688. (*r.* 477, *p.* 698.)

CRETE (Géofroy de la). Sa fille Marguer., Damoiselle, épouse de Robert, fils de Jean de Crenes, Dam. Diverses parties de mas en la par. de Charmoy : *Huchon,* .... (*r.* 489, *p.* 338.)

CREUSAY (Guyot de), écuyer, à cause d'Ysabelle de Contres, sa fᵉ. Hôtel de Rayneri, dom., terrage. cens, tailles et forêt de Graille, par. Sᵗ Ligier et autres : *Moulins-les-Engilbert,* 1352, 1357. — Jeane de Creusay, fᵉ de Guill. de Migiez, écuyer. T. s. de Rayneri, al. *Raneri: Ibid,* 1397. (*r.* 469, *p.* 215 ; *r.* 470, *p.* 46, 59, 86.)

CREUSE (Huguette de la), Damoiselle, vᵉ de Guill. de la Creuse, paroiss. de Tiel. Hôtel, dom. et dr. en la même par. : *Moulins,* 1350. (*r.* 455, *p.* 13.)

CREUSE (Archimbaud de la), Dam. pour lui et les enfans de Jean, Chev., son frère. Cens et tailles en la par. de Laval : *Billy,* 1375. (*r.* 456, *p.* 130.)

CREUSE (Jean de la), écuyer du Duc de Bourbon, Sg. de Hauterive. T. s. en la châtell. de *Moulins* ; 1444. — Jean de la Creuse, écuyer. Hôtel de la Mothe. dom, et dr. en dép., en la par. de Hauterive : *Bessay*, 1455, 1505. (r. 453. p. 63, 268 ; r. 455, p. 128.)

CREUSET (Gilbert du), écuyer, fils de Gilbert du Creuset. T. s. de la Maison-Neuve ; 1688. — Philib. du Creuset, écuyer ; 1716 : *Hérisson*. (r. 474, p. 674 ; r. 477, p. 209.)

CREUSET (Marie-Elisabeth du). F. s. de Matillon, par. de Vieure : *Bourb.*, 1725. (r. 480, p. 29.)

CREUSY (Charles-Louis), Chev., héritier de feu Sylvestre Creusy, Chev., Sg. de Marcillac. T. s. de Lavau-Frenicourt, de Boux-Nerbert et de Pannessac, par. de Limalonges et de Voulesme : *Civray*, 1715. (r. 437, p. 264 ; r. 438, p. 65 et suiv.)

CREUX (Guill. du), bourg. de Souvigny. Cens ès par. de St Sornin et de Rocles : *Murat*, 1410. (r. 460, p. 373, 375.)

CREUX (Jean de), dit Mirel, écuyer. Hôtel, t. s. du Puy, par. de Vieure : *Hérisson*, 1443. (r. 462, p. 226.)

CREUX (Jean et Guill. du), écuyers, frères, Sg. du Creux. Cens et rentes ès par. de Rocles, St Sorlin et de Chiesses : *Murat*, 1505. (r. 452, p. 137 ; r. 460, p. 322.)

CREVANT (Louis de), Chev. des Ordres, gouverneur de Compiègne. Baronnie, t. s. de Preuilly ; et, du chef de sa f^e, Jaquete de Reillac, la t. et s. d'Argy : *Tours*, 1589, 1630. Louis de Crevant, Chev., fils de Louis de Crevant, Chev., Mis d'Humières, et de Dame Elisabeth Phélippeaux, lieut. gén. des armées. Même baronnie, la première de Touraine ; 1662. (r. 351, p. 59 ; r. 354, p. 29 ; r. 356, p. 28.)

CREVECOEUR (Phil. de), Sg. d'Esquerdes. Acquisition des t. et seg. de Milly, Herelle, Bonneul, le Plessier de la Warde, et Mauger, relev. du chât. de *Montdidier* ; 1491. (r. 1369, p. 1783.)

CREVENT (Jean de), fils de Guill. de Crevent, Chev. Cens et tailles ès châtell. de *Hérisson* et *Montluçon* ; 1301. (r. 461, p. 95.)

CREYS (Guill. et Robert du), enfans de feu Hugues du Creys, Dam. et d'Ysabelle, fille de feu Hugues Metuel, Dam., et de Béatrix du Puy, *de Puteo*, vendent à Guy, Cte de *Forez*, plusieurs cens percept., ès par. d'Estressat, de Culat et de Vialart : *Gannat*, 1341, 1350. (r. 457 bis, p. 58 ; r. 1394, p. 53.)

CRIBLEAU (Silvain de), écuyer, Sr de Maignon, fils de Charles de Cribleau, écuyer. Cent quatorze arpens de bois, faisant partie de 211, appel. de Montvinaux, par. de St Limaise : *Vierzon*, 1676, 1686. (r. 445, p. 265 ; r. 446, p. 127.)

CRIEUGES (Guill. de), *Crieugiis*. Maison, terres et mouv. de Crieuges, par. de St Léopardin, dont, du consentement d'Aceline sa mère, il rend hom. à Archambaud, Sire de *Bourbon* ; août 1240. (r. 464, p. 79.)

CRIFFYER (Gilbert), m^d à Gannat. Parties de dîmes, ès par. de St Gentz et de Poisat ; ens. la sixième partie du bois appel. de Lyon, au ressort de Vichy : *Gannat*, 1512. (r. 464, p. 178.)

CRISSÉ (Béatrix, Dame de), comme bail de ses enfans. Fiefs. de Fromentages-le-Roi, et Breres de Veney : *Loudun*, 1319. (r. 432, p. 47.)

CRITOIS (Perrot), maréchal, et Francxise, sa f^e. Emplacement en la poissonnière d'Angers, moyennant 13 liv. tourn. de rente au Duc d*Anjou*; 1389. (*r.* 334, *p.* 75.)

CRIVIEL (Jean de), autrement Regis, vend à Jean de Saysel un cens percept. à Colombier, mandement de Rossillon: *Beaujeu*, 1405. (*r.* 1393, *p.* 908.)

CROAYL (Perenele), comme bail d'Aymery, son frère. Herbergement du Petit-Tail, par. d'Oroer: *Loches*, 1319. (*r.* 432, *p.* 54.)

CROC (Jaques du), Chev., fils de Jean du Croc, Chev. T. s. et dimes de Chabanes, ès par. de Bauzire, St Giron et autres: Elect. de *Brioude*, 1669, 1684. (*r.* 499, *p.* 448; *r.* 502, *p.* 104; *r.* 503, *p.* 348.) — François du Croc, Chev., capit. au rég. de Royal-Cravatte; *Idem*; 1716. (*r.* 507, *p.* 43.)

CROC (François du), Chev., Sg. de Bressoulière, à cause de Louise de la Rochefoucault, son ép. Chât., t. s. de Brassac, et Lubières-sur-Allier: *Issoire*, 1699, 1723. (*r.* 506, *p.* 68, 270 ; *r.* 508, *p.* 66.)

CROCH (Jean le). Hebergement de Preaux: *Chât.-du-Loir*, 1392. (*r.* 344, *p.* 46.)

CROCHEREAU (Jean), Sr de la Ragotière. Rente en grain, par. de Vigon; 1712. — Cather. Crochereau, v^e de Jean Mauduit, av. fiscal à Argenton. Rente en grain et argent; 1714: *Issoudun*. (*r.* 449, *p.* 94, 148.)

CROCHET (René du), gentilh. ordin. de la chamb., pour lui, ses frères et sœurs. T. s. de la Carrelière, par. de Maget : *Chât.-du-Loir*, 1604. (*r.* 452, *p.* 137.)

CROHERNE (Guill.), à cause d'Estienette, sa f^e, fille de feu Guill. le Roi des Haies, Dom. en la châtell. d'Oustille : *Chât.-du-Loir*, 1414. (*r.* 344, *p.* 114, 120.)

CROHET (Guill.), de Montet. Parties de terre et cinq arpens de bois en la par. de St Beraing : *Aisnay*, 1383. (*r.* 462, *p.* 305.) Non noble.

CROISET (Louise-Marguer.), v^e en premières noces d'Antonin-Hélie, Chev., Sg. de la Rochesnard. T. s. de Maillottière : *Civray*, 1676. (*r.* 433, *p.* 26.)

CROISET (feu Charles), cons., secrét. gén. en la Chancel. de France. Sa v^e, Marie Damond, tient les châtell. de Longuay, Estiau et St Philbert: *Baugé*, 1678. (*r.* 405, *p.* 5.)

CROISET (Louis-Alexandre), fils unique de feu Alexandre Croiset, Chev., cons. au parl. de Paris, et de Bonne-Louise Faydeau de Marville. Marquisat d'Estiau; *Baugé*, 1728, 1741. (*r.* 426, *p.* 41 ; *r.* 427, *p.* 23.)

CROISILLES (Louise de), v^e de Georges Gilliers, B^{on}, al. Mis de Marmande, fils d'Urbain, comme curatrice de Cyprien et Anne Gilliers, leurs enfans. Chât. et forteresse de Puygareau : *Châtelleraut*, 1672, 1674. (*r.* 433, *p.* 73 ; *r.* 434, *p.* 12 ; *r.* 435, *p.* 1.) Vassaux : Maximilien Aubery, Sg. de Meurier et de la Fontaine de Dangé ; feu Balthasard le Berton, Sg. de Villandry ; Pierre le Bosseu, Sg. de Beaufort, gentilh. ordin. de la chamb., trésorier provincial de l'extraordinaire des guerres, en la gén. de Poitou, gouverneur de la Rochelle, au nom de dame Marie Ferrand, v^e de Jean Taillefer, Chev., Vte de Rousille ; Martin Martel, Sg. de la Godinière, la Rivière et le bois Gillet ; Phil. Martel, Sg. de Tiquon, par. de Douzillé ; Louis Perion, Sg. de Ports, pour Angélique Gillier, son ép., fille d'Urbain Gillier, à cause de l'hôtel et maison noble de Bours ; Etienne de Remigou, Sg. de Cheszelle, comme curateur des enfans de feu Etienne de Remigou, Sg. de la Metrye, et de Marie Ille, Chevaliers. Aymé Carré, S¹ des Ombres et de la Mothe d'Useau ; feu Pierre Desmont, écuyer, lieut. crim. au siége de Châtelleraut, S¹ de la Picherye ; Jaques de Ferou, S¹ de la Chasseigne, Mondion, les Bertillières, etc., à cause de l'hôtel et fief noble, appel. le Boys, par. de Leigné-sur-Usseau ; Pierre Gillier, S¹ de Haute Clere, fils de Philibert Gillier, S¹ de la Tour-Legat. Maison et métairie d'Oiré, par. de Mondion ; Marin Guérin, S¹ des Noyers et de la Godinière ; ens. Marc de Rougé, S¹ des Essars, et Jeanne de Vaux, pour le fief de la Chaulme Bruière ; Lancelot de Marconnay, S¹ des Coulombiers ; Jaques Nepveu, S¹ de la Mantallery, pour la métairie de la Besde ; François Lucas, S¹ de Vangeville et des Robiniers, cons. au bureau des finances à Poitiers : Phil. Niotte, S¹ de la Cuchardière et des Barallières, par. d'Ingrande ; Jaques de Vaucelle, S¹ de Villemort, du g^d et petit Pouet, au nom de François Forestier et de Louise de Vaucelle, son ép., écuyers.

CROIX (Guill. de la), Dam., fils de feu Reclin de la Croix, Chev. Maison, t. s. de la Chapelle-Hugon ; ens. dom., bois et hommes taillables en la par. de *Germigny ;* 1302, 1311. (*r.* 465, *p.* 302 ; *r.* 466, *p.* 84, 97.)

CROIX (Jeannet de la), *Jehannetus de Cruce*, Dam. Partie de la terre, dîme, bois, et j. de la Chapelle-Hugon : *Germigny,* 1344, 1357. (*r.* 465 ; *p.* 286 ; *r.* 466, *p.* 93.)

CROIX (Etienne de la), écuyer, Sire de Marcigné, transporte au Cte du Maine une rente qu'il percevoit sur la prévôté de *Mayenne ;* 1458. (*r.* 366, *p.* 69.)

CROIX (Nobles personnes Me Jean de la), secrét. du Roi, et Cather. Mijarde, sa f^e, veuve de Jean Berri, aussi secrét. du Roi, vendent au Duc de *Bourbon*, l'étang de Crantillon, au mandement de Sury-Comtal; 1496. (*r.* 1371, *p.* 2000.)

CROIX (Alain de la), bourg. de *Moulins*. Vente d'une maison en cette ville; 1500. (*r.* 1374, *p.* 2340.)

CROIX (François de la), écuyer, S¹ de Pommery et de la Cour. Dîme du May de Bessat, au vill. du Max de Bessat, acq. de la Demoiselle de Guise et de Charles de Ménivant, S¹ de Beaumont : *Verneuil,* 1646. (*r.* 474, *p.* 371.)

CROIX (François de la), écuyer. F. s. de Bertinières : *Lusignan*, 1663. — Charles de la Croix, écuyer, son fils; *Idem*, 1697. (*r.* 433, *p.* 232 ; *r.* 436, *p.* 81.)

CROIX (René-Gaspard de la), Mis de Castries, Chev. des ordres, gouverneur de la ville et citadelle de Montpellier, lieut.-gén. des armées, à cause de N., son ép. T. s. de Courdièges, Elect. de St *Flour*, 1670. (*r.* 499, *p.* 731.)

CROIX (Françoise, al. Antoinette de la), v^e de Melchior de Bonneval, Chev., Sg. de Chataîn. T. s. de Vousset, par. de Monnetay-sur-Allier : *Verneuil;* autres possess. en la Châtell. de *Bourbon;* 1717. (*r.* 477, *p.* 317, 321.)

CROIX (Silvain de la), vigneron. Trois arpens de vigne en la par. de Beuilly : *Issoudun*, 1719. (*r.* 450, *p.* 34.)

CROMEUX (Etienne de), jurisconsulte. Cens, rentes et coutumes par lui acq. d'Audin de Vichy et de Jean Mareschal, Dam., ès par. de Cromeuz, *al.* Cromeil, et de St Maurice : *Forez*, 1317. — Jean de Cromeuz, fils de Guill. Fabri, clerc, hérit. d'Et. de Cromeux, son aïeul; *Idem*, 1385. (r. 493, p. 76, 110.)

CROPPET (Marguer.), v^e de Mathieu Balmes, écuyer. Maison forte de la Bernardière, et une rente noble en la par. de Longret : *Lyon*, 1680. (r. 495, p. 173.)

CROPTE (Léonard de la), Chev., Sg. de St Abre, enseigne de vaisseaux, et Jeanne du Reclu, son ép., fille de François du Reclu, Chev. F. s. du Sibiou, *al.* Surin ; 1697. Signé : la Cropte St Abre. — Henri-Joseph de la Cropte de St Abre, Chev., son fils ; *Idem*, et la seg. de Cerillat ; 1722 : *Civray.* (r. 436, p. 110 ; r. 438, p. 451.)

CROS (Pierre del), *de Crozo*, Dam., paroiss. de Thiers. Maison del Cros, dom. et dr. en dép. ; 1304. — Hugues de Cros, Dam., Amblard et Marguer., ses frère et sœur, héritiers dud. Pierre ; *Idem*, 1328 : *Thiers.* (r. 472, p. 31, 32.) — Henri du Croz, écuyer. T, s. du Cros, par. de *Thiers* ; 1517. (r. 472, p. 74.)

CROS (Jean du), de Felletin, par son proc. François de la Porte, av. en parlem^t, Fief du Cros-Burlaud, par. de Beaumont : *Marche*, 1669 (r. 474, p. 132.)

CROS (Jean du), écuyer, Sr de Chavaniac et des Bardeties, pour Anne de la Tour, sa f^e. Rentes en la par. de Chanteleix : *Riom*, 1669. (r. 499, p. 546.) Signe : Chavaniac de Bardetie.

CROS (Charlotte du), de Beral de Planezac, prieure de Champaignac en *Auv.* ; 1670. (r. 499, p. 801.)

CROS (Louis des). Chev. T. s. de Neufvy-le-Barrois : *Bourb.*, 1713, 1717. (r. 477, p. 93, 446.)

CROSES (Hugonin de), *de Crosis*, dam. Moitié de la maison des Croux, et dép. en la châtell. de Huchon : *Beaujeu*, 1340. (r. 489, p. 322.)

CROSET (Tachon, prévôt de). Prévôté dud. lieu et maison en dép. ; ens. la maison de Chantemerle, dom. et cens en la par. d'Arfeuille : *Forez*, 1333. (r. 493 bis, p. 48.)

CROSET (Jean, fils de feu Jeanin, prévôt de), Tènem^t et dom. en la par. de Crosset : *Forez*, 1337. (r. 493, p. 15.)

CROSET (Esmenarde, fille de Garin de), f^e de Pierre La Riva, fils d'Arduin *de Rupenato*. Le mas de la Ripe, par. de Vic : *Carlat*, 1337. (r. 473, p. 151.)

CROSET (Pierre del), Dam. Hommage de tout ce qu'il tient au chât. de Montjoui ; ens. le mas de Fayperat, etc., par. de Raollac et de St Clément ; témoins Guill. Vassal. Chevalier ; Hector Montjoui et Bernard de Merinhac, Damoiseaux : *Carlat*, 1355. (r. 473, p 130.)

CROSET (Jean de), Sg. de Curresie. Echange avec la Ctesse de *Forez*, de divers droits et rentes assis à St Just ; 1379. (r. 1401, p. 1114.)

CROSET (Phil. de), Sg. de Greigniéu, trésorier du pays de Beaujolois, et receveur du Forez. Cens et rentes près de *Trévoux* ; ens. la châtell. de Montmalas, acq. de la Duch. de *Bourbon*, à faculté de remeré ; 1514. (r. 1360. p. 879 ; r. 1390, p. 512.)

CROSET (Jean du), écuyer, fils de Gilbert du Grozet, écuyer, Chât., t. s. de Javaugues, et le tènem^t noble de Cumignat, *al.* Cumionac ; 1669. — Claude-Gilbert du Crozet, écuyer, son fils ; *Idem*, 1683, 1685 ; Elect. de

Brioude : *Riom*. (*r*. 499, *p*. 74, 75 ; *r*. 500, *p*. 103 ; *r*. 503, *p*. 19 ; *r*. 504, *p*. 41.)

CROSO (Jean de), de St Menoux. Pré appel. le Cloux, par. de Rocles ; autre en la par. St Menoux, et tailles en celle d'Agouges : *Bourbon, Murat*, 1356. (*r*. 464, *p*. 327.) Non noble.

CROSO (Jean de), Sg. de Toreyse. Dom. et mouv, sis à Ampuys, Amputeum, relev. de la seg. de Villars, acq. de Jean de St Symphorien : *Forez*.... (*r*. 494, *p*. 177.)

CROSSONNIÈRE (Louis de la), écuyer. Fief du Tasle, par. St Macaire : *Montfaucon*, 1458. (*r*. 333, *p*. 38.)

CROST (Charle-Gabriel des). Fief de Neuvis-le-Barrois, acq. de Gabriel des Crost, Chev., son frère : *Bourb.*, 1686. (*r*. 474, *p*. 620.)

CROST (Jean-Charles des), écuyer. capit. au régim. du Roi, et Marguer. Gabrielle du Cloux de l'Estoile, son ép. T. s. d'Estrée, par. de Digoin : *Moulins*, 1703, 1724 : et, par success. de Paul-Joseph des Crots, et aussi comme donataire de Jaqueline des Crots, la t. et seg. du Péage, par. de même nom ; 1733. (*r*. 476, *p*. 115 ; *r*. 478, *p*. 518 ; *r*. 479, *p*. 13.)

CROUAIL (Ant. de), écuyer. Hôtel et forteresse de la Roche-Chisay : *Mirebeau*, 1460. (*r*. 331, *p*. 54.)

CROYS (Pierre des), paroiss. de Noyan, dioc. de Bourges, et sa f^e Marguer., fille de feu Jean Prooust, pour eux et Laurent Papon, fils mineur de lad. Marguer. et de feu Jean Papon de Varenne-sur-Tesche, vendent à Gui, Cte de Forez, des maisons sises à Cressauges, Châtell. d'*Ussel*; 1351. (*r*. 1394, *p*. 77.)

CROZA-PEYRA (Adhemar de), Dam. Dom. et dr. ès par. de Cussac et de Salunhac, à cause de son épouse Guiomars : *Carlat*, 1338. (*r*. 473, *p*. 69.)

CROZAT (Ant.), écuyer, Mis de Mouy et de St Farjaux, Bon de la Fauche, Vraincourt, etc., secrét. du Roi, et très. gén. de ses ordres. T. s. de St Germain-des-Fossés, par. id. etc. : *Billy, Vichy*, 1715. (*r*. 477, *p*. 137, 374.)

CROZAT (Henri), de Ramon, écuyer, Sg. du Plessis-St-Antoine, Marigny, Surgon, etc., capitaine des levretes du Duc d'Orléans. T. s. de Thorigné, érigée en Marquisat au mois de Mars 1654, par lui acq. de la Princesse d'Egmont : *Mans*, 1720, 1728. — Henri-Gabriel Crozat, son fils aîné, et de Geneviève de Quenneville. Même Marquisat ; 1741. (*r*. 425, *p*. 12 ; *r*. 426, *p*. 15, 44 ; *r*. 427, *p*. 631.)

CROZÉ (Jean), Chât., dom. de Gizaguet, par. S. Geron ; Elect. de *Brioude*; 1684. (*r*. 503, *p*. 209, 518.)

CRUCÉ, ou Crucy, *Cruciaco*, (Perrin de), Dam. Dom., bois, garenne, h. j., cens et tailles au territ. de Vece : *Billy*, 1322 (*r*. 457, *p*. 116.)

CRUDIAT (Gilbert), Sr de Bergère, lieut. au baill. de Culant, et Françoise Coffin, son épouse. Moitié de la dîme de Cerney, et partie d'une autre en la par. de Reugny : *Hérisson*, 1703. (*r*. 476, *p*. 95.)

CRUGY (Silvestre de), écuyer, Sr de Marsillac et Louise Eschallard, son ép. T. s. de Barge, par. de Beceleuf ; *Partenay*, 1702. (*r*. 437, *p*. 24.)

CRUSSOL (Giraud de), Chev., et Béatrix de Poitiers, son ép. donnent procur. pour vendre la moitié du chât. et mandem^t de St Germain-Laval et arr. fiefs au mandem^t de St Just ; ens. les baron. de Beldinar et de Fain : *Forez*, 1343. (*r*. 1395, *p*. 216, 217.)

CRUSSOL *Cruceoli* (Guill., sire de), Dam., vend à Gui, Cte de Forez, sa part du chât. de Fontanès, *Fontaneslo*, et la maison forte qu'il tient au même lieu; ens. la j. h. m. et b. à St Denis, dom. et arr. fiefs: *Montbrisson*, 1351. (r. 1394, p. 18.)

CRUSSOL (François de). Duc d'Usez, ép. de Marguer. d'Apcher, et Louis de Crussol, Mis de Florensac. Duché-pairie d'Usez, comtés de Crussol et d'Apcher; ens. la t. et seg. de Chaignon et Valflorie: *Lyon*, 1670. (r. 499, p. 9, 717.)

CRUSSOL D'AMBOISE (Alexandre-Galiot, *al.* Gaillot de), et Marie-Magdel. Nozieres Montal, sa f^e, héritière de Gaspard-Gilbert de Nozieres. T. s. de la Vialle, Valmaison et Vigeant : *Riom*, 1683, 1701. (r. 503, p. 67 ; r. 506, p. 286.)

CRUSSOL (Emmanuel) d'Uzès, Chev., Mis de Monsalvi en Rouergue. F. s. du moulin de Soussigny ; ens. la terre et seg. de Coulonges : *Vouvant*, 1699, 1716. — Louis-Alexandre de Crussol d'Uzès, Chev. Même fief du moulin de Soussigny ; 1717. (r. 436, p. 272 ; r. 437, p. 295, 296 ; r. 438, p. 339.)

CRUSY (Charles-Louis de), de Marcillac, Chev., hérit. de Silvestre de Crusy, Chev., Seg. de Marcillac, F. s. de Lavau-Frenicart, par. de Voulesme ; ens. celui de Boux-Nerbert, par. de Limalonge : *Civray*, 1715. (r. 437, p. 264 ; r. 438. p. 64.)

CRUX (Dalmas de). aussi de la Croix, Dam., et Denise de St Aubin, son ép. Hôtel de Gersat, dom. et dr. en dép. : *Montluçon*, 1353. (r. 461, p. 230.)

CRUX (Armand-Gabriel de), Chev., Cte, puis Mis de Crux, Sg. de Montaigu. F. s. de Targé : *Châtelleraut* ; et à cause de Marie-Eléonore d'Amaris Turpin de Circé, *al.* Crissé, son ép. Le fief de Chaumont en la ville de Niort ; 1711, 1717. (r. 437, p. 211 ; r. 438, p. 256, 257.)

CRUYS (Guill. de), ou de la Croix, *de Cruce*, dem. à Issy, à cause de Marguer., son ép., et Jean Regnaud, *al.* Regnard d'Ully, *Ulliaco*, Dam., frère de sa f^e. Partie de dom., bois, garenne et cens ès vill. de Literat et de Mossiat ; ens. la terre de Lurcy : *Bourb.-Lancy*, 1371, 1375. (r. 466, p. 220, 253.)

CUA (Claude-Benoit de la), maire de Meximieux en Bresse, administrateur de ses enfans, héritiers de Cather. le Rat, leur ayeule maternelle. qui l'étoit de Claude-Ant. le Rat, son frère, secrét. au parl. de Dombes. Maison à *Lyon* ; 1736. (r. 498, p. 141.)

CUCHEROYS (Humbert de), *al.* Billart, bourg. Cens et tailles : *Moulins*, 1375. (r. 455, p. 32.)

CUCURE (Jean de), Dam. Maison forte, t. s. de Cucure, par. St Cyr de Faiveres en la chatell. de Lay : *Beaujeu*, 1329. — Jean de Cucure, Chev. reçoit d'Edouard de Beaujeu une rente de 10 liv. sur Tisy ; et de 20 liv. sur Perreux, à condition de lui en faire hom. ; 1377. — Philib. de Cucure, Dam., son fils ; *Idem* ; 1402. — Marguer. de Cucure, f^e de Dalmas de St Symphorien. Memes possessions ; 1459 : *Beaujeu*. (r. 486, p. 45, 46, 125 ; r. 1388, p. 46.)

CUCZON (Jeanette), v^e d'Etienne Cuczon, vend à Jean, Cte de *Forez*, une maison sise à St Baldomer ; 1309. (r. 1394, p. 137.) — Pierre et Jean Cuczonel, de St Bonnet-le-Chat., vendent au même Cte, divers cens et rentes assis aud. lieu ; 1318. (r. 1395, p. 234, 309.)

CUDIER (Claude), md, héritier d'Hercules Sadin, son oncle. Maison, jardin, pré et menus cens au faub. de la Guillotière : *Lyon*, 1729. (r. 498, p. 42 ; r. 810, p. 7.)

CUELLE (Charles de la), al. Cueulle, écuyer, prévôt d'Issoudun. T. s. de Château-Brun. Procès avec le Duc de Bourbon ; 1497. (r. 1374. p. 2317.)

CUGNAC (Ant. de), premier Mᵉ d'hôtel du Roi. T. s. de Dampierre, érigée en châtell. : *Gien*, 1509. (r. 484, p. 143.)

CUICÉ (Perrin de), Dam. Terres de Sᵗ Loup, la Ferté, Hauterive et Monestay : *Verneuil*, 1300. (r. 460, p. 149.)

CUICÉ (Perrin de), Dam.; Sg. de Puyrembaut. Tènemens et diverses pièces de terre ès environs de Jaligny : *Chaveroche*, 1357. (r. 455, p. 16.)

CUISEY (Jean de), Dam., veuf de Jeanne de Sᵗ Germain. Chat., t. s. de Cuisey, par. de Cruntilleu : *Forez*, 1333. (r. 491, p. 167.)

CUITRE ou Cintre (Pierre de), écuyer, Sg. d'Izrées, comme bail de Cather., al. Jaquelaine Roussart, son ép., et de Louis Roussart, son frère, mineur d'ans, enfans de feu Olivier Roussart. Le fief de Sarreau, al. Sarceau : *Chât.-du-Loir*, 1493. (r. 348 bis, p. 18, 21.)

CUIZAY (Pierre de), Chev., à cause de son ép., fille de feu Jouffroy Ydert. Herbergement du Puys : *Mirebeau*, 1316. (r. 332, p. 1.)

CULANT, aussi Cullant et Culent (Ranulphe, Sg. de). Accord entre lui et son ami Archambaud, Sire de *Bourb.*, touchant les limites de leurs seg. respectives ; 1248. (r. 1357, p. 398.)

CULENT (Guill. de), Chev. Maison, dom., moulin, h. j. de Chaunières; ens. la seg. de Chesemaes; 1301. — Robin de Culent, Dam. T. s. et h. j. de Chesemays, al. de Chiesmais ; ens. l'hôtel de Senmur, terres, bois, garenne, cens, et ses maisons de Gannat et de Boilly : *Gannat, Hérisson, Murat*, 1322. (r. 457 bis, p. 69 ; r. 461, p. 81 ; r. 462, p. 80, 214.)

CULLANT (Regnaud, Sire de), Chev. La chatell. de Sᵗ Amand et dép. ens. les fiefs que tiennent de lui Henri, Sire de Seuli, et le Cᵗᵉ de Sancerre ; 1301. — Joceaume de Culent, Chev. Même t. et châtell. de Sᵗ Amand; ens. la terre de Dervent et arr. fiefs; 1350. — Guichard de Culant, Chev., Sg. de Dervent. Châtellenies dud. Sᵗ Amand et de Changy; 1374 : *Ainay*. (r. 462, p. 313 ; r. 463, p. 29.) Rel. de lui : Jean de Bigny; Louis de la Couriate, à cause de Huguette de Tourieu, sa fᵉ; Jean de Couzche; Bernard du Pin; Jean Rousselet, écuyers. Voy. Sancerre.

CULENT (Guiot de). Chât., t. s. de la Creste ; 1350. — Guichard de Culent; Idem; 1374 : *Hérisson* (r. 463, p. 54, 104.) — Charles de Culant, Chev., Sg. dud. lieu et de la Creste, obtient arrêt du parl., qui condamne Louis de Sully à lui faire hom. de son chât et châtell. de Montrond, situé entre les rivières de Cher et de Doyron, mouv. de son chât. de Sᵗ Désiré ; 1438. Hom. par lui rendu du même chât. de Sᵗ Désiré, justice et dom. en dép.; 1452 : *Hérisson*. (r. 462, p. 2 ; r. 1357, p. 385.) Rel. de lui : Lienard et Pierre Mauvoisin ; Guill. de Vierzat, Chevaliers; Jean d'Aubusson, Sg. de la Maisonneuve ; Jean Barthon ; Jean Bertrand, Sg. de la Pasliere; Jean de la Mote; Jean de Passat, écuyers. — Gabriel de Culant, écuyer, Sg. dud. lieu. Baronnie et châtell. de Sᵗ

Desiré : *Hérisson*, 1505. (*r.* 453, *p.* 196; *r.* 462, *p.* 148.) Rel. de lui : Léonard et Pierre Mauvoisin ; Guill. de Vierssat, Chevaliers. Jean d'Aubusson ; Jean Barthon, Chancelier de la Marche ; Jean le Gouy ; Jean de la Mote ; Jean de Murat ; Jean de Passat ; Raoulin, Sg. de Paliere, écuyers.

CULLANT (Louis de), Amiral de France, à cause de Jeanne de Chatillon, son ép. Chât., t. s. de la Palice, par eux vendus au Duc de *Bourbon*, pour la somme de six mille écus d'or, de 64 au marc ; 1429. (*r.* 1355, *p.* 31.)

CULANT (Gilbert de), licentié ès lois, bourg. de Hérisson. Hôtel du Tret, terres, dîme, garenne et cens : *Hérisson*, 1443. (*r.* 462, *p.* 57.) Le même, lieut. du châtelain de Murat, saisit et met en vente les meubles et héritages de Marguer. Gilbarde, f^e serve du duc de Bourbon, morte sans hoirs ; 1468. (*r.* 1374, *p.* 2300.)

CULANT (Louis, Sg. de), écuyer, chambellan du Duc de Bourbon, reconn. avoir reçu de lui, en nantissement d'une somme de 3000 liv., des diamans, rubis et autres bijoux ; 1482. (*r.* 1367, *p.* 153.) — Louis, Sg. de Culant, bailli de Berri. Baronnie, t. s. de Mirebeau : *Saumur*, 1486. (*r.* 351, *p* 110.)

CULLANT (feu Edme de), Chev. Bon de Brecy, Ste Soulange et Moulin. Sa v^e Françoise Guyot, ayant la garde-noble de Louis-François de Cullant, leur fils, neveu d'Ant. de Cullant, avoue la châtell., t. s. de Brecy : *Bourges*, 1669. (*r.* 445, *p.* 17.)

CULANT (François de), écuyer, Sr de Laugere, trés. de France, fils de François de Culant, présid^t en la sénéch. de Moulins. T. s. de Fonteau et de Champberaud, par. de Gouise : *Moulins*, 1684, 1722. (*r.* 474, *p.* 309, 631 ; *r.* 478, *p.* 207.)

CULANT (Jaques de), écuyer, Sg. de Roray, *al.* Riray. Fief, dîme, cens et rentes en la par. d'Aubigny : *Belleperche* ; ens. le fief de la Pruyne, par. de Couzon : *Bourb.*, 1686. (*r.* 474, *p.* 720, 721.)

CULANT (Louis-François de), Chev., par success. d'Esme de Culant, son père, et de François de Culant, son oncle, fils de Louis de Culant, descendant de Phil. de Culant, Chev., M^{al} de France qui en rendit hom. le 28 sept. 1447 ; les châtell. t. s. de Brecy, Ste Soulange et Molin : *Bourges*, 1701. (*r.* 446, *p.* 145 ; *r.* 448, *p.* 41. — Denis, Jean et Silvain de Culant, Chev. et Françoise, leur sœur ; Mêmes possessions ; 1719. (*r.* 450, *p.* 57.)

CULANT (Louis de), Cte de Culant. F. s. d'Angueville, par. St Mesme ; 1730. — René-Alexandre de Culant, Mis de Culant. Châtell. de St Mesme ; 1733 : *Angoul.* (*r.* 442, *p.* 5, 14.)

CULLAT, *al.* Cuyllat (Jean de), Dam. Maisons de Cullat et d'Ussel, mote, fossés, terres, cens et autres profits à cause de ses baillies et prevôtés d'Ussel et d'Estroci : *Forez*, 1332, 1341. (*r.* 490, *p.* 159 *ad* 161.)

CULLON (René de), Chev., Sg. de la Charnaye, pour Jeanne de François, son ép., donataire de Jeanne le Large. Trois quarts de la t. et seg. de Chambon : *Dun-le-Roi*, 1723. (*r.* 451, *p.* 73.)

CUMBIS (Hugues de). Dam., fils de Bertrand de Cumbis, Chev. Dom., cens, coutumes, justice et autres dr. à Brion, par. St Martin de Laval : *Forez*, 1330. (*r.* 494, *p.* 8.)

CUMINES, aussi Cumignes (Guiot de), Dam. Serm. de fidél. et prom. d'aveu au Sire de Beaujeu ; 1324.—Etienne de Cumines, Sg. de Mars, Chev. Maison de Popaleina, al. Peropalerie et dép., par. d'Arcey et de Chambilly ; 1350, 1357.: *Beaujeu*. (*r*. 486, *p*. 81 ; *r*. 488, *p*. 47 ; *r*. 489, *p*. 215.)

CUMONT (Jaques de), Chev., Sg. des Estières, capit. d'une comp^ie de chevaux légers. Le fief Girard en la par. de Villedieu : *Aunay*, 1701. — Françoise de Cumont, fille unique de Jean de Cumont, Chev., Sg. des Estières ; *Idem* ; 1718. (*r*. 436, *p*. 393 ; *r*. 438, *p*. 356.)

CUNGY (Deniset de). Bois, vignes et cens aux finages de la Montaigne : *Hubant*, 1351. (*r*. 470, *p*. 28.)

CUQUANDI (Pierre), de *Petra fortunaria*. Serm. de fidél. et prom. d'aveu au Sire de *Beaujeu* ; 1400. (*r*. 486, *p*. 146.)

CURIERES (Guill. de), Sg. de Plaignes. Censives en la baron. de Calvinet : *Auv.*, 1502. (*r*. 471, *p*. 140.)

CURRAT (Guill.), écuyer, Sr de Lissay, fils de Guill. Currat, écuyer. Viherie et vicomté de Chipoux, par. de Lissay : *Bourges*, 1684. (*r*. 445, *p*. 362.)

CURRESIE (Girin de), bourg. de Montbrisson. Maisons à St Bonit-Chât., acq. de feu Jean Bruyère, Dam. ; 1291 ; et échange entre lui et la Ladrerie de Mondon, de terres contre divers cens ; 1297 : *Forez*. (*r*. 491, *p*. 281 ; *r*. 1402, *p*. 1413.)

CURRESIE (Girin, fils de feu Etienne de). Maison de la Broce, dom., bois et mouv.: *Forez*, 1323, 1338. (*r*. 490, *p*. 266 ; *r*. 493, *p*. 78.)

CURRESIE (Phil. de) bourg. de Montbrisson. Maison de Curresie, dom., cens et rentes, ès mandemens de St Eugende et de Fontaneys : *Forez*, 1329. — Sa success. échue à Fleurdelise, v^e de Pierre de Crose ; 1333. (*r*. 490, *p*. 267.)

CURVEU (Poncet de), Dam. Cens, rentes et autres dev. és mandemens de la Tour en Jarese, et de Foillose: *Forez*, 1338. (*r*. 490, *p*. 35.)

CUSSAC (Aelis, v^e de Gerard de), Chev., vend à Jean, Cte de Forez, ses cens et rentes sur la maison de Comtesse en la châtell. de St Just ; 1290, et rend aveu de ses dom. et seg. en la par. de Cousat, vers la rivière de Durole : *Thiers*, 1304. (*r*. 472, *p*. 30.)

CUSSAC (Guill. de), Dam. Maison de Landrevin, dom. et mouv. en la par. de Thiers ; cens et rentes aux mandemens de St Just et de Cernerie : *Forez*, 1317, 1333. (*r*. 472, *p*. 45 ; *r*. 494, *p*. 77.)

CUSSAC (Louis de), curé de St Victor de Tourniac. Rente sur le bourg de ce nom ; 1670. (*r*. 500, *p*. 40.)

CUSSET (Jeanne), v^e de Jaques la Verrière, bourg. Maison, grange et terres au bourg de la Guillotière : *Lyon*, 1677. (*r*. 495, *p*. 76.)

CUSSIGNEY (André de), Dam., Valet du Duc de Bourgogne, vend à Michel de Cussigney, Dam., son frère, sa maison de Bor de Chaudenay, forteresse, bois, étang, justice, etc.; présent Raoul Challot, Chev., Sg. de Croset : *Hérisson*, 1313 (*r*. 1356, *p*. 380.)

CUSSON (Guilleme, fille de feu Aubin). Hospice, censives et moitié du four de Cernerie : *Forez*, 1336. (*r*. 491, *p*. 163.)

CUSY (Jean, Sire de), Dam., à cause de Jeanne, son ép., sœur de feu Arthaud de St Germain, Chev., Sg. de Montron. Cens, rentes et autres dr. à Essartines : *Forez* 1332. (*r*. 492, *p*. 271.)

CUVILLE (Isaac), av. en parl. et au présid. de Poitiers, fils aîné d'Isaac Cuville et de Magdel. du Moustier. Maison noble de la Rousselière ; 1663. — Olivier de Cuville ; *Idem* ; 1692 : *Lusignan*. (*r.* 533, *p.* 243 ; *r.* 436, *p.* 8, 47.)

CUISY (Girard, Sg. de), *Cuysiaci*, Dam., fils de feu Jean, Sg. de Cuisy, et de Béatrix de Laniac. Maison, cens et rentes à Montboé, par. de Savigny : *Forez*, 1344. (*r.* 493 *bis*, *p.* 21.)

CUY (Jean), fils de Perrin Cuy, Dam., à cause de Jeanne, sa f^e, fille de feu Guill. de More, Dam. Maison d'Estoules, dom., bois, étang, garenne et serfs : *Chât.-Chinon*, 1334. (*r.* 470, *p.* 105.)

CUZI (Regnaud de), fils de feu Gui de Cuzi, Dam. T. s. ès par. de Cuzy, de Luzi et de Tyl, dioc. d'Autun : *Beaujeu*, 1269. (*r.* 489, *p.* 262.)

CUZY (Pierre de), dit au Rousseau, clerc de Noyant, résidant à Verneuil. Cens en grain et argent, en la châtell. de *Bourb.* ; 1443. (*r.* 463, *p.* 505.) Non noble.

CUZY (feu Pierre de), fils d'autre Pierre, et neveu d'Ant. de Cuzy. Dom. assis au mas du Ry, par. de Souvigny, tenu par Antoinette Robertete, sa veuve : *Verneuil*, 1511. (*r.* 1355, *p.* 137.)

CYMITIÈRE (Barthélemy), Sr de la Bazolle, av. au parl. T. s. de Beaupoirier, par. de Breuil et d'Isserpans : *Billy* ; ens. le fief de Champodon, par. St Didier : *B.-Marche*, 1693. (*r.* 476, *p.* 41.) — Joseph Cymitière, son fils ; *Idem* ; et le fief de Bournat, par. St Léger de Briere : *Moulins*, 1717, 1720. (*r.* 478, *p.* 60.)

CZUYGN. (Phil. de), fils de Mathieu Czuygn, Dam. Maison de Czuygn, par. de Verniac, cens, rentes et coutumes au territ de Montchal, vers Feurs : *Forez*, 1317, 1330. (*r.* 492, *p.* 242 ; *r.* 493, *p.* 3.)

D*

DACHE (Gallois), fils de Jean Dache. T. s. de Soulge-le-Bruant : *Mans*, 1607. (*r.* 353, *p.* 83.)

DACBERTZ (Beraud), Dam., du dioc. d'Annecy. Le mas de Montmoyen, moulin de Brenas, dom. et mouv. au mandement de la Roche : *Forez*, 1318. (*r.* 494, *p.* 27.)

DACRA, ou d'Acra (Guill.), Chev. Aalise, son ép., et Marguer., f^e de Guillemet, leur fils. T. s. de Maigne, de Dunet, de St Paul et autres : *Forez*, 1283. (*r.* 492, *p.* 296.)

DADEU (Jean), écuyer. F. s. de la Chardomier : *Germigny*, 1505. (*r.* 452, *p.* 13.)

---

* Nous avons parlé ailleurs de l'article *de*, *du*, *d'*, que le vulgaire prenoit sottement pour un indice de noblesse, et dont en effet les nouveaux parvenus, qui pullulèrent au XVIIe siècle, se revêtirent avec empressement. Il suffit ici d'avertir que, dans les anciennes écritures, les élisions étant peu ou point connues, on s'en abstient dans la présente série

DAFO (Bernard et Pierre), frères, vendent à Guichard de Lisseu, Chev., leur dom. de Chambon en *Beaujolois;* 1253. (*r*. 1389, *p*. 374.)

DAGLAU (Louis), Chev., Sg. de Beaumont, et Huguete de Molins, son ép. Hôtels de Civray et de Vanoyse, dom. et Seg. en dép., par. d'Ouroux et autres: *Hérisson*, 1353, 1366. (*r*. 462, *p*. 252; *r*. 464, *p*. 255.)

DAGONEAU (Etienne), Sg. de Marcilly, cons. au parl. de Bourg., pour Marguer. Girard son ép., fille de feu Girard de Barses, trés. de France, et de Françoise de Galefer. Fief de Montiroy, par. de Mauzat: *Gannat*, 1716. (*r*. 507, *p*. 62.)

DAGUIN (Pierre), Sr de Souchoult. Fief et maison noble de la g^{de} Féolle, par. de Cellevescault, *al.* Celles le Vescault: *Lusignan*, 1683, 1716. (*r*. 435, *p*. 18, 295; *r*. 438, *p*. 78.)

DAIGNE (François-Hilaire de), écuyer. F. s. de Daigne: *Civray*, 1726. (*r*. 438, *p*. 526.)

DAIGUET (Aymé), auditeur en la chamb. des comptes de Moulins. Echange de cens avec le Duc de *Bourbon;* 1470. (*r*. 1374, *p*. 2374.)

DAIGUIERES (Louis), Chev., Sg. de l'Isle. F. s. d'Oriou et de St Pierre de l'Isle: *Aunay*, 1699. (*r*. 436, *p*. 255.)

DAILLAN (Marie), v^e de Jean Taupin, Sr de Creuset. T. s. de Montgarnaud, par. de Nevers-lès-Moulins et de Coulandon: *Moulins*, 1736. (*r*. 481, *p*. 159.)

DAILLERES, *al.* Dagleres (Jaquet), paroiss. de Cerilly. Maison, dom. et cens d'Agleres à Villechevreuil: *Bourb.;* 1407, 1443. (*r*. 462, *p*. 258, 261.)

DAILLON (Jean de), Chev., pour Cather. Eschalade, sa f^e. Hôtel de Vernay et dép., au vill. de la Roche Chizay: *Mirebeau*, 1444. (*r*. 331, *p*. 2.)

DAILLON (Jean de), écuyer, Sg. de Fontaine. Fief en la Terre-Guibert, par. St Macaire: *Montfaucon*, 1450.(*r*. 333, *p*. 44.)

DAILLON (Regnault de), Chev., Sg. de Fontaine-Guérin, ayant le bail de Renée, fille de feue Renée de Fontaine, son ép. Herbergement et seg. de Fontaine où il réside: *Baugé*, 1461. (*r*. 347, *p*. 6.) Rel. de lui: Jean du Bellay, Sg. de Marigne; Jean de la Haye, Sg. de Guidomau; Hugues de Montalleys, Sg. de la Roche-à-Billan, Chevaliers. Guillaume de Lore, écuyer.

DAILLON (Thomas de), écuyer, Sg. des Noyers, fils de Jean, Chev. T. s. de Meherne: *Saumur*, 1469. (*r*. 1342, *fol*. 40.)

DAILLON (Jaques de), Chev., Sg. du Lude, comme curateur de sa sœur Jeanne de Daillon, v^e de Jaques de Myolans, Chev., Sg. dud. lieu, gouverneur du Dauphiné. Chât., t. s. de Peschadoire. acq. du Duc de Bourbon en 1499; ens. la baron., t. s. de Huriet: *Hérisson*, 1503. (*r*. 484, *p*. 63; *r*. 1359, *p*. 740, 741.)

DAILLON (François de), Chev., Cte du Lude et de Pontgibaut, B^{on} d'Iliers et de Briançon, capit. de 50 hommes d'armes, hérit. de Gui de Daillon, Sénéchal d'Anjou, et lieut. gén. en Poitou. Baronnie de Rillé: *Tours*; F. s. de l'Espinière. *Baugé*, 1605, 1608. (*r*. 352, *p*. 9; *r*. 353, *p*. 54.)

DAILLON (Henri de), Chev. des Ordres, Cte du Lude, Mis de Bouillé, premier gentilh. de la chamb., capit. gén. de l'artillerie, fils unique de

Thimoléon de Daillon, et d'Eléonore-Renée de Bouillé, et petit-fils de François de Daillon, et de Françoise de Schomberg. Châtell., t. s. de Thorigny, mouv. de Ste Susanne ; t. s. du Lude au duché de Beaumont ; ens. les fiefs de la Sauvage, de Fromentière et de la g^de Espinière : *Angers, Baugé, la Flèche, Mans,* 1657, 1679. (*r.* 356, *p.* 29 ; *r* 357, *p.* 13, 26 ; *r.* 405, *p.* 4 ; *r.* 422, *p.* unique ; *r.* 431, *p.* 44.) Rel. de lui : René de Betz, Sr de la Harteloues, et Renée Jacques, sa f^e ; Pierre de Broc, Sg. dud. lieu, Sr de Coulombault ; Victor de Broc, Sg. de la Ville-au-Fourrier ; Louis-Paul d'Espagne, Sg. de Veneuelles ; Henri Jaques de la Heurelière, Sr de la Griferie ; Renée-Jaques de la Heurelière, v^e de Jean le Jeay, Sr de la Giraudière ; Pierre de Rougé, Sg. des Rues et de Lorrière ; René de Sarcé, S^r. dud. lieu et du Colombier, Chevaliers. Joachim d'Auzy, Sr de Cossays ; François de Beauville, Sr de Fontenailles ; René de Bouillé, Sr de Champrong ; Charles de Crouillon, Sr de Rouseray ; Pierre de Crouillon, S^r de St Loup ; Henri Jaques, Sr de la Borde ; Pierre du Maisnil, Sr de la Bausserais ; Marie le Mercier, v^e de Louis de Maisnil, Sr de la Bauserais ; Gabriel Nau, S^r de l'Estang ; Gilles de Rougères, Sr de la Perdillère ; Martin de Savonnières, Sg. de la Bretesche, écuyers.

DAILLON-DU-LUDE (Gaspard de), év. d'Alby. T. s. de Montet le Gelat, *al.* Montel de Gelat ; 1669. — Henri de Daillon, duc du Lude, neveu et hérit. de l'archev. d'Alby (Métrop. en 1676) ; *Idem ;* 1685 : *Riom.* (*r.* 499, *p.* 202 ; *r.* 500, *p.* 20 ; *r.* 503, *p.* 451.)

DAIRON (Jean), fils de feu Léonnet Dairon. Le champ du Noer : *Mirebeau,* 1394. (*r.* 330, *p.* 120.)

DAITZ (Jean), de Memy, Chev., Mis de la Guillotière, capit. au rég. de Picardie, mari de Henriette de Gilliers, fille de feu Joseph Gillier, Mis de Villedieu. T. s. de Boisgarnault, et le fief du Breuil-Brechou : *Aunay,* 1688, 1719. — Susanne Daitz, de Memy de St Georges, agissant par Louis-René Daitz de Memy, Chev., Sr de la Guillotière, son frère ; *Idem ;* 172. (*r.* 435, *p.* 278, 279 ; *r.* 438, *p.* 407, 408, 462, 463.)

DALBERT (Adhemar), Dam., fils de feu Beraud Dalbert. Maison forte de Brenas, dom., moulin et dr. en la seg. de la Roche : *Forez,* 1341. (*r.* 493 *bis, p.* 119.)

DALDENEYS (Mathieu), fils de feu Thomas Daldeneys, paroiss. de Peschadoire, vend à Gui, comte de *Forez,* divers cens et rentes sur un héritage appel. Jean Odoart ; 1347. (*r.* 1395, *p.* 282.)

DALDIN (Denis), écuyer, capit. de cavalerie, et Ysabeau d'Achier, son ép. T. s. de Montbrun et Chatiers, par. de Laustres : *Mercœur,* 1669. (*r.* 499, *p.* 149.)

DALEMAIGNE (Aymeri), *al.* Daumaigne, Valet. Herbergement en la par. de Boussageau, *al.* Boutageau : *Mirebeau,* 1325, 1347. — Jean d'Alemaigne, Valet ; *Idem ;* 1366. (*r.* 331, *p.* 66 *ad* 69.)

DALEYRAT (Pierre), pour Jaquete, sa f^e, fille de Raymond Compaing. Droits en la g^de dime de Nemuz : *Moulins,* 1361. (*r.* 454, *p.* 224.)

DALLER (Jean), et autres de même nom et famille. Herbergement de la Roche-Cuon, par. de Cuon : *Mirebeau,* 1373 à 1458. (*r.* 330, *p.* 63 *ad* 70.)

DALMAGNE, aussi Dallemagne (Daniel), m^d, dem. à Ballon, fils de Daniel, petit-fils d'autre Daniel ; et Daniel Rousseau, m^d, héritier de

Jeanne Mongry, sa mère, qui l'étoit de Marguer. Dallemagne, sa mère. Moulin à eau, appel. de la Preuille, près le bourg de Ciré : *Rochefort*, 1717. (*r.* 439, *p.* 95.)

DALMAS (Reginard). T. s. de Cosant : *Forez*, 1227. (*r.* 492, *p.* 117.)

DALMAS (Robert), Chev., Sg. de Marcilly en Chanois, dioc. de Châlons-s.-S., vend à Jean, Cte de *Forez*, son chât., donjon, forteresse, bourg de St Bonit, et fiefs en dép., pour le prix de 8000 l. Vien. ; 1291. Solde définitive ; 1295. (*r.* 1394, *p.* 8, 23, 99, 124 ; *r.* 1395, *p.* 223.)

DALMAS (Robert), Chev. T. s. ès par. de Maley et d'Archey, etc. en la châtell. de Semur : *Beaujeu*, 1318 *ad* 1350. (*r.* 485, *p.* 98 ; *r.* 489, *p.* 31, 117.)

DALMAS (Etienne), commissaire des guerres, fils de Louis Dalmas. Maison noble du Clos et dép., au faub. de Vic-le-Comte ; *Riom*, 1669, 1676. — Gilb. Dalmas, av. gén. en la cour des aides de Clerm.-Fer. ; *Idem* ; 1716. (*r.* 499, *p.* 432 ; *r.* 501, *p.* 12 ; *r.* 507, *p.* 61.)

DALOUZE, *al.* Daloue (François). T. s. de la Thibaudière, saisie sur lui à la poursuite de Louis de Roche-Chouard : *Chizaye*, 1676. (*r.* 433, *p.* 32.)

DALPHIN. Voy. Dauphin.

DAMART (Louis-François), Sr de Prollin. T. s. de la Chaize, St Remy et Cherfeuille, saisie sur lui : *Châtelleraut*, 1682. (*r.* 435, *p.* 45.)

DAMAS (Girbert), Dam., Sg. de la Coudre. Hôtel et seg. de la Mote, près *Hérisson* ; 1368. (*r.* 462, *p.* 761.)

DAMAS (Philib.), écuyer. T. s. de Bazolle, St Didier et la Roche ; 1446. — Philib. de Damas, écuyer ; *Idem* ; et partie du fief de Bourchault ; 1506 : *Billy, Chaveroche, Moulins*. (*r.* 452, *p.* 104 ; *r.* 1355, *p.* 88.)

DAMAS (Lyonnet de), écuyer, Sg. de la Bastie et de la Pilonnière, âgé de 65 ans ; Jean de Damas, écuyer, Sg. de Verpré, âgé de 75 ans, témoins requis : *Bourbonnois*, 1507. (*r.* 1368, *p.* 1635.)

DAMAS (Guill.), de Colombette, écuyer, fils de Claude Damas, écuyer. T. s. de Tredieu, *al.* d'Estredieu, par. de Brenat ; ens. le chât., t. s. de Verdier, et le tènement du Buisson ; 1670 *ad* 1685. — Guill. de Damas, Chev. ; *Idem*, 1716 ; présent, Claude de Damas qui signe : Damas Collombette. *Usson*. (*r.* 499, *p.* 239 ; *r.* 500, *p.* 79 ; *r.* 503, *p.* 57 ; *r.* 504, *p.* 2 ; *r.* 507, *p.* 106.)

DAMAS (Pierre), Chev., Sg. de Barnay et de Verpré en Maconnois. Dîmes et rentes nobles ès par. de Balmond et de Maret : *Lyon*, 1671. (*r.* 495, *p.* 125.)

DAMAS (Ant.), Chev., hérit. de Paul Damas, Chev. T. s. de la Clayette et autres ; ens. le fief de la Queudre, par. St Honoré : *St Pierre-le-Moustier*, 1687. (*r.* 474, *p.* 638, 722.)

DAMAS (Claude-Hypolite de), Sg. de Dompierre, pour Etienette Bergier, son ép. Maison de Meletes, dîme et terrier, par. de Neuvis : *Moulins*, 1693. (*r.* 475, *p.* 112.)

DAMAS (Victor de), écuyer, veuf de Gilberte Benezet. T. s. de Chadriac, par. d'Azerat ; ens. le fief noble de Mazel, par. de St Germain : *Issoire, Usson*, 1699. (*r.* 506, *p.* 58.)

DAMONT (Etienne), S^r des Marys, Jaques Damont, capit. au rég. de

Beaucaire, et Marie Damont, ses frère et sœur ; et aussi, comme tuteur de Charles Cellière, fils de Charles Cellière, et de feue Gilberte Damont. Dîme appel. la Vallière, ès par. de St Plaisir et de Franchesses : *Bourb.* 1713. (*r.* 477, *p.* 96.)

DAMORESAIN, *al.* Damoroseau, et Damorossan (Thimoléon), de Pressigny, Chev., B^{on} de St Désiré, et Marie d'Aligre, son ép. T. s. de Monfan, par. *id.,* de la Crète, par. d'Aude, de Vau-sous-Madon et autres : *Dun-le-Roi, Hérisson, Verneuil,* 1698 *ad* 1722. (*r.* 449, *p.* 66 ; *r.* 478, *p.* 195, 581.)

DAMOURS (Gilbert), chan. de la Ste Chapelle de Bourbon, fils de feu Michel Damours, lieut. en la châtell. de Bourb., et ses frères Louis, Pierre et Gabriel. F. s. de la Rouzière, par. et châtell. de *Bourb. ;* 1712. (*r.* 476, *p.* 103 ; *r.* 477, *p.* 73, 175.)

DAMPIERRE (Gui de), Chev., ayant reçu d'Alix, ép. du Sire Renaud de Nevers, et fille de la Ctesse de Montpensier (savoir Agnès, f^e de Humbert III, Sire de Beaujeu), le dom. et fief de Bizac, Philippe Auguste ratifie ce don en juin 1199, et lui transfère l'hom. de Montluçon ; 1202. Le même obtient égalem^t de Frans de Moroille, Chev., le mas de Montessaut, que celui-ci relevoit de lui ; 1207 : *Chantelle, Bourb., Montluçon.* (*r.* 458, *p.* 219 ; *r.* 471, *p.* 110 ; *r.* 1369, *p.* 1671 ; *r.* 1374, *p.* 2280.)

DAMPIERRE (Guill. de), frère d'Archambaud, Sire de Bourbon, déclare qu'il ne prétend rien en la baron. de *Bourbon ;* 1226. (*r.* 1377, *p.* 2796.)

DAMPIERRE (Guion de), Sg. de St Just. Accord avec ses hommes de Janzac, au sujet des corvées qu'ils lui devoient : *Bourb.,* 1245. (*r.* 1377, *p.* 2778.)

DAMPIERRE (Gui de), Sg. de St Just, oncle de Gui, év. d'Auv., *Alvernorum.* Accord entre lui et l'abbé d'Ebreuil, son parent, au sujet de la justice du chât. de Hélons : *Bourbon,* 1265. (*r.* 1358, *p.* 549.)

DAMPIERRE (Marien de), v^e de Perel de la Faye, Dam. Partie de dîme en la par. de *Becay ;* 1282. (*r.* 1374, *p.* 2379.)

DANDRAULT (André), ancien doyen au parl. de Bordeaux. F. s. de St Georges des Couteaux : *Xaintes,* 1717. (*r.* 439, *p.* 100.)

DANDRÉ (Jaques-Bonaventure), docteur en Théologie. Maison et dom. à l'Ardialle, ou l'Arbresle de Fromente : *Lyon,* 1717. (*r.* 496, *p.* 251.)

DANETZ (Pierre), bourg. d'Aurillac, et Gérard, son frère, tiennent en fief franc et noble le mas de Mironet, *al.* Dallac. dom., cens et rentes, par. de Bruce ; 1337. — Béatrix , v^e de Gérard Danetz, comme tutrice de Pierre, leur fils. Prés, cens et rentes en la par. de St Etienne ; 1355 : *Curlat.* (*r.* 473, *p.* 47, 65.)

DANGOLES, *al.* Dangeroles (Hugues), Dam. Dom. et seg. au vill. de Villerese : *Forez,* 1327. (*r.* 492, *p.* 213). Voy. Angirolles.

DANIAUD, aussi Derniau (Timothée), M^d à Rochefort. Maison noble et seg. du Treuil de Bussac, par. de Fouras, tenue à foi et hom. lige, au devoir d'une paire d'éperons dorés : *Rochefort,* 1718, 1721. (*r.* 440, *p.* 2, 51.)

DANIEL (Benoît), dit le Genebois. Hôtel de Bohan, fossés, terres, garenne, pêche, colombier et mouv., par. de Buxière ; 1398. — Jean Daniel, écuyer, Guill. et Simone, ses frère et sœur ; *idem,* 1410 : *Bourb.* (*r.* 464, *p.* 60, 153.) Apostille : *informer de sa noblesse.*

DANIER, al. Dasnier (Jean), Md à Bourges. Bois appel. Rabachon, par. St Eloy de Giy, acq. de Marie de Bengy, vᵉ de Gaspard-Thomas de la Thaumassière, écuyer, Sg. de Puyferrand, av. en parl. : *Mehun-sur-Y.*, 1722. (*r.* 451, *p.* 27, 32.)

DANJEAC (Arnault), écuyer, et Jean, son fils, s'accordent avec le Cᵗᵉ d'*Angoul.*, au sujet de la success. de feu Jean de Ber ; 1462. (*r.* 1404, *p.* 254.)

DANNEREAUL (Girard), al. Gentilo. Maison, mote, terres et rentes en la par. de *Beçay*; 1397. (*r.* 455, *p.* 140.) Il avoit pris la qualité de Damoiseau ; elle a été rayée.

DANTIL (Guill.), écuyer, pour François Dantil, de Ligonnes, son père, celui-ci fils de Henri Dantil. T. s. et dîme de Vallinier, al. Vallignier, par. St Hilaire-sur-Auzon : Elect. d'*Issoire*, 1684. (*r.* 503, *p.* 256.)

DANTON (Ysabelle, fille de feu Aymaret), rend aveu de ses chât., t. s. de Gordans et autres : *Beaujeu*, 1326. (*r.* 488, *p.* 59.)

DANTRAIN. al. Dantarein, Dantraun (Guill. de), Chev. T. s. des Forges, par., de Rugniac : *Hérisson*, 1274. (*r.* 462, *p.* 45.)

DAPEYRON (François), av., dem. à Pleaux, fils de Guill., et neveu d'autre Guillaume Dapeyron. Cens et rentes ès par. de Chaussenat et de Barriac ; 1669, 1672. — Guill. Dapeyron, son fils, prêtre ; *Idem* ; 1684 : *Riom*. (*r.* 499, *p.* 303 ; *r.* 500, *p.* 149 ; *r.* 503, *p.* 299 ; *r.* 504, *p.* 71.)

DARBLANC (Rouillon), Dam. Terres, prés, bois, cens, tailles et dîmes de Thisé : *Hérisson*, 1300. (*r.* 462, *p.* 133.)

DARCIEU (Philib.), Dam. Chât., t. s. de la Faye, al. Farge, par. St Victor, mandemᵗ de Tisy : *Beaujeu*, 1478. (*r.* 485 *bis*, *p.* 39 ; *r.* 486, *p.* 182.) Voy. Arcieu.

DARDAN (Ant.), Md, paroiss. de Verneix, hérit. de Suzanne Chenebrand, sa mère. Fief de la Perelle et du Rif de Sault, par. de Bizeneulle; 1695. — Pierre Dardan, son fils. Partie de dîme en la par. de Quierlay ; 1725 : *Hérisson*. (*r.* 475, *p.* 163, 187 ; *r.* 480, *p.* 51.)

DARDEYNE (Jean, fils de feu Hugues), Dam., et Alise Vigier. Divers immeubles, cens et rentes ès par. de Mellars, Trebent, Branciat et autres : *Verneuil*, 1322. (*r.* 460, *p.* 224.)

DARESTE (Jean-Jaques), bourg. de Lyon, av. en parl., hérit. univ. de son oncle Jean Gayot, de Cussieu, Chev., trés. de France. Fief de Cossieu, al. d'Escossieu, par. d'Argoire et de Sᵗ Jean de Fourlas : *Lyon*, 1725. — J. B.-Louis Dareste, son fils ; *idem* ; 1738. (*r.* 497, *p.* 239 ; *r.* 498, *p.* 10, 159.)

DARESTE (Ant.), de Rozarge, écuyer. F. s. d'Albonne, acq. de Pierre de Gimel, écuyer de S. A. S. Mademoiselle de la Roche-sur-Yon ; ens. sa maison et dom. appel. la Terrasse, par. de Fontaine : *Lyon*, 1734, 1736. (*r.* 498, *p.* 95, 108, 138.)

DARGIES (Raynaud de), Chev. Rente constituée par sa mère Ysabelle, sur le travers de Bailleul, au profit de l'abbaye de Fromont en *Beauvoisis* ; 1266. (*r.* 1362, *p.* 1070.)

DARNAT (Anne), vᵉ de Georges de la Villate. Fief du Puybaron. — Marguer. Darnat, vᵉ de Silvain de la Marche, écuyer, ayant la garde noble de leurs enfans. T. s. du Puy-Guillon, par. de Freselines : *H.-Marche*, 1669. (*r.* 474, *p.* 113, 241.)

DARNIÈRES, *al.* Dareneres (Jean), fils de feu Pierre Darnières, paroiss. de Buxeres. Deux tiers, tant de la garenne, mote et fossés aux Granges, *al.* Gouges, que des terres, cens et tailles en dépend. : *Bourb.*, 1407, 1409. (*r.* 463, *p.* 178; *r.* 465, *p.* 79.) Non noble.

DARON (Robin de). Herbergement et seg. de Daron : *Chât.-du-Loir*, 1416. (*r.* 344, *p.* 25.)

DARROT (Jaques-Claude), écuyer, Sg. de Boubrochere, *al.* Bouterochere, fils de René Darrot, écuyer. F. s. des Aumendières : *Partenai*; et, du chef de Jaqueline Garnier, sa g^d mère, les t. et seg. de la Petitiere et de la Michelière : *Secondigny*, 1698 *ad* 1717; décédé en cette même année. — J. B. Darrot, Chev., Mis de la Popelinière, son fils aîné, cornette des chevaux légers de la garde du Roi. F. s. de la Morlière : *Secondigny*, 1701, 1723. (*r.* 436, *p.* 179; *r.* 437, *p.* 4, 243; *r.* 438, *p.* 333, 340, 341, 470, 471, 486.)

DARXI (Perrote). Maison, terres et prés à Chevannes : *Chât.-Chinon*, 1351. (*r.* 469, *p.* 202.)

DASERGUE (Jean), *al.* Dasergoz, Dasergno, Dam., et Béatrix de Chancoil, Damoiselle, son ép. Maison de Mars, dom., bois, moulin, cens et tailles : *Beaujeu*, 1400. (*r.* 486, *p.* 5, 6.)

DASSY (Gabriel), écuyer, par son proc., Louis de la Celle, écuyer, Sr de Boueri. F. s. de Laage-Chauroir : *Marche*, 1669. (*r.* 474, *p.* 327.)

DATHS (Philib.), écuyer, cons. du Roi, commissaire des guerres en Roussillon, citoyen noble de la ville de Perpignan (les consuls avoient le privilège de créer deux nobles par an). Maison forte de Monts-la-Motte : *Lyon*, 1715. (*r.* 496, *p.* 214.)

DATOIS (Vital), vend à Jean, Cte de *Forez*, divers cens et rentes au vill. de Montellier; 1299. (*r.* 1395, *p.* 241.)

DAUBERTAIS (Pierre), bourg. de Maillet, pour Anne de la Loux, sa f^e. Fief de Suilly, par. de Venas : *Hérisson*, 1688. (*r.* 474, *p.* 622.)

DAUBREMEL (Jean), m^d tapissier à *Bourges*, et Claude-Jeanne le Mosnier, sa f^e, fille de Claude le Mosnier et de Jeanne le Court. Deux maisons en cette ville; 1694, 1717. — Jaques Daubremel, leur fils; *Idem*; 1721, 1723. (*r.* 447, *p.* 119, 146; *r.* 449, *p.* 88, 170, 247; 450, *p.* 113; *r.* 451, *p.* 66.)

DAUCHANTEUS (Jean), Dam., et Marguer. son ép., vendent une rente à Nicolas Gaurat : *Bourb.*, 1340. (*r.* 463, *p.* 291.)

DAUDETEAU (Charles), Sr de la Barre, av. en parl. Fief du Retail, par. de Surin : *Partenai*, 1697. (*r.* 436, *p.* 115.)

DAUDON (François), laboureur en la par. de Chassignolles, fils de Gilbert Daudon. Terre appel. la petite Cousture : *Issoudun*, 1684. (*r.* 445, *p.* 365.)

DAUJEAUY (Pierre), écuyer. T. s. de Falconaigue et de Tornavere sur la riv. de Daure; ens. le chât. de Larmandie, ou Larmandre : *Auv., Bourbon.*, 1501. (*r.* 432, *p.* 65.)

DAULBROCHE (Louis), apothicaire. Fief de la Boulinière tenu à hom. lige, et reservé le baiser à la bouche, à la prochaine venue de S. M. au pays de Poitou (clause très ordin. dans les aveux de cette province) : *Monmorillon*, 1685. (*r.* 435, *p.* 159.)

DAUMOT (Ant.), écuyer. T. s. de la Franlue et de Villefret : *Aubusson*, 1506. (*r.* 452, *p.* 246.)

DAUPHIN (Johannet) ; Martin Muneres, veuf de Mariette, sœur dud. Johannet ; Johannet Pascal, et Johannette, sa f⁰, paroiss. de Vinnes, vendent à Guichard, Sire de *Beaujeu*, leur mas de Fayolaus en la châtell. de Montaney ; 1298. (*r.* 1389, *p.* 380.)

DAUPHIN, écrit Dalphin (Guichart), Sg. de Jallegny. Chât. et châtell. de la Ferté-Chauderon, et arr. fiefs, par. de Chantenay : *Bourb.*, 1380. (*r.* 1355, *p.* 161.)

DAUPHIN (Bertrand, al. Beraut), Chev., Sg. de St Ulpize. Chât., t. s. de Combrone et de Teillede : *Auv.*, 1390, 1398. (*r.* 471, *p.* 120, 121.)

DAUPHIN (Robert), Chev., Chambel. du Duc de Bourbonnois. Hom. de ses châtell. de Rognes et de Corbières : *Auv.* ; ens. le guet exigible du chât. de Baucé, des habitans du vill. de Chenebières : *Chantelle*, 1400 *ad* 1411. (*r.* 470, *p.* 235, 237, 239, 256 ; *r.* 1356, *p.* 260.)

DAUPHIN (Robert), év. de Chartres, renonce à la success. de ses père et mère en faveur de sa nièce, à la charge qu'il jouira, sa vie durant, de la baronnie de Mercœur ; 1426. (*r.* 1367, *p.* 1542.)

DAUPHIN (Jean), cons. en la cour des aides de Clerm.-Fer., fils de César Dauphin. T. s. des Auzolles et de Leyval ; ens. le fief de Parpaleix, ès par. de Tremolle, *al.* Tremouille, St Loup et autres ; 1669, 1684. — César Dauphin, son fils, proc. gén. en la même Cour ; *Idem* ; 1700. — Jean-François Dauphin, Chev., fils du précédent et de la dame de Girard. Chât., t. s. de Montrodez, de Leyval et Auzolles, ès par. d'Orcines, Trémouille, St Loup et Bagnols, Elect. de Clermont ; 1716 *ad* 1731 : *Riom*. (*r.* 499, *p.* 674 ; *r.* 503, *p.* 206 ; *r.* 506, *p.* 86 ; *r.* 507, *p.* 147 ; *r.* 510, *p.* 66 ; *r.* 511, *p.* 8, 9.)

DAUPHIN (Guill.), fils de Pierre Dauphin. F. s. de Charlanes en la baron. de la Tour : *Riom*, 1669. (*r.* 499, *p.* 227.)

DAUPHIN (Claude), présid^t en l'Elect. de Clerm.-Fer. T. s. de Charlanes, par. St Sauve, acq. de Guill. Dauphin, Sr de Chaumettes : *Riom*, 1684, 1722. (*r.* 503, *p.* 289 ; *r.* 507, *p.* 253.)

DAUPHIN (César), écuyer, Sr de la Palionoie, cons. en la cour des Aides de Clerm.-Fer. Cens et rentes en la par. de St Sauve : *Riom*, 1723. (*r.* 508, *p.* 44.)

DAUPHIN (Guill.). T. s. de Rimaudeix, *al.* Rimondeix, en la baron. de la Tour ; 1669. — César Dauphin, bourg. de Tannes, son fils ; *Idem* ; ens. le tènement de Tiolis, en la même baron. ; 1732 : *Riom*. (*r.* 503, *p.* 206 ; *r.* 511, *p.* 11.)

DAUREULLE (Jean), et Perrin, son frère, écuyers. Lettres de sauvegarde obtenues de Louis de Bourbon ; 1395. (*r.* 1376, *p.* 27, 29.) Voy. Aureul.

DAUREILLE (Jean), Chev., fils de François Daurelle. T. s. de Vauroz et Baffie, par. de St Nectaire ; ens. la t. et s. de Colombine, par. St Privat : *Mercœur, Riom*, 1669. (*r.* 499, *p.* 116, 117.)

DAURELLE (Françoise), de Terreneyre, v⁰ de François de Lodant, Chev, T. s. de Lodant, Domaize et la Batonnie, par. de Courpière, Courteresse et Domaize : Élect. de *Clermont*, 1716. (*r.* 507, *p.* 53.) Signe : de Domaize.)

DAURIÈRES (Perrin de). Moitié des métairies de Daurières, sur la rivière de Baudre : *Murat*, 1363. (*r.* 463, *p.* 279.)

DAUTHON (Ant.), tailleur de pierre, paroiss. de St Alpinien, pour lui et consors. Affranchissement de Main-mortable : *Aubusson,* 1669. (*r.* 474, *p.* 164.)

DAUTOURS (Jean-Pierre), écuyer. Maison et dom. noble de la Vouzaine, par. de Charbonnières-les-Vieilles : *Riom,* 1669. (*r.* 499, *p.* 183; *r.* 500, *p.* 32.)

DAVAUDRE (Monet de la), paroiss. de Flori, *Floriaco.* Partie de la dîme de Tresail ; 1301. — Odin de la Davodere. Quatrième partie des dîmes de Prunerei et de Fontanes ; maison, dom., grange, garenne, au territ. de la Vaudere, ès par. de Sal, de Flori et de Sindré ; 1302. — Archimbaud de Davodere ; *Idem* ; 1323, 1342 : *Chaveroche.* (*r.* 468, *p.* 74, 283, 345, 349.) Non nobles.

DAVENCHES (André de), Dam. Maison de Pelagey, dom. et dr., par. de Beyougni : *Beaujeu,* 1324. (*r.* 488, *p.* 43.)

DAVENIERE (Jean), cabaretier à Montluçon, pour lui et Barbe Balladier, sa f^e. Fief assis à Perignière, par. St Victor, et portion de dîme : *Hérisson,* 1704. (*r.* 476, *p.* 133.)

DAVICEAU (Jean-Théodore), fils de Jean Théodore et de Jeanne Bonnet. F. s. de la Callière : *Vouvant,* 1723. (*r.* 433, *p.* 485.)

DAVID (Michel), chan. de la cathéd. de Clermont. Dîme en la par. de Neschers : Elect. de *Clerm.,* 1716. (*r.* 507, *p.* 65.)

DAVID (Jean), m^d, pour Jeanne Guandillon, sa f^e. Cens et rentes en directe seg. ès par. de Bredon et autres : *Murat,* 1724. (*r.* 509, *p.* 117.)

DAVION (Jean du), Chev. Maison, terres, dîmes en la par. d'Aveuldre : *Bourb.,* 1350. (*r.* 464, *p.* 55.)

DAVORT (François), écuyer, Sg. de Cré et de la Bruere ; Guill. de Gondeville, dit Paniots, et son frère, Michel de Gondeville, comme héritiers de feue Béatrix, Dame de Bonnaye : T. s. de Bonnaye : *Angers,* 1452. (*r.* 1341, *fol.* 112.)

DAVROT (Marie-Anne), v^e de Jaques Vasselot, Chev. Sg. d'Anne-Marie, tutrice de René-François-Marie Vasselot, écuyer, leur fils, âgé de 13 ans. F. s. de Lesterp, par. St Sauvan ; ens. celui du Chasteigner, par. de Jazeneuil : *Lusignan,* 1716. (*r.* 438, *p.* 59, 60.)

DAY (Jocerand), Dam. Dom. et seg. relev. du Sg. de Rossillon : *Forez,* 1324. (*r.* 494, *p.* 168.)

DAYCILLY (Hugon de), Dam. Maison forte des Places, ou Pleix, *de Plateis,* par. de Perreux-sur la Loire ; ens. la tour de Morlant, dom. et dr. en dép. : *Beaujeu,* 1330. (*r.* 485, *p.* 109 ; *r.* 486, *p.* 83.)

DAYDIER (Joseph), proc. du Roi en l'Elect. de Clerm., comme hérit. de Michel de Norlas, son beau-père. Seigneurie directe en la par. de Talende : *Clermont,* 1716. (*r.* 507, *p.* 61.)

DAYRAS (Ant.), châtellain de la Rochette, lieut. de la baron. de la Borne, et Léonard Dayras. Partie de la dîme inféodée de la Tour-Granier, par. St Sulpice-les-Champs : *H.-Marche,* 1669. (*r.* 474, *p.* 314.)

DAYSSA, *al.* Doyssa (Rigaud et Etienne), bourg. d'Aurillac, enfans de feu Et. Dayssa et de Cécile Bodine. Cens et rentes acq. de Bernard de Gréfeuille, par. de Broce et de Vic : *Carlat,* 1303 *ad* 1325. (*r.* 473, *p.* 63, 129.)

DEAIN (Raymondin), *al.* Dion. Trois pièces de terre en la par. de Tresail : *Chaveroche,* 1342. (*r.* 468, *p.* 256.) Non noble.

DEBEC (Camille), Chev., Sg. de Valsonniere. Rente noble appel. Sallemard, par. St Genis l'Argentière : *Lyon*, 1724. (*r*. 497, *p*. 214.)

DECAM, *al.* Decan (Elisabeth), v^e de Louis Matheron, m^d. Maisons à *Lyon* ; 1714. (*r*. 496, *p*. 190, 233.)

DEFFENS (Marguer. du). F. s. de la Sarre : *Moulins*, 1505. (*r*. 453, *p*. 119.)

DEFFOUSSES (Louis), m^d. Trois pièces de terre en la par. de St Sevère : *Issoudun*, 1693. (*r*. 447, *p*. 109.)

DEGORET (François), écuyer, Sr du Coux. T. s. de Chamagnan, par. St Mayoul ; 1676. — Marius Dagoret, Sg. du Coust. F. s. de la Fontaine de Bornac, par. de Champagne-Mouton ; 1717 : *Civray*. (*r*. 433, *p*. 31 ; *r*. 438, *p*. 255.)

DELBENNE (Goret). Maison noble et seg. des Halles, par. St Porchaire de *Poitiers* ; 1700. (*r*. 436, *p*. 356.)

DELHAYE (François), écuyer. T. s. de la Batisse, par. de Periers : *Riom*. 1669. (*r*. 499, *p*. 54.)

DELLAVENT (Jean), de Volvic. Dam. Rentes assises à Broughat : *Billy*, 1350. (*r*. 457 *bis*, *p*. 17.)

DELLENE (Louis), écuyer, Sr de la Vergne. F. s. du Bois de la G^{de} Boule, par. St Etienne des Loges : *Vouvant*, 1699 *ad* 1716. (*r*. 436, *p*. 312 ; *r*. 438, *p*. 7, 185.)

DELPOYS (Etienne), vend au Cte de *Forez* divers cens et rentes percept. à Chambon ; 1304. (*r*. 1395, *p*. 245.)

DELPRAT (Ant.), bourg. de Mauriac, pour Anne Guérin, sa f^e, héritière de Guill. Draliole, son ayeul maternel. Cens, rentes et autres dev. en la par. de Sourniac, *al.* Sauriat : *Riom*, 1669, 1672. (*r*. 499, *p*. 468 ; *r*. 500, *p*. 147.)

DELREA (Bernard), et sa mère vendent à l'hôpital des pauvres de Montbrisson, du consentement du Cte de *Forez*, certains immeubles assis au mandement de Cambeon ; 1226. (*r*. 1402, *p*. 1416.)

DEMIER, aussi Desmier (Charles), Chev., Sg. de la Remigere et de la Coste. T. s. du Montet ; et, à cause de Marguer. Bonnin, son ép., la t. et seg. de Baumeniere ; 1695. — Charles Desmiers, écuyer, Sr du Roch. F. s. du Bois de Groupes ; ens. les Coudrais et la dîme de Gaudent ; 1716 : *Civray*. (*r*. 436, *p*. 30, 38 ; *r*. 438, *p*. 42.)

DEMOGE (Magdel.), v^e de Jaques Andrillard, bourg. de Tarare, tutrice de Pierre Andrillard, leur fils. Partie de rente noble appel. la Vareille, le surplus appart. au Mis de Sarron, ès par. de Valsonne, St Clément et Ste Apollinaire : *Lyon*, 1722. (*r*. 497, *p*. 139, 141.)

DEMORET (Hugonin, fils de feu Perrin), paroiss. de Trenol. pour Jeanne, sa f^e, fille de feu Girart. Fief non spécifié : *Moulins*, 1506. (*r*. 454, *p*. 9.)

DEMOS (Jean), écuyer, Sg. de Meurs. Partie de la seg. des Bordes : *Belleperche*, 1506. (*r*. 453, *p*. 99.)

DENFER (François), fils de François. F. s. de Chabossieres, par. de Bourneau ; 1698. — Pierre Denfer, Sr de Fontanelles ; *Idem* ; 1716. *Meruant*. (*r*. 436, *p*. 141 ; *r*. 438, *p*. 19.)

DENIAU (Mathurin), paroiss. de St Jean de la Chenerie, tient à rente un emplacement à bâtir une maison : *Mans*, 1478. (*r*. 335, *p*. 167.)

DENIAU (Charles)., cons. au Siège royale de Beaumont-le-Vte, Fief de la Mote, au duché de Beaumont : *Mans*, 1658. (*r.* 355, *p.* 35.)

DENIE (Luce), de Chamalars, dioc. d'Annecy, vend à Guigues, Sg. de la Roche, Chev., divers cens et rentes assis à Retornac : *Forez*, 1343. (*r.* 1398, *p.* 661.)

DENIS (Michel), notaire à Espinace. Cens et rentes en toute justice h., m. et b., par. St Priest-des-Champs : *Gannat*. 1700. (*r.* 516, *p.* 114.)

DENIS (Blaise), ancien échevin de Lyon, et Benoit, son fils, écuyer. T. s. de Cuzieu : *Forez*, 1735. (*r.* 497, *p.* 247.)

DENT (Jean), secrét. du Duc de Bourb. Cens et rentes en la par. de Chastelnevare : *Verneuil*, 1411. (*r.* 459, *p.* 101.)

DENTIS (Durand), bourg. de St Pourçain, fils de Pierre Dentis. Un fief franc au territ. de Guinegaut : *Verneuil*, 1357. (*r.* 460, *p.* 183.)

DENUSEAU (Morelet), Chev., Sg. de Montballois, cons. gén. des finances. T. s. de Lourdine : *Loudun*, 1527. (*r.* 348 *bis*, *p.* 17.)

DENVILLE (Aynet), Dam. T. s. et arr. fiefs ès par. d'Iseure, Longeprée et Mars : *Beçay*, 1330. (*r.* 455, *p.* 161.)

DEOMERAT (Marguer. de), Damoiselle, v^e de Mathe Ruz, écuyer. Cens, tailles et corvées sur divers tènemens au vill. de Froges, par. de Dompierre, dioc. d'Autun, par succession de Guicharde du Bos, Damoiselle, v^e de Jean de Chassangier : *Beaujeu*, 1402. (*r.* 486, *p.* 72.)

DEOREYS (Telhedes dal), Dam., vend à Gui, Cte de *Forez*, divers cens en la par. de Pischadoire ; 1344. (*r.* 1394, *p.* 116.)

DEPLAIS (Gacian), bourg. de Tours, pour Magdel. Bernard, sa f^e, fille de feu Guillaume Bernard et de Jeanne Toutoin. Hôtel noble, t. s. de Rannay, par. de Negron : *Amboise*, 1539. (*r.* 363, *p.* unique.)

DEPRÉZ (Olivier). Le chât. de Ballon et dép. : *Mans*, 1405. (*r.* 343, *p.* 13.) Tiennent de lui : Jean de Beaumont ; Gui de Jupilles ; Jean Tucé, Chevaliers.

DERCÉ (Gauvein de), Chev. Herbergement de Dercé, par. St Martin de Maulay : *Loudun*, 1319. (*r.* 432, *p.* 69.)

DERCÉ (Amaury de), Valet. Herbergement de Vieillevigne ; ens. une pièce de terre au ter. de Cresigne : *Mirebeau*, 1389. (*r.* 329, *p.* 36 ; *r.* 330, *p.* 28.)

DERCÉ (Jaques de), écuyer, Sg. de St Loup. T. s. de Dercé, dom. et seg. de Lourdines ; 1442, 1444. — Jean de Dercé, écuyer, Sg. dud. lieu et de St Loup, d'une part ; René et Louis Marteau, frères, écuyers, d'autre part : échange entr'eux de la t. et seg. de Lourdines contre deux parts de celle de la Tour, sise aud. lieu de Dercé ; 1470. — Françoise de Dercé, Damoiselle, Dame de St Gatien, v^e de Pierre de Fontenays, écuyer, Sg. de Gauldées. T. s. de Dercé à elle échue par la mort de son frère Amaury de Dercé ; 1505 : *Loudun*. (*r.* 339, *p.* 17 ; *r.* 346, *p.* 23, 141 ; *r.* 348 *bis*, *p.* 17.)

DERIBES (Jean), bourg. du Bourg-Monton. Fief de Boisrigaud, cens et rente en directe aud. bourg : Elect. de *Clerm.* ; 1723. (*r.* 509, *p.* 8, 37.)

DERIVE (Ant.). Fief de la Greliere, par. de Monnestey : *Verneuil*, 1684. (*r.* 474, *p.* 423.)

DEROIS (François), écuyer, fils de François Deroy, écuyer. Maisons, dom., cens et rentes des Bordes et de Saigne-Longue, par. de Chaudelis et d'Auzat-sur-Allier, Elect. d'Issoire : *Nonnette*, 1669. (r. 499, p. 47 ; r. 502, p. 46.)

DERREA (Jean), père et fils, et Etienne de Buent, vendent à Ysabeau de Harcourt, Dame de Villars, l'étang de Pré-Martin en *Beaujolois ;* 1400. (r. 1392, p. 637, 638.)

DERVAL (Jean de), Chev., Sg. de Derval et de Villebonnay. Diverses perceptions en la ville de *Baugé ;* 1455. (r. 342, p. 47.)

D...ELE (Jean), écuyer, Sr de Maretz, pour Jaqueline le Chesel, son ép. T. s. d'Atex : *Baugé*, 1504. (r. 352, p. 138.)

DESAUBUYS (Silvain), Sg. de Talvoie. T. s. de Plessis-Lisan, par. de Lisan : *Amboise*, 1471. (r. 432, p. 122.)

DESBATISSE (Charles), du Pillard, pour Claude Desbatisse, bourg. de Paris, son frère. T. s. de St Sornin : *Murat ;* fief et dîme en la par. de Chemilly : *Bessay ;* ens. le fief de Champagne, par St Georges : *Verneuil*, 1720. (r. 478, p. 70, 71, 119.)

DESBREST (François), m^d. F. s. de Bord, par. St Etienne de Vic : *Billy*, 1717. (r. 477, p. 309.)

DESCAMIN (Anne), v^e de Pierre d'Augustin, Chev., Sg. de Coulon. T. s. de Sourbat et de Soulone, comme cessionnaire en cette partie des héritiers de son époux : *Loches*, 1654, 1670. (r. 355, p. 27 ; r. 431, p. 53.)

DESCHELON (Pierre). Echange de divers cens entre lui et le prieur de Sauvigny à Montbrisson ; 1304. — Benoit Deschelon, son fils, à cause de son mar. avec Petronille, fille de feu Jean Poylleu. Maison et autres héritages à *Montbrisson ;* 1318. (r. 1402, p. 1354, 1370.)

DESCHOUS (Jean), Dam. Four banal et autres objets en la par. de Luzay ; 1316. — Guiot Deschous, Dam. Dom. et mouv. dans les confins de Margobre, par. St Symphorien ; 1316, 1322 : *Beaujeu*. (r. 489, p. 255, 258.)

DESCLAUX-MESPLEZ (Dominique), Chev. av. gén. au Parl. de Navarre, ép. de Marie Thér. Colbert de St Marc ; Louis de Luppé, Cte de Luppé, Sg. du Garrane-St-Abit, pour Françoise Sidonnie Colbert St Marc, sa f^e ; et Charlotte Colbert de St Marc, v^e de Marc Roye de Noë, l'un des premiers Marquis d'Armagnac, comme tutrice de leurs enfans mineurs, étans tous aux droits de François Colbert de St Marc, lieut. gén. des armées navales, père desd. Dames. Terre et châtell. de la Suze, par. de Ste Soule et de Dompierre : *la Rochelle*, 1740. (r. 442, p. 52.)

DESCOLARD (Charles), écuyer, Sr de Lette. F. s. des Hosmes, par. de Lignac : *Monmorillon*, 1682, 1691. — Louis Descolard, écuyer, son fils ; *Idem ;* 1697. (r. 435, p. 326 ; r. 436, p. 111.)

DESCOSSOLLES (Regnaud), Dam., et Jaques, son frère. Maison, dom., bois et seg. du Montel, appel. anciennement de Laye, par. et châtell. de Jullienay : *Beaujeu*, 1407, 1413. (r. 485, p. 19, 20.)

DESERILS, al. Deseros (Paul-Joseph), écuyer, fils d'Hector Deserils, écuyer. F. s. de Peuge : *Moulins*, 1693. (r. 475, p. 97.)

DESEROIA (Silvain), vigneron. Vignes en la par. de Reuilli : *Issoudun*, 1717. (r. 449, p. 257.)

DESGLIX (Jean). Herbergement de Masuail : *Mirebeau*, 1327, 1329. (r. 330, p. 36, 37.) Tient de lui : Jouffroy de Marconay, Valet.

DESGOUTTES (Anne-Henri), Chev., Sg. de la Selle, officier de vaisseaux. Dr. de minage à *Cognac;* 1717. (*r.* 439, *p.* 124.)

DESGRAIS (Pierre). Sergenterie fayée, dans le ressort de *Baugé;* 1457. (*r.* 347, *p.* 42.)

DESGRIE (Henri), Dam., paroiss. de Charli. Dom. et dr. féodaux ès par. de Branciat, Feline, Mellars et autres: *Verneuil,* 1322. (*r.* 460, *p.* 255.)

DESHAYES (Charles), m^d, pour Marie-Claudine Buyat, sa f^e, fille de Bertrand Buyat. Maison à *Lyon;* 1715. (*r.* 496, *p.* 229, 235.)

DESINE (Pierre), de Chamalar, dioc. d'Annecy, vend à Guigues, Sg. de la Roche, ses dr. et actions sur un pré et une grange vers le chât. d'Arcies: *Forez,* 1322. (*r.* 1397, *p.* 611.)

DESLANDIS (Guill.), m^d à Murat, par success. de sa mère Jeanne Falquiers. Partie de dom. en la par. de Bredon: Elect. de St *Flour,* 1683. (*r.* 503, *p.* 35.)

DESME (Françoise), v^e de Pierre Brunet, Sr de la Vergnay. F. s. de la Jaudonière, par. St Hilaire de Voust: *Vouvant,* 1716. (*r.* 438, *p.* 212.)

DESMENS (Colas), Dam. Cens et rentes en la châtell. de *Bourb.;* 1411. (*r.* 432, *p.* 40.)

DESMIER (Jean), écuyer, Sg. de Broil. Hom. au Cte d'*Angoul.,* de divers héritages en la par. de Duille, châtell. de Bouteville; 1486. (*r.* 1404, *p.* 155.)

DESNOHES (Jean et Pierre), frères, enfans de feu Jean Desnoes, *jadis,* fils d'André Desnoes, compris la famille des Bernigaut, reconnus pour être de servile condition: *Bourb.,* 1366. (*r.* 1377, *p.* 2892 et suiv.)

DESNOS (Cather.-Renée), v^e et donataire de Bernardin Fouquet, Chev., cons. au Parl. de Bretagne. T. s. de Challain: *Angers,* 1722. (*r.* 426, *p.* 2.)

DESPLAIN, aussi Despelain (Claude), m^e mégissier à Moulins, pour Jeanne Tissier, sa f^e. Fief et dîme de Mesglain, par. de Buxières: *Bourb.,* 1699. (*r.* 475, *p.* 251, 281.)

DESPEAUX (Jeanne). T. s. de Beaupreau à elle échue par le décès de son père, duc de Beaupreau: *Tour-du-Louvre,* 1606. (*r.* 352, *p.* 36.) Voy. Scepeaux.

DESPLATS (Claude), av. en Parl., pour Etienne Desplats, son père, cons. en la sénéch. d'Auv. T. s. de Montaclire, par. de Gimeaux: *Riom,* 1669. (*r.* 499, *p.* 579.)

DESPREZ (Etienne), écuyer, Sr de Laneret. T. s. de Chaudoux, par. de Martigny; 1700. — Guill. Desprez, écuyer. Fiefs de Laneray, du Thonin et de la Loge, par. de Dienne; 1726: St *P.-le-Moust.* (*r.* 476, *p.* 28; *r.* 481, *p.* 67.)

DESRIEGE (Joseph), écuyer, Sg. de Villemontet. T. s. de Montgalbrun et de Montebras, par. de Treignat et de Soumans; 1717. — Guill. Desriege, écuyer, mousquetaire, son fils, et d'Antoinette le Groin; *Idem;* 1726: *Hérisson.* (*r.* 477, *p.* 495; *r.* 480, *p.* 55.)

DESRIEGES (Jean), l'aîné, écuyer. Fief de Gouzonniat; Jean Desrieges, le jeune, écuyer. Fief de Villemontaix, h., m. et b. justice, par. St Pardoux: *Chenerailles,* 1684. (*r.* 474, *p.* 503, 505.)

DESROLINES (Pierre), fermier gén. du duché de Bourbonnois. T. s.

de la Mote-Bodereul, par. de Louchy, acq. de Balthasard de Besle, écuyer, et de Magdel. Gaudon, son ép.: *Verneuil*, 1702. (*r.* 476, *p.* 159.)

DESROTRONE (Renée), f^e séparée de René de Montesson, Chev., Sg. dud. lieu. Trois quarts de la terre du Plessis-Borel, par. success. de Robert Desrotrone, son père : *Chât.-Gontier*, 1612. (*r.* 355, *p.* 118.)

DESSAIGNES (Cather.), v^e de Pierre de Fretat, écuyer, Sg. de Champlaurent, tutrice de leurs enfans. Justice h., m. et b. ès vill. de Champlaurent, Machedial et Coulombier; dom., cens et rentes en la par. de St Pierre Roche : Elect. de *Clermont*; 1685. (*r.* 504, *p.* 37.)

DESSAULEZ (Bertrand), Dam., seg. dud. lieu, pour Jeanette de Crosa, son ép. Maison de la Roche-sur-Loire, par. St Anian, ayant appartenue à Jean de Crosa, Chev., dom. et seg. en dép. : *Bourb.-Lancy*, 1379. (*r.* 466, *p.* 246.)

DESSOUS-LA-TOUR (Gautier), Chev. Maison forte de la Nocle: *Bourb.*, 1376. (*r.* 432, *p.* 6.) Voy. Soubstour.

DESTIVAL (Pierre). Terres, cens, rentes, tailles aux territ. de Marcenne et de Combres, mandement de St Maurice : *Forez*, 1322. (*r.* 492, *p.* 286.)

DESTRICHE (Thibaut). T. s. d'Escharbot-Nihart : *Angers*, 1434, 1443. (*r.* 340, *p.* 47, 48.)

DESTUD, *al.* Destut (Georges), écuyer, fils de Jean Destud, écuyer. F. s. d'Aubusset, *al.* Aubussay, et de Verdeaux : ens. la mothe d'Herry, par. de Brinay ; 1673. — Claude-Magdel. Destut, écuyer, Sg. d'Aubusset, lieut. au rég. de Champagne, et Cather. Destut, f^e de Ludovic de la Souche, écuyer, Sg. de Chevigny, enfans dud. Georges; *Idem*; 1687 : *Vierzon*. (*r.* 444, *p.* 61 ; *r.* 445, *p.* 271, 277 ; *r.* 446, *p.* 145.)

DESVERGNES, *al.* Desvaignes (Pierre). Fief de Chiaila, par. d'Ars et d'Alleyrat : *Marche*, 1669. (*r.* 474, *p.* 6.)

DEUELLEIN (Joseph), Chev., dem. à Vienne en Dauphiné. Fief de la Jaquetière, dom. et rentes nobles, par. Ste Colombe : *Lyon*, 1734. (*r.* 498, *p.* 120.)

DEUERES (Huguete, v^e de Barthélemy de), f^e de Hugues Jomar, bourg. de St Baldomer. Cens et rentes en cette par. : *Forez*, 1347. (*r.* 490, *p.* 136.)

DEUEVRES (Jean de), *Deueveriis*. Maison, dom., dîme, cens, tailles et baillie de Pessenat : *Gannat*, 1357. (*r.* 458, *p.* 79.)

DEUEYS (Pierre del), vend à Jean, Cte de Forez, un pré, cens, rentes assis en la par. de Pischadoire ; 1318, 1323. — Jean dal Deueys, fils de feu Thomas dal Deueys. Dom. et cens ès par. de Peschadoire et de Noireau; 1331. — Marquese dal Deueys, v^e de Pierre Corrent. Deux prés en la même par. de Peschadoire ; 1331 : *Forez*. (*r.* 472, *p.* 70 ; *r.* 493, *p.* 9 ; *r.* 1394, *p.* 67 ; *r.* 1395, *p.* 77.)

DEUIERS (Jean), habitant du vill. de Dalmas. Rentes et directe en toute justice h., m. et b., par. de St Cirgue en Jourdane : Elect. d'*Aurillac*, 1669. Signe, Deuiets. — Robert Deuiers, proc. au siége présid. d'Aurillac, son fils ; *Idem*; 1685 (*r.* 499, *p.* 497 ; *r.* 503, *p.* 452 ; *r.* 504, *p.* 73.)

DEUL (Jean), Chev. Diverses baillies, dr. et émolumens y affectés : *Verneuil*, 1314. (*r.* 456, *p.* 68.)

DEURIS (Marie), v⁰ de Jean de Pont, écuyer, Sʳ de la Chebassière. F. s. du Portault : *Civray*, 1716. (*r.* 438, *p.* 86.)

DEUSME (Anne), vᵉ de Claude Tridon, tutrice de leurs enfans Gilbert et Simone. Fief de la Cheurotière, par. de Noyan : *Murat*, 1696, 1700. (*r.* 472, *p.* 164 ; *r.* 476, *p.* 12.)

DEUSPIS (Symon), habitant du mas de Deuspis, par. Sᵗ Julien d'Arsa, dioc. d'Annecy, se recon. homme de fief de Guigues de la Roche, Chev. : *Forez*, 1311. (*r.* 1397, *p.* 572.)

DEUX-EAUX (Marguer. des), *de duabus aquis, al.* de Mesaugy, Damoiselle, ép. de Pierre Marechal, Dam. Cens et tailles en la par. de Mornay : *Bourb.*, 1390. (*r.* 463, *p.* 194.)

DEVAL (Jean), bourg. de Fontanges, pour Marie Gigaudet, sa fᵉ. Cens et rentes en la par. de Sᵗ Preject ; 1669. — Jean Deval, dem. à Pontaumur. T. s. de Guymont et Giraudet, par. de Landogne ; 1731 : *Riom*. (*r.* 499, *p.* 247 ; *r.* 510, *p.* 82 ; *r.* 511, *p.* 23.)

DEVAU (Silvain), sergent royal. Deux maisons sur les Ponts, et une pièce de terre au faub. de *Mehun-s.-Y.*; 1680. (*r.* 445, *p.* 88, 89 ; *r.* 447, *p.* 32 et suiv.)

DEYSSAT (Marguer.), vᵉ de Pierre de Silvain, gentilh. ordin. de la chamb. du Roi. T. s. de Montrond et autres, ès par. de Beaumont, Luzillat et Barnazat ; 1669. — François Deyssat, écuyer, fils de Gilbert Deyssat. Chât. t. s. de Serviere-Chanderat, par. Sᵗ Didier et de Laval ; 1669, 1685 : *Riom*. (*r.* 499, *p.* 122, 667 ; *r.* 504, *p.* 56.)

DEZAIS (Ysabeau), vᵉ de Guill.), Dam., et Agnès, leur fille. Rentes et tailles ès par. d'Iseure et de Tholon : *Moulins*, 1326. (*r.* 454, *p.* 230.)

DEZES, *al.* Dezest (Raymond), Sg. d'Anize, bailli d'Amboise. Seigneurie des eaux, pêcheries et Isleaux, au-dessous du prieuré de Moncé, par. de Linière, jusqu'au pont de Fougerais : *Amboise*, 1507. (*r.* 432, *p.* 4, 6.)

DIANNE (Amblard de), Sg. de Dianne et du Chaylar. Chât. fort, dom. et seg. de Chavanhac ; 1352. — Louis de Dianne, Chev., Sg. de Dianne et du Cheylaz. Justice h. m. et b. sur divers tènemens ès par. de Sᵗ Bonnet, d'Anglars et de Sᵗ Martin de Valmorons, au baill. des Montagnes ; 1443. — Jean de Dianne, écuyer, Sg. de Chavagniac ; *Idem* ; 1501. — Guiot de Dianne. T. s. de Dianne, tenue du Vᵗᵉ de *Carlat* ; ens. la baron. de Chaylar, relev. de *Murat* ; 1508. (*r.* 453, *p.* 252 ; *r.* 470, *p.* 149 ; *r.* 471, *p.* 52, 61.) Voy. Dienne.

DICLENEABRESAY (Guill.), fils de feu Regnaud Dicleneabresay, pour sa fᵉ Regnaude, fille de feu Girard de Velle, Dam. Maisons au Lanois et à Montmigin, dom. et mouv. en dép., en la châtell. de Semur : *Beaujeu*, 1351. (*r.* 489, *p.* 29.)

DIDIER (Pasquet), et Isabelle Lordin. Vigne sise à *Chantelle* ; 1514. (*r.* 1356, *p.* 244.)

DIENNE (Pierre de), écuyer, *al.* Chev., fils de François de Dienne, écuyer. Dom. et seg. de Chavanhac, par. *id.*; ens. la t. et seg de Corbines : *Murat, Riom*, 1669, 1685. (*r.* 499, *p.* 25 ; *r.* 501, *p.* 1, 2 ; *r.* 503, *p.* 293 ; *r.* 505, *p.* 63.) Signe : P. de Diane.

DIENNE (Ant., Louis et Gabriel de), écuyers, enfans de Gabriel de Dienne, écuyer, et de Claude-Françoise de Fretat, héritiers de Paul de

Fretat, écuyer, Sr de Rondelat. T. s. de St Eustache et de Montmorand; ens. le fief de Chauzat : *Riom, Usson*, 1669, 1684. (*r.* 499, *p.* 581 ; *r.* 501, *p.* 4 ; *r.* 503, *p.* 223.)

DIENNE (François de), Chev., Sg. de Cheyladet, g^d croix de l'ordre militaire de St Louis. T. s. d'Alanche et de Maillargues : *St. Flour*, 1721, (*r.* 507, *p.* 245.)

DIENNE (Gabriel de), écuyer. Fiefs d'Augier et de Masfournier, ès par. de Manglieu et de St Jean, Elect. d'Issoire : *Usson*, 1724. (*r.* 509, *p.* 141.)

DIERNAT, al. Diernet (Jean). Cens et rentes au vill. de Leyrac, par. de Brassac : Elect. de *Mauriac*, 1669. (*r.* 499, *p.* 473 ; *r.* 500, *p.* 39.)

DIGOINE (Agnès, v^e de Simon de), *de Digonio*, Dam., Guill., Ysabeau et Béatrix, leurs enfans. F. s. en la par. St Symphorien de Marmaigne : *Beaujeu*, 1374. (*r.* 489, *p.* 281.)

DIGOINE (Philiberte de), v^e de Hugues de Blanosc, *Blanosco*, Chev. Maison forte, justice, t. s. de Faulain, et arr. fiefs : *Bourb.-Lancy*, 1376, 1384. (*r.* 432, *p.* 5, 8 ; *r.* 466, *p.* 168.) Rel. d'elle : Jean de Corcelles; Hugues de Mons, fils de Guiot de Mons ; Jean Nagut ; les héritiers de Pierre de St Loup, Damoiseaux. Témoin Hugues de Monteschambre, Damoiseau.

DIGOYNE (Jean de), Chev., Sg. du chât. d'Arcy, et Jeanne de Prie, sa f^e. T. s. d'Aringères ; rentes, cens et tailles sur divers tènemens aux finages de Bouteret et de la Frole : *Chât.-Chinon*, 1397. (*r.* 469, *p.* 195.)

DIGONNAT (Simon), laboureur, pour lui et sa commune de Mesle. F. s. de Lorbigny ès par. de St Symphorien, la Brosse-de-Mesle, et de Lucenat-le-Vallet : *Moulins*, 1725. (*r.* 479, *p.* 70.)

DINAN (Charles de), Sire de Chât. Brient, tient du chât. d'*Angers* ses châtell. de Candé et de Channeaux ; 1406. (*r.* 337, *p.* 66 ; *r.* 340, *p.* 52.) Rel. de lui : Messire Briend de la Jaille ; Thibaut de Montecler, bail de Jean de Montecler, fils de feu mess. Guill. de Montecler, Chevaliers.

DINAN (Bertrand de), Sg. des Huguetières et de Chantoceaux, *al.* Chât. Ceaux, M^{al} de Bretagne; 1426. — Bertrand de Dinan, Sire de Chât. Brient et de Beaumanoir. T. s. de Candé et de Channeaux ; il recon. aussi que Géofroi de Beaumanoir, son parent, lui donne un herbergement et dép. situé à Dinan, et qu'il lui cède en outre les terres, cens et obéissances qu'il a hérités de Joubert, Sire de Chât. Brient, en Saintonge ; 1431, 1441. (*r.* 336, *p.* 160 ; *r.* 337, *p.* 66 ; *r.* 340, *p.* 54 ; *r.* 341, *p.* 136, 160 ; *r.* 1404, *p.* 223.)

DINEMATIN (Jean), bourg. de Limoges. Le vill. de Boscheron, append. et dép., en la châtell. de Rançon : *B.-Marche*, 1512. (*r.* 452, *p.* 324 ; *r.* 483, *p.* 56.)

DINET (Gilbert). Cens et rentes ; 1512. — Jean Dinet, avocat fiscal du Bourbonnois. T. s. de Peroux ; 1527 : *Billy*. (*r.* 456, *p.* 196 ; *r.* 483, *p.* 35.)

DINET (Gilbert), écuyer, Sr de Montrond, paroiss. de St Didier en Bourbon. ; 1689, 1692. — Edmont et Pierre Dinet, écuyers, ses enfans. Moitié du f. et seg. des Eschaloux, par. de Bayet, l'autre moitié apparten. à Louis Vernoy, écuyer, Sr de Beauvergier ; ens. le f. et seg. de la Monnoye, par. St Didier ; 1717, 1725 : *Billy, Chantelle*. (*r.* 475, *p.* 9, 88 ; *r.* 477, *p.* 328, 360 ; *r.* 480, *p.* 10.)

DINTEVILLE (Jaques de), Sg. des Channets et de Commarien, Chambel. du Roi. Procuration à son gendre Girard de Vienne, Chev. Sg. de Ruffey, pour recevoir des Dames Princesse et Duch. de Bourbon, la somme de 1567 l. 7 s. tour.; 1512. (*r.* 1358, *p.* 454.)

DION (Pierre de), Sg. dud. lieu, Chev. Maison forte de la Veure et dép.; seigneurie et tailles sur divers vill. ès pár. de Neufvis et de Montet, tenus de Louis de la Trimoille, Cte de Joigny, à cause de son chât. de *Bourb.-Lancy*; 1445; témoins, Ant. de Digoyne; Jean de Roer, et Odet Chandenays, écuyers. (*r.* 466, *p.* 108, 111.) Rel. de lui: Girard Boquillon; Charles de la Brosse; Jean de Bussul; Jean de la Court; Jean Fraynot; Regnaud de Gentes, *al.* Jantes; Hugon de Gyvay; Ant. de Montmorillon; Jean de la Taisonnière; écuyers.

DIOT. Dyo. Diost. Die. Dyer, etc.

DYO (N., palatin de), Chev. T. s. ès par. de St Jean de Vaux, Jossans et autres: *Beaujeu*, 1400. (*r.* 488, *p.* 40.)

DIOT (Jean, palatin de), Chev., Sg. de St Illide. Maison forte de Flachières, t. s. ès par. d'Aigurans, Perreux, St Jean de Vaux et autres: *Beaujeu*, 1402. (*r.* 485, *p.* 125.)

DYO (Ant., palatin de), Chev., Sg. de St Olive et de la Flaschière au pays de Bresse. Affranchissement en sa faveur, du port et pontonage de Beauregard; et dr. d'usage dans les bois du Duc de *Bourbon*, en la châtell. de Toissay; 1444. (*r.* 488, *p.* 40.)

DYOST (Pierre, palatin de), écuyer, fils du noble le Palatin de Dyost, Chev. F. s. de St Olive: *Beaujeu*, 1448. (*r.* 488, *p* 30.) Voy. Palatin.

DIOST (Ant. Palatin, Sg. de), Chev., Chambel. du Duc de Bourbon. Échange d'immeubles entr'eux; 1457. — Ant. de Dyo. T. s. de la Flachière et de St Olive; 1486: *Beaujeu*. (*r.* 486, *p.* 146; *r.* 1361, *p.* 908.)

DYE aussi Dyer (Noel-Léonard, *al.* Eléonor, palatin de), Chev., Mis de Montperroux, pour Marie-Elisab. de Coligny, son ép. T. s. de Ray, la Mote-Matigny et la Guénouille; ens. les fiefs de St Parise en Viry, par. *id.*, et du Bois de Boutbernard, par. de Dorne; 1676, 1687. — Gaspard-Eléonor, palatin de Die, Chev., Mis de Montperroux, mestre de camp de cavalerie, hérit. univ. de Marie-Gilberte de Roquefeuille, son ayeule maternelle, résidant en son hôtel de Jaligny. T. s. de Roillac: *Auv.*, 1699; ens. celle de Precourt, par. de Varennes-sur-Tesche: *Chaveroche*, 1704. (*r.* 476, *p.* 141; *r.* 506, *p.* 76.)

DYO, aussi Dio (Marie-Elisabeth, Ctesse palatine de), M^ise de Montperroux, v^e de Louis-Ant.-Erard Damas, Chev., Cte d'Anlezy, Fleury, la Tour et autres lieux, M^al des camps et armées. T. s. de Dorne, de St Parise en Viry et autres; 1717, 1723. (*r.* 477, *p.* 394, *r.* 478, *p.* 348.)

DISANT (Phil. de), écuyer. T. s. de Disant en la châtell. de Champaignac: *Bourb.*, 1506. (*r.* 453, *p.* 90.)

DISMÉ (Anne), f^e de Jean-François Moissonier, bourg. d'Orléans. Hom. de leur dom. de Fontaine-Foussin; ens. d'une rente noble, dîme, terre, moulin, garenne, par. de Nuelles: *Lyon*, 1671. Ces objets recueillis par leurs filles Anne et Magdel. Moissoniers, celle-ci ép. de Jean Ruffin, m^d à Lyon; 1676. (*r.* 495, *p.* 119, 120.)

DISOME (Jaques), av. au parl. de Paris, Sg. de Cernay en Beauvoisis, et Marie Rueil, Damoiselle, son ép. Rente foncière sur la seg. de Neufville-le-Roi : Clerm. en *Beauvoisis*; 1509. (*r.* 452, *p.* 16.)

DISSANDES (Jean). Fief de Neuville, par. Ste Affaire : *Marche*, 1669. (*r.* 477, *p.* 130.)

DISSONIS (Guill.), Stevenin-Ogier et Agnès, enfans de Martin Dissonis. Hôtel, t. s. de Cleaux, par. St Aubin : *Bourb.*, 1410. (*r.* 463, *p.* 172.) Non nobles.

DISTORDIA, ou Discordia (Habin), recon. tenir d'Eustache de Montboissier, les fiefs de St Bonnit et de la Nouvelle-Celle : *Auv.*, 1232. (*r.* 470, *p.* 242.)

DIVAC, *al.* Diviac (Jean de), Dam., et Margarone Mauvoisine, Damoiselle, sa f^e. Cens et tailles au territ. de Lalege et les dîmes acq. de Jean Appensat, bourg. de St Baldomer : *Forez*, 1321, 1324. (*r.* 492, *p.* 187.)

DIVERNERESSES (François), m^d à Felletin. Fief et dîme du vill. de Mourneix, par. de Clairvau : *Felletin*, 1669, 1684. (*r.* 474, *p.* 245, 533.)

DIVOY (Cather.), fille de Jean-Jaques Divoy, écuyer, v^e de Catherinot, écuyer, Sr de Champroy. F. s. de Thounyroy, par. de Lunery : *Vierzon*, 1686. (*r.* 446, *p.* 145.)

DOBIN (Gilles), fils de Gilles. Maison appel. la Corne de Cerf, à *Vierzon*; 1719. (*r.* 450, *p.* 75.)

DOCHEARS (Louis le), Dam. Maison de la Motedays, dom. et dr. en dép.; 1334. — Phil. le Docheant, Dam. Fief de la Motedés ; 1368 : *Beaujeu.* (*r.* 488, *p.* 52, 53.)

DOCOULZ (Jean), écuyer. T. s. de Say en la forêt d'Orléans : *Montargis*, 1461. (*r.* 432 *bis*, *p.* 180.)

DODIEU (Jaques), citoyen de Lyon. Maison de Channeins, dom., h. m. et b. justice, acq. de noble Haudric de la Trissonnière : *Beaujeu*, 1494. (*r.* 482, *p.* 5.)

DOEGUET (Jean). Quatre pièces de terre et un quartier de bois appel. Grosloup : *Chaveroche*, 1398. (*r.* 468, *p.* 31.) Non noble.

DOEVILLE (Aymoin de). Dom., garenne, justice et seg. qu'il partage avec les Sg. de Vece en la par. de Trestiaus : *Chaveroche*, 1300. (*r* 468, *p.* 132.)

DOGIROLLES (Ant.), dit Boissonyer, Chev. T. s. de Brunnard, par. St Clément et de St Nicolas ; 1444. — Dauphin Dogirolle, *al.* d'Ogirolles, Chev., Sg. de St Polgue; *Idem*; 1506 : *Vichy*. (*r.* 453, *p.* 78 ; *r.* 457 *bis*, *p.* 4, 40.) Voy. St Polgue.

DOIRON (Robert), écuyer. T. s. de Brajasson : *Marche*, 1669. (*r.* 474, *p.* 89.)

DOISON (Louis), et Anthonie, v^e de Jean-Baron. Portions de terre en la par. de Goyse : *Verneuil*, 1454. (*r.* 455, *p.* 147, 152.)

DOLURES (Guill. de), et Marguer., sa f^e, fille de Pierre de Chisay, Chev. Rentes et dev. en la Lescherie de Soyeu : *Beaujeu*, 1272. (*r.* 485, *p.* 77.)

DOMAINE, *al.* Demaine (Guill. du), pour Marie Pichoie, *al.* Pichoise, *al.* Pichost, sa f^e. T. s. de la Bourellière et de la Maugerie ; 1489 ; revenues à sa veuve ; 1494 : *Chât.-du-Loir.* (*r.* 348 *bis*, *p.* 18.)

DOMMAIGNE (Louis de), Sg. de Rochehue. Fief des Essarts, par. de Cheviré : *Baugé*, 1670. (*r.* 358, *p.* 51.)

DONEREL (Guill.), à cause d'Ysabelle de Verney, son ép. Maison, dom.

cens et tailles ès par. de Neuveglise et de *Beçay* ; 1330. (*r.* 455, *p.* 210.) Non noble.

DONGNY (Hieremie-Joseph), secrét. du Roi. Tour de Marcigny, *al.* Marsengy, dom., bois, dîme, moulin, cens et autres dr., par. St Pierre la Noaille : *Lyon*, 1735. (*r.* 498, *p.* 144 ; *r.* 810, *p.* 31.)

DONJON (Renaud du), fils de Remondin du Donjon, paroiss. de Milly, pour Florie Renelle, son ép. Fief des Barres, dom., bois, cens et rentes, avec la moitié d'un homme taillable en diverses par. : *Beçay*, *Moulins*, 1383. (*r.* 455, *p.* 177.) Non noble.

DOMMARTIN. (Berard, *al.* Baraud de), *de Donnomartino*, dam., pour sa fe Guillemette, sœur de Simonette et de feu Henri du Choe. Moitié du vill. de Surine, dom. et mouv, ès par. de la Taignère et de la Chapelle : *Baujeu*, 1318. (*r.* 489, *p.* 303.)

DONNERET (Pierre), m^d à Moulins. Vigne en la par. de Lochy : *Verneuil*, 1445. (*r.* 460, *p.* 178.)

DORADOUR (Robert), Dam., Hospice nommé Lermandie, dom., bois, garenne, moulin, cens et autres dev., ès par. d'Auzy et de St Martin des Plas : *Nonnette*, 1444. (*r.* 471, *p.* 54.)

DORADOUR (Charles), Chev. (fils de Pierre Doradour, Chev. T. s. de Segonzat, par. *id.* et de St Gervazy : Elect. d'*Issoire* ; 1669 *ad* 1683. Signe : St Gervazy Doradour. — Phil.-Joseph Doradour, Chev., son fils ; *Idem* ; 1699. — Charles-Gilbert Doradour, Chev. ; *Idem* ; 1724. (*r.* 499, *p.* 197, 783 ; *r.* 500, *p.* 93 ; *r.* 503, *p.* 46 ; *r.* 506, *p.* 40 ; *r.* 509, *p.* 158.)

DORADOUR (Jean), fils de Charles Doradour, Chev., par son proc., François Doradour, et ensuite par lui-même. T. s. d'Autezat, de Chalus-les-Bussières et de la Vernede : *Riom*, *Usson*, 1669. — Jaques-Marie Doradour, Chev., fils de Charles Doradour ; *Idem* ; 1699. — Sa veuve Gabrielle d'Aurelle, de Terrenayre, pour leur fils Charles-Louis Doradour ; *Idem* ; 1723. (*r.* 406, *p.* 47 ; *r.* 499, *p.* 319 ; *r.* 502, *p.* 2 ; *r.* 503, *p.* 82 ; *r.* 509, *p.* 69.)

DORADOUR (Jean), écuyer, Sr de Parant, à cause de Cather. de la Renerie. Maison, dom., moulin et rentes de Pertas en la par. de Charny, *al.* Charniat, *al.* Charniol : *Usson*, 1669 *ad* 1685. (*r.* 499, *p.* 343 ; *r.* 502, *p.* 121 ; *r.* 503, *p.* 59 ; *r.* 504, *p.* 26.)

DORADOUR (Jeanne-Françoise). T. s. de Sarlan : Elect. de *Clermont*, 1723. (*r.* 508, *p.* 144.)

DORAIZ (Pierre), paroiss. d'Octoverin, pour sa fe, fille de Guill. Grosloup. Dom., vignes et cens au territ. de Malverney : *Chaveroche*, 1367. (*r.* 468, *p.* 41.) Non noble.

DORAT (Dalmas de), chan. de St Genese de Thiers, administrateur de Dalmazet, son neveu, fils d'Etienne de Dorat, Dam. Maison de Tellet, cens et rentes, par. de Naillac ; ens. la mote de Dorat et dép. ; 1304. — Pierre de Dorat, Dam ; *Idem* ; 1335 : *Thiers*. (*r.* 472, *p.* 66 ; *r.* 492, *p.* 1.)

DORAT (Anne), v^e de Jean de Champfort, Chev., Sg. des Garennes. T. s. de Breuille, par. de Lusigny : *Moulins*, 1686. (*r.* 474, *p.* 595.)

DORAT (Jaques), écuyer. T. s. de Chastellus, du Pleix et d'Entremeaulle, par. de Bayet : *Gannat*, *Riom*, 1669 , 1677. — Pierre-Anne, *al.* Annet Dorat, Chev. ; *Idem* ; 1717, 1725. (*r.* 499, *p.* 461 ; *r.* 501, *p.* 26 ; *r.* 507, *p.* 174 ; *r.* 510, *p.* 15.)

DORDANE (Marguer.) Damoiselle, ép. d'Estève d'Ardaine, *al. de Aula*. Hôtel, t. s. d'Ardene, par. de Melliers; dîme, cens et rentes en celle de S¹ Hilaire; *Bourb.*, 1398. (*r*. 463, *p*. 118.)

DORELLE (Pierre), fils d'André-Hector Dorelle. T. s. de la Frédière, par. de Chamont : Elect. d'*Issoire*, 1684. (*r*. 503, p. 182.)

DORERII (Jean), de Donzy. Cens, rentes et tailles, par. de Valeilles, acq. de Marguer., vᵉ de Bertrand Chauderon, Dam. : *Forez*, 1336. (*r*. 491, *p*. 208.)

DORGE (Jean), écuyer. Maison et dom. de la Chassaigne : *Bourb.*, 1488. (*r*. 484, *p*. 68.)

DORIAT (Denis), pour sa fᵉ Marie Pelletier, vᵉ de Gilbert Fournier. Fief de Boutevin, par. de Louroux et de Bouble; ens. partie de celui des Allots, par. de Monestier : *Chantelle*, 1695. (*r*. 475, *p*. 146, 147.)

DORIN (Gabriel), de S¹ Cir, Chev., fils de feu Gabriel Dorin, Chev., et Cather. Caret. T. s. du Poyron, par. de Pisset et de la Mote-Roussart : *Vouvant*, 1716. (*r*. 438, *p*. 170, 171.)

DORLLEAC (Léonard), et Jean, son frère. Fief. du Cluseau : *H.-Marche*, 1669 (*r*. 474, *p*. 186.)

DORSAYROLAS (Hugonet), Dam., paroiss. de S¹ J.-B. de Retornac, au dioc. d'Annecy. Cens sur le mas de Brolhac au mandement de la Roche : *Forez*, 1333, 1345. (*r*. 493 *bis*, *p*. 89, 117; *r*. 494, *p*. 32.)

DOSCHER (Gaspard), av. en parl. Fief de Montchenin, par. de Chavagnes : *Moulins*, 1688. (*r*. 474, *p*. 688.)

DOSCHES (Ant.), receveur en la maîtrise des eaux et forêts de Montmaraud, comme hérit. de feu Gilbert Dosches, son frère. Menus cens en la par. d'Agouge : *Bourb.*, 1719. (*r*. 478, *p*. 17.)

DOS DE FER (n. h. Jean), l'aîné. T. s. de la Gaulleraye, et les feurres que plus. personnes lui doivent, contenant chacun feurre, 14 boiss. d'avoine, mesure de la Flèche, un roes valant 7 boisseaux ; ens. la t. et seg. de Turbille, par. de Bolendoy; et permission à lui de la fortifier; 1441 *ad* 1464. Jaques Dos de fer, écuyer, Sg. de la Gaulleraye. Fief et dom. de la seg. de S¹ Germain ; 1481. — Simon Dos de fer, Sg. de la Gaulleraye. Mêmes feurres que ci-dev. ; 1507. — Simon Dos de fer. écuyer, par success. de son frère François Dos de Fer. T. s. de la Gaulleraye; 1602 : *Baugé*. (*r*. 342, *p*. 35, 36 ; *r*. 347, *p*. 45, 46, 47 ; *r*. 348, *p*. 40 ; *r*. 352, *p*. 153, 154; *r*. 1347, *p*. 94)

DOSSANDON, aussi Daussandon (Guill.), écuyer, Sʳ d'Aubusson, Sg. de la Batisse, fils de Pierre d'Aubusson, écuyer. T. s. du Puy-Guillaume, par. S¹ Alire : *Riom*, 1669. (*r*. 499, *p*. 276 ; *r*. 500, *p*. 81.)

DOSSANDON (François), Chev., fils d'Amable Dossandon, Chev. T. s. de Lollière, *al*. Losière : *Thiers*, 1716, 1729. (*r*. 507, *p*. 87 ; *r*. 510, *p*. 36.)

DOUAT (Augustin), Chev., Sg. de la Vergne, fils aîné de Léon, Douat, écuyer, et de Françoise Frautier. F. s. des Bordes, par. de Naintré : *Châtelleraut*, 1716. (*r*. 438, *p*. 158.)

DOUAY (Yoland, vᵉ de Jean), Dam. La grange de Bière, dom., bois, dîmes et serfs, par. de Pousseignet, *Chât.-Chinon*, 1324. (*r*. 470, *p*. 37.)

DOUBETZ (Georges), Dam. Fief de la Vaurille, dom., bois, pêche, garenne et dev. en dép. : *Montluçon*, 1398. (*r*. 461, *p*. 195.)

DOUCE (Simonin à la), autrement dit Marigny, et Agnès, sa fᵉ, vendent à Gui, Cte de *Forez*, la 8e partie du moulin et du petit étang de la Carnée; 1341. (*r.* 1394, *p.* 11.)

• DOUCHE (Guill.), Cens et tailles ès par. St Christophe et de Vic: *Vichy*, 1505. (*r.* 452, *p.* 10.)

DOUERYERES (Guill.), homme d'armes du Roi. Fief des Planques : *Auv.*, 1503. (*r.* 432, *p.* 68.)

DOUET (Charles), bourg. de Vichy. T. s. de Charmeil, acq. de Henri de St Germain d'Apchon, Chev., et de Cather.-Silvie de Bigny d'Ainay, son ép., par. de Creuzier-le-Vieil : *Vichy*, 1720. — Gabriel Douet, écuyer, Sg. de Charmeil, son fils. Le fief du port, bac et passage appelé Charmeil, t. s. de Chambon, St Germain des fossés, etc. ; ens. la dîme d'Estroussat : *Billy, Ussel, Vichy*, 1726, 1731. (*r.* 478, *p.* 85 ; *r.* 479, *p.* 58 ; *r.* 480, *p.* 116 ; *r.* 481, *p.* 2, 10, 13.)

DOUGHAT (Eienne), Sg. de la Merriere. Baillie et sergenterie des par. de Teillieres, St Crespin ; ens. la Viguerie des chemins : *Montfaucon*, 1512. (*r.* 332, *p.* 95.)

DOUHET (Graciot), notaire à Cognac, mari de Pyrottes Nogerre, acquiert du prieur de Cognac, une maison en cette ville ; 1393 ; avoue un verger près les murs de Cognac, et un autre en la seg. d'Ymette, qu'il transmet à Heliot Audebert ; 1400 *ad* 1431 ; il proteste avec énergie contre le projet de livrer cette ville aux anglais, et dénonce entr'autres deux bouchers qui étoient dans cette intention ; 31 mars 1416 : *Angoul.* (*r.* 1405, *p.* 356, 358, 367, 369.)

DOUHET (Graciot), partage avec sa sœur Perrote Douhete, *déguerpie* feu Jourdan Bascle, les biens meubles de leur mère Perrote Peyne : *Angoul.*, 1495. (*r.* 1405, *p.* 385.)

DOUHET (Gilbert de), écuyer, fils de Pierre de Douhet, écuyer. T. s. d'Auzers et Courdes, *al.* d'Auzerel ; ens. la coseig. de St Christophe: *Riom*, 1669. (*r.* 499, *p.* 269, 270 ; *r.* 502, *p.* 131.) Signe : d'Auzerel.

DOUHET (François de), Chev., Sg. de Bourde, mestre de camp de cavalerie, fils de Pierre de Douhet, Chev., Sg. de Montbrisson, pour lui et Ysabeau de Montboissier-Beaufort-Canillac, son ép. T. s. de Peuchaud, et maison forte de la Torrette, par. St Privat et de St Genest : *Riom, Usson ;* 1669. — Leurs enfans, orphelins et mineurs. Mêmes possessions ; 1684. — Anne-Maximilienne de Douhet, ép. de Claude de Ste Colombe, Chev. Chât., t. s. de Peuchaud, par. St Privat, par success. de François de Douhet, Chev., son frère : *Riom*, 1723. (*r.* 499, *p.* 311 ; *r.* 502, *p.* 137, 138 ; *r.* 503, *p.* 282 ; *r.* 508, *p.* 138 ; *r.* 509, *p.* 44.)

DOUHET (Jaques de), écuyer, fils de Pierre Douhet, Sr de Saligoux. Chât., t. s. de Cussac en la seg. de St Christophe, ès par. de Chassenac, Barriac et Tourniat: *Riom*, 1669, 1699. (*r.* 499, *p.* 269 *ad* 298 ; *r.* 503, *p.* 294 ; *r.* 504, *p.* 42 ; *r.* 506, *p.* 16.)

DOUHET (Geraud de), de Cussac, fils de Louis de Douhet. Cens et rentes sur les vill. de Chaussenat et de Boubart, relev. de l'abbé d'Aurillac, par. de Pleaux et de Chaussenat ; 1669. — Geraud de Douhet de Cussac, sous-diacre. La seg. de Montallet ; 1672. — Hugues de Douhet, écuyer. Chât., t. s. de Cussac; 1672. — Jaques de Douhet, écuyer ; *Idem* ; 1723 : *Riom*. (*r.* 499, *p.* 457 ; *r.* 500, *p.* 148, 152 ; *r.* 509, *p.* 10.)

DOUHET (Michel), prieur de Doutreix *al.* d'Outreix. Terres, dîmes, cens et rentes par lui acq. dans les châtell. de *Gannat* et de *Riom* ; 1669. (*r.* 500, *p.* 5.)

DOUHET (Jean de), écuyer, Sg. de Combret, veuf d'Antoinette de Brezons. T. s. de Peschaud et de l'Estang, par. de Chalenargues et de St Pardoux : *Riom*, 1669. (*r.* 499, *p.* 511.)

DOUHET (Pierre de), de Marlat, écuyer. Chât., t. s. du Haut-Clusel, par. St Bonnet et de Nouacelle: *Riom*, 1669. (*r.* 499, *p.* 559 ; *r.* 502, *p.* 50.)

DOUHET (François de), écuyer, fils de Jérôme de Douhet, écuyer, et de Geneviève Méchin. T. s. de Romoranges, *al.* Romanange, Marsac et autres, par. d'Anglade et Mialet, en la baron. de la Tour : *Riom*, 1669, 1684. (*r.* 499, *p.* 580 ; *r.* 502, *p.* 55 ; *r.* 503, *p.* 264.)

DOUHET (François), Sr de Fonteste, *al.* Fontette, fils d'Annet Douhet, hérit. de Michel Douhet, prieur d'Outreix, son oncle. T. s. de Monneyroux, et de Villefevant, ès par. d'Outreix, Condat et Charensat ; ens. la t. et seg. de Romades, par. de Villosanges : *Riom*, 1683, 1686. — Pierre de Douhet, fils de Jean-François de Douhet, de la Gorcé. T. s. de Monneyroux et de Villefevant, par. de Doutreix : *Riom*, 1724. (*r.* 503, *p.* 97, 442 ; *r.* 505, *p.* 19 ; *r.* 509, *p.* 158.)

DOUHET (Jaques de), Chev. Chât., t. s. d'Auzers, de Chastel Marliat et autres : *St Flour*, 1716, 1723. (*r.* 507, *p.* 50 ; *r.* 508, *p.* 87.)

DOUHET (Joseph de), de la Vergne. Chât., t. s. des Ramades, par. de Villossanges : *Riom*, 1723. — Jean Douhet, son fils, Sg. de Villosanges ; *Idem* ; 1730, 1738. (*r.* 508, *p.* 128 ; *r.* 510, *p.* 58 : *r.* 511, *p.* 45.)

DOULLÉ (Guill.), gd chantre du palais royale de Bourges, fils de Jean Doullé, écuyer, auditeur en la Chambre des Comptes de Paris. F. s. du Colombier, par. de Moulins-lez-Bourges ; 1677, 1680. — Guill. Doullé, écuyer, Sr du Moulin-du-Pont, fils de feu François Doullé, écuyer, trés. de France; *Idem*; 1709. Marie-Etienette Doullé, ve de Henri Brissonet, Chev., Sg. De Lessay. F. s. de Contremoret ; 1711 : *Bourges*. (*r.* 445, *p.* 276, 407 ; *r.* 448, *p.* 194 ; *r.* 449, *p.* 53.)

DOUNIOL (Charles). Fief noble de Combalibeuf, par. d'Anzat, et dom. noble de Leganel, par. d'Alanche : *Riom, St Flour*, 1670. (*r.* 499, *p.* 782.)

DOURBIN (J. B.), Chev., Mis d'Oppé, et Charlotte Marin, son ép. F. s. de la Chalaigneraye : *Vouvant*, 1699. (*r.* 436, *p.* 232.)

DOUSSAT (Pierre), paroiss. de Louroux, Dam. Quatrième partie de la dîme de Runet : *Montluçon*, 1398. (*r.* 461, *p.* 290.)

DOUYN (Jean). Herbergement de la Generie et dép. : *Roche-s.-Yon*, 1408, 1410. (*r.* 333, *p.* 65, 66 ; *r.* 344, *p.* 119.)

DOYAT (Hugues de), notaire, bourg. de Cucé. Moitié de la h. m. et b. j. sur les mas et tènemens des Mitz, par. de Nizerolles, cens, tailles et autres dev. : *Vichy*, 1460. (*r.* 457 *bis, p.* 3.)

DOYAT (Cather. de), ve d'Aubert de Chasseing, écuyer, comme tutrice de leurs enfans Bertrand, Charles et Jean. T. s. de Chasseing, *al.* Chosseing-Meimez : *Moulins*, 1506. (*r.* 454, *p.* 9.)

DOYET (Pierre), huissier audiencier en la police de Moulins, pour Marie-Anne Foussier, sa fe, fille de feu Etienne Foussier. Dîme des clercs ès par. d'Iseure et de St Bonnet: *Moulins*, 1724. (*r.* 483, *p.* 478.)

DOYREU (Pierre), de Fontanes, prend en emphytéose des terres et une grange, de l'hôpital de *Montbrisson* ; 1273. (*r.* 1402, *p.* 1356.)

DOYRON (Jean). Terres, prés, bois, étang et hommes, ès par. de Her... et de Cozon ; 1300. — Jean de Doyron tient en fief lige la maison de Doyron, garenne et 2 pièces de pré contigues ; ens. des terres, bois, vignes et rentes à Riousse ; 1322 : *Belleperche, Bourb.* (*r.* 464, *p.* 298, 434 ; *r.* 469, *p.* 109.) Au texte : Damoiseanx ; au dos : non nobles.

DOYRON (Jaques), écuyer. F. s. de la Jornalière : *Crozant*, 1506. (*r.* 452, *p.* 245.)

DRAC (Silvain du), Chev., Sg. des Hors, gentilh. de la chamb. F. s. de la Bernardière, par. de Tessonniere : *Maubergeon*, 1673. (*r.* 434, *p.* 20.)

DRAUD (Louis), Sr de la Croisinière. F. s. de Lauvergereuse ; 1698, 1701. — Pierre Draud, écuyer, Sr de la Rochebreuil. F. s. de Terceries, al. de la Tercerie par. de Mouilleron ; 1699. — Pierre Draud, Sr de la Vaslinière. Même fief tenu par lui en arrentement qu'il a obtenu de Phil. Draud, écuyer, Sr du Tait, et d'Elisabeth Allard, son ép., 1717, 1724 : *Vouvant.* (*r.* 436, *p.* 195, 249, 390 ; *r.* 438, *p.* 316.)

DRAUD (Suzanne), ve de Pierre Bernardeau, écuyer, aiant la garde noble de leurs enfans, Louis et Jeanne-Esther Bernardeau. F. s. de la Briandiere, par. du Puy-de-Serre : *Vouvant*, 1712, 1716. (*r.* 437, *p.* 227 ; *r.* 438, *p.* 199.)

DRESNAY (Jean du). Partie de la châtell. d'Oustille ; ens. son hebergement et dom. de la Fontaine d'Oustille, etc. : *Chât.-du-Loir*, 1406. (*r.* 336, *p.* 97.)

DRESNAY (Jean du). T. s. du Plesseys-Rougebec, par. de Montigne ; 1435. — Regnaut du Dresnay, Chev., Sg. du Plesseys. T. s. de Lasse ; 1451 : *Baugé.* (*r.* 342, *p.* 6, 38 ; *r.* 346, *p.* 48 ; *r.* 348, *p.* 32.)

DRET (Etienne, Cte de), Chev., Sg. de Verpré, veuf de Jeanne de Siry. T. s. du Bouchet, par. de Montbeugny : *Moulins*, 1736. (*r.* 481. *p.* 170).

DREUILLE (Jaques de), écuyer. T. s. d'Issard et d'Ardaine, par. d'Autry : *Souvigny*, 1694, 1722. — Jean de Dreuille, Chev., Sg. d'Issard. F. s. d'Ardaine ; 1725. (*r.* 476, *p.* 57 ; *r.* 478, *p.* 241 ; *r.* 480, *p.* 21.)

DREUILLE (Jeanne de), ve de Jean de Dreuille, écuyer, tutrice de leurs enfans. T. s. de Dreuille. par. de Cressange : *Verneuil*, 1722. (*r.* 478, *p.* 228.)

DREUILLE (François de). écuyer, fils de feu Gilbert de Dreuil, écuyer, et d'Elisabeth de Chan.... T. s. de la Lande et de Franchesse : *Murat*, 1723. (*r.* 478, *p.* 430.)

DREUILLE (Jaques-François de), Chev., Sg. de Bloux, et Françoise Cadier, son ép. Fief s. de gd Champt, par. de Bizeneuille ; ens. la dîme de Moulet : *Hérisson*, 1727. (*r.* 480, *p.* 56, 59.)

DREUX (Ctes de) *

DREUX (Jean, Cte de), Sg. de Braine. Son mariage avec (Marie,) sœur d'Archambaud, Sire de Bourb. ; 1242. (*r.* 1377, *p.* 2804). — Jean (II),

---

* Cette Maison, descendant du 5e fils de Louis le Gros, est d'un trop haut rang pour que ce soit ici sa place ; elle appartient à l'histoire générale, et si l'on en dit ici un mot, c'est pour inviter ceux qui se livreront, non pas à une réimpression, mais à une nouvelle édition de l'Art de vérif. les dates, à compulser les archives du royaume, ci-dev. de la Chamb. des comptes, dont l'auteur, d'ailleurs très-estimable, ne s'est peut-être pas prévalu une seule fois, du moins quant aux originaux ; car c'est là, et ce n'est que là, plutôt que dans nos annales et vieilles chroniques, que

Cte de Dreux et de Braine, Sire de St Valery, et Jeanne, son ép., fille de feu Imbert de Beaujeu, connét. de France, vendent à leur cousin Jean, Cte de Forez, les Chât. et ville de Roanne, et lui en abandonnent les vassaux ; ils mandent en conséquence aux Sg. de Chât.-Perron, de Chastelus, de Chât.-Morrant, de Morillon, d'Isserpains, de Chitain, et à celui de Chât.-Renaud, de reporter leur hommage à Louis, Sire de Beaujeu, acquéreur de la seg. de Perrues en *Beaujolois ;* 1293. (r. 1390, p. 442 ; r. 1395. p. 325 ; r. 1398, p. 79.)

DREUX (Jean de), Chev., Sg. de Montpensier, vend à Louis Duc de Bourbon, Cte de la Marche, le fief et chât. de Murat de Guayères ; fév. 1327. Le même avoue tenir du Duc de Bourbon 50 liv. de rente ; 1329. (r. 471, p. 154, 155.)

DREUX (Pierre, Cte de) vend au Duc de Bourbon la châtell. de Herment en *Auv.* ; 26 août 1338. (r. 1364, p. 1293.) — Jeanne de Dreux, sa fille et héritière étant décédée, le bailli d'Auvergne réclame la succession de celle-ci, dans l'intérêt du Sire de Beaujeu, comme *plus proche parent* du père et de la fille ; 1346. (r. 1389, p. 248.) Na. La ligne directe de cette maison prit donc fin en la personne de Pierre et de sa fille unique, l'un mort en 1345, l'autre l'année suivante. Quant aux collatéraux, dont se sont occupés André Duchesne et Jean du Tillet, il y auroit peut-être lieu, d'après la réclamation du Sire de Beaujeu, d'examiner s'ils descendoient de la souche par mâles ou par femelles. Voy. ci-après Thouars.

DREUX (Jean de). Sergenterie fayée du *Montargis ;* mai 1378. (anc. hom. de France, t. 2, fol. 351.)

DREUX (Jean), fils de feu Pierre Dreux, homme de foi plein, à un cheval de service et aux loyaux aides, par raison du quart de la gde dîme de St Bon : *Loudun,* 1445. (r. 339, p. 16.)

DREUX (Guill.), licentié ès lois, homme de foi, à cause de la dîme de Tossay et autres héritages ; rentes, revenus, près le vill. de Nozillé : *Loudun,* 1448. (r. 339, p. 31, ou fol. 159.)

DREUX (Sezille), ve de Jean Maidon, Sg. de St Germain. Hôtel de Verrières et dép., ; ens. cens et rentes à elle dûs sur divers dom. du fief de Ranton : *Loudun,* 1450. (r. 339, fol. 161 ; r. 341, p. 81 : r. 346, p. 11.)

DREUX (Jeanne), fille de feu Pierre Dreux et d'Ysabeau de la Croix, et Mathelin de Noyan, mari de Hélie Dreux, sœur de lad. Jeanne, vendent une maison sise rue de la Bourgeoisie à *Angers ;* 1468. (r. 1346, p. 277.)

DREUX (Jeanne), ép. de Jean Rideau, écuyer, dem. à Poitiers. Hom. lige du fief de Montagre : *Loudun,* 1492. (r. 146, p. 39.)

DREUX (Pierre). Sg. de Vauricher. Métairie appel. la Bautruyère, par. d'Aurille, relev. de lui ; ens. celles de la Rochetière et de la Belinayre qu'il tient en sa main : *Baugé,* 1493, (r. 438, p. 54.)

---

se trouvent les dates assurées dont il avait fait l'objet de son travail. Cependant il mentionne un *Simon de Dreux, chanoine,* fils de Jean II, comte de Dreux (Un titre de l'an 1326 le qualifie sous-doyen de l'égl. de Chartres) ; et il est dit ailleurs que ce Simon épousa Jeanne de...., dont il eut un fils nommé Jean. Cette branche *canoniale* se serait-elle propagée comme celle *épiscopale* de Louis de Bourbon, prince-év. de Liège ?

DREUX (Mess. Thomas), cons. secrét. du Roi, avoue les h. j. de Saudricourt et d'Outre-Voisin ; ens. le fief de Veronnet-de-Ver, relev. du Comté de Beaumont-sur-Oise, en la châtell. de *Pontoise ;* 1605. (Anc. hom. de France, t. 1., fol. 479 ; aussi t. 2, cotte 6138.) *N*a. On trouve Elisabeth Dreux, fe de Jérôme l'Huillier, proc. gén. en la chamb. des comptes de Paris, morte le 23 avril 1619, enterrée aux Grands-Augustins.

DREUX (feu Guill.). Terres tenues noblem^t par ses hérit., à cause de sa métairie de Rasse, en la seg. du Petit-Thouars : *Chinon,* 1625. (*r.* 354, *p.* 63.)

DREUX (Anne de), v^e de Mathieu Roger, cons. et élu pour le Roi en l'Elect. de Loudun. T. s. de la Chaussée : *Loudun,* 1666. (*r.* 394, *p.* uniq.)

DREUX (François), écuyer, fils de François Dreux, écuyer. T. s. des Murs : *Maubergeon,* 1682, (*r.* 435, *p.* 25.)

DREUX (Simon), Chev., Sg. de la Richardière et autres lieux, premier capit. au rég. de cavalerie étrangère de Mg^r le Dauphin, hérit. de feu Bovaventure Dreux, écuyer, Sg. de Bremaudière, proc. du Roi au bureau des finances de Poitiers. T. s. de la Ratonnière, par. de Marsac : *Lusignan,* 1682. (*r.* 435, *p.* 52.)

DREUX, en latin *Droco,* est aussi un prénom : Dreux de Trie et son frère Anselin de Trie. Voy. Dreux Fresneau ; Dreux-le-Hayer ; Dreux de Lucey ; Dreux de Mello ; Dreux-Mery ; Dreux Rataust.

DREUX (Thomas), Chev., Sg. de St Just, St Hypolite et autres lieux, cons. en la g^d chambre du parl. de Paris. T. s. de Brezé, érigée en marquisat au mois de février 1615, et par lui acq. du Prince de Condé le 31 juillet 1682 : *Saumur ;* ens. la Baron. de Berrie, achetée de Charles de la Trimouille et de Magdel. de Crequy, son ép. ; 1695 : *Loudun :* aveux successifs ; 1686, 1695. (*r.* 421, *p.* 58 ; *r.* 425, *p.* 102.) Rel. de lui : François d'Aubusson, Duc de la Feuillade, Sg. de Surmont ; Marc-Ant. Asseray ; Charles de Choupes ; Jaques Desme, Sr de la Berrurière ; Abraham Gauthier, Sr de Villeret ; Jaques Hulin, Sr de Preuilly ; Claude de la Jaille, Sr de la Nivardière ; René de Losse ; Jean Marteau, Sg. de la Roche du Maine ; Charles-Auguste de Monguien, Sr de Mespieds ; Isaac de Poyrel, Sg. de Marton ; François Sanglier, Sr de Uon ; Louis des Thibaux ; Jaques de la Tremblaye, Sr de Rreuezay ; André Vuidard, écuyers. — Thomas Dreux, Chev. Mis de Brezé, Bon de Berrie, lieut. gén. des camps et armées, G^d M^e des cérémonies de France, fils du précédent, et de Marguer. Bodinet. Marquisat de Brezé, acq. par ses père et mère des deniers provenans de la succes. de Thomas Dreux, cons. au g^d Conseil, et à lui cédé en faveur de son mar., le 13 nov. 1698, avec Cather.-Angélique de Chamillart, fille de Michel de Chamillart, ministre d'Etat ; *Saumur,* 1714 *ad* 1722. (*r.* 425, *p.* 35, 43 : *r.* 426, *p.* 4, 9.) *N*a. Charles Pot étoit G^d M^e des cérémonies en 1669. Voy. ce nom.

DREUX (Simon), écuyer, Sg. de la Rochette, pour Marie Dreux, son ép., héritière de Susanne Dreux, sa sœur. T. s. de la Bremaudière, par. de Saintré ; *Partenay,* 1698. (*r.* 436, *p.* 190.)

DREUX (Simon), Chev. Sg. d'Aigne. Saisie féodale par lui exercée sur la maison noble, t. s. de Venours, relev. immédiatem^t de lui : *Lusignan,* 1702. (*r.* 437, *p.* 34.) Anne sa v^e ; 1717. Voy. Prévost de Touche-Imbert.

DREUX (Claude), Chev., Cte de Nancré, *al.* Nancray, lieut. gén. des armées, gouverneur des ville et citad. d'Ath, fils de N. Dreux, écuyer, Sg. de l'Hermitage, et de N. Ruelle, nièce et hérit. de Pierre Ruelle, Sg. de Nancré, par. de Jars : *Bourges*, 1671. (*r.* 444, *p.* 38 ; *r.* 445, *p.* 87.) Sa t. et seg. de Nancré en Berri : ens. la moitié de la dîme dud. lieu, saisies réellem^t après son décès, à la poursuite de Simon Reslé, bourg de Paris ; 1693, 1696. (*r.* 447, *p.* 206, 222.) — Louis-Joseph Dreux, Chev., et Cather. Dreux, sa sœur. Même possess., laquelle avoit appartenue à Pierre Ruelle, chan. de N.-D. de Paris, et cons. au parl., qui en avoit fourni aveu le 23 sept. 1609 : *Bourges*, 1700, 1702. (*r.* 448, *p.* 8, 47.)—Claude Esme de Dreux, Cte de Nancré, hérit. de feu Louis-Joseph. Moitié des dîmes susd., l'autre moitié appart. à l'abbé de St Satur ; 1717, 1719. (*r.* 449, *p.* 236 ; *r.* 450, *p.* 17.) Voy. Bertrand (Marie-Anne).—Jaques-Joseph de Dreux de Nancré, abbé command. de St Cibar d'Angoul., et prieur de Boutteville. Hommage à raison de ce prieuré : *Angoul.*, 1724. (*r.* 441, *p.* 4.) Voy. Mesme, an. 1735. Voy. aussi Bertrand (Marie-Anne).

DRIEZ (Cuill.), et Marguer. sa f°, fille de Jean Pallier. Troisième partie d'une vigerie ou prévôté s'étendant sur les par. de Laugy, Sensat et Creschy, qu'ils partagent avec le Duc de Bourb., le Sg de Listenois et autres ; ens. le moulin de Monnet et dép. : *Billy*, 1443. (*r.* 457, *p.* 55.) Non noble.

DRISINE (François de), écuyer, Sr de la Rochette. Diverses parties de dom. et rentes en l'Elect. de *Brioude* ; 1670. (*r.* 500, *p.* 20.)

DROGON (Pierre), de Chambillat ; 1312. Hugonet Drogon ; 1314. Guill. Drogon, Dam. ; 1331. Hugues Drogon, de Courtil, Dam. ; 1335, et Hugues son fils ; 1336. Maison, dom., cens et mouv. au mandem^t de la Roche, dioc. d'Annecy : *Forez*. (*r.* 493 *bis, p.* 98, 117 ; *r.* 494, *p.* 3, 17, 18.)

DROILLENSON, *al.* Doillenson (Jaques), Chev., Sg. de St Germain, pour Marie Millet, son ép., seule hérit. de Pierre Millet et de Marie-Véronique de Meauve. Châtell., t. s. de Maigne-le-Vte : *La Flèche*, 1680. (*r.* 410, *p.* 38.) Voy. Millet.

DROUET (Silvain), laboureur, et autres de même nom et état. Diverses parties de terres démembrées du fief de la Grange, par. de Berie : *Mehun-sur-Y.*, 1670 *ad* 1709. (*r.* 445, *p.* 150, 171, 274, 367, 413 ; *r.* 449, *p.* 11, 12.)

DROUILLAY (Alain de), pour Guillemette Clotelle, sa f^e. Quatrième partie de Corbeillière, ès Marches d'Anjou et de Poitou, par. de Montaigne : *Montfaucon*, 1451. (*r.* 333, *p.* 20.)

DROUILLETTE (Etienne), av. en parl., pour sa f^e Gillette Reuston. Rente sur le vill. de Maseau : *Marche*, 1669. (*r.* 474, *p.* 127.)

DROUNEYN (feu Guichard de), Chev. Sa fille Huguette tient un dom. et mouv. au territ. de Froges, vers Alloignet : *Beaujeu*, 1322. (*r.* 1486, *p.* 118.)

DRUDY (Gervais de), écuyer, fils de Paul de Drudy. T. s. de Charenssat et d'Auchier, par. de Varennes et de Cell.... : *Riom*, 1669, 1686. (*r.* 499, *p.* 496 ; *r.* 500, *p.* 7 ; *r.* 505, *p.* 26.)

DRUILLE (Stevenin de), Dam. Maison, terre et censives en la par. de Cressanges : *Verneuil*, 1300. (*r.* 460, *p.* 268.)

DRUILLE, aussi Drulle (Jean de), Dam., et Jean, son fils. Maison de Druille, dom., bois, étang, dîme, terrage et cens, par. de Bayet et de Cressanges ; Jean de Drulle, Dam. et Jeanne de la Faye, son ép. ; *Idem* :

Bourb., Chantelle, Moulins, Souvigny; Verneuil, 1300 ad 1366. (r. 454, p. 334; r. 458, p. 179 ; r. 459, p. 118, 119 ; r. 460, p. 262 ; r. 464, p. 194, 255.)

DRULLON (Simon). Chev. Hôtel, mote et fossés de Langeron, dom. et h. j. ; ens. une maison et tailles sur plus. tènemens à Mesangi ; 1375. — Jean Drullon, écuyer; *Idem*; et 6e partie de la dîme de la par. de Veroux, *al.* Veroz ; 1397 : *Bourb., Germigny.* (r. 465, p. 102, 110, 258.)

DRULLONE (Marguer. Sixième partie d'un bois appel. la Brosse-Drullon; autre partie de bois en la par. de Cenquoins : *Bourb.*, 1410. (r. 465, p. 101.) Non noble.

DRULLY (feu Jean de), Dam. Brune, sa ve, rend hom. des dom., dîmes, cens et tailles qu'elle tient ès par. de Bayet et de Barberiat : *Chantelle,* 1322. (r. 458, p. 153.)

DRUY (François de), écuyer, fils de Louis de Druy, écuyer. T. s. d'Auril-les-Loups, par. d'Aubigny-le-Chetif : *St Pierre-le-Moust.*, 1676. (r. 474, p. 340.)

DUBET (Hugues), Dam. Dîme de Fontanes ès par. de Sindré et de Trestiaux ; cens et tailles en la par. de Varennes-sur-Tesche : *Chaveroche,* 1300. (r. 468, p. 314.)

DUCHAY (Perricon), et Jeanne Clémence, sa fe, vendent au Cte d'Angoul, leurs droits au port Saunier de *Cognac ;* 1461. (r. 1404, p. 206.)

DUCHIER (François), Sr du Puy-Gilbert. Partie du fief de Chassin, et le tiers de la h. m. et b. j. de la Perouse ; 1686. — Jean Duchier, notaire. Moulin de Chassin et autres héritages en la par. de Perassay ; 1726 : *Issoudun.* (r. 446, p. 146 ; r. 451, p. 104.)

DUCHIER (Denys), subdélégué de la ville de Chenerailles, fils de Léonard Duchier, bourg. Fief de Boussareschetas, et dîme de la Mazerée; ens. partie du f. et seg. du vill. de la Cour, par. de Peirat : *Ahun*, 1726. (r. 481, p. 60, 61.)

DUCHON (Guill., fils de Jean), paroiss. de Sentat. Quelques terres et prés aux ter. de Chaulx et de Prelles : *Billy*, 1411. (r. 456, p. 129.)

DUCIS (Etienne), Dam., par. de Breul. T. s. de Parigny, *Parinhiaci*, par. de même nom : *Billy*, 1322. (r. 455, p. 366.)

DUCLOS (Camille), Chev., Sg. de l'Estoille, Mal des logis de la compie des gendarmes de la Reine, comme ép. de Marie de Sommievre. T. s. de Chabanes ès par. de Brousse et d'Auzelle : *Clermont,* 1716. (r. 507, p. 113.)

DUDOIT (Jean), écuyer. T. s. de Tonneaulx, et le gd hôtel de Mosne : *Amboise,* 1515, 1523. (r. 432, p, 81, 82.)

DUDOIT (Renée), ve de Louis Favory, écuyer, Sr de la Briaude. F. s. de Chât. Gaillard : *Partenai,* 1700. (r. 436, p. 357.)

DUÉ (Fiacre), écuyer. T. et châtell. d'Ardène : *Melle,* 1654. (r. 433, p. 279.)

DUEVILLE (Hugues de), Dam. paroiss. de Vama. Dom. et mouv. aux territ. de la Voudelle et Trestiaux : *Chaveroche,* 1322. (r. 469, p. 135.)

DUFFERIE (Gilles de la), Sg. dud. lieu. Châtell., t. s. de Possé, acq. de Louis Gouffier, Duc de Roannois, pair de France : *Saumur,* 1622. (r. 355, p. 101.)

DUFORT (Claude-Charles), curé de Varennes-sur-Tesche. F. s. de

Plaisance, par. de Bert, acq. de Paul de Vaux : *Chaveroche*, 1717. (*r*. 477, *p*. 453.)

DUFOUR (feu Jean). Ses enfans mineurs tiennent le vignoble et la mét. de la Prades ; ens. le lieu noble de la Rejalez ; 1669. — David Dufour, ci-dev. bailli d'Allanche. Cens, rentes et autres droits à Rascoupet, par. de Landeyrat ; 1669 : *Riom*. (*r*. 499, *p*. 392, 647.)

DUFOUR (David), lieut. gén. au présid. de Clermont, fils d'Isaac Dufour, trés. de Fr. T. s. de Villeneufve et Valadone : *Mercœur*, 1669. (*r*. 499, *p*. 680.)

DUFOUR (François-Ant.), écuyer, pour sa f^e Anne de Bonvevant, de Beaumenil. Fief de Villemouze, par. Sous-Brialles : *Verneuil*, 1703. (*r*. 476, *p*. 109.)

DUFOUR (Jean), lieut. civil et crim. en la châtell. de Bruyère l'Aubepin à Cerilly, pour Geneviève Buisson, sa f^e. Terrier en la par. dud. Cerilly : 1722. (*r*. 478, *p*. 162.)

DUFOUR (Charles), prêtre du dioc. de Paris. F. s. du Petit bois et de Cachefeu, par. de Crosne : *Hérisson*, 1723. (*r*. 478, *p*. 324.)

DUGAZ (Charles), lieut. de robecourte en la ville de Lyon. Rente noble en la par. de St Genis de Revoir : *Lyon*, 1676. (*r*. 495, *p*. 74.)

DUGONE, ou Dugoue (Pierre), Sr de Chablat, fils de Pierre de Beaune, Sr du Chablat. Cens et rentes ès par. de St Christophe, Fontanges et autres, en la baron. de la Tour ; 1669. — Charles Dagoné, Sr du Chablat, résid. à St Christophe, Elect. de Mauriac. Cens et rentes tenus en h. m. et b. justice, par. St Martin vers Salers ; 1672 : *Riom*. (*r*. 499, *p*. 301 ; *r*. 500, *p*. 144.)

DUGROS (Jean). Fief du Grosburtaud, par. de Moustier-Rouzeille : *Felletin*, 1684. (*r*. 474, *p*. 498.)

DUGUESCLIN. Voy. Aulone ; et ci-ap. Guesclin.

DUIRE (Marguer.), v^e de Perrin Doujean. Deux pièces de terre au territ. de Rive : *Belleperche*, 1411. (*r*. 465, *p*. 150.) Non noble.

DULAU (Louis-Laurent), Chev., mestre de camp de cavalerie, et Bonne-Françoise Dangesgen, son ép. T. s. de Bourchemin, l'Hermitière, le Poignant, etc. : *Sonnois*, 1739, (*r*. 427, *p*. 11.)

DULLOS (Marguer.-Gabriel), de l'Estoille d'Estrée, v^e de Jaques desCros, Chev. F. s. des Millets, par. St Didier : *Hérisson*, 1717. (*r*. 477, *p*. 423.)

DULMAY, *al.* Dulamay (Hugues), Chev., Sg. de Feugères. Le bois de Saligny et mouv. sur divers tènemens en la par. de St Christophe, dioc. d'Autun : *Beaujeu*, 1361. (*r*. 489, *p*. 9.)

DULPHE (Pierre), Chev., Sg. dud. lieu, et Ysabeau de Blot, son ép. La g^{de} dîme de Billy en vertu d'un transport à eux fait par Cather. de Chouvigny, Dame de Chastel Montagut ; plus, la 4e partie du chât. de St Giran-le-Puy, et dr. en la par. de Paregny : *Billy*, 1440. (*r*. 455, *p*. 364.) Voy. Ulphi.

DUMAS (Jean), Chev., Sg. de l'Isle, Chambel. du Duc de Bourbon. T. s. de Benegon ; ens. la terre et prévoté de la Chapelle ; 1489. — Jaques Dumas, écuyer, Sg. de l'Isle ; *Idem* ; 1503 : *Ainay*. (*r*. 483, *p*. 36 ; *r*. 1374, *p*. 2385.) Voy. Mas.

DUMAS (Marie), v^e héritière de Philib. de Lastic, écuyer. Cens et rentes en la par. de Chaudes Aigues : *Murat*, 1669. (*r*. 499, *p*. 384.)

DUMAS (Ant.), huissier en la chamb. du dom. de Bourbonnois, veuf d'Antoinette Vennat, pour lui et comme tuteur d'Ant. Dumas, leur fils. F. s. de la Creuse, par. de Thiel, acq. de Blaise-Etienne Maréchal, écuyer, Sr de la Mothe, et de Marie-Anne Maréchale, sa sœur, sous l'autorité de Heri-Robert Maréchal, écuyer, Sr de Franchesse et de Boisqueteau, leur curateur; 1687. — Antoine, leur fils, et Marie Julien, sa f^e. *Idem;* 1697, 1699 : *Beçay, Moulins.* (*r.* 474, *p.* 739 ; *r.* 475, *p.* 220.)

DUMAS (Jean), écuyer, fils de César Dumas et de Louise du Lac. F. s. du Peux de Brus : *Civrai,* 1703, 1716. (*r.* 437, *p.* 76 ; *r.* 438, *p.* 133.)

DUMO, ou Dunio (Heremburge de), fille de feu Bernard du Buisson. Partie de la dîme de Charnoy et de la Brière, par. de Vema, relev. de Jeanne, v^e du Sire Jean de Chapeau, Chev., à cause de sa seg. de Gouttes : *Bourb.,* 1330. (*r.* 462, *p.* 335.) Voy. Perrinet.

DUNAUD (Claude), prêtre, et Ant. Dunaud, m^d, son frère, dem. au vill. de Gouttes. Maison noble de Pogniat, et dom. en dép., quittes de dîme et de cens, par. de Vellorc : *Clermont,* 1723, 1731. (*r.* 509, *p.* 165 ; *r.* 511, *p.* 11.)

DUPOIREIN (François), écuyer, fils d'Ant. Dupoirein. Chât. t. s. de Treniolle, par. de Champs : *Clermont,* 1723. (*r.* 508, *p.* 73.)

DUPRAT (François), Chev., Sg. de Ribes, capit. de cavalerie, demeurant en son hôtel des Salles. Chât., t. s. de Bressoulières et du Mas, par. de Bonghat et de Bourgneuf, Elect. de Clermont : *Riom,* 1723. (*r.* 508, *p.* 88, 103.)

DUPRAT (Louis, Michel et Marie), frères et sœur. Fief de Fourgere, détaché de celui de Villate ; ens. la dîme de Marsillat; *Montluçon,* 1725, 1728. (*r.* 479, *p.* 32 ; *r.* 480, *p.* 65.)

DURAND, aussi Durant (Guill.), des Alaudieres, à cause de Petronille sa f^e. Moitié du tènement de Clavellières et dép. ; *Bourbon,* 1388. (*r.* 463, *p.* 127.)

DURANT (Guill.). F. s. de la Verrière, relev. du Roi, à cause de sa forêt de Long Aulnay ; 1486. (*r.* 353, *p.* 12.)

DURAND (Jean), bourg. de Feletin. Cens et rentes : *Marche,* 1506. (*r.* 452, *p.* 302.)

DURAND (Silvain). Fiefs de la Chaud, de la Vergne et de Poudoux, par. St Georges de Nigremond ; 1669. — Joseph Durand; *Idem* ; 1684 : *Marche.* (*r.* 474, *p.* 60.)

DURAND (Jean, al. François). Fief noble de la Faye, par. de Beaumont, et moitié de celui de la Gorce en la châtell. de Felletin : *Marche,* 1684. (*r.* 474, *p.* 458, 468.)

DURAND (Anne), v^e d'Etienne Poisson, présid^t de la cour des aides de Clerm.-Fer., tutrice de Paul-Etienne Poisson, leur fils. T. s. de Cormedes : *Riom,* 1669. (*r.* 499, *p.* 170 ; *r.* 500, *p.* 8.)

DURAND (François), cons. en la cour des aides de Clerm.-Fer., fils de Guy Durand, receveur général des tailles en Auv. T. s. de Perignat, par. *id.*; 1669. — Anne Durand, cons. en la même cour; *Idem;* 1686. — François Durand, Chev., cons. en lad. cour, fils d'Annet Durand, doyen, etc. Même t. et seg. de Perignat; 1699 *ad* 1716 : *Riom.* (*r.* 499, *p.* 171 ; *r.* 500, *p.* 87 ; *r.* 505, *p.* 10 ; *r.* 506, *p.* 12, 293 ; *r.* 507, *p.* 52, 118.)

DURAND (Etienne), m^d en la par. de Monfand, et Jaques, son frère, enfans d'Etienne. F. s. de Baubardais, Boubordes, etc., acq. de Gilbert Chambond, écuyer, Sr de la Chomette, par. de la Feline; 1692, 1696. — Paul Durand, son fils; *Idem;* 1717. — Jaques Durand; *Idem;* 1727: *Verneuil.* (r. 475, p. 84, 181; r. 477, p. 604; r. 480, p. 98.)

DURAND (Gilbert), meunier. F. s. de la maison de la Chaise; moulin de la papeterie et dev. en dép., par. de Venas : *Hérisson*, 1717. (r. 477, p. 399.)

DURAND (Pernette), ve de Jaques Morguet, pour Pierre Morguet, leur fils. Une boutique en la boucherie des Terreaux : *Lyon*, 1720. (r. 497, p. 39, 52.)

DURAT (Jean de), *de Durato,* Dam., à cause de la dot de Cather., sa fe, fille de feu Hugues d'Aleyrat, Chev. Huitième partie des dîmes de Mazerat; ens. les mas d'Auglars et de Las Corbas, dom. et mouv. ès par. de St Pardoux, St Marcel et Evahon : *Auv.,* 1300. (r. 471, p. 100.)

DURAT (Franconin de), Dam. Maison de Tiley et dép.; dom. et mouv. ès par. de Francesches, d'Augy et de Cozon: *Bourb.*, 1322. (r. 464, p. 29.

DURAT (Guill. de), Dam. Chât., t. s. d'Usson, par. St Farjol, dioc. de Clermont : *Montluçon*, 1393. — Robert de Durat, écuyer ; *Idem ;* 1443. (r. 461, p. 128, 213.)

DURAT (Henriette de), ve et hérit. de Louis, al. Henri de Bourbon, Mis de Maulose, Cte de la Caze. T. s. de Chaudes-Aigues et Merment : *Riom*, 1669, 1672. (r. 499, p. 509; r. 500, p. 131.)

DURAT, aussi Duret (Jean), proc. du Roi à St Christophe, fils de Gabriel Duret. Maison, grange, jardin et rentes aud. lieu, en la baron. de la Tour : *Riom*, 1669, 1672. (r. 499, p. 297; r. 500, p. 145.)

DURAT (François de), écuyer, fils de Sébastien de Durat, écuyer. F. s. de Ludes et de Deux-Aigues, par. de Chirat-l'Eglise et de Marcillat : *Chantelle, Montluçon*, 1717. Le même, qualifié ancien garde du corps; 1729. (r. 477, p. 567, 569; r. 479, p. 36, 47.)

DURBAN (Pierre de), Dam. Le mas de Lescure, par. de Romego: *Carlat*, 1355. (r. 472, p. 125.)

DURBIAT (feu Dalmas), Chev. Sa ve Cather., fille de feu Pierre de Sausines, et de Cesine de Maubec. Cens, rentes et autres dev. sur le mas de la Gorrerie, par. d'Escoral : *Thiers*, 1328. (r. 472, p. 56.)

DURELLES (Jean). Cens et rentes au mandement de St Baldomer : *Forez*, 1333. (r. 490, p. 166.)

DURERS (Hodin), paroiss. de Torzy, vend à Guy, Cte de *Forez*, divers cens et rentes au ressort de *Macon ;* 1343. (r. 1394, p. 92.)

DURET (Anne), ve de Jean Chassagne, huissier. Fief de la Tour de Bouis, par. de Bardais : *Ainay*, 1722. (r. 478, p. 216, 217.)

DUREUS, *al.* Durers (Guill.), Dam., paroiss. de Jaligny, à cause de Luque, son ép. Maison, dom., dîme et mouv. à Tresail : *Chaveroche*, 1342. (r. 468, p. 79.)

DURFORT, aussi Durefort (Guill. de), donataire de Guarin de Sauve, Dam., et d'Aybeline, son ép. Dom. et mouv. à Montabo, vers le ruisseau de Sanso : *Forez*, 1314. (r. 491, p. 248.)

DURFORT (Jaques-Henri de), Duc de Duras, à cause de Marguer.-Felice de Levis de Ventadour, sa mère, stipulant pour lui Gilbert Bon de St Mesmin, écuyer, Sr des Reaux, vice sénéchal du Bourbonnois. T. s. de

Chitain et de la Terre-Rouge, par. St Christophe ; 1703. — J. B. de Durfort, Duc de Duras, Mis de Blanquefort, fils de Magdel.-Felice de Levis de Ventadour; *Idem*; 1717 : *Billy*. (*r*. 476, *p*. 127 ; *r*. 477, *p*. 286.)

DURFORT (Gui de), Duc de Quintin, Cte de Lorges. F. s. de Bois-Seguin, par. de Cizaut : *Châtelleraut* ; de Mondeuil, de Brie et du Breuil de Vaize : *Aunay*, 1711. (*r*. 437, *p*. 178 et suiv.)

DURFORT (Emeric de), Chev., Mis de Civrac et de Blaignac, captal de Buch, Sénéchal du Bazadois, donataire univ. de feue Henriette-Françoise de Durfort, sa nièce, ép. de Charles-Louis-Auguste Fouquet, Cte de Belleisle, héritière d'Acarie de Bourdet, sa mère. Châtell., t. s. de Crasanne : *Aunay* ; ens. les fiefs de l'Eschelle et de Rampsannes : *Xaintes*, 1724, 1727. (*r*. 441, *p*. 10, 40.)

DURIE (Jean et Guill. dits), frères, paroiss. de Trévon. Diverses parties de dom., bois, étangs, garenne et tailles, ès châtell. de *Belleperche* et *Moulins* ; 1350. — Mathieu Dury, Dam. Cens et rentes ès par. de Floriet et Estrechy : *Chantelle*, 1398. — Jean Durye. Une pièce de terre et un pré en la par. de Montellix. — Ayrance Durie, f^e de Jean de Basbutin, dit Perreaul, paroiss. d'Iseure. Une pièce de terre en la même par. : *Belleperche*. 1411. (*r*. 458, *p*. 203 ; *r*. 465, *p*. 48, 157, 164.)

DURIL (Guillemard), vend à Jeanne de Chât.-Vilain, dame de *Beaujeu*, une pièce de terre en la par. d'Aullie près la grange du chât. Poilly ; 1324. (*r*. 1390, *p*. 453.)

DURIN (Blaise), curé de St Priest en Murat, tuteur d'Ant. Durin, fils de Jean Durin et de Gilberte Cluset, comme aussi d'Honorée Durin, fille d'Ant. Durin et d'Anne Aubergier. Rentes en grain et argent en la par. de Baune : *Murat*, 1703. — Antoine Durin, huissier audiencier en la châtell. de Murat, son fils ; *Idem* ; 1713, (*r*. 476, *p*. 79 ; *r*. 477, *p*. 88.)

DURINE (Philib.-François de), écuyer, Sr de la Rochette. Rentes à Limaignat, Montangnat, Beyssat et autres lieux : *Riom*, 1669. (*r*. 499, *p*. 136.)

DURIVE (Annet-Henri), Chev., Cte de Busseau. Fief de Joye, par. de Rouy : S^t. *Pierre-le-Moustier*, 1687. (*r*. 474, *p*. 647.)

DURVILLE (Antoinette), v^e de J. B. de la Chapelle, cons. au grenier à sel de Montluçon. Dîme de Bournet, par. de Bizeneuille : *Hérisson*, 1723. (*r*. 478, *p*. 399.)

DUSSOIN (Billaud), *al*. Duczoin, Dam. Le mas de la Bolene, et dr. seig. sur d'autres, ès par. de St Roman, de Montambert, St Marcellin, etc. : *Forez*, 1341. (*r*. 491, *p*. 259.)

DUTEIL (Jaques), et Cather., sa sœur, v^e de Jean Barge. Vente au Duc de Bourbon d'une maison sise à *Moulins* ; 1499. (*r*. 1374, *p*. 2344.)

DUTEIL (Antoine), Sg. de la Mothe-Macart. Maison de Laige, cens et rentes en la *B. Marche* ; 1506. (*r*. 452, *p*. 302.)

DUTEIL (Pierre), écuyer, fils d'Ant. Duteil. Chât., dom. et h. justice de Nassargues et le Pescher : *Riom*, 1669. — Balthasard Duteil, écuyer, à cause de sa f^e, Elise Jouve, donataire de feu Pierre Duteil, écuyer. Chât., dom. et seg. du Peschier et de Mussargues, par. de Moissac et de St *Flour* ; 1687. (*r*. 499, *p*. 241 ; *r*. 505, *p*. 58.)

DUTEIL (Joseph), Capit. de cavalerie au rég. de Charlus, comme hérit. testamentaire d'Ant. d'Avesne, mestre de camp d'un rég. de cavalerie de son nom. Fiefs de Neriou et de la Chesnaye, par. de Foessy : *Mehun-s.-Y$^!_c$*, 1720. (*r.* 451, *p.* 5.)

DUTEIL (Marie-Magdel.), de la Vernede, v^e de Jean Bertier, celle-ci héritière de Jean Bertier, son fils, habitant son chât. de Jarnosses, par. de la Chapelle d'Alaignon. Fiefs de la Chaumette, Bressanges et Beynac, par. de Paullac, Cussac et autres : *St Flour*, 1723. (*r.* 509, *p.* 95, 109.)

DUVAL (Guill.), écuyer, et Jeanne de la Perrine, Dame de Ryaul, sa f^e. Hôtel, t. s. de Ryaul, par. d'Oroux : *Belleperche*, 1456. (*r.* 465, *p.* 132.)

DUVAL ou Daval (Jean), écuyer, et Jean Gruyet, *al.* Gruel, son frère. Maison et dom. du Péage : *Moulins*, 1605. (*r.* 453, *p.* 166.)

DUVAL (Pierre), fils de feu Jean Duval, médecin, et de Magdel. Prevost. F. s. de l'Estrille-Pigeon, par. de Condé : *Issoudun*, 1660.—Jean Duval. Même fief, et partie des dîmes de la même par. ; 1705, 1717. (*r.* 443, *p.* 9 ; *r.* 448, *p.* 103, 121 ; *r.* 449, *p.* 277.)

DUVAL (Marie), hérit. de Marie Ragueau, sa mère, et de sa tante, Marie Duval, v^e de Regnault du Parc. Fief et mét. des Fossés, par. de Brinay : *Mehun-s.-Y.*, 1705. (*r.* 448, *p.* 110, 150.)

DUVAL (Françoise). Moitié de la t. et seg. de Varaise, par. St Georges-des-Couteaux : *Xaintes*, 1717. (*r.* 439, *p.* 86.)

DUVERNE (Pierre). m^d à *Bourbon*, et Marguer. Amouroux, sa f^e. Dom. de la Proterie, dîme et menus cens ; 1701. (*r.* 476, *p.* 152, 156.)

DUVILLE (Hugues de), *al.* du Fraigne, Dam., et Pierre, son frère, paroiss. de Longeprée, *de Longaprata*. Tènem^t appel. des Bernoncins, relev. d'eux ; et partie de la dîme de Sorbers et de Castelperon : *Chaveroche*, 1401. (*r.* 468, *p.* 237.)

DUXIO (noble Jérôme), av. en parl., Sr de la Prosty, élu en l'Elect. de Lyon. Rentes nobles ès par. de Vaugueray et Pollionnay ; 1699.—Jaques-Jérôme, clerc tonsuré, son fils, et d'Anne Valour, *Idem* ; 1722 : *Lyon*. (*r.* 496, *p.* 137, 170 ; *r.* 497, *p.* 191, 202.)

DUYLLON (Symon), de Mesangi, écuyer, Dîme de Bruillat, cens et tailles ; 1353. — Marguer., v^e de Raoulin Duyllon, Dam. Moitié de la dîme de Blainchart ; prés, terres, vignes et cens aux terr. de Varennes et de Mesengi ; 1353 : *Bourb.* (*r.* 463, *p.* 233 ; *r.* 464, *p.* 118.)

DUYN (Regnaudin). Divers tènemens sis à Pailloux, Magolet et le Riaul à lui donnés en fief lige : *Beçay*, 1282. (*r.* 455, *p.* 155.)

DUYSSEAU (Jean), Valet, fils de Gautier Duysseau, et Guyon Duysseau, son frère. Hôtel et fief de Langle ; ens. celui tenu de lui par Bertholin Tybert, écuyer, à cause de Jeanne Duysseau, sa f^e : *Mirebeau*, 1429 *ad* 1453. (*r.* 330, *p.* 38, 39, 40.)

DUYSSEL (Guill.), Dam., vend à l'hôpital de Montbrisson divers cens percept. ou mandem^t de St Romain ; 1273.—Etienne Duyssel, Dam. Cens, rentes et cout. ; 1334 : *Montbrisson*. (*r.* 491, *p.* 226 ; *r.* 1402, *p.* 1381.)

DYNURSE (Jaques), gentilh. ordin. de la chamb. du Roi. T. s. de Ballon : *Mans*, 1566. (*r.* 351, *p.* 38.)

E.

EBRAND (Jean), Elisabeth, Cather., Amphelise et Marguer., ses sœurs, enfans de Guill. Ebrand, de Chamgat, Dam., et de Cather. Arnaude. Maison, cens et rentes de Champgat au mandem! de la Roche : *Forez*, 1333 ad 1345. (r. 493, p. 110 ; r. 493 bis, p. 113, 121 ; r. 494, p. 29, 60.)

EBRARD (Jean), Clerc du dioc. d'Annecy. Maison forte de Chambolinas, dom., bois et cens : *Forez*, 1316. (r. 493 bis, p. 116.)

EBRARD (Guill.), Sg. de Montespedon, Dam. Dîmes et cens en la par. de Montbit : *Hérisson*, 1350. — Guillot Ebrard, Dam. T. s. de Montespedon : *Gannat*, 1377. — Jean Ebrard ; Idem ; 1442. (r. 457 bis, p. 126 ; r. 462, p. 41 ; r. 470, p. 254.)

EBRART (Guill.), et Guillerme sa f^e. Terres et portion de la dîme des Darbos, et menus cens ès par. de Lonlac et de Villane : *Billy*, 1403. (r. 457, p. 102.) Non noble.

ECLUSE (Regnaut de l'), écuyer. T. s. du Mas près de Lussac : ens. le vill. de Besses, dîme, garenne, bois, moulin : *Montluçon*, 1444. (r. 461, p. 255.)

ECYSSAT, al. Eyssat (François d'), fils de Gilbert d'Ecyssat. T. s. de Serviere, par. St Didier : Elect. de *Brioude* ; 1684. (r. 503, p. 241.)

EDUA (Gui de), Sg. de Dracey-St-Loup, Chev., prend en admodiation de Jean de Chât. Vilain, les chât., t. s. de Luzy et de Bourb.-l'Archamb. ; 1356. Et, en considération des services que lui a rendus Henri de Longvic, Sg. de Rahon, Chev., il lui cède ses hommes taillables de la Cheesse et de Duin, etc., cession ratifiée à Dijon par le duc de Bourg. ; 1358. (r. 1392, p. 721.)

ELBEUF (René d'), Chev., Sg. de Beaumesnil, comme créancier de Charles de Lorraine, Duc d'Aumale, et de Marie de Lorraine, son ép., saisit leur terre d'Usé : *Chinon*, 1613. (r. 354, p. 104.—Charles d'Elbeuf, Chev., comme proc. de Charles de Lorraine, prince d'Elbeuf. Terre et Comté de Noyan : *Mans*, 1680. (r. 410, p. 51.)

ELE (Claude d'), de Ste Colombe, Chev., B^{on} de l'Aubépin, etc., capit. de chevaux légers au rég. de Villeroy. T. s. de Thorigny, par. de Bibost : *Lyon*, 1689. (r. 495, p. 157.)

EMERY (Aelide), al. Alips Aymeric, v^e. Maison-Emeriz à Ussel, et partie de terres, prés et cens : *Chantelle*, 1352. (r. 458, p. 331.)

EMONNYN (Martin), élu en l'Elect. de Moulins. Cens et autres dr. en la par. de Chastillon, acq. de Jaques de la Motte, écuyer, Sg. de Noyan, et de Barbe d'Aureuil, son ép. : *Souvigny, Verneuil*, 1703. (r. 476, p. 113.)

EMSSALMY, al. Enselme (Morel). Le pré de Paluel, par. de Garnay, et un champ appel. la Rouzère, assis à Leyme : *Moulins*, 1289. (r. 454, p. 223.)

ENFANT (Seguin l'), Chev. Herbergem^t de la Roche de Mayet, avec le dr. de la voirie : *Chât.-du-Loir*, 1403, 1418. (r. 344, p. 51.)

ENFANT (Gédeon l'), Chev., Sr du Bois-Moreau, et Susanne Poitevin, son ép., v^e de Phil. de la Vayrie, Chev., gentilh. ordin. de la Chamb. Chât., t. s. de Bazouges, délaissés à lad. v^e par son 1er mari, laquelle terre appartenait, en 1455, à Robert Sarazin, Chev. : *La Flèche*, 1668, 1670. (r. 358, p. 139 ; r. 397, p. unique.) Rel. d'eux : René de Maillé, Mis de Benehard ; René de la Varanne, Mis dud. lieu, Chevaliers. René le Bigot, Sg. de Cherbon ; Gabriel Dauzy, S^r de l'Estortière ; Mathurin le Feron, Sr de la Barbée ; Jaques Gaultier, Sr de Fontaines ; Rolland Richer, Sr de Breil, écuyers.

ENGANELLI (Pierre), de St Bonit-Chatel, vend au Cte de *Forez*, divers dr. sur le marché de Vercherie ;•1321. (*r.* 1395, *p,* 308.)

ENJALUIN (André), m^d à St Bonnet-le-Chastel. Rente noble de Gachars, en la par. d'Apinac : *Forez*, 1674. (*r.* 495, *p.* 179.)

ENTRAIGUES (Pierre-Gorge d'), *al.* Antraisgue, Chev. Terres et châtell. de la Croisette, de Mareuil, la Chapelle-Roisé, St Ambroise-sur-Arnon, le bois de Bois-Juffier et autres possess. considér. : *Issoudun, Vierzon*, 1711, 1718. (*r.* 449, *p,* 71 ; *r.* 450, *p.* 5, 6.)

EPERIE (Guiot d'), Dam., fils de feu Pierre de Eperie, Dam. Serm. de fidél. au sire de *Beaujeu* ; 1368. (*r.* 485, *p.* 100.)

EQUIN (Odinet), Dam., fils de Guill. Equin, de Barbassanges. Moitié de la dîme de la Tellière, par. de Feline, de Branciat et de Sancet : *Verneuil*, 1343. (*r.* 459, *p.* 107.)

ERAS (Ponchons d'), Dam. Chât., t. s. de Sintran ; ens. sa maison d'Eras avec la moitié du chât. dud. lieu : *Forez*, 1322. (*r.* 492, *p.* 297.)

ERMITE (l') de Gayete, écuyer, Sg. de Gayete. Prés, vignes, garenne, cens et rentes en la par. de Bocé : *Billy*, 1452. (*r.* 455, *p.* 236.) Voy. Faye (l'Ermite, Sg. de la).

ERMYTE (Jaques l'), écuyer. F. s. de Soliers ; ens. celui de la Masere : *Ahun*, 1506. (*r.* 452. *p.* 201.)

ERMITE (Charles l'), écuyer. T. s, du Donguion, par. de Javalier : *Marche*, 1669. (*r.* 474, *p.* 276.) Signe, de l'Ermite.

ERNOUL (Jean). Sergenterie fayée de Sonnois : *Mans*, 1406, (*r.* 315, *p.* 55.)

ESBAUDEMENT (Pétronille de), v^e de Hugues Jay, vend à Almonde Odonne, v^e de Jean Odou, et Pierre leur fils, un bois près la Fuye du Cte *d'Angoul.* ; 1316. (*r.* 1405, *p.* 343.)

ESCAFFREDE (Guill.), Chev. Divers mas tenus de lui, ès par. de Junhac et de la Capele : *Carlat*, 1279. (*r.* 473, *p.* 150.)

ESCAMIN, *al.* Escamain (Anne), v^e de Pierre d'Augustin, Chev. T. s. de Coulon de Courbat, par. de St Paul : *Loches*, 1669. (*r.* 358, *p.* 12, 13.)

ESCARS (Gautier d'), écuyer, Ier Chambellan du Duc de Bourbon ; 1496. (*r.* 1357, *p.* 357.) Mémoire.

ESCARS (Charles d'), de Montal, Chev. T. s. d'Yzrat et de la Rocquebrou, Elect. d'Aurillac : *Carlat*, 1670. (*r.* 499, *p.* 814.)

ESCHALARD (Jean), Chev., Sg. de la Boulaye. Herbergement de Verney et dép. au vill. du Chizay ; 1405, 1439. — Robert Eschalard ; *Idem* ; 1449. — Cather. Eschalade, v^e de Jean de Daillon, Chev. ; *Idem* ; 1472 : *Mirebeau*. (*r.* 330, *p.* 125 ; *r.* 331, *p.* 3 *ad* 6.)

ESCHALARD (Maximilien), Mis de la Boulaye, et Anne-Louise de la Marck, son ép. T. s. de la Tour aux Poupaux, saisie sur eux à la requête d'Anne de Rosemont, v^e de Jean Gobert, écuyer : *Châtellerault*, 1686. (*r.* 435, *p.* 169.)

ESCHALLART (Louise), ép. de Silvestre de Cragy, de Marsillac ; héritière d'Ant. Eschallart, écuyer, son neveu, fils de Frédéric Echallart, écuyer, et de Henriette de Rechine-Voisin. F. s. de Barge, par. de Beuloeuf : *Vouvant*, 1700. (*r.* 436, *p.* 374.)

ESCHALARD (Louis), Chev., de la Marck, mestre de camp des carabiniers. T. s. du Treuil, par. de Diery : *Clermont*, 1723. (*r.* 509, *p.* 79, 80.)

ESCHALEYT (Pierre de l'), au dos, de le Challier, Dam. Cens, rentes et autres dev. au territ. de la Forest, par. St Remy : *Thiers*, 1334. (*r*. 472, *p*. 7.) — Pierre de l'Eschalet, *al*. Eschaler, pour lui et Alise Garone, Damoiselle. Maison, terres, prés, bois et mouv. ès par *de Arconciaco*, de Salis et de St Roman : *Forez*, 1335. (*r*. 490, *p*. 230.)

ESCHALLÉ (Louis), écuyer, Sg. de la Foubretière, pour Renée Colin, son ép., tutrice des enfans d'Olivier de Jousserant, écuyer, son Ier mari. T. s. de Laire ; 1687. — Jean Eschallé, écuyer, Sr de Linazay. T. s. de la Panieure, par. de Chaunay ; 1704. — Charles-François Eschallé. Chev. son fils ; *Idem* ; ens. les fiefs de Maignoux et de la Bigeonnière, par. de Linazay ; 1721 : *Civrai*.(r. 435, *p*. 209 ; *r*. 438, *p*. 428, et suiv.)

ESCHALOUX (Denise, ve de Guill.), fille de feu Etienne Brandiz. Dom., cens et tailles en la par. d'Estroussat, *Extrociaci*, 1322. — Audin, *al*. Odin Eschaloux, Dam., et Béatrix, sa sœur, ép. de Pierre de Neuville, Dam., enfans de feu Guill. Eschaloux, et de Denise de Vilete, Damoiselle. Echange d'immeubles avec Gui, Cte de *Forez* ; 1344. — Odin Eschaloux, Dam. Maison de Culhat, dom., garenne, cens et tailles ès par. de Bayet et Barberiat; 1356 : *Chantelle*. (*r*. 459, *p*. 67, 68 ; *r*. 1394, *p*. 21.)

ESCHALOUX (Gonnot), Dam., du dioc. de Clerm. Son mariage avec Marguer., fille de Guill. Flotte, Chev., Sg. de Renel : *Huchon*......

ESCHALOUX (Hugonot), Dam., paroiss. de Bayet. Dom., prés, cens et rentes : *Chantelle*, 1398, (*r*. 458, *p*. 318.) Au dos est écrit : « Cette » nomée (dénombrement) n'est point à recevoir, pour les causes qui » s'ensuivent. Premièrement que se porte noble, et il est non noble, car » ses prédécesseurs ont accoutumé de payer le rachat. Secondement il ne » doit rendre que la moitié des choses contenues en sa nommée, le surplus » étant à Monseigneur, pour la forfaiture de son frère, qui a été banni » du pays de *Bourbonnois*. »

ESCHALOUX (Hugonot), écuyer, paroiss. d'Estroussat. Maison, tour, fossés, dom., dîme et rentes au vill. de Cullat, par. de Bayet : *Chantelle*, 1443. — Jean Eschalloux, écuyer ; *Idem* ; 1443. (*r*. 458, *p*. 160, 282.)

ESCHELON (Benoit d'), fils de Pierre. Son mariage avec Petronille, fille de Jean Poylleu, et nièce de Barthélemy et de Phil. Boloynons, lesquels lui assignent pour dot leurs maisons sises à *Montbrisson* ; 1318. (*r*. 1402, *p*. 1370.)

ESCHIS (Guill.), tient en fief lige, du chef d'Adelaïde, sa fe, cinq quartelées de terre en la par. de Tresail : *Chaveroche*, 1304. (*r*. 467, *p*. 315.) Non noble.

ESCHIVAULX (Guiot d'). Hôtel d'Eschivaulx, et seg. en la par. de Souvigny : *Moulins*, 1397. (*r*. 454, *p*. 173.)

ESCOLE (Boson d'), *de Scola*. Chev., recon. tenir d'Archambaud, Sire de Bourbon, sa maison de Marcilly, *Marchilliaco* ; 1243.—Chatard d'Escole, *Escola*, archid. de Chauvigny en l'égl. de Clérmont. Hôtel fort, dom. et seg. d'Escole et arr. fiefs ; 1301 : *Chantelle*. (*r*. 458, *p*. 260 ; *r*. 466, *p*. 52.) Vassaux de celui-ci : Roger de Barbariaco : Uldin de Cirat ; Géofroy Doplez ; le Sire de Montet ; Etienne Sapin ; Guill. Sozet, Chevaliers.

ESCORAL (Pierre d'), fils de feu Astorge d'Escoral, et Durand Martel, ép. de Marguer., sœur dud. Pierre. Terres, prés, jardin, vignes en la par. d'Escoral : *Thiers*, 1334. (*r*. 472, *p*. 26.)

ESCORAILLES (Jean d'), Sg. dud. lieu, fils de Jean d'Escoralles. La montagne de Fiatcit, h., m. et b. j. ; 1669.—Charles d'Escorailles, écuyer, son fils (signe : Escorallie.) Justice h., m. et b. en la par. d'Escorailles, et sur celles d'Ally et de Chausenat ; 1684 : *Riom.* (*r.* 499, *p.* 220 ; *r.* 503, *p.* 313 ; *r.* 504, *p.* 45.)

ESCORAILLES (Annet d'), écuyer, Sg. de Mazerolles, fils, *al.* neveu et hérit. de François d'Escorailles. Cens, rentes et h. j. ès par. de Salers, St Bonnet et Anglard : *Riom*, 1669, 1684. (*r.* 499, *p.* 336 ; *r.* 500, *p.* 58 ; *r.* 503, *p.* 432.)

ESCORAILLE (François d'), Chev., Bon de Jaubertier et autres lieux. Justice h., m. et b. en la par. de Livry ; 1695. Signe : de Scorraille. — François-Phil. d'Escorailles, Chev., Mis de Bouchau, M^{al} des camps et armées. T. s. de la Perrine, par. de Livry ; 1717. — Etienne-Marie d'Escorailles, capit. de cavalerie; son fils ; *Idem* ; 1725 : *Bourb.* (*r.* 475, *p.* 136 ; *r.* 477, *p.* 260 ; *r.* 480, *p.* 28.)

ESCOTAY (Jarenton d'), ratifie la donation faite par Rotland, son fils, de la seg. de Does-Ouchel à l'hôpital de Montbrisson ; 1220. — Godemar d'Escotay, Chev., et Jaquete, son ép. T. s. de Sunzeu, au ressort de *Montbrisson;* 1261. — Pierre d'Escotay, Dam., vend à Giraud del Poyet divers cens, rentes et tailles assis à Villeneuve et autres lieux ; 1270. — Guill. d'Escotay, Chev. Cens, rentes, cout. et autres dev. au territ. de Greyseu ; 1290. (*r.* 492, *p.* 138 ; *r.* 493 *bis*, *p.* 65 ; *r.* 1402. *p.* 1364, 1384.)

ESCOTAY (Chatard d'), Dam., et Jaquete, son ép. Cens, rentes et autres dev. à St Georges sur Cosant ; ens. ce qu'il tient au Chât. d'Escotay : présents, Hugues d'Escotay ; Bertrand de la Roche, et Etienne d'Ussel, Damoiseaux : *Forez*, 1321, 1333. (*r.* 490, *p.* 322 ; *r.* 491, *p.* 51 ; *r.* 492, *p.* 295 ; *r.* 493, *p.* 10 ; *r.* 1395, *p.* 303.)

ESCOTAY (Hugues d'), Dam. Maison, t. s. de Pissy, *Pissiaco*, par. de même nom : *Forez*, 1335. — Guill. d'Escotay, Dam. ; *Idem* ; 1337. (*r.* 491, *p.* 1 ; *r.* 493, *p.* 26.)

ESCOTAY (Pierre d'), *al.* de Scossay. Hôtel, t. s. d'Escotay, par. de Besson : *Souvigny, Verneuil*, 1443. (*r.* 460, *p.* 39.)

ESCOTTEZ (Ambroise des), écuyer, Sr de la Chevallerie. T. s. du Plessis-Berthélemy, par. St Bier, par lui acq. d'Olivier Clereau, écuyer, Sr de Gastines : *Chât.-du-Loir*, 1604. (*r.* 352, *p.* 139.) — Ambroise des Escottez, Chev., son fils, enseigne au rég. des gardes. T. s. d'Armilly et de Chamilly, la première ayant appartenue à Ysabeau de Clisson : *Tours*, 1666. (*r.* 457, *r.* 9. 10. Rel. de lui : Jean du Bois, Sr de Fontaine-Rouzière, Anne de la Bonnière, Sr de Chatelières ; François le Breton, Sr de la Dennetière, écuyers.

ESCOTTEZ (Michel-Rolland des), le bigot de Gastines, Sg. de Chamilly, fils aîné de Michel-Séraphin des Escottez. T. s. d'Armilly et du Coudray-Macouard : *Saumur, Tours*, 1741, 1742. (*r.* 427, *p.* 34, 48.)

ESCOUBLEAU (François d'), Chev., Sr de Sourdis, capit. de 100 h. d'armes. Châtell., t. s. de Turzay, d'Orcé, Tillé, la Roche-Rigault et autres lieux : *Loudun*, 1599. (*r.* 352, *p.* 174.)

ESCOUBLEAU (Anne-Henri d'). T. s. de Montdoubleau, saisie sur lui : *Mans*, 1685. (*r.* 421, *p.* 65.)

ESCOUBLEAU (René-Charles d'), Chev., Mis de Sourdis. F. s. de la Chapelle-Bertrand, par. de même nom : *Partenay*, 1699. (r. 436, p. 253.)

ESCOURCELLES (Jean d'). T. s. du Breuil : *Auv.*, 1402. (r. 470, p. 255.)

ESCOUTAY (Dyonise d'), v^e de Guy de Boscoturaul, Chev. Cens et tailles : *Verneuil*, 1357. (r. 459, p. 194.)

ESCUIER (Jean l'). Fief de Cantene, par. *id.* : *Angers*, 1404. (r. 337, p. 93 ; r. 341, p. 27.)

ESCURES (Louis des), Cte de Lyon. Fiefs des Escures et du Plaisant, par. de Chastel-Perron et de Sorbier, acq. sur Etienne des Escures, écuyer : *Chaveroche*, 1691. — Louis des Escures, Chev. ; *Idem* ; 1703, 1717. (r. 475, p. 53 ; r. 476, p. 85 ; r. 477, p. 361.)

ESCURES (Henri-Louis des), écuyer. T. s. de Sausat, par. de même nom : *Billy*, 1725. (r. 481, p. 7.)

ESCURES (Magdel. des), fille aînée d'Esmé des Escures, écuyer. Fief de la Viners, par. de *Souvigny* ; .... (r. 475, p. 158.)

ESGRIN (Chatard), écuyer, pour Jeanne de Murat, Damoiselle, son ép. Mote, dom. et mouv. de Laugere : *Belleperche*, 1404. (r. 465, p. 129.)

ESGRIN (Jean), écuyer, et Jeanne de la Forêt, sa f^e. F. s. de la Forest et de Joux : *Bourb.*, 1518. (r. 483, p. 38.)

ESMENET (Claude), Chev., Sg. de Gazeau. F. s. de la Bouardiere, par. Ste Ouenne : *Partenai*, 1702. (r. 437, p. 21.)

ESMOIN (François), écuyer. F. s. de la Vaublanche en la châtell. de Drouilles : *Marche*, 1506. (r. 452, p. 317.)

ESMOINGT (Léonard), écuyer. T. s. du Chesaud ; ens. les fiefs de la Viergne et de Bochete, ès par. de St Herlaye et de Javalline : *Marche*, 1669. (r. 474, p. 173, 230.)

ESMOND, *al.* Esmoiz (Louis), écuyer. F. s. de Javaillat : *Marche*, 1506. (r. 453, p. 230.)

ESPAGNOL (Pierre l'), fils de feu Hugues l'Espagnol, Dam. Divers cens en la par. de Poillieu, *al.* Pollieu : *Forez*, 1410. (r. 1402, p. 1255.)

ESPAGNON, *al.* Espaignol (Amé), écuyer. Hom. de ses maisons de Bostonare, par. de Pollieu ; ens. de ses cens et rentes en la par. de Balligniac, etc. : *Forez*, 1441. (r. 1402, p. 1265, 1384.)

ESPAIGNEUL (J. B. l'), Sr de la Baudrerie, gentilh. servant, pour Gilles d'Espaigneul, secrét. du Roi. Baronnie de Rillé, acq., le 11 mars 1609, d'Ant. Ruzé, Mis d'Effiat : *Saumur* ; dénombrée 1714. — Gilles-René l'Espagneul, écuyer, François, Marie-Claude, et Geneviève, ses frère et sœurs, enfans de J. B. ; *Idem* ; 1739. (r. 425, p. 37 ; r. 426, p. 10.)

ESPALAIZ *al.* Expalais, *Expalacio* (Regnaudin d'), Dam. Maison d'Espalais, fossés, dom., étang, garenne, dîmes, serfs, etc., par. de Giurlay ; 1301. — Gilbert d'Espalais, Dam.; *Idem* ; 1343. — Phil. d'Espalais, Dam.; *Idem* ; 1355 : *Hérisson*, al. *Verneuil*. (r. 460, p. 245 ; r. 462, p. 98, 99, 100.)

ESPARNIERES (Jarenton d'), Chev., du dioc. de Viviers, s'accorde avec les hommes d'Esparnieres au sujet de la taille : *Forez*, 1312. (r. 1398, p. 639.) Voy. Sparniers.

ESPARROS (N. Sire d'), Chev. de l'Ordre. Dr. de foire à Bernezey, provenant de son ép. Françoise Bouchet : *Loudun*, 1527. (r. 348 *bis*, p. 17.)

ESPEL (Raymond), év. d'Auvergne, tient patrimonialement la moitié par indivis du chât. de Sautrenon, t. s. en dép. : *Forez*, 1337. (*r*. 492, *p*. 182.)

ESPERONS (François, Guill., Etienne et Jean), frères. Le tènement de Tresmassens, par. de Vign. : *Forez*, 1324. (*r*. 493, *p*. 54.)

ESPERON (Pierre l'), al. l'Epron, m^d. Maison, fief et seg. de la Cour de Monnoie, par. du G^d St Pierre au *Mans*, 1666. (*r*. 347, *p*. 48 ; *r*. 357, *p*. 117.)

ESPERON (Jaques), Sr de la Garnerie. T. s. de la Jallière et de la Lionnière, par. de la Boissière ; ens. le fief de Beauregard, par lui nouvel. acq., et celui de la Reigle, à lui adjugé sur Pierre Viault, écuyer, et Marie Guoguet, sa f^e : *Partenai*, 1698, 1702. (*r*. 436, *p*. 131, 322, 323 ; *r*. 437, *p*. 35.)

ESPERONNAT (Françoise d'), v^e de Jean de Peyrat, Chev., Bon de Reorte. T. s. de Jallenges ; ens. celle de Rocheron : *Amboise*, 1663, 1666. (*r*. 356, *p*. 67 ; *r*. 357, *p*. 33.)

ESPERONNIÈRE (Ant. de l'), Chev., Sg. de la Saullaye. Fief du Pineau-aux-Gardes : *Angers*, 1640, 1645. (*r*. 355, *p*. 87, 88 ; *r*. 430, *p*. 30.)

ESPERVIER (Jean). Terre et châtell. de St Denis de Sablé : *Mans*, 1404. (*r*. 343, *p*. 41 ; *r*. 345, *p*. 34.)

ESPERVIER (Jean de l'), écuyer, chapellain de la Chapelle Ste Anne de Fessart. Métairie de Fessart, et fief de la Gravelle, dép. de lad. châtellenie : *Chât.-du-Loir*, 1604 (*r*. 352, *p*. 133.)

ESPICIER (Guill. l'), chan. de St Martin de Cucy, fils d'Etienne l'Espicier et de Marguer. Vigier, fille de feu Etienne Vigier, pour lui et son neveu. Cens en grain et argent : *Billy*, 1443. (*r*. 457, *p*. 5.) Non noble.

ESPICIER, al. Espissier (Louis de l'), écuyer, Sg de la Roche, comme tuteur des enfans de François de l'Espicier, écuyer, son frère. T. s. de Villars, par. de Floret : *Chaveroche*, 1717. (*r*. 477, *p*. 580.)

ESPICIER (Jacqueline de l'), Damoiselle, héritière de Claude de Chaize, écuyer, son oncle. Terre de la motte Beaudeduit, par. de Gouise : *Bessay*, 1728. (*r*. 480, *p*. 10.)

ESPINACE (Geofroi de l'), *de Espinacia*, Chev. délaisse à Gui, Cte de *Forez*, son four de St Just ; 1257. (*r*. 1395, *p*. 316.)

ESPINACE (Guill. de l'), Chev. t. s. de Pierre Fite et autres, ès par. de St Aignan et de Parregny, par lui acq. de Jean de Chatelud et d'Ysabeau, sa mère : *Chaveroche*, 1303. (*r*. 468, *p*. 328.)

ESPINACE (Hugonin al. Hugues de l'), Dam., fils d'Etienne de l'Espinace, Chev., Sg. de St André en Roannois, pour Alise, son ép., fille de Raynaud de Coudères, Damoiselle. Maison de Comeres, justice et seg. en dép. ; ens. celle de St Félix, etc. : *Beaujeu, Billy, Forez*, 1304 *ad* 1352. (*r*. 456, *p*. 81 ; *r*. 489, *p*. 163 ; *r*. 493 *bis*, *p*. 45.)

ESPINACE (Humbert d'), Chev. Divers cens. rentes et dev. ès par. de Villereis et de St Sépulchre, dont jouissoit sa sœur Beatrix de Moble, religieuse à Beaulieu : *Forez*, 1306. (*r*. 1395, *p*. 388.)

ESPINACE (Dalmas de l'). Chât. de l'Espinace ; maison de Bosc, dom., bois et seg. : *Beaujeu*. Dom., cens, rentes et mouv., ès par. de St Habund, St Roman, St Germain et autres : *Forez*, 1311, 1328, 1338. — Hugues de l'Espinace, Chev., son fils, neveu de feu Rolet de l'Espinace. Mêmes possess. de l'Espinace et de la maison du Bosc ; 1351, 1357. (*r*.

489, *p.* 33, 39, 41, 217; *r.* 490, *p.* 112; *r.* 492, *p.* 215; *r.* 1395, *p.* 392.)

ESPINACE (Etienne de l'), Dam., fils de feu Simon de l'Espinace, Chev. Maison forte de Monterre, *al.* Montserrier, dom. et dr. en dép., par. de Maley: *Beaujeu*, 1312. — Jean de l'Espinace, Dam., son fils ; *Idem ;* et cens sur le tènem^t del Coigny en Roannois: *Forez*, 1332, 1355. (*r.* 489, *p.* 38, 157 ; *r.* 494, *p.* 57.)

ESPINACE (Eustache de l'), Chev. Maison de Sarcy, *Sarciaco*, dom. et mouv., par. de Melay: *Beaujeu*, 1314, 1321. (*r.* 489, *p.* 6, 37.)

ESPINACE (Etienne d'), Chev. Maison, t. s. de St André, par. *id.*: *Forez*, 1334. (*r.* 491, *p.* 259.)

ESPINACE (Jean de l'), Sg. de St Léger. T. s. de Brierie, par. de Digoin : *Beaujeu*, 1355. (*r.* 489, *p.* 28, 84.)

ESPINACE (Philib. de l'), Chev. Maison forte, t. s. de la Cleyete : *Beaujeu*, 1357. (*r.* 485, *p.* 127 ; *r.* 1389, *p.* 361.)

ESPINACE (Phil. de l'), Chev. T. s. et h. j. de Nolay, par. *id.*, tenue par indivis avec le Sg. de Chateluz: *Beaujeu*, 1357. (*r.* 489, *p.* 108.)

ESPINACE (Aynard de l'), Chev., Sg. de Changy. Maison de la Crusille, et moitié du vill. de Changy, dom. et mouv. en dép. ; ens. la maison de Sarey Vird..., dom., bois, garenne, étang, h. j. : *Beaujeu*, 1357. — Erard de l'Espinace, Chev. Chât., t. s. de Changy; *Changiaco*; 1379. (*r.* 489, *p.* 224, 231 ; *r.* 1355. *p.* 21.)

ESPINACE (Jean de l'), Dam. Dom., h. j. et mouv. en la par. de Pierrefite : *Chaveroche*, 1382. (*r.* 468. *p.* 385.)

ESPINACE (Ysabelle de l'), Dame de la Palice-Belabre, de *Palicia arbore*. T. s. de la Boudue, par. St Aignan, dioc. d'Autun; présents: Etienne Douceron, Dam. ; le Sire Minet de Vernet, Chev. ; Jean de Ramas, et Jean Poquieres, Damoiseaux: *Bourb.-Lancy*, 1394, 1406. (*r.* 466, *p.* 184, 187.)

ESPINACE (Elisabeth de l'), v^e de Jean de Poquieres. Dîme de Belabre et d'Abret ; cens en bled et argent, à Lochi : *Verneuil*, 1411. (*r.* 460, *p.* 10.)

ESPINACE (Jean le batard de l'), écuyer, Tailles en la par. de Tregnac : *Chaveroche*, 1443. (*r.* 467, *p.* 267, 268.)

ESPINACE (Philib. de l'), Chev. Hôtel fort de Thory-sur-Besbre ; ens. celui de la Faye, et arr. fiefs : *Billy, Chaveroche, Moulins*, 1443. (*r.* 454, *p.* 126.)

ESPINACE (Jean de l'), Chev., Sg. dud. lieu. T. s. de Chenay, par. de Meley : *Forez*, 1454. (*r.* 494, *p.* 107.)

ESPINACE (Gilbert de l'), écuyer, pour Claude de Thoury, v^e de Jean de l'Espinace, Chev. T. s. de Thory, *al.* Thoury, *al.* Thouzy, etc. ; ens. celle de Bouzat: *Billy, Pougny*, 1488. — Jean de l'Espinace, écuyer. T. s. de Thory-sur-Besbre, de la Faye et autres ; 1495. (*r.* 455, *p.* 224 ; *r.* 484, *p.* 122.)

ESPINACE (Gérard, *al.* Herard de l'), écuyer, Sg. dud. lieu. Troisième partie de la t. et seg. du Maigny, ès par. de Colunges, St Aignan et aures: *Chaveroche, Moulins*, 1488. (*r.* 454, *p.* 306 ; *r.* 484, *p.* 90.)

ESPINACE (Gilbert de l'), écuyer, Sg. de Champbonnet. Cens, rentes et tailles ès par. de Thiel et de Dompierre ; ens. l'étang et le moulin de la Forest ; *Moulins*, 1502, 1505. (*r.* 453, *p.* 150 ; *r.* 454, *p.* 308 ; *r.* 483, *p.* 13.)

ESPINACE (Jean de l'), écuyer, Hom. d'une rente foncière et autres objets és par. de Baullon et Pierrefitte: *Moulins*, 1505. (*r.* 453 *p.* 86.)

ESPINACE (Ant. de l'), Sg. de Maulevrier. T. s. de Changy : *Beaujeu*, 1506. (*r.* 1373, *p.* 2149.)

ESPINACE (Hyacinthe de l'), écuyer. T. s. du Passage, par. d'Auval: *Riom*, 1669. — Hyacinthe de l'Espinace, Chev.; *Idem*; 1683, (*r.* 499, *p.* 306; *r* 503, *p.* 51.)

ESPINACE (Cather.-Arnaud de l'). Damoiselle, pour son mari Michel-François du Bos de Condignac. Chât. t. s. de Montfleury, par. de Laz: *Clerm.*, 1723. (*r.* 508, *p.* 158.)

ESPINAY (Jean de l'), Fief en la par. de Beaufort : *Anjou*, 1460. (*r.* 329 *bis*, *p.* 17.)

ESPINAY (Jaques d'), Chev. T. s. de Launay et de Bocé : *Amboise*, 1515. (*r.* 432, *p.* 83.)

ESPINAY (Ant. d'), Chev., gentilh. ordin. de la Chamb. Châtell., t. s. de Challain : *Angers*, 1582. (*r.* 477, *p.* uniq.) Tiennent de lui : Gabriel de Beauveau, Sr du Rivault et des Aulnais, Chevalier. François d'Andigné, S^r des g^d et petit Beauvais ; Jean d'Andigné, Sr de Maubuisson ; René d'Avoyne, Sr de la Jaille ; Guy d'Avoyne, Sr de la Pommeraye ; Louis Boiron, Sr de la Richodaye ; Jean de Chazé, S^r des Molinets ; Réné du Chastellet, Sr de la Pezelliere ; Claude Coustardière ; Urbain de Coesmes, Sr de la Salle ; François de Coesmes, Sr du Plessis ; Jaques de la Forest, Sr de la Racheraye ; Pierre Crespin, Sr de la Chaboulaye ; François de g^d Moulin, Hilaire de la Hune, Sr de Gaufouilloux ; Jean de Juvigny, Sr de Pruille ; Jaques du Mortier, Sr de la Chucheraye ; Mathurin du Mortier, Sr de Sellinaye ; Pierre du Mortier, Sr de la Beucheraye ; René Pelault, Sr du Bois-Bernier ; Jean de Poutiers, Sr du Mesnil-Poireux ; Ambroys Reverdy, Sr du Petit Marcé ; Emar Rouseau, Sr de la Martinaye ; Jean Rousseau, Sr du Hautecoherne ; Jaques de Villeprouvée, Sr du Mesnil, écuyers.

ESPINCHAL (Miranda de Altabrella, v^e de Pierre d'), par son proc. Jaques de Murat, Sg. d'Alanhac, rend hom. de ses fiefs, et arr. fiefs, sis au mand. d'Avenal, baron. de *Mercœur*, 1493. (*r.* 471, *p.* 160.)

ESPINCHAL (Gilbert d'), écuyer. Terres, bois et rentes à Cossergues : *Auv.*, 1503. (*r.* 471, *p.* 63.)

ESPINCHAL (Jean-François d'), prieur de Bort ; 1671. (*r.* 499.)

ESPINCHAL (Marie d'), v^e de Joseph de Ginestoux, Sg. de St Vincent, dem. en son chât. de Bousade en Vivarais. Deux rentes nobles és par. de Pailheres et de Nouzières : *Forez*, 1674. (*r.* 496, *p.* 39.)

ESPINCHAL (Henriette d'), v^e de Jean de Fontanges, Chev., Sg. d'Auberoque. T. s. d'Espinchal, et de Besserette : Elect. d'*Aurillac* et d'*Issoire*, 1684. (*r.* 503, *p.* 372.)

ESPINCHAL (Jean-François d'), Chev., prieur commend. de Menet : *Auv.*, 1685. (*r.* 503, *p.* 505.)

ESPINCHAL (Charles-Gaspard d'), Chev., fils de feu Jaques d'Espinchal. T. s. de Massiac et fiefs en dép. : *Brioude*, St *Flour*, 1683, 1686. — François d'Espinchal, Chev., son fils. Chât. en ruines, appel. le Monteil-le-Renoux ; t. s. de Massiac. etc, ; 1687, 1699. (*r.* 503, *p.* 170 ; *r.* 504, *p.* 98 ; *r.* 505, *p.* 91 ; *r.* 506, *p.* 257 ; *r.* 507, *p.* 109.)

ESPINE (Ant.-Joly de l'), fils de feu Robert de l'Espine, gentilh. de la maison du Roi, commissaire des guerres, et de Jeanne Colley. F. s. des g^(des) dîmes, par. d'Usson : *Civray*, 1704. (*r*. 437, *p*. 84.)

ESPINGUEAU (Guill.), pour lui et Clément, son fils. Cinquième partie du chesau de Charnoul, terres, prés, garenne, bois, pêche, etc. : *Ainay*. 1350. (*r*. 462, *p*. 153, 349.) Non nobles.

ESPINIÈRES (Marie d'), *al*. Espineul, v^e de Jean Palurne, *al*. Palarue, écuyer, Sr de la Bresne et Mimorin, très. de France. T. s. de Touzet, par. St Germain d'Entrevaux : *Verneuil*, 1688. (*r*. 474, *p*. 662.)

ESSARS (Jaques des), Chev., accense à Pierre Baron 2 Maisons sises à Paris, rue de la Harpe, faisant le coin de la rue Pierre-Sarasin ; 1342. (*r*. 1394, *p*. 76.)

ESSERIS (Jean d'), Sg. de la Bala, et Anne Brulonne sa f^e. Maison et place forte de la Brulonière : *Marche*, 1506. (*r*. 452, *p*. 289.)

ESSERTINES (Gui d'), Dam. Maison d'Essertines et dép. ; ens. la terre acq. par son père, de Hugues de Leschevenes, Dam. : *Beaujeu*. 1333. — Pierre d'Essertines, Chev. Maisons de Fromentalet et d'Essertines, dom. et mouv., par. de Brion, d'Yguerande et autres ; 1333. (*r*. 489, *p*. 220, 226.) Voy. Cos (Marguer. de).

ESSERTINES (Jocerand d'), Chev. T. s. d'Arche, saisie sur lui : *Beaujeu*, 1336. (*r*. 489, *p*. 10.)

ESSERTINES (Jean d'), autrement dit Cornuz, Chev. Maison forte de Fromentelet, dom. dr. et actinos en dép. : *Beaujeu*, 1350, 1355. (*r*. 489. *p*. 62, 82.)

ESTAING (Jean d'). Chev., fils de Jaques d'Estaing, Chev., et Claude-Marie du Terrail de Comboissier, *al*. Combourcier, sa f^e T. s. de Saillan; Cheylade. Listenois, Ravel et autres : *Riom*, 1669. — Sa v^e ; 1676. Voy. Joachim de Roquelaure. — Gaspard d'Estaing, Chev., mestre de camp de cavalerie, leur fils ; *Idem* ; 1684, 1686. (*r*. 499, *p*. 659, 660 ; *r*. 501, *p*. 56 ; *r*. 503, *p*. 420 ; *r*. 505, *p*. 8 ; *r*. 507, *p*. 151, 188.)

ESTAING (Charles d'), Chev., abbé de N. D. de Montpeiroux ; 1669, 1683. (*r*. 499, *p*. 663 ; *r*. 503, *p*. 127.)

ESTAING (Joachim d'), Chev., fils de François d'Estaing. Chât., t. s. de Murol, par. de Senectere, Chambon, Varennes etc. : *Riom*. Et, du chef dt son ép. Susanne de Paulet, la t. et seg. de Requistat, par. de Jabrun : *Murat*, 1669, 1670. Voy. Roquelaure. — Joseph d'Estaing, écuyer, leur fils ; *Idem* ; 1694, 1698. — Joachim d'Estaing, de Boissière, écuyer, son fils ; *Idem* ; 1723, 1725. (*r*. 499, *p*. 478, 618 ; *r*. 502, *p*. 78 ; *r*. 503, *p*. 305 ; *r*. 505, *p*. 107 ; *r*. 509, *p*. 70 ; *r*. 510, *p*. 16.)

ESTAING (Joachim-Joseph d'), de Saillans, év. de St Flour. T. s. de Neschers près *Clermont* ; 1717. (*r*. 507, *p*. 177.) — Phil.-Jean d'Estaing, Cte de Saillans. T. s. de Marchastel, par. de même nom : *St Flour*, 1723. (*r*. 508, *p*. 129.)

ESTAING (François, Cte d'), lieut. gén. des armés, gouverneur de Douai, fils de Joachim d'Estaing. Chât. t. s. de Murol, Chambon, St Victor, etc. : *Clerm*., 1723. (*r*. 509, *p*. 79, 80.)

ESTAMPES (Jean d'), écuyer, gentilh. ordin. de la Chamb., capit. de 50 h. d'armes. Maison forte, t. s. de Valencé, d'Estiau et de Longué : *Baugé*, 1586. (*r*. 353, *p*. 24, 25.)

ESTAMPES (François d'), Chev., fils de Jean d'Estampes, Chev. F. s.

d'Autry, *al.* Autrey, et de Tellay, par. S‍t Martin de Cour : *Mehun-sur-Y.*, 1668. — Cather.-Blanche d'Estampes, sa fille ; *Idem;* 1679, 1681. (*r.* 445, *p.* 9, 302, 327.)

ESTAMPES (François-Edme d'), Chev., Sg. de la Mothe. d'Ennordes, *al.* Ennordre, pour Cather. d'Orléans, son ép. Fiefs de Charnay et de Beufray, par. de Mery-sur-Cher : *Vierzon*, 1699, 1701. (*r.* 447, *p.* 231 ; *r.* 448, *p.* 44.)

ESTAMPES (Phil.-Charles, C‍te d'), Chev., M‍is de la Ferté-Imbault, capit. des gardes du corps de S. A. R. Duc-régent, pour son ép. Jeanne-Marie du Plessis-Châtillon. T. s. et justice de Marse.... et de Turl... : *Bourges, Issoudun*, 1718. (*r.* 450, *p.* 45.)

ESTANG (Huet de l'), Dam. pour lui et ses frères. T. s. de l'Estang, *Stangno*, aussi *Stanno*, par. de Juvisy. — Jean et Hugues de l'Estang, fils d'Ogier de l'Estang ; *Idem : Beaujeu*, 1357. (*r.* 488, *p.* 102 ; *r.* 489, *p.* 106.)

ESTANG (Héliot de l'), écuyer, Hôtels forts de Ry et d'Ambert ; ens. les fontaines et sourdeïs de la Grimaudière, avec le vivier, etc. ; 1443, 1454. — Bertrand de l'Estang, écuyer, Hôtel et seg. de Ry ; Louis de l'Estang, son frère, tient l'hôtel de Breuil ; Perrote de l'Estang, leur sœur, mariée à Regnaut du Vergier ; 1467 : *Mirebeau.* (*r.* 330, *p.* 7, 84 ; *r.* 431, *p.* 19, 74.)

ESTANG (François de l'), écuyer, Sg. de Thinay, à cause de Marguer. de Jussac, son ép., fille d'Antoine de Jussac, écuyer, Sg. de la Morinière, et de Jeanne de Nouroy. T. s. du Plessis-Savary, et de Fontaine, par. S‍t Senoch : *Loches*, 1608. (*r.* 385, *p.* unique.)

ESTANG (Jean de l'), habitant de Jarnage ; Jean de l'Estang, chan. dud. lieu. Fief de Champagne, par. de Gouzonnat : *H. Marche*, 1669. (*r.* 474, *p.* 191, 282.)

ESTANG (Pierre de l'), S‍r de Montaboulin, proc. du Roi au bailI. d'Issoudun, à cause de Marie Augier, sa f‍e, fille de Gilles Augier, écuyer, S‍r du Costau. Douze boisselées de terre, par. S‍te Palais : *Bourges*, 1670.— Anne, Francon et Cather., leurs enfans. Fiefs de Feney et de la Braye, par. de Preully : *Mehun-s.-Y.*, 1695. (*r.* 445, *p.* 108 ; *r.* 457, *p.* 186.)

ESTANG (Michel-Henri de l'), S‍r de Villeclerc. Cinquième partie des dîmes du pressoir de l'Archevêque ; et, comme héritier de D‍elle Pillemy, sa mère, moitié des dîmes du vill. d'Availles : *Issoudun*, 1705, 1716. (*r.* 448, *p.* 104 ; *r.* 449, *p.* 219.)

ESTEVARD (René), écuyer. F. s. de Bois-Marteau ; 1663. — Anne Estevard, sa fille ; *Idem* ; 1685 : *Vierzon.* (*r.* 443, *p.* 19 ; *r.* 445, *p.* 367.)

ESTIENNE (J. B.), à cause de Jeanne Churnon, sa f‍e. F. s. de la Motte-Tessé : *Chaveroche*, 1375. (*r.* 468, *p.* 293.)

ESTIENNE (Jean), commissaire, *al.* huissier des tailles en l'Elect. de Moulins. F. s. de Chamfoleix, par. de Paray, cens et dîmes ; *Billy*, 1707, 1717. (*r.* 476, *p.* 191 ; *r.* 477, *p.* 369.)

ESTIER (Etienne), à cause de Jeanne sa f‍e, fille de feu Etienne Tennar, paroiss. de Bar ; et pour ses belles sœurs Alise et Agnès. Deux pièces de terres en la par. de Tresail : *Chaveroche*, 1375. (*r.* 468, *p.* 293.)

ESTISSAC (François d'), de la Rochefoucault, Chev., fils de Benjamin d'Estissac de la Rochefoucault, et d'Anne de Villantrais. Fief de la Millière, et moitié de la t. et seg. de Benet : *Niort*, 1669. (*r.* 433, *p.* 126.)

ESTOULES (Jean, fils de feu Hugues d'), écuyer. Hôtel, dom. et seg. ès finages d'Estoules et de Quincises, par. de Balismes : *Chât.-Chinon*, 1337, 1351. (*r.* 469, *p.* 224, 225.)

ESTOURNEAU (Jaques), écuyer. F. s. de Tersanne : *Monmorillon*, 1719. (*r.* 438, *p.* 384.)

ESTRANGE (Anne-Marie de l'), Chev. Baronnies et seg. de Monneri et de St Georges-Nigremont : *Marche*, 1669. (*r.* 474, *p.* 3.) — Louis de l'Estrange, Sg. du Lerris. Fief de la Buxiere : *Ibid.*; 1669. (*r.* 474, *p.* 87.)

ESTRÉE (Bernard d'). Maison d'Estrée et autres objets ès par. de Guim et de Mulinet : *Bourb.*, 1300. (*r.* 454, *p.* 31.)

ESTRÉES (Girard d'), docteur ès lois, Chev., Sg. de Beauvency, fait don de deux de ses hommes en la par. de Dampierre, à Antoine de *Beaujeu* ; 1368, 1383. (*r.* 488, *p.* 106 ; *r.* 1388, *p.* 66.)

ESTRÉES (Jean d'), Chev. Hom. de ce qu'il tient en la châtell. de Tossey ; 1374. — Jean d'Estrées, Dam., Sg. de la Féole. Maison de l'Espiney et dép. ; 1402, 1421 : *Beaujeu*. (*r.* 488, *p.* 4, 7, 9, 11.)

ESTRÉES (Pierre, bâtard, *donatus* de feu Jean d'), Chev. Maison de l'Espincy et dép., par. de St Didier-Chalarone ; 1433, 1441. — Jean d'Estrées, son fils, autorisé par lui. Hom. de la même maison ; 1459. — Pierre d'Estrées, fils de celui-ci : *Idem* ; 1502 : *Beaujeu*. (*r.* 485, *p.* 64 ; *r.* 488, *p.* 5, 6, 8, 10.)

ESTU (Ant. d'), Chev., Sg. de Tracy, fils d'Ant.-François d'Estu, Chev. T. s. de Paray, par. *id.* : *Moulins*, 1717. (*r.* 477, *p.* 560.)

ESVEILLECHIEN (Jean), écuyer, Sg. d'Angliers. Partie du fief de la Roche-Rigault : *Loudun*, 1441. (*r.* 341, *p.* 85 ; *r.* 346, *p.* 15.) Voy. Laspaye, sa v^e.

EURS (Etienne d'). Rospice, dom. et mouv. d'Eurs, par. de même nom ; 1304. — Dalmas d'Eurs ; 1304 ; et Jean d'Eurs, son fils ; 1331, 1334. — Chatard d'Eurs, fils de feu Etienne d'Eurs ; 1334. Possessions en la même par. (*r.* 472, *p.* 34, 37, 41, 52, 60.)

EUSTACHE (Guill.), Dam., Sg. de Croset au mandem^t de Mayraton, et Guigues, Sg. de la Roche, Chev., échangent entr'eux divers cens et rentes, percept. à Vachères : *Forez*, 1336. (*r.* 1398, *p.* 669.)

EUVRIGE (Jeanne), v^e de noble homme Bertrand Roineuf, d'Alanchie, dioc. de Clermont. Aveu de ce qu'elle tient en la baron. de *Mercœur* ; 1493. (*r.* 471, *p.* 179.)

EVEILLÉ (Gilles l'), ou Leuillé, écuyer, Sr de Clerandry. Moitié des dîmes en la par. de Lochy ; 1682. — François l'Eveillé, Cons. au présid. de Bourges, son fils ; *Idem* ; 1721 : *Bourges*. (*r.* 445, *p.* 331, 402 ; *r.* 451, *p.* 2.)

EVEILLÉ (Pierre l'), écuyer, S^r des Fossés, fils de Jean l'Eveillé, écuyer, et de Magdel. Taudegne. Dîme et rentes en la par. de Ste Lunaise ; 1687. — Jean l'Eveillé, écuyer, son fils, pour lui et son frère François, écuyer, Sr de Boisreigny ; *Idem* ; 1704, 1710 : *Bourges, Vierzon*. (*r.* 446, *p.* 145 ; *r.* 448, *p.* 79 ; *r.* 449, *p.* 87.)

EVEILLÉ (Jaques l'), écuyer, S^r des Fosses, pour Jeanne Moineau, *al.*

Monicault, son ép. Fief et mét. de Chât. Gaillard, vulgairement Marchoisy, par. de Seneçay : *Bourges*, 1704, 1706. (*r.* 448, *p.* 63, 136.)

EVESQUE (Ant. l'), écuyer. F. s. de la Cassière en la châtell. d'Ahun : *Marche*, 1506. (*r.* 452, *p.* 184.)

•EVESQUE (Louise l'), v^e de Jaques-Levy de Chesneau, Chev. Maison noble, tour et place forte de Champeaux : *Monmorillon*, 1663. (*r.* 433, *p.* 231.)

EVESQUE (Elisabeth l'), v^e de Jean de la Fitte, écuyer, Sr de la Bartette, Dame des Châtell. de la Grimaudière, la Suze et la Rochebertin. Fief de la Laisse d'Andilly ; t. s. de la Suze, autrem^t la rivière de Machecoul, par. de Ste Soule : *La Rochelle*, 1669. (*r.* 433, *p.* 161, 162 ; *r.* 434, *p.* 28 et suiv.)

EVESQUE (René l'), capit. aide-major au rég. de Chartres cavalerie, et Marguer. du Verne, son ép. F. s. de la Potterie, *al.* Prôterie : *Bourb.*, 1722. (*r.* 478, *p.* 197.)

EVRARD (Louis), bourg. d'Ahun, tient en fief le vill. du Teil, par. de Cressat. — Jaques Evrard (signe : Evrarard). Fief de Crusand : *Marche*, 1669. (*r.* 474, *p.* 110, 240.)

EVRARD (François), fils de feu Ant. Evrard. Moitié du fief de Crouzeau, par. St Michel. — Noble Jaques Evrard, Sr de Crouzeau, comme curateur de Marie Evrard, sa fille, f^e de François Boudet, écuyer, Sr de la Jaumond. Même fief en partie, et rente de Villate ; 1684 : *Marche*. (*r.* 474, *p.* 548, 549.)

EVRART (Jean), Dam. Hôtel, dom., dîme et cens de Mesangi, par. de même nom : *Bourb.*, 1356. — Pierre Evrart, écuyer, son fils ; *Idem* ; 1375, 1410. (*r.* 464, *p.* 267 : *r.* 465, *p.* 40, 78.)

EVRAU (Jean). Fiefs de Bourgnon et de Valaise la vieille : *Marche*, 1669. (*r.* 474, *p.* 107.)

EXART (Artaude d'). *cas en arrières* (veuve) de Frart de Marcenay, Chev. Dîme de Malloy, *al.* Malay, prés, vignes, rentes, exploits et redev. seig. au vill. de Boir, dioc. d'Autun : *Chaveroche*, 1302. (*r.* 468, *p.* 293.)

EYCELIN (Gilles), Chev., Sg. de Montaigut, fils de feu Gilles Eycelin. Divers fiefs rel. de lui ès par. de Dorat, Arfeuille et autres, tenus par Jean de la Bastice et Perrin de Bollie., Damoiseaux, et autres : *Forez*, 1343. (*r.* 490, *p.* 189.)

EYNARD (Benoît), écuyer, secrét. du Roi, G^d M^e des eaux et forêts au départ. de Touraine, Anjou et Maine. T. s. du Rocher, acq., du Duc de Roquelaure, le 13 avril 1728 : *Mans*, 1742. (*r.* 427, *p.* 44.)

EYRAUT (Rampnon), pour lui, Helies, Perenote et Naudin, ses enfans et de feue Guillemette Morel, sa f^e, recon. tenir en roture son dom. situé en la châtell. de Boteville, par. de Menisses : *Angoul.*, 1391. (*r.* 1403, *p.* 121.)

EYSSILLY (Hugues d'), Dam. Le Troille de Vernet : *Forez*, 1334. (*r.* 491, *p.* 30.)

EYTIVAL (feu Pierre d'). Sa v^e Mathie, f^e de Jean Chailly, *Challiaco*, avoue ses cens et rentes, assis au mandem^t de St Maurice en Roannois : *Forez*, 1345. (*r.* 490, *p.* 204.)

F

FABER (Barthelemy), paroiss. de Chaléins, fils de feu Etienne Faber, vend sa terre appel. de la Grange, à Ulyn, dit le Ras : *Beaujeu*, 1336. (*r.* 1391, *p.* 601.)

FABRI (Guill.), acquiert du C*te* d'*Angoul.* la terre de Cumbe qu'il cultivoit pour lui ; 1270. (*r.* 1405, *p.* 349.)

FABRI (Etienne), fils de feu Etienne Fabri. Vignes, bois et cens en la par. de S*t* Germain-Laval, S*ti Germani Vallis*: Forez, 1322 *ad* 1337. (*r.* 492, *p.* 234 ; *r.* 493, *p.* 114 ; *r.* 493 *bis*, *p.* 25.)

FABRI (Martin), de Villars, vend à Guill. du Verdier, Chev., un pré assis en la prairie de Villars : *Forez*, 1330. (*r.* 1395, *p.* 352.)

FABRI (Guill.), clerc. Cens et rentes aux mandemens de S*t* Just et de S*t* Maurice ; maison, vignes, bois, garenne, dr. de chasse et censives en la par. de S*t* Germain-Laval : *Forez*, 1333 *ad* 1341. (*r.* 490, *p.* 28 ; *r.* 491, *p.* 52, 193.)

FABRI (Alise, v*e* de Hugues), de S*t* Maurice. Cens, rentes et une pièce de terre au territ. de la Caillie : *Forez*, 1333. (*r.* 490, *p.* 275.)

FABRI (Jean), Martin et Simon ses neveux. Hospice, terres, prés, jardin assis à la Chese, mandem*t* de Chât.-Neuf : *Forez*, 1333. (*r.* 492, *p.* 121.)

FABRI (Jean), Pierre et Barthelemy, ses frères. Terres, cens, rentes et autres dev. en la par. d'Arconciac, avec dr. d'usage dans les bois d'Arcansac, et censives en la par. de S*t* Marcel : *Forez*, 1334. (*r.* 490, *p.* 192.)

FABRI, *al.* Faure, *al.* Fabre (Jean, Mathieu et Vincent). Redevances et parties de terres au territ. de Caillie et au Courtil de Marenczat : *Forez*, 1337. (*r.* 491, *p.* 140, 142.)

FABRI (Durand), de Sautrenon. Rentes en grain et argent, percept. à Sapolge : *Forez*, 1338. (*r.* 493, *p.* 44.)

FABRI (Jean) et Pierre son frère, enfans de Jean Fabri et de Marguer., paroiss. de Chamalart, dioc. d'Annecy. Cens et rentes sur le mas de Chambon, et vignes en la seg. de la Roche : *Forez*, 1339, 1345. (*r.* 493 *bis*, *p.* 114 ; *r.* 494, *p.* 13.)

FABRI (Jean). Cens et rentes au mandem*t* de Sautrenon : *Forez*, 1347. (*r.* 492, *p.* 259.)

FABRI (Robert), licentié ès lois, et Barthelemy Fabri, son oncle. Dom., cens, rentes et autres dev. en la par. d'Arconciat : *Forez*, 1355. (*r.* 492, *p.* 16.)

FABRI (Jean, Mathieu et Vincent), frères. Cens et rentes au territ. de Caillie, et une pièce de terre appel. Bois d'Avier : *Forez*, 1362. (*r.* 493, *p.* 22.)

FABRI (Jean), de Sautrenon, pour sa fille Agnès et son mari Mathieu Severt. Promesse d'hommage de ce qu'ils tiennent au mandement de Néronde : *Forez*, 1393. (*r.* 494, *p.* 119.)

FABRI, *al.* Fabre (Jehanet), fils de feu Hugonin Fabri, de la Glollerie. Tailles sur le chesal du Verne à Ingrande : *Bourb.*, 1366. (*r.* 465, *p.* 46.) Non noble.

FABRI (Jean), pour lui et les enfans de feu Fabri, de Champblanc, son frère. Un pré en la par. de Boux, et une pièce de terre au territ. de Chassaing-Poulloux : *Billy*, 1399. (r. 456, p. 137.)

FABRI (Benoit), notaire à Beauregard, et Amédée sa f^e. Une terre et autres héritages sis aux Franchises dud. lieu : *Beaujeu*, 1495. (r. 1391, p. 618.)

FABRICE (Jacques et Guill.), du mandem^t de Mayrain, vendent à Guigues de la Roche, Chev., Sg. du Chât. de Mayrac, leur droit sur le moulin de Bruydon : *Forez*, 1332. (r. 1398, p. 696.)

FABRY (Robert de), *Fabricis*, prêtre du dioc. de Lyon, échange avec Gui, Cte de Forez, une maison contre une autre à Montbrisson ; 1237. (r. 1400, p. 935.)

FABRY (Guichard de). Dam. Cens et rentes en la pàr. de Cordelle ; témoins les sires Arnoul d'Ulphy et Guichard dal Says, Chevaliers ; Guill. de la Garde et Guill. de Sorbers, Damoiseaux : *Forez*, 1333. (r. 490, p. 180.)

FABRY (Pierre), av. en parl. Dom., cens et rentes en la par. de Neuve église : *Riom*, 1669. (r. 499, p. 356.)

FADIER (Jean). Portions de terre en la par. de Pouzy : *Bourb.*, 1444. (r. 454, p. 173.) Non noble.

FAET (noble homme de), habitant de St Vincent. Mote appel. *de Lerba Solrana*, par. de Falgoux, et justice moyenne : *Auv.*, 1502. (r. 471, p. 118.)

FAGE (Jean de la), de Ribbes, Chev. des ordres de Montcarmel et de St Lazare, fils de Michel de la Fage, écuyer. T. s. de Fournol, de Pizat et de Daullac, ès par. de Fournol, St Geron et Taleysat : *Riom*, 1669. (r. 489, p. 500.)

FAGUET (Jean du), écuyer, Sr de la Gastine, l'un des 200 chevaux légers de la Garde, pour Hélène de Rossart, sa mère, v^e de Jean Faguet, écuyer, fille d'Ant. Rossart, écuyer, Sr de Reveillon. T. s. de Louviers et Bleues : *Sonnois*, 1666. (r. 357, p. 39.)

FAILLARD (Guill., Jean et Guichard, enfans de feu Guill.) vendent à Jeanne de Château-Vilain, Dame de *Beaujeu*, deux vignes au vignoble de Semur ; 1347. (r. 1392, p. 701.)

FAIRE (Claude de la), écuyer, fils de Jean de la Faire, écuyer, et de Françoise Riffaut fille de François Riffaut, écuyer. Partie des maisons nobles, f. s. du Bouchaud et de Condat, par. de la Trimouille, à lui donnée lors de son mariage en 1665, avec Marie Simonet ; 1672 ; et aveu de la totalité pour lui et Francois de la Faire, son frère ainé ; 1715 : *Monmorillon*. (r. 435, p. 3 ; r. 437, p. 276.) — François de la Faire, Chev., Sg. de Mazières, à cause de Louise Savary, son ép., fille de Claude Savary. Hôtel de Riffaut, par. de Thollet : *Monmorillon*, 1717. (r. 438, p. 303.)

FALASTIER (Hugues), Chev., fils de Hugues Falastier, Chev., pour lui, et Yvon, son frère. Dénombrement de cens, rentes et maisons au mandem^t de Merle : *Forez*.... (r. 491, p. 84.)

FALATEUS, *al.* Phalastrieu (Jean), Dam. Cens, rentes et tailles ès par. de St Julien et du Columbier : *Forez*, 1339, (r. 490, p. 96.)

FALCON (Ant.-Guérin), receveur des tailles. Dom. noble de Longevialle, j. h. m. et b., par. de Chalier : *St Flour*, 1717. (r. 507, p. 211.)

FALLEVARD, *al.* Fallovard (François de), écuyer, pour Jeanne de Bonparent, sa f^e. Dom. noble, cens et rentes de Bonparent, par. de Perpezat ; Elect. de *Clerm.* : 1687. (*r.* 505, *p.* 72, 83.)

FALLIER (Nicolas) et Susanne Laurent, sa f^e. F. s. de Châtenay, acq. de Jean-François Seneterre de Dreuille, écuyer, par. et châtell. de *Chantelle* ; 1699 *ad* 1717. (*r.* 475, *p.* 246 ; *r.* 476, *p.* 105 ; *r.* 477, *p.* 429.)

FALONIS (Cecile de), v^e d'Ant. d'Amanzé, Chev., Cte de Chauffaille, Arceinges, etc., curatrice d'Ant. d'Amanzé et de Marie-Cecile, leurs enfans. Fief de Guillermière, par. St Germain-la-Montagne ; ens. celui de Vic, par. de Balmont en Charolois : *Lyon*, 1735. (*r.* 510, *p.* 33.)

FALUEL (Guill.). Moitié du mas del Bosquet, et diverses parties d'autres mas, par. de Terondelles : *Carlat*, 1355. (*r.* 472, *p.* 139.)

FANGHOUX (Marguer.), v^e de Charles Gateix, fille de Jean Fanghoux, al. Fan ou Faugeroux. Partie de rente à Villerot, par. de Vialle : *Riom*, 1669. (*r.* 499, *p.* 398.)

FARA (Anne de), v^e de François d'Apchier, Chev. Contestation au sujet de la tutelle de leur fils Charles d'Apchier, entr'elle d'une part, et Charles de Beaufort, Cte d'Alest ; ens. Guill. de Fara, Chev., Sg. de Fara, d'autre part ; pendante en la Senéch. de Beaucaire ; 1487.—Guill., sire de Fara, Bon de Montclair, comme tuteur nommé par le Sénéchal de Beaucaire et de Nîmes, de Charles, Sg. d'Apchier, de Gorne et de Salavasse, constitue pour son procureur Audinet d'Apchier, chan. de la Collégiale d'Alet ; 1493. (*r.* 471, *p.* 185, 186.)

FARDOILLE (Pierre). Herbergement situé à Poligné : *Mirebeau*, 1330. (*r.* 330, *p.* 93.)

FARGAULT (Jaques), prêtre d'Aubusson, comme proc. d'Ant. Fargault, Fief de le Vergne, et rente sur le vill. d'Empeau : *Marche*, 1669. (*r.* 474 *p.* 78, 79.)

FARGE (Marc de la), écuyer, par success. de Guill. de Monsclard, écuyer, son oncle. Fief du Monsclard, et la métairie noble de Grenouillet, par. de Grisolles et de Chambon : *Riom*, 1669. (*r.* 499, *p.* 459.)

FARGE (Pierre de la), fils de Pierre. Dom. et mét. de la Faucille au baill. de Salers ; 1685.—Pierre de la Farge, écuyer, capit. major au rég. des Carabiniers, stipulant pour son gendre, Jean Chappe, av. en parl. T. s. de la Pierre, par. St Paul ; 1722 : *S^t F^tour*. (*r.* 503, *p.* 489 ; *r.* 508, *p.* 7.)

FARGES (Guill. de), Chev. Serm. de fidél. au Sire de *Beaujeu* ; 1400. (*r.* 486, *p.* 151.)

FARGES (Guichard de), Dam. Maison forte des Prés, dom. et mouv. en dép., par. de Vaugy. *Vaugiaco* ; témoin Ardouin de Vaugy : *Beaujeu*, 1401, 1404. (*r.* 485, *p.* 40 ; *r.* 486, *p.* 13.)

FARGES (Jaquet des), Jean et Pierre des Farges, ses frères. Chesal et dép. en la par. de St Plaisir : *Bourb.*, 1410. (*r.* 463, *p.* 261.) Non nobles.

FARGES (Claude-Rubin de). Fiefs de Buxière et de Michaud-Vialleix : *Marche*, 1669. (*r.* 474, *p.* 103.)

FARGES (Pierre), M^e boulanger. Petite maison, grange et bûcher, rue Bourgchanin à *Lyon* ; 1715, 1722. (*r.* 496, *p.* 216, 237 ; *r.* 297, *p.* 151.)

FARGIA (Berthon de), Dam., pour Margot de Chassaigne, son ép. Maison de Chassaigne, grange, menus cens. etc. : *Forez*, 1335. (*r.* 490, *p.* 249.)

FARJON (René), Chev. Fief de Roziers, par. de Toulon : *Moulins*, 1689. (*r.* 474, *p.* 754.)

FARJONEL (Gabriel), m^d à Moulins. F. s. de Corgenay, par. de Neufvy, acq. de Jean du Buisson, écuyer, Sr de Beauregard, et de Gilberte Semin, son ép. : *Moulins*, 1704. (*r*. 476, *p*. 135.)

FARJONEL (Louis-François), chan. de N. D. de Moulins. Dom. de Melay, dîmes et devoirs ; ens. le fief de Bessy, acq. de Jaques de Dreuille, écuyer, Sg. d'Issard, par. de Neufvis. *Moulins*, 1404, 1411. (*r*. 476, *p*. 139 ; *r*. 477, *p*. 37.)

FARJONEL (Philib.), écuyer, greffier en chef au bureau de la généralité de Moulins, fils de feu Gabriel Farjonel. Cens et autres devoirs en la par. de Neufvy : *Moulins*, 1719. — Jaques Farjonel, cons. honor. en la sénéch. de Moulins, son fils. F. s. de Rozière, par. de Chareil : *Chantelle* ; 1722. — Jaques-Gabriel Farjonel, cons. honor. au présid. de Moulins. Même fief de Rozière ; 1723. (*r*. 478, *p*. 28, 270, 337.)

FARJONEL (Claude), écuyer, secrét. du Roi, Sg. d'Aubigny et de Sazeret. T. s. de Bouiller, par. de Deux-Chaises ; ens. celle de Montet, par. de Sazerat : *Murat*, 1732. (*r*, 479, *p*. 38, 39.)

FARJONEL (Antoinette). Fief des Touzets, par. St Germain d'Entrevaux : *Verneuil*, 1736. (*r*. 481, *p*. 119.)

FARMEAU, *al*. Farineau, Fanneau (Pierre). Dom. assis au val d'Orquaire, j. h. m. et b. : *Amboise*, 1429. — Pierre, écuyer, à cause d'Ysabeau de Beauvilliers, sa f^e. Herbergement de Pezay : *Amboise*, 1464. (*r*. 432, *p*. 96, 108.) — Gui, cons. du Roi, dem. à Tours. T. s. de Bonroy et autres : *Amboise, Montrichard*, 1484. (*r*. 353, *p*. 8.)

FARMENE (Marie), v^e de Pierre de Regart, écuyer. T. s. du Pin ; ens. la moitié de la t. et s. des Bordes : *Amboise*, 1524. (*r*. 432, *p*. 82.)

FARNAY (Jean de), Dam., Joffroi, son frère, et Marguer. de Broam, leur mère, vendent à Girin Fannier un jardin près de Ginorge ; et à Hugonet de Farnay, Dam., les redevances, services, et jurisd. qu'ils possèdent à Farnay, relev. du Sg. de Rossillon : *Forez*, 1351, 1353. (*r*. 494, *p*. 165, 166.)

FATAT (Jean), bourg. Droit de coutume sur les bœufs et porcs qui se tuent aux foires de *Dun-le-Roi* ; 1669. (*r*. 445, *p*. 55.)

FAUCHEUX (Nicolas), bourg., et sa f^e Charlotte Chermet, héritière de son frère, Etienne Chermet, bourg. capit. au rég. de Flamarin. Une vigne en la par. St Didier au Mont d'Or : *Lyon*, 1722. (*r*. 497, *p*. 179.)

FAUCON (Perronin), de Cernerie. Maisons, dom. et cens ès par. de St Germain Laval, de Salis, Noirestable, St Roman et autres : *Forez*, 1311 *ad* 1337. (*r*. 492, *p*. 59, 280, 292 ; *r*. 493, *p*. 35 ; *r*. 1395, *p*. 176, 330.)

FAUCON (Guill.). Deux hospices à Cernerie ; ens. la prévôté de Loberie, ès par. de Mont-Vianneis, de St Remy et de St Victor : *Forez*, 1333. (*r*. 491, *p*. 182.)

FAUCON (Pierre), fils de feu Perronin Faucon, de Cernerie. La grange de la Goute, dom., dîmes, bois, garenne, cens et rentes ès par. de Salis, de St Roman et autres : *Forez*, 1349. (*r*. 492, *p*. 64.)

FAUCON (Mathieu), fils de feu Pierre Faucon, de Thiart. Bois de Ruzole, terres, garenne, pêche et autres dr. : *Forez*, 1349. (*r*. 490, *p*. 109.)

FAUCON (Durand). Un bois, un pré et deux pièces de terre, ès par. de Pareny et de Billezeys : *Billy*, 1383, 1410. (*r*. 456, *p*. 66 ; *r*. 457, *p*. 56.) Non noble.

FAUCONS (Jean et Mauvoisin), frères. Terres, prés, bois, dîme et cens : *Billy*, 1383. (*r.* 455, *p.* 296.) Non nobles.

FAUCONIER (Gilet), *Falconerii*, mari de Blancheflorde de Chantale. Une t. et s. au mandement de Monteleu, par. de Balbigny ; ens. la terre de Lavorete, le four et moulin de Buxi, etc. ; *Forez*, 1260. (*r.* 493 *bis*, *p.* 18.)

FAUCONIN (Jean), Dam., et Jeanne, son ép. Un mas et dép. à St Giran-de-Vaux ; ens. une mote, terres, prés, cens et tailles : *Verneuil*, 1357. (*r.* 460, *p.* 20.)

FAUCONNET (Jean), prêtre. Redevances percept. en la par. de St Giran-des-Vaux et à Bessay : *Verneuil*, 1409. (*r.* 455, *p.* 142 ; *r.* 460, *p.* 183.) Non noble.

FAUCONNET (Guill.), de Beçay, à cause de Marguer. Michaud, sa fe. Menus cens en la par. de St Giran : *Verneuil*, 1411. (*r.* 459, *p.* 199.) Non noble.

FAUCONNET (Guichart). Cens et rentes, ès châtell. de *Beçay* et *Verneuil*, 1443. (*r.* 455, *p.* 167.) Non noble.

FAUDOAS (Jean de), Chev., fils de François de Faudoas, et de Renée de Briée. T. s. de Cherenée, connue sous le nom de Cerillac ; ens. les châtell. de Courteilles et de Maulles ; les fiefs de Bois-Richard, de Breuil et autres : *Beaumont-le-Vicomte*, 1655 ad 1664. (*r.* 355, *p.* 55 ; *r.* 358, *p.* 123 ; *r.* 393, *p.* unique.) Relev. de lui : Pierre de Cavroy, Sg. de Bellemarre ; Gilles de Marador, Sr de St Ouen ; Jaques de St Denys, Sg. de Vervaign ; Henri-François, Mis de Vassé, lieut. gén. des armées, Chevaliers. Jean de Bouttevillain, Sr de la Gilleberdière ; René le Coustelier, Sr de Bource ; René de Moullinet, Sr de Fourmenteries ; Charles Perrouet, Sr de la Haudrière ; Louis de Tilhon, Sr des Vallées ; Mathurin de Tussé, Sr de Chaucenay, écuyers. — Pierre de Faudoas, Chev. ; *Idem* ; 1681. (*r.* 410, *p.* 46.)

FAUDONAYE (François de), Chev., Sg. de Cerillac et de Courceilles, à cause de son ép. Renée de Bryé, fille du Sr de la Motte Serrant, tient le cours de la rivière de Sarthe, depuis les moulins de la Lande jusqu'à la ville de Beaumont-le-Vte : *Mans*, 1609. (*r.* 334, *p.* 69.)

FAUER (Robert), Dam., à cause d'Ysabelle, fille de feu Perrin de Sorbers, Dam., son ép. Garenne de Sorbers en la par. de Rougères ; terres et censives au vill. de Villefranche : *Billy*, 1375. (*r.* 456, *p.* 47.)

FAUET (François), md à Lyon, pour sa fe Marie Duxier, cohéritière de Jaques-Jérôme Duxier, son frère. Fief de la Proly, et rente noble en la par. de Vaugueray : *Lyon*, 1735. (*r.* 468, *p.* 124.)

FAULCON (Aubert), écuyer. F. s. de Thorout et de Laige : *Marche*, 1506. (*r.* 452, *p.* 218.)

FAULCON (Claude), ve de Pierre Pellisson, écuyer, garde des sceaux au siége présid. de Poitiers, ayant la garde noble de leurs enfans. Hôtel de Forges tenu au devoir d'un homme de pied, armé de hocqueton, bassinet, lance, couteau et épée : *Maubergeon*, 1669. (*r.* 433, *p.* 151 ; *r.* 474, *p.* 101.)

FAUQUELIN (Jean) et Jeannet, son frère ; 1335. — Martin Fauquelin ; 1351. — Jeanin Fauquelin ; 1353 ; Ysabelle, sa ve et leurs enfans Guill., André, Jean et Hugues ; 13.7. — et Jean Fauquelin ; 1364, 1400 ; tous paroissiens de St Germain-sur-Abron et de St Germain en Viri, *al.* de

Virine. Moulin de Pousset, al. Poutet, et autres possessions : *Moulins.* (r. 454, p. 51, 257, 266 ; r. 455, p. 29, 41, 77, 118.)

FAURE ou Favre (Guillain). Seizième partie de la dîme de Chezaux, par. de Chemilly : *Beçay,* 1387. (r. 455, p. 178.)

FAURE (Vincent), bourg. de Lyon. Rente noble en la par. de Losane : *Lyon,* 1675. (r. 495, p. 81.)

FAURE (François de), écuyer, Sr de Chazours et de la Combe, fils de Pierre de Faure, écuyer. Dîme de Breuil, par. St Etienne de *Gannat;* 1688. (r. 474, p. 670, 729.)

FAURE (Jeanne). Fief de Bufefeu : *Civray,* 1695. (r. 436, p. 40.)

FAURE (Jean), écuyer, secrét. du Roi. F. s. du Plessis-Baunay, par. St Gervais : *Châtelleraut,* 1720. (r. 438, p. 425.)

FAURE (Jean-Alexandre), écuyer, Sg. d'Ardagny. F. s. des Mellet et de Bessy, par. de Neufuy : *Moulins,* 1720. (r. 478, p. 48.)

FAURE (J. B. du), Sr de la Rivete, receveur des consignations. Dom. assis au faub. de la Croix-Rousse : *Lyon,* 1721. (r. 497, p. 114, 148.)

FAURE (Louis-Victoire du), Chev., Sg. de Montjou, gouverneur et Sénéchal de la prov. de Rouergue. Chât. t. s. de Vandegre, par. de Luziliat : *Riom,* 1723. (r. 509, p. 38.)

FAURE (Claudine), v^e de Claude Cudier, m^d. Une maison, jardin, prés et menus cens au bourg de la Guillotière : *Lyon,* 1735. (r. 478, p. 131.)

FAURES (Michel et Pierre), frères, paroiss. de Parey, al. Parede, près St Porcian. Terres, sauzaies et prés aux terroirs de la Vaisse, de Rosselles et autres : *Billy,* 1399, 1411. (r. 456, p. 11, 126.) Non nobles.

FAURIE (Pierre de la). Un tènement, dom. et mouv. en la par. de Peschadoire : *Thiers,* 1304. (r. 472, p. 69.)

FAURIT (Pierre), bourg. d'Ebreule, pour lui et Guill. son père. Moitié d'un étang et moulin en la par. de St Priest : *Gannat,* 1408 ad 1443. (r. 458, p. 24. 46, 66.)

FAUROT (Jean), clerc, et sa f^e Jeanette fille de feu André de Beaucaire, Dam. Cens et rentes en diverses par. : *Chantelle, Hérisson, Montluçon, Murat,* 1357. (r. 461, p. 44.)

FAUVELLE (Jean, fils de Jean de la), Dam. Menus cens à Perinat: *Forez,* 1334. (r. 490, p. 162.)

FAUVIN (Cather.), v^e de Pierre Cizeron, m^d à Lyon. Chât. t. s. et rente noble à Jauzé, par. de Marcilly, d'Azergues et autres : *Lyon,* 1733. (r. 478, p. 122 ; r. 510, p. 21.)

FAUVRE (Pierre). Le lieu appel. Bois-Francon sur la rivière de Deule, par. de Malicorne. Maison, terres, garenne et bois : *Murat,* 1443. (r. 460, p. 403.) Non noble, et la qualité d'écuyer raturée au texte.

FAUVRE (Claude), écuyer, S^r d'Allouy, pour Marie de St Pere, sa f^e, et Anne de St Pere, filles de Claude de St Pere, Sr de Louault, et de Cather. Bengy. Maison à *Bourges;* 1670, 1673. (r. 444, p. 66, 141.)

FAUVRE (Jean), écuyer, fils de François Fauvre, écuyer, et de Françoise Bengy. Fief et métairie des Bergeries et des Clavières, par. de Vasselay : *Bourges,* 1684, 1699. (r. 445, p. 361 ; r. 448, p. 2.) Est dit chan. de Bourges.

FAUVRE (Phil.), écuyer, S^r d'Allouy, comme fils unique d'Anne de St Pere, sa mère. Hôtel de l'Ecrevisse situé à *Bourges;* 1705. (r. 448, p.

99.) — Ses enfans Etienne d'Allouy, chan. de Bourges, Joseph-Mathias de Bourgneuf, Gaspard de Beauregard, écuyers, Cather. et Marie-Anne. Même hôtel; 1723. (r. 451, p. 86, 123.)

FAVEROT (Gabriel), écuyer, Sg. de Neufville, des Caveaux et autres lieux. T. s. de St Aubin, par. de même nom; 1686, 1690. (r. 474, p. 588; r. 475, p. 37.) — Jaques Faverot, écuyer, capit. au rég. d'Auvergne, son fils, reçoit de lui en avancement d'hoirie lad. terre de St Aubin; 1691; acquiert celle de Jouye, par. St Menoux, de Marc-Ant. Gaudon, écuyer, capit. au rég. de Condé; 1692: et entre en possess. de celles des Cadeaux et de Neufville; 1717. (r. 475, p. 62, 67; r. 477, p. 541, 547.) — Gabrielle Faverot, Chev., son frère, et Anne Furetière, son ép. T. s. de St Aubin; 1728: *Bourb.* (r. 480, p. 38.)

FAVIER (Robert), *Faverii*, Dam. Sixième partie du mas de Chambon-Rouge, par. de Creschy; 1300; dîmes, rentes et tailles en la par. de Sanciat, et moitié d'un mas de terre en la par. de Foz; 1322, 1367: *Billy*. (r. 455, p. 372; r. 456, p. 82; r. 457, p. 189.)

FAVIER (Robert), à cause de Belote, sa f^e, fille de Perrin de Sorbers. Tailles en la par. de Combroux, et partie de trois bois; présent Guill. de Ber, Dam. : *Chaveroche*, 1374. (r. 468, p. 102.)

FAVIER (Robert), de Montaigu-le-Blein, Dam., paroiss. de Cernat. Partie des dîmes de Chemilly et de *Beçay* ; 1397. (r. 455, p. 169.)

FAVIER (Claude), Sg. de Puydigon. Cens, rentes et dîmes ès par. de Cindré et de Trezail : *Chaveroche*, 1506. (r. 452, p. 117.)

FAVIER (Claude), écuyer, fils de feu François Favier, écuyer. F. s. des Hormais, par. de Sorbier : *Chaveroche*, 1717, (r. 477, p. 315.)

FAVIERES (Anne), v^e d'André Baudeau, Sr de la Faye, pour Charles Baudeau, leur fils. T. s. de St Farjol, par. id. : *Montluçon*, 1686. (r. 474, p. 742.)

FAVIERES (François de), et Louis, son frère. F. s. de Vaux et d'Urset, acq. de Marie de la Souche, f^e de Toussaint Brirot, cons. au présid. de Moulins, et de Joseph de la Souche, son frère, par. dud. Urset: *Hérisson*, 1694, 1700. (r. 475, p. 119 ; r. 476, p. 1.) — Nicolas de Favieres, prieur-curé d'Urset, et Cather. de Favieres, sa sœur, v^e de Marc-Marien de la Roche de Brechard, écuyer, lieut. de cavalerie au rég. de Levy. Même f. et seg. de Vaux; 1715 *ad* 1723. (r. 477, p. 150, 266; r. 478, p. 418.)

FAVIERES (Anne), v^e de Jean Grignon, secrét. du Roi. F. s. de la Faymoreau : *Vouvant*, 1699. (r. 436, p. 246.)

FAVIERES (Marie-Elisabeth de), v^e de Philib. Filliot, Chev., Sg. de la Faulcounière et de Marcelange, et Marie Filliot de la Faulconnière, épouse de Hugues de Fontanges, Chev., Sg. d'Auteroche. Fief de Marcelange, par. St Bonnet : *Moulins*, 1707. (r. 476, p. 196.)

FAY (Martin de), et Luque, son ép., fille de feu Bernard de Chancor, vendent leur droit au port de Chancor. par. de Cordelle: *Forez*, 1286. (r. 1395, p. 367.)

FAY (Jean de la), Dam. Moitié du chasau de Heume, dom., cens et tailles; ens. le mas de Moziere et la 4e partie de la dîme de St Geneys: *Montluçon*, 1301. (r. 461, p. 201.)

FAY (Etienne de la). Maison de la Fay, dom. et mouv. en dép. — Hugonin de la Fay; *Idem;* et moitié d'un bois sur le crot du Lac; dom. et divers mas relev. de lui : *Beaujeu,* 1303. (*r.* 489, *p.* 197, 198.)

FAY (Perrin de), Dam. Le mas de Laval, *de Valle,* par. de Dineuil, dom., dîmes, moulin, garenne, vignes, h. m. et b. justice, cens, rentes et tailles : *Murat,* 1322. (*r.* 460, *p.* 381.)

FAY (Godemart du). T. s. de Chasseignie, à deux lieues de *Lyon;* 1336. (*p.* 465, *p.* 108.)

FAY (Jean et Hugues de la), Dam., frères. F. s. de la Fay, par. de Chamblet, trois arr. fiefs et huitième partie de la dîme de Montvic : *Hérisson,* 1350. (*r.* 462, *p.* 159.)

FAY (Marguer. de la), v^e de Guill. Beraut, Sg. de Givri. T. s. de la Roche, par. de Hauterive : *Moulins, Verneuil,* 1357. (*r.* 459, *p.* 181.)

FAY (Jean de) Dam., et Cather. de Neuville, *Novilla,* son ép. Maison de Linars, dom. et seg. en dép.; ens. les hôtels de Monceaux et de Champlouet, par. de Tholon; *Moulins, Verneuil,* 1366. (*r.* 455, *p.* 40; *r.* 460, *p.* 168.)

FAYS (Ysabelle des), v^e de Hugues du Bos, Dam. Hôtel du Bos, *al.* Box, *al.* Boux, bois, étang, justice et tailles, par. St Didier : *Moulins,* 1366. (*r.* 455, *p.* 6.)

FAY (Jean de la), *de Faya,* Dam. T. s. des Forges : *Montluçon,* 1367. (*r.* 461, *p.* 209.)

FAY (Jean de la), Dam. Hôtel et mote de la Fay, dom. et dr. par. de Voma : *Moulins,* 1382. (*r.* 455, *p.* 52.)

FAY (Jean de), Dam., Sg. des Forges. Hospice du Plaix, dom. et seg., par. de Chamblet: *Hérisson, Murat,* 1390. (*r.* 461, *p.* 85.)

FAY (Béatrix de la), Dame de Montet; v^e de Perrin d'Avenières. Huitième partie de la g^{de} dîme de Sancet, terres, prés, moulin et cens : *Verneuil;* ens. rentes en grain et argent à la chapelle d'Andelot, à Montegnet et Jayet : *Gannat,* 1377, 1399. (*r.* 458, *p.* 45; *r.* 459, *p.* 135, 162.)

FAY (Jean de), écuyer. Fief de Marçay : *Loudun,* 1405. (*r.* 346, *p.* 20.)

FAY (Nicolas de), aussi du Fay, écuyer, Sg. de St Quentin, fils de Jaques de Fay, écuyer. Chât., t. s. de Coisse, par. du bourg d'Arlenc; ens. le dom. du Clusel, par. St Bonnet : *Riom, Usson,* 1669. (*r.* 499, *p.* 277, 278; *r.* 500, *p.* 82.) — Balthasard de Fay, Chev., Sg. de Coisse. Cens en la par. d'Usson, 1685. (*r.* 503, *p.* 458.) — Florimond de Fay, écuyer. Chât., t. s. de Coisse; ens. le fief de Percières : *Usson,* 1723. (*r.* 508, *p.* 93; *r.* 509, *p.* 111.)

FAY (Jaques de), Chev., Cte de la Tour-Maubourg en Velay, Bon de Chabrespine, etc. Chât. fort, t. s. de la Garde, par. St Thomas : *Forez,* 1674. (*r.* 496, *p.* 37.)

FAY (Louis du), Chev., Sg. de la Taillée et de la mote d'Eschirée, fils de feue Prégente de Magné, fille de Benjamin de Magné, Chev., Sg. de Sigongne. T. s. de Loubigne, *al.* de la Guariandière, acq. par ses auteurs, de Louis de St Gelais, au mois de juin 1595 : *Lusignan,* 1683. (*r.* 435, *p.* 19, 316.) — Georges-Guill.-Louis du Fay, son fils mineur. Fief d'Eschiré, par. de même nom; ens. celui de Loubigné : *Partenay, Lusignan,* 1699, *ad* 1726. (*r.* 436, *p.* 329; *r.* 437, *p.* 326; *r.* 438, *p.* 537.)

FAY (Charles du), écuyer, enseigne de vaisseaux, fils de Josué du Fay,

Chev. F. s. de la Magdel., par. de Thuire : *Rochefort*, 1708, 1717. (*r.* 439, *p.* 37, 39, 81.)

FAYARD (Jean), l'aîné, écuyer, secrét. du Roi. Chât., t. s. de Champagneu, et rentes nobles, par. de Venissieu en Dauphiné ; ens. la seg. de la Guillotière : *Lyon*, 1723, 1726. (*r.* 497, *p.* 210, 240.)

FAYDAURES (Pierre et Barthel. de). Quatrième partie de dîme, cens et rentes sur divers tènemens au territ. de Montembert : *Forez*, 1333. (*r.* 492, *p.* 126.)

FAYDEAU (Etienne), écuyer, av. au parl. de Paris. F. s. de Vesvere, maison, dom., dîme, bois, étang, moulin, cens, rentes et arr. fiefs: *Bourb.*, 1632. (*r.* 474, *p.* 358.)

FAYDEAU (Ant.), écuyer, Sr de Demous, *al.* Demoux. T. s. de la Cour-Chappeaux : *Moulins*, 1654. (*r.* 474, *p.* 373.)

FAYDEAU (Joseph), bourg. de Felletin. Fiefs de Rochebasse et autres : *Marche*, 1669. (*r.* 474, *p.* 34.)

FAYDEAU (Marie-Françoise), fille unique de feu Etienne Faydeau, écuyer, av. au parl. de Paris, v^e de Hierosme le Maistre, Chev., Sg. de Bellejame, présid. aux enquêtes de la même cour. T. s. et justice de Clusers, *al.* Clusorde, par. de St Menoux : *S^t. Pierre-le-Moust.*, 1678, 1681. (*r.* 474, *p.* 363, 382.)

FAYDEAU (Jean). Fiefs de Charbonay, la Basseroche et du Max, ès par. de Poussange, St Quentin et Gioux : *Felletin*, 1684. (474, *p.* 444.)

FAYDEAU (Yves), avocat, et Marguer. Grancher, sa f^e. Fiefs ès par. de la Nouaillé, Gioux et St Quentin ; 1684. — Yves-J.-B. Faydeau, av. en parl. Fiefs de Noucelier et de Gioux, comme acquéreur des dr. d'échange et de prééminences en la par. de Gioux ; 1701 : *Felletin*. (*r.* 474, *p.* 443 ; *r.* 476, *p.* 32.)

FAYDEAU (Jean), écuyer, Sr de Demoux, à cause de sa f^e Marguer. Heroys, fille de feu Heroys, écuyer, trés. de France. T. s. de Montagu, par. de Coulandon ; 1691. Signe : de Demoux. — François Faydeau, écuyer, capit. au rég. de Louvigny, leur fils. F. s. de Demoux, et sixième partie d'une dîme, ès par. d'Averine et de Trenol ; 1722, 1728 : *Moulins*. (*r.* 475, *p.* 64, 94 ; *r.* 478, *p.* 166 ; *r.* 480, *p.* 1.)

FAYDEAU (J. B.), écuyer, et Barbe Garnier, son ép. T. s. de l'Espaud, par. St Menoux : *Bourb.*, 1704 *ad* 1717. (*r.* 476, *p.* 137 ; *r.* 477, *p.* 100, 488.)

FAYDEAU (Charles), écuyer, fils de Charles Faydeau, écuyer. T. s. de la Cour-Chappeaux, par. de même nom : *Moulins*, 1717. (*r.* 477, *p,* 413.)

FAYDIT (Jean), cons. au présid. de Riom, tient viagèrement de ses deux premières femmes, Marie Brun et Marie Rollet, le fief de Granville, et diverses parties de dîme, par. de Loubeyrat, de Chastel-Guyon et autres : *Riom*, 1669, 1683. (*r.* 499, *p.* 640 ; *r.* 503, *p.* 178.) — Amable Faydit, av. en parl., comme fils de Marie Brun. Même fief de Granville : 1686, (*r.* 505, *p.* 30.)

FAYE (Gionet de la), Dam. Fief, mouv. du chât. de St Bonnit, et ce qu'il tient au vill. de Payrigny, *Payriniaco : Forez*, 1294. (*r.* 493, *p.* 134.)

FAYE (Haudouin de la), Dam., et Cather., son ép. Arrangem^t avec Guill. Genier, au sujet de quelques rentes : *Bourb.*, 1297. (*r.* 1377, *p.* 2762.)

FAYE (Pierre de la), *Faya*, Dam., paroiss. de Moles, dioc. de Clermont. Maison de la Faye, t. s. en dép. : *Billy*, 1300. (*r*. 456, *p*. 157.)

FAYE (Ysabeau, v^e de Jean de la), et Perrin, leur fils. Dom., cens et tailles à Monceaux, par. d'Agouges, *al*. de la Augouges ; ens. la terre de Roerie et dép. : *La Bruyère, Hérisson*, 1300. (*r*. 464, *p*. 33.)

FAYE (Perrin de la), Dam. Moitié du mas de Heume ou Heulme ; ens. les mas des Bordes et de Feis, *de Fisco*, par. de St Priest, avec la quatrième partie des g^{des} dîmes de Runnet et St Genéz : *Hérisson, Montluçon*, 1322. (*r*. 461, *p*. 278.)

FAYE (Guill. de la), Chapelain de Homay. Le chesal d'Avenières et dép. Cens et tailles ès par. de Teneul, d'Ingrande et Autry : *Bourb*., 1323. (*r*. 464, *p*. 320.) Non noble.

FAYE (Jean de la), Dam. Les mas de Chabrolessas et de Montcharboner, dom. et dr. ; ens. le bois de Chausseauz : *Forez*, 1334. (*r*. 490, *p*. 183 ; *r*. 393 *bis*, *p*. 34.)

FAYE (Huguenin de la), Dam., à cause de Bourget, sa f^e. Maison, t. s. du Breuil, par. d'Agonges : *La Bruyère*, 1350. (*r*. 464, *p*. 253.)

FAYE (Guill. et Jean de la), frères, Dam. Fief de la Faye, dom., dîmes, bois, cens et tailles ès par. de Teneuil, Villene et Cirilly : *Bourb*., 1350. (*r*. 464, *p*. 290.)

FAYE (Hugues de la), Dam., fils de Gui de la Faye, Chev., et Adeline son ép., fille de feu Jean de Rosselly, Sg. de Noyers, dam., et de Marguer. de Chaumont. Echange de dom. et seg. avec Jeanne de Chât.-Vilain, Dame de *Beaujeu*, et de Semur ; 1351. (*r*. 1392, *p*. 726.)

FAYE (Cather. de la), Damoiselle. Hôtel de Montgarnaud, dom. et seg. en dép. : *Moulins*, 1351. (*r*. 454, *p*. 329.)

FAYE (Marguer., v^e d'Etienne de la). Moitié des maisons, dom. et dr. de la Faye ; ens. les maisons sises à Semur en Brionnois : *Beaujeu* 1351 *ad* 1357. (*r*. 489, *p*. 23, 58, 64.)

FAYE (Perrin de), Dam. Deux maisons en la par. St Symphorien, terres, prés, bois, garennes, cens et tailles, rel. de Jean, le batard de Bourbon, Chev., Sg. de Breuil : *Ainay*, 1353. (*r*. 463, *p*. 33.)

FAYE (Jean, fils de Pierre de la), Dam. Moitié d'un dom. et dr. en dép. au terr. de Magnance : *Moulins*, 1353. (*r*. 454, *p*. 48.)

FAYE (Guill. de la), Dam., et Marguer., sa f^e. Hôtel de Vernassour, dom. et seg. en dép., par. de Chamblet et autres : *Hérisson, Montluçon*, 1353. (*r*. 462, *p*. 91.)

FAYE (Jean de la), fils de Guill. de la Faye, Chev. Hôtel, t, s. d'Avenères ; ens. la dîme de Vau, ou Laval, *de Valle*, qu'il partage avec Jeanne de la Faye, Damoiselle, sa nièce, par. de Cerilly : *Bourb*., 1366. (*r*. 464, *p*. 533.)

FAYE (Jenet de la), Dam. Hôtels, t. s. du Creux et de la Vau : *Hérisson*, 1375. (*r*. 462, *p*. 87, 179.)

FAYE (Jean de la), Dam., à cause de Huguete de Some, Damoiselle, sa f^e, fille de feu Perrin de Some, *al*. de Menejoye. T. s. de Some, près la rivière de ce nom ; 1379 ; lad. Huguete, v. en 1391 : *Bourb.-Lancy*. (*r*. 466, *p*. 141 ; *r*. 467, *p*. 93.) Voy. Fillet (Guill.)

FAYE (Jean de), écuyer. Fief de Marçay : *Loudun*, 1405. (*r*. 339, *p*. 23.)

FAYE (Philippon de), écuyer. F. s. de Faye : *Montluçon*, 1409. (*r.* 461, *p.* 207.)

FAYE (l'Ermite, Sg. de la), Chev. Chât., t. s. d'Argentan ; ens. la garde du prieuré de St Sauveur en Rue, acquis de Guill. de Tournon, Chev., du dioc. de Valence, et arr. fiefs ; 1410. — Louis de la Faye, Dam., son fils ; *idem*, 1414 : *Forez*. (*r.* 494, *p.* 114, 115.)

FAYE (Jean de la), l'aîné, écuyer, et Alix de la Coutanière, sa f^e. T. s. de Duplex, par. de Chamblet, dîme de Montvic ; ens. les seg. de la Faye, de Montfermin et autres : *Bourb.*, *Hérisson*, *Murat*, 1445. — Jean de la Faye, le jeune, écuyer, fils de feu Gilbert de la Faye, écuyer, Sg. des Forges. Hôtel et forteresse des Forges, dom. et seg. en dép., par. de Commantrie : *Montluçon*, 1452. (*r.* 461, *p.* 108.)

FAYE (Charles de la), écuyer. T. s. du Creux et de Lavau : *Herisson*, *Murat*, 1505. (*r.* 353, *p.* 51.)

FAYE (Henri de la), Chev., Sg. d'Espeisses, premier cons. au conseil du Duc d'Orléans, fils de Charles de la Faye, Chev. T. s. de Trisac, de Cherouze et de Forlac, par. de Drugeac et de Trisac : Elect. de St *Flour*, 1670 *ad* 1685. (*r.* 499, *p.* 706 ; *r.* 503, *p.* 376 ; *r.* 504, *p*, 43, 44.)

FAYE (Benoît de la), bourg. de Lyon, pour Cath. Liottier, sa f^e. Deux maisons en la rue de Bourchanin à *Lyon* ; 1766. — Jaques de la Faye, leur fils ; *Idem*. (*r.* 495, *p.* 27 ; *r.* 496, *p.* 230.)

FAYET (François du), écuyer, par success. de Hugues et Jean du Fayet, ses père et oncle. Chât., t. s. de Laborie, par. St Vincent d'Ausères, baron. de la Tour ; 1669. — François du Fayet, écuyer, son fils, résidant en son Chât. de St Vincent, etc. ; 1699 : St *Flour*. (*r.* 499, *p.* 574 ; *r.* 506, *p.* 80.)

FAYET (Christophe du), écuyer, Sg. de Clavières, fils de François du Fayet et de la Borie. Montagne appel. l'Herbe-sous-Traime en la baron. de Crevecœur : *Riom*, 1683. (*r.* 503, *p.* 88.)—Christophe du Fayet, écuyer, Sr de la Tour et de la Borie. Fief de la Bastide, par. d'Anglard : St *Flour*, 1723. (*r.* 509, *p.* 4, 15.) — Fayet. Voy. Genestoux.

FAYETTE (Gilbert de la), M^{al} de France (en 1421). Hom. et serm. de fidél. à Charles, Duc de Bourb., de ses terres et seg. en *Auv.* 1437. (*r.* 452, *p.* 152.) Le même, chambell. du Cte de Forez, obtient de lui le chât., châtell. et mandem^t de Veauche ; ens. douze setiers de blé sur le moulin de Fontfort, au pays de *Forez* ; 1439. (*r.* 465, *p.* 83 ; *r.* 1397, *p.* 514.)

FAYETTE (Ant. de la), Chev., Sg. de Montboissier. T. s. de la Roche d'Agoux, au pays d'*Auv.* ; 1480. (*r.* 1358, *p.* 514, 555.)—Jean, Françoise et Cather. de la Fayette, ses enfans mineurs, et d'Anne d'Aubierre. F. s. de St Germain-des-Fossés, en la châtell. de Vichy : *Bourb.*, 1505. (*r.* 452, *p.* 1.)

FAYETTE (François de la), Chev., fils de Jean. T. s. de Forest-Gotthenothoze, Medat et Espinasse, ès par. d'Aix, Eglise-Neuve et autres : *Nonette*, 1669. (*r.* 499, *p.* 46.)

FAYETTE (François de la), Chev., Bon de Chovigny et autres lieux. T. s. de la Fayette en la par. de Chandelis : *Riom*, 1671. (*r.* 501, *p.* 41.)

FAYETTE (Louis de la), abbé des abbayes de Valmont, d'Allon et de la Grenetière. Chât., t. s. de la Fayette, ès par. de Chandelis, Fournols, Condat, Eglise-Neuve et autres : *Clermont, Usson*, 1684, 1686. (*r.* 503, *p.* 396 ; *r.* 505, *p.* 9.)

FAYETTE (Marie-Magdel. de la), épouse séparée de Charles de Bretagne, Duc de la Trimouille, Prince de Tarente, pair de France, tient du chef de son père Armand de la Fayette, brigadier gén. des Armées, le fief de Beauregard, par. de Vesse : *Vichy* ; ens. la t. et s. de la Fayette, ès par. de Fournols, la Chapelle et autres : *Clermont*, 1710, 1717. (r. 476, p. 246, 249 ; r. 477, p. 611, 613, 614 ; r. 507, p. 220.)

FAYNE (Guill. de), Chev. Chât., t. s. de la Rocheblenne et arr. fiefs : *Forez*, 1368. (r. 490, p. 46.) — Guill. de Fayne, al. Cocart, Chev. Droit d'aide en la ville d'Annonay, par lui acq. d'Arnou Fayac : 1378. (r. 1360, p. 788.) — François Fayne, du dioc. de Vienne, co-Seig. de Peraud, vend à Ysabeau de Harcourt, Dame de Villars, de Rossillon et d'Annonay, ses dr. sur la boucherie d'Annonay, à lui échus par le décès de Guill. de Fayne, Chev., son père ; 1403. (r. 1398, p. 683.)

FAYNS (Jean de), écuyer. T. s. de Belisine en partie, et l'étang de la Plancette : *Chât.-Chinon*, 1396. (r. 470, p. 3.)

FAYN (Joachim de), de Rochepierre, Chev. de St Jean de Jérus. F. s. de Chateldon, par. *id.* ; ens. les t. et seg. de Ferrière et de Gaiffier, par. de Ferrière : *Billy*, 1720. (r. 478, p. 111, 130.)

FAYOLLE (Pierre), m^d, dem. à Gueret. — Jean Fayolle, m^d à Villeraput, son fils, élu en l'Elect. de la Marche. — Silvain Fayolle. Fiefs de Pouzoux, par. de Mazerat, de Paysat et de Villeraput, par. de Glenie : *Marche*, 1669 ad 1724. (r. 474, p. 213, 539, 544 ; r. 475, p. 35, 40 ; r. 481, p. 45.)

FAYOLLE (Marguer.), v^e de François Seiglière, écuyer. Chât., t. s. de Salles, par. de Ste Faire : *Gueret*, 1684. (r. 474, p. 559.)

FÉ (Jean), écuyer, Sr de Bois-Ragon, agissant pour Jean Louis Fé, écuyer, Sg. de Fondeais, lieut. part. en la sénéch. d'Angoumois. F. s. de Berqueville, ci-devant Burdeville, au ressort de Chât.-Neuf : *Angoul.* 1717. (r. 439, p. 57.)

FÉ (Jean), écuyer, Sg. de Segeville, présid^t en l'Elect. de Cognac. F. s. du Tillet : *Cognac*, 1717. (r. 439, p. 108). — Louis Fé, écuyer, av. au parl. de Bordeaux, puis présid^t en l'Elect. de Cognac. Même fief ; 1719, 1730. (r. 440, p. 30 ; r. 442, p. 20.)

FEBVRE (Jérôme le), de Laubrière, cons.-clerc en la g^d chambre du Parl. de Paris ; 1657. — François le Febvre de Laubrière, cons. au parl. de Bretagne, son neveu ; 1680. Baronnie de la Haye-Joullain : *Angers*. (r. 358, p. 66 ; r. 410, p. 37.)

FEBVRE, al. Feuvre (Marie le), v^e d'Ant. le Corvasier, lieut. crim. en la sénéch. du Maine. T. s. de Fontaine-Vaumarin, et moitié de la châtell. d'Oustille : *Chât.-du-Loir*, 1663. (r. 356, p. 23, 76.)

FEBVRE, aussi Feuvre (Pierre le), cons. au g^d Conseil, Sg. de la Fallure, al. Falluere, al. Falvere. T. s. de la Guespière, acq. de Magdel. Scarron, v^e de Charles Robin, trés. de France à Tours. *Amboise*, 1665. (r. 357, p. 96.)

FEBVRE, al. Feuvre (Nicolas le), cons. au Parl. de Bret. T. s. de la Falluere ; ens. les châtell. t. s. de Jallanges-les-Etangs et de la Gallinière, al. Jallinière, par. de Vernou : *Amboise*, 1672, 1680. (r. 405, p. 49 ; r. 410, p. 32 et suiv.)

FEBVRE (Pierre le), lieut. en la châtell. de Chaveroche, pour Louise, sa fe, fille de feu Michel Balmont. F. s. de Brun, par. de Varenne-sur-Tesche : *Chaveroche*, 1712. (*r.* 477, *p.* 64.)

FEBVRE (François le), fermier du dom. de la châtell. de Chaveroche. F. s. de Tresuble-le-Vieux, par. de Tresel : *Chaveroche*, 1714. (*r.* 477, *p.* 127.) — François le Febvre, cons. en la châtell. de Chaveroche. Même fief ; 1717. (*r.* 477, *p.* 460.)

FEBVRE (Charles le), de Laubrière, Chev., cons. au parl. de Paris, fils aîné de François de Laubrière, Chev. Baronnie de la Haye-Joullain et Briançon : *Angers*, 1714, 1722. (*r.* 425, *p.* 1, 387.)

FEBVRE D'ORMESSON (Henri-François-de Paule le), Chev. (Signe : le Fevre d'Ormesson), Sg. d'Amboise, cons. au conseil royal des finances, pour Cather. de la Bourdonnaye, son ép. ; Yves-Marie de la Bourdonnaye, Chev., Sg. de Couetton, tuteur de Louis-François, son fils ; Paul-Esprit Feydeau, Chev., Sg. de Brou, intendant de Bret., et Louise-Antoinette de la Bourdonnoye, son ép., tous héritiers d'Ant. Ribeyre, Chev., leur ayeul maternel. T. s. d'Ompene, par. de même nom, et moitié de la terre du Crest, par. de Romagnat, Channonat et autres : *Clermont*, 1716. (*r.* 507, *p.* 142.) Relève d'eux : François d'Azon Mauclerc, écuyer, Sg. d'Argouges, fourrier des logis du Roi.

FEBVRE, *al.* Feuvre et Fevre (Claude le), Chev., Sg. de la Falluere, doyen des consers du grand Conseil. T. s. de la Gallinière ; ens. la châtell. et dép. de Jallanges-les-Etangs. — Claude, son fils, Chev., cons. au parl. de Bret. Mêmes possess. : *Amboise*, 1731 *ad* 1742. (*r.* 426, *p.* 54, 61 ; *r.* 427, *p.* 46.)

FEBVRIER (Marie), ép. de Louis Clément, commis à la recette de la généralité de Moulins. F. s. de la Mothe-Boquard, par. de Toulon : *Moulins*, 1717. (*r.* 477, *p.* 385.)

FEDEAU (Ant.), médecin de la Duch. de Bourbon. Fiefs ès par. de Buxière et de Cosne ; ens. une maison en la par. de Besson : *Bourb., Gannat, Souvigny*, 1512. (*r.* 483, *p.* 47.)

FEDIDES (Françoise de), ve de François du Prat, écuyer, fils de Claude du Prat, tutrice de leurs enfans. Chât. t. s. des Cornets, cens, rentes, dîme et autres dr., par. St Jean de Glaine, *al.* Blesnes, en la seg. de Rochefort : *Riom*, 1669. (*r.* 499, *p.* 452 ; *r.* 502, *p.* 119.)

FEGIREUX (Pierre), fils de feu Blainet Fegireux, Dam., paroiss. de Barrezai. Cens ès par. de Deux-Cases, de Chappes et de Sazerai ; ens. la moitié d'une dîme en la par. de Blunmart ou Blein Marc, par indivis avec le Sire Blein de Santes, Jean du Couz et Etienne Lambert, Damoiseaux : *Murat*, 1357. (*r.* 461, *p.* 42.)

FEILLET (Louis-Joseph). F. s. de Martray, et de Crapet, par. de Baulon : *Moulins*, 1714. (*r.* 477, *p.* 123.)

FEINS (Etienne), clerc, fils de feu Jean de Feyns et d'Agnès de Maulteroer. Terres, cens et tailles ès par. de Contigny et de Cous : *Verneuil*, 1322. (*r.* 460, *p.* 296.)

FEINS (Jean, aussi Jeanin de), *de Fenis*, Dam. Moitié de la dîme de Chatellon, dom., cens et rentes, par. de Trebent, Parey et autres : *Verneuil*, 1342 *ad* 1365. (*r.* 460, *p.* 49, 64, 145.)

FELE (Baro del), bourg. de Montbrisson. Echange avec Bertrand Lambert, Chev. et Guill. son frère, de dom. et dr. à Greneel et autres lieux, contre les vill. del Crol, de la Volp et de la Combe : *Forez*, 1230. (*r.* 493 *bis, p.* 59.)

FELEINS (Jean de), Chev. Maison de Dommartin et dép. en Bresse, châtell. de Toissey : *Beaujeu*, 1330. (*r.* 488, *p.* 109.)

FELETIN (Gabriel de), écuyer, Sg. de Villemartin. Cens, rentes et tailles en la par. de la Fa : *Marche*, 1506. (*r.* 453, *p.* 221.)

FELIS (Charlot), valet de chamb. du Duc de Bourbon. Deux vignes en la châtell. de *Verneuil*; 1402, *potius* 1482. (*r.* 1355, *p.* 124.)

FELIX (Gédéon de), écuyer, Sr de la Barde. Herbergement de Vinax; 1699. — Gabriel de Felix, écuyer, Sr de la Salle. T. s. de Vinax; 1718 : *Aunay*. (*r.* 436, *p.* 262; *r.* 438, *p.* 368.)

FENIS (François-Martial de), écuyer, présid^t au présid. de Tulle, à cause de Gabrielle de Ste Faire, son ép. T. s. de Perigord, *al.* Precord, par. St Georges-les-Goujon : *Marche*, 1718. (*r.* 477, *p.* 630, 722.)

FERAUD (Jean), écuyer. Fief de Pamperige, *al.* Penperigat, justice h. m. et b. par. de Valières : *Marche*, 1669, 1684. (*r.* 474, *p.* 473 ; *r.* 475, *p.* 273.)

FERAUD (Jean), prieur de Barbatane. Maison appel. le petit Coignet, au faub. de la Guillotière : *Lyon*, 1676. (*r.* 495, *p.* 131.)

FERCHAUD, *al.* Ferchault (Roberte), pour Geneviève Bouchel, sa belle-sœur, v^e de René Ferchaud, Sg. de la Forest, cons. au présid. de la Rochelle, mère de René-Ant. Ferchaud, et de Jean Honoré Ferchaud, de Reaumur, directeur de l'Académ. des Sciences. F. s. Reaumur, appel. la Vieillecourt; ens. celui des Borderies ou Chesne-Sec : *Vouvant*, 1703 *ad* 1721. (*r.* 437, *p.* 267, 268, 307 et suiv.; *r.* 438, *p.* 426, 427.)

FERJON (Jean), secrét. de la Duch. d'Anjou. Huit arpens de bois à Malleloy, par. de Rosières, tenus de Beaufort au devoir d'une quenouille de lin en une canne, et d'un fuseau pour la filer : *Anjou*, 1451. (*r.* 337, *p.* 6.)

FERMAGNET (Adeline, Dame de). Dîme et cens ès par. de St Porcian et de Montfan : *Verneuil*, 1300. (*r.* 460, *p.* 268.)

FERNEGUY (Cather. de), fille de feu Hugues Ferneguy. Dom. et cens ès par. de Berday et de St Beguein : *Ainay*, 1350. (*r.* 462, *p.* 315.)

FERON (Florimon), écuyer de la Duch. de Bourbonnois, comtesse de Forez. Cens, rentes et autres dev. en la par. de St Julien la Vaistre : *Forez*, 1426. (*r.* 494, *r.* 180.)

FERRAGA (Mathieu), gendre de Silvine Douleiron. Fief du Creux, par. de Lezenay : *Issoudun*, 1671. (*r.* 445, *p.* 115.)

FERRANT (Pierre), paroiss. de Treteaux, Guill., Marguer. et Alise, ses frère et sœurs. Moitié de la maison de Monet, dom. et rentes en dép. : *Chaveroche*, 1342, 1350. (*r.* 467, *p.* 316; *r.* 468, *p.* 1.)

FERRANT (Durand), bourg. de St Porcian. Cens et rentes ès châtell. de *Chantelle* et de *Verneuil*; 1350 *ad* 1357. (*r.* 458, *p.* 99 ; *r.* 459, *p.* 93; *r.* 460, *p.* 242.)

FERRANT (Laurent), paroiss. de Branciat. Près et rentes, ès par. de St Sornin, des Deux-Cheses, de St Illide et autres : *Bourb., Murat*, 1350, 1355. (*r.* 460, *p.* 363; *r.* 464, *p.* 385.) Non noble.

FERRAND (Agnès), v^e de Jean Valarchier, dit Jehannot, tutrice d'Ant. Valarchier, leur fils. Dom. et moulin de Chaluet, par. de Faverolles au baill. de *St Flour*; 1669. (*r.* 499, *p.* 510.)

FERRAND (Gabriel), m^d. T. s. de la Forest, par. de Savigny : *St Pierre-le-Moust.*, 1677, 1717. (*r.* 473, *p.* 347; *r.* 477, *p.* 384.)

FERRAND (Marguer.), v^e de François le Bossu. T. s. de Beaufort, saisie sur elle. Tient en outre la seg. et maison noble de la Boymère : *Châtellerault*, 1680, 1686. (*r.* 435, *p.* 95, 171.)

FERRAND (Michel), Chev., Sg. de Vernay, major gén. des armées, puis inspecteur gén. d'infanterie. F. s. de la Bernardière, par. de la Tessonnière, à cause de la dame du Drac, son ép. : *Maubergeon*, 1716, 1719. (*r.* 437, *p.* 304; *r.* 438, *p.* 17.)

FERRAND (François), écuyer, Sr de Fontorte, proc. du Roi au bureau des finances de Riom. Dimes ès par. de Montaignat et d'Escurolle : *Gannat*, 1720, 1728. (*r.* 478, *p.* 68; *r.* 479, *p.* 54.)

FERRAND (Annet), notaire, et Marie de Chantelou, sa f^e. T. s. de Martinanches, par. de St Dier et d'Auselle : *Clerm.* ; 1730. (*r.* 510, *p.* 69.)

FERRÉ (Gilbert), compagnon tanneur, fils de Pierre Ferré, proc. au au baill. de St Pierre-le-Moust., et de feue Françoise Maslin. Héritag. en la par. d'Azy-le-Vif : *St. P.-le-Moust.*, 1677. (*r.* 474, *p.* 350.)

FERRÉ (Jean), écuyer, Sr de la Courade. T. s. de Peyroux et de Challeur ; 1676. — Jean Ferré, écuyer, Sg. de Challeur, capit. dans les dragons de la Reine, fils de Jean Ferré. T. s. de Peroux ; 1717. — Louis Ferré, écuyer, Sr de la Courade, époux de Marthe de la Faye. T. s. de Leigné, par. de Chapniers ; 1719 : *Civray.* (*r.* 433, *p.* 11, 12; *r.* 438, *p.* 337, 419.)

FERRECOL (Ant.), de St Pourçain. Quatre tènemens et terres vers Boucé au voisinage de Montagu et de Septfons : *Billy*, 1443. (*r.* 455, *p.* 344.) Non noble.

FERRELLE (Hugonin). Dom., bois, dîmes, tailles et le four bannier de Tresail; présent, Guillaume de Montbaillon, Dam. : *Chaveroche*, 1373. (*r.* 468, *p.* 81.) Non noble.

FERRER (Guill.), paroiss. de Creschy. Usage dans la forêt de Montenat, et menus cens ès par. de St Didier, St Remy et Villene : *Billy*, 1375. (*r.* 457, *p.* 104.)

FERRERES (Jean de), clerc, à cause de sa f^e. Terrage assis au mas d'Aveneres, par. de Buxeres, terres, bois et cens : *Bourb.*, 1300 (*r.* 464, *p.* 119.) Non noble.

FERRERES (Etienne de), curé des Roches. Bois, garenne, cens, tailles en la par. de Ferreres : *Bourb.*, 1357. (*r.* 464, *p.* 173.) Non noble.

FERRERES (Phil. de). Terres, bois, garenne, tailles et corvées au vill. de Montagnon et autres : *Bourb.*, 1398. (*r.* 464, *p.* 96.) Non noble et la qualité d'écuyer raturée au texte.

FERRIER (Poncet), à cause de Bienvenue, sa f^e. Maison, pré, vignes, deux pièces de terre et partie de dîme au terroir de Hautefeuille, *Alto folio*, par. de Villene : *Billy*, 1342. (*r.* 457, *p.* 44.) Non noble.

FERRIER, aussi Ferrer (Jean), paroiss. de Teneuil, fils de Pierre, à cause de Marguer., sa f^e, fille de feu Jean du Moulin, *al.* de Moulins. Moitié des chesaux de la Goyetiere et des Maisons, terres, bois, garenne en dép. Le même pour Jean, Pierre, Guill., Marguer. et Cécile, enfans de feu Pierre Ferrer. Le pré de la Jonchiers : *Bourb.*, 1401 *ad* 1443. (*r.* 463; *p.* 142, 255; *r.* 464, *p.* 87; *r.* 465, *p.* 25.) Non nobles.

FERRIER (Joseph de), Chev., Sg. du Treuil. Baronnie du chât. d'Oleron et St Troyen, nouvellement acq. : *Xaintes*, 1717. (*r*. 439, *p*. 66.)

FERRIER (Henriette), v^e de François St Thomas, Sr du Peré. Moitié de la t. et seg. de St Marc, par. de Fouras : *Rochefort*, 1733. (*r*. 442, *p*. 11.)

FERRIÈRE (feu Bertremieu de la), écuyer. Sa v^e Liesse Liebre, et Bertrand de la Ferrière, leurs fils, cèdent à Graiot Douhet leurs droits au port Saunier de *Cognac* ; 1408 (*r*. 1405, *p*. 354.)

FERRIÉRE (Anne), v^e de François Gigaud, élu en l'Elect. de Salers, tutrice de François et Ant. Gigaud, leurs enfans. Dom., h. m. et b. justice del Mourie et de Lauzet, par. de St Bonnet et de Salers : *Riom*, 1669, 1672. (*r*. 499, *p*. 30 ; *r*. 500, *p*. 157.)

FERRIÈRE (Claude de), Chev., Cte de Sauvebeuf, par success. de Louise de Tournemire. T. s. de Lesbros, par. St Bonnet : *St. Flour*, 1684. (*r*. 503, *p*. 416.)

FERRIÉRES (Guill. de). Dom. et cens ès par. de Buxières et de Rocles : *Bourb., Murat*, 1357. (*r*. 464, *p*. 250.) Non noble.

FERRIÈRES (Jean, Sg. de), Chev., à cause de Marguer. de Harcourt, son ép. Chât., t. s. de Montfort : *Mans*, 1406. (*r*. 343, *p*. 24 ; *r*. 345, *p*. 116.) Rel. de lui : Alard, Sg. d'Ardenain ; Guill. Brouin, *al*. Broucin ; Hardouin de Fontaines ; Pierre de Millon, Chevaliers. Robin d'Averton ; Philippot Cardun ; Huet de Chahennay, Sg. de St Mars ; Jean Cordeboeuf ; d'Izé ; Bouchart de Lille ; Jean de Souday, *al*. Londay, dit le Galays ; Jean du Lorouez, Sg. de Cyret ; Oudin de Mondoucet ; Jean de Montihier ; Guill. de Soligné ; Huet de St Bertheum, Sg. de la Chesnoye ; Jean de Taillecoul ; Guillot de Tillières, écuyers.

FERRIÉRES (Jean, B^{on} de), chambellan du Roi. T. s. de Montfort et de Vibrais : *Mans, Saumur*, 1481, 1483. (*r*. 351, *p*. 90 ; *r*. 448 *bis*, *p*. 14.)

FERRIÈRES (Pierre de), à cause de Perronelle, sa f^e fille de Jean Boutevin. Maison et mote de Mesclers, terres, prés, garenne, par. de Buissières et de St Hilaire : *Bourb.*, 1443. (*r*. 465, *p*. 72.) Non noble.

FERRIÈRES (Jean de), écuyer. Hôtel et forteresse de Champaigne : *Mirebeau*, 1457. (*r*. 331, *p*. 59, 60.)

FERRIÈRES (Jean de), écuyer, Sg. dud. lieu, de Champlenais et de Presle, chambellan du duc de Bourbon, son bailli de Beaujolois, mari de Marguer., fille naturelle du duc de Bourbon ; 1471. (*r*. 1365, *p*. 1387.) Pour mémoire. Voir aussi an. 1462. (*r*. 1364, *p*. 1387.)

FERRIÈRES (Pierette de), Ve de Claude, B^{on} de St Trivier, présentement f^e de Jean de Lugny, Chev., Sg. d'Allery et de Brandon. chambellan du Roi, bailli, et M^e des foires de Châlons. Baronnie, chât., t. s. de St Trivier, pour garantie de ses deniers dotaux. Mention de Cather. de St Trivier, f^e de Philib. de Lugny, Sg. de Montluel : *Beaujeu*, 1513. (*r*. 488, *p*. 112, 113, 127.)

FERRON (Sire Yves le), échevin de la Rochelle, et sa f^e Perrette Massicote, fille de feu Guillaume Massicot, échevin de la même ville. Rente de 10 liv. et chapons sur la maison située au lieu appel. Queue-de-Vache, mouv. de *Châtelleraut* ; 1461. (*r*. 336, *p*. 68.)

FERTÉ (Ysabelle de la). Voy. Vigier, an. 1366.

FERTÈ (Pierre de la), écuyer. T. s. du Plessis-Brizechaste, la Jaujupierre et de Cande : *Amboise*, 1508. (*r.* 432, *p.* 81.)

FESCHAL (Olivier de), Chev. Dom. de Torcé, autrement métairie de Louvigné, par. de Soulche, *al.* Soulge le Bruant : *Mans*, 1452. — Jean de Feschal, comme hérit. de Louis de Feschal, écuyer, son frère. Même possess. ; 1568. (*r.* 345, *p.* 72 ; *r.* 351, *p.* 17.)

FESNEAU (Ant.). écuyer. T. s. de Bastard, par. d'Adier ; *Marche*, 1506. (*r.* 452, *p.* 290.)

FFU (Jean), directeur gén. des gabelles au départ. d'Auvergne. T. s. des Brauards et du Pouy, par. de Limon : *Gannat*, 1684. (*r.* 503, *p.* 280.)

FEUDE (Jean). Herbergement de la Guergnerie de Verneil : *Chât.-du-Loir*, 1400. (*r.* 344, *p.* 5, 118.)

FEUGEREY (Bolarz de), Une vigne à la côte de Montmean ; hommes et femmes de serve condition : *Chât.-Chinon*, 1351. (*r.* 470, *p.* 84.)

FEUILLET (Silvain), laboureur. Fief métairie du Colombier, *al.* les g^{des} bergeries, par. de Ste Thorette : *Mehun-sur-Y.*, 1704, 1706. (*r.* 448, *p.* 84, 142.)

FEULE (Louis de la), *de Feula*. Prés, pâturages et terres en la châtell. de *Bourbon* ; 1386. (*r.* 463, *p.* 267 ; *r.* 464, *p.* 240.) Non noble.

FEULE (Louis de la), dit du Bouchet; et Marguer., sa f^e. Hôtels de Jeux et de Fulham, dom. cens et rentes en dép., par. de St Menoux et de *Bourbon* ; 1410.—Jean de la Feule, Jean et Pierre de la Feule, ses neveux ; *Idem* ; 1443. (*r.* 463, *p.* 285 ; *r.* 465, *p.* 64.) Non nobles.

FEURS (Beraud de), *de Forio*, Dam. Maison et bastide en la par. de Guichey ; dom., bois, étang en Maconnois : *Beaujeu* ; 14... — Guichard de Feurs, Dam. ; *Idem* ; 1400, 1413. (*r.* 486, *p.* 8, 9, 10.)

FEVRE (René le), écuyer. Terre et h. j. de Bizay : *Loudun*, 1578. (*r.* 351, *p.* 9.)

FEVRE (Claude le), greffier de la maréch. de St Amand, et Cather. Baucheton, sa f^e ; François Balavoine, ép. de Magdel. Baucheton, et Marie Baucheton, héritiers de Jean Niquet, qui l'étoit de Jean Niquet, écuyer, Sr du Chastellier. T. s. du Chastellier, par. de Leuet : *Dun-le-Roi*, 1715. (*r.* 449, *p.* 196.)

FEVRE DE GUYBERMENY (Anne-Marie-Cléophile le). v^e de Jean-Alexandre de Blair, Chev. Chât., t. s. d'Ambur, de la Rochebrian, Chades et autres lieux : *Riom*, 1731. (*r.* 510, *p.* 83.)

FEYDERIA (Jean de), Dam. Maison et rente au bourg de Cernerie : *Forez*, 1333. (*r.* 491, *p.* 12.)

FIÉ (Gilet du), *de Feodo*, Dam. Maison du Lau, dom., dîme, bois, étang, garenne, cens, tailles et arr. fiefs, ès par. de Varoz et de la Chapelle-Hugon : *Germigny*, 1311. (*r.* 466, *p.* 15.)

FILAIRE (André de). Charrouil, fils de Marcelin. T. s. de Coubladour, et rente ès par. de Loude, Vazeilles et St Remy : *Brioude*, 1685. (*r.* 503, *p.* 484.) Signe : Cheroüil.

FILASTRE (Guill.), de Parose. Partie de terres, prés et pâturages. *Bourb.*, 1323. (*r.* 465, *p.* 81.) Non noble.

FILLAS (Louis), m^d, et autres parents de même nom. Métairie de Chaludet et h. j., par. de la Celle : *Riom*; 1670. (*r.* 499, *p.* 742.) —Charles

Fillas, son fils. Terre, dîme, h. j. de Chaludet près Fernoil : *Riom*, 1684, (*r*. 503, *p*. 197.)

FILLASTRE (Roberte), Dame de Huile, v^e de Jean de Montecler, Chev. Fief du Perrin Savineau : *Angers*, 1453. (*r*. 337, *p*. 86 ; *r*. 341, *p*. 30, 31.)

FILLATRE (Humbaut), fils de feu Arnoul du Vergier. Moitié d'un Chesal ; le pré des Vergiers et deux champs : *Germigny*, 1307, 1310. (*r*. 466, *p*. 39, 46.) Non noble.

FILLEAU (Nicolas), S^r des Ageris. Fief des Bois Clerbaut, dép. de la seg. de St Martin : *Lusignan*, 1714. (*r*. 437, *p*. 257.)

FILLET (Guill.), *Filleti*. Maison de Croset, rentes et autres dev. ; ens. le tènement de Varennes, par. de l'Espinace : *Forez*, 1290, 1300. (*r*. 492, *p*. 114, 269.)

FILLET (Guichard), Dam. Maison et grange de la Roche, dom. et mouv. ès par. d'Arfeuille, St Bonit et autres : *Forez*, 1317. (*r*. 493, *p*. 144.)

FILLET (Guill.), autrement de Croses, Dam., à cause de Jaquette de Some, son ép., fille de feu Perrin de Some, autrement dit Menejoye. Moitié de la t. et s. de Some : *Bourbon-Lancy*, 1379. (*r*. 467, *p*. 95.)

FILLET (Pierre), et Jean Fillet, bourg. de la Villeneuve. Prés, terres et tailles en la par. de Trenay : *Belleperche*, 1411, 1443. (*r*. 465, *p*. 134, 141.) Non nobles.

FILLET (Pierre), écuyer, Sr de Porney. F. s. en la châtell. de *Germigny*, 1488. (*r*. 484, *p*. 82.)

FILLEUR (feu René le), Sr de Cheverai et de Songé. Sa v^e Françoise le Vayer tient la t. et seg. de Mebezon : *Mans*, 1665. (*r*. 357, *p*. 94.)

FILLIERE (Marcelin de), Sg. de Charroul, lieut. gén. en la sénéch. du Puy. T. s. de Cloubadour et rentes, par. de Loude et de St Remy : *Riom*, 1669. (*r*. 499, *p*. 671.)

FILLIOUX (Guill.), avocat. Seigneuries de St Sulpice, du Breul et autres : *Marche*, 1669. (*r*. 474, *p*. 115.)

FIN (Guiot de la), Dam. Fief seg. de la Fin et de Bolate ; dîme de Messagon ; ens. les prés d'Azy et du Tilay : *Moulins*, 1366. (*r*. 454, *p*. 320.)

FIN (Hugonin de la), *de Fine*, Dam., fils de feu Jean de la Fin, Dam. Cens sur divers tènemens situés à la Pierre ; 1390. — Hugues de la Fin, Dam. Cens en argent sur divers tènemens ; 1401 : *Bourbon-Lancy*. (*r*. 466, *p*. 254 ; *r*. 467, *p*. 52.)

FIN (Hugues de la), Dam. Huitième partie des dîmes de Prunerey et de Fontenes, et rentes au territ. de Cadelieres : *Chaveroche*, 1403. (*r*. 468, *p*. 194.)

FIN (Cather. de la), v^e de Louis de Mer... Maison de la Fin, par. de Thiel, dom. et dr. en dép. : *Beçay*, *Pougny*, 1443. (*r*. 455, *p*. 153.)

FIN (Jean de la), écuyer, et Cather. de la Roche, sa f^e. Hôtel et seg. de Beauvoir et de Freigne ; prévôté de la Faye ; dîme de Fontainnes, et étang en la par. de Marcy : *Moulins*, 1443. (*r*. 474, *p*. 188.) — Jean de la Fin, Chev. Hôtel fort de Beauvoir sur Besbre ; ens. le f. et seg. du Freigne, assis à Longeprée, avec l'étang des Potiers et dîmes ; 1457. (*r*. 454, *p*. 310, 327, 338.) — Ant. de la Fin, écuyer, M^e d'hôtel ordin. du Duc de Bourbon. Même t. et seg. de Beauvoir et autres : *Bessay*, *Billy*, *Chaveroche*, *Moulins* ; et, à cause de Louise Pasquieres, al. Pacquiere, sa f⁰, la t. et s. de Mons : *Bourbon-Lancy*, 1488 ad 1499. (r. 454, p. 340; r. 484, p. 91, 133.) — Ant. de la Fin, écuyer, Sg. de Beauvoir, M⁰ d'hôtel ordin. de la Duch. de Bourbonnois, à cause de Jeanne de Tellis, sa f⁰. T. s. de Montbaillon et autres ; 1505. (r. 452, p. 103, 123.)

FIN (Hugues de la), écuyer, Sg. de Beaudesduit et du Vergier. Maison du Freigne, dom. et dr. en dép. : *Bessay, Chaveroche, Moulins*, 1499, (r. 454, p. 309.)

FIN (Jean de la), Chev. Châtell., t. s. de Beauvoir, des Augières et dép. : *Mans*, 1566. (r. 351, p. 35.)

FINERIIS (Jean), Chev., comme mari de Batarde, fille de feu Geoffroi Morel, Dam. Fief en la par. d'Yguerande : *Beaujeu*, 1349. (r. 489, p. 101.)

FIRLY (François). Fief de la Bertinière : *Civray*, 1676. (r. 434, p. 3.) — Susanne Firly, vᵉ de Charles de Saingarault, écuyer, Sʳ de Tralebault. Même fief ; 1698. (r. 436, p. 178.)

FITLER (Jean-Henri), banquier à Lyon. Maison et terrein en la par. Sᵗ Cyr au Mont d'or ; ens. le dom. de la Daryorie : *Lyon*, 1731. (r. 498, p. 54, 63.)

FITTE (Julien-Charles-Armand de la), écuyer, et Marie-Angelique du Verger, sa f⁰. F. s. de Masserolles, de Besse, de Varais et de Rehé, par. de Paizé-le-Château, saisis sur eux : *Aunay*, 1699. (r. 436, p. 241 et suiv.)

FIZICAT (Jean-François de), fils d'Ant. de Fizicat, greffier en chef au bureau de la généralité de Lyon, héritier de Michel Fizicat, son oncle. Partie de la justice d'Oulins, et rente noble en dép., par. de Sᵗ Genis-Laval : *Lyon*, 1719. (r. 497, p. 9, 32.)

FLACELEYRAS (noble Claude de), du lieu de Beyssat, dioc. d'Annecy, vend à Ant. de Levis, Bᵒⁿ de la Roche, divers cens assis au mandement de la Roche : 1452. (r. 1397, p. 605.)

FLACHAS, al. Flachaps (Jean), Dam. Dénombremens à lui rendus par ses censitaires de Sᵗ Romans-en-Jarese : *Forez*, 1423 ad 1442. (r. 494, p. 141.)

FLACHAT (J. B.), écuyer, dem. à Lyon. T. s. de Sᵗ Bonnet les Oulles : *Forez*, 1736. (r. 497, p. 248.)

FLACHET (Ponce de), Dam. Moitié de la Viguerie de Rocheblaon, avec les mas de Chataignier et de la Garde, dom., bois et mouv., dioc. de Vienne : *Forez*, 1325. (r. 492, p. 62.) — Raymond de Flachet, Dam. Hospice de Flachey et dép., au mandement de la Rocheblaon ; 1325. (r. 493, p. 164.)

FLACHIER (Hugues). Menus cens à Sᵗ Habund-le-Chat. : *Forez*, 1337. (r. 490, p. 169.)

FLAGEAT (Louise de). T. s. d'Alegre, Flageat et autres : *Riom*, 1670. (r. 499, p. 711.)

FLAGHAT (Louis de), Sg. dud. lieu. T. s. de la Roche par lui acq. de Pierre de Turenne et d'Anne de la Roche, sa f⁰ : *Auv.*, 1494. (r. 471, p. 198.)

FLAMENCS (Hugues), Chev. vend à Renaud, Cᵗᵉ de Forez, divers cens et rentes en la par. de Vailleles, mandement de Sivry-le-Bois ; 1262. (r. 1395, p. 319.)

FLAVY (Raoul, Sg. de) et de Ronquerolles, Chev. Cession au Duc de

Bourbon d'une partie de ses terres encloses dans l'étang de Cressis en *Beauvoisis* ; 1391. (*r.* 1369, *p.* 1740.)

FLEURANT (Claude), controlleur ordin. des guerres. Maison forte de Rancey et rentes en dép., par. de Geney ; 1717. — J. B. Fleurant de Rancey, écuyer, cons. au parl. de Dombes. Partie du fief de Gonteret, *al.* Gontaret, *al.* Gauteret, et rente noble ès par. de Geney, Civrieux et Pollieux ; 1717, 1722 : *Lyon.* (*r.* 496, *p.* 265, 271 ; *r.* 497, *p.* 170.)

FLEURIAU (Françoise), v^e d'Helie Chamoy. F. s. de Boissimon, *al.* le petit Pouligny, par. de Dangé : *Châtelleraut*, 1727. (*r.* 438, *p.* 568.)

FLEURY (Claude de), Sr de Sermelles, av. en parl., fils de François de Fleury, bourg. d'Issoudin. Dîmes et censives ès par. de Segry, St Cyr et St Georges : *Issoudun*, 1669 *ad* 1680. (*r.* 445, *p.* 252, 371 ; *r.* 446, *p.* 39, 40, 65.) — François de Fleury, fils de René de Fleury, Sg. de Sermelles, fils de René de Fleury, lieut. partic. au baill. d'Issoudun. Un quart des dîmes de la part. de Segry ; 1696. (*r.* 447, *p.* 199.)

FLEURY (René-François de), Sg. de Sermelles. Maison du Pillier à *Issoudun* ; 1711. (*r.* 499, *p.* 103.)

FLEURY (Magdel. de), v^e de J. B. de Couet, Chev., Cte de Montbrillon, *al.* Monbtriblon, B^{on} de St Bernard et autres lieux, comme tutrice de J. B. Couet, leur fils, Chev., mousquet. du Roi. Chât. t. s. de St Bernard, par. de même nom, de la Mure, par. de Charly, etc. : *Lyon*, 1720, 1722. (*r.* 497, *p.* 36, 49, 132, 145.)

FLEXI (Pétronille, fille de feu Raymond de), v^e de Bertrand Girbert, vend à Jean de Latis le chât. de *Froncio*, mouv. du Sg. de *Montpellier* ; 1329. (*r.* 334, *p.* 12.)

FLOQUET (Blaise du), écuyer, fils de Pierre du Floquet, écuyer ; 1669 *ad* 1684. — Pierre-Joachim du Floquet, écuyer, son frère, mari de Gilberte ; 1683, 1699. — Pierre-Ant. du Floquet de Reuls, Chev., fils de ceux-ci ; 1716. T. s. de Chameane, du Cerf, du Lac, de St Genez, et droit de nef et de bâteau sur l'Allier, par. de Chameane, St Remy et autres : *Nonnette, Riom, Usson.* (*r.* 499, *p.* 94, 95 ; *r.* 502, *p.* 94 ; *r.* 503, *p.* 34 ; *r.* 506, *p.* 7, 36 ; *r.* 507, *p.* 85.)

FLORENCE (Jacques de), autrement Guîde, bourg. de St Pourçain, à cause de Marie Morillote, sa f^e. Cens, tailles et divers héritages ès par. de Vic, Chazelles, Chirat, St Marcel, Belleraine, Monestier : *Billy, Chantelle, Gannat, Murat*, 1411. (*r.* 455, *p.* 245 ; *r.* 458, *p.* 6, 332 ; *r.* 460, *p.* 400.)

FLORENCEAU (Pierre), pour Jeanne de la Brunetière. Herbergemens de la Boulleyere et Guilletière : *Chât.-Ceaus*, 1460. (*r.* 332, *p.* 105, 116.)

FLORI (Pierre), Chev. Partie du Fief et dom. de la Rocherigault : *Loudun*, 1437. (*r.* 341, *p.* 92 ; *r.* 346 *p.* 15.)

FLORIE aussi Flourie (Guill.). Herbergement de la Royerie, et dr. de chasse en la garenne de *Chât.-Ceaus* ; 1454. (*r.* 332, *p.* 122 ; *r.* 341, *p.* 123, 153.)

FLORY (Marguer. de), v^e de Phil. d'Espouille, écuyer. T. s. du Fraigne, par. de Cencoins : *St P.-le-Moust.*, 1687. (*r.* 474, *p.* 643.)

FLORY (Léonard de), écuyer, fils de Jean de Flory, écuyer, Sr de Versailleu. Rente noble, justice h. m. et b. en la par. de Lausonne, *al.* Lozanne : *Lyon*, 1723 ; et partie du fief de Fraigne, par. de Cencoins : *St P.-le-Moust.*, 1726. (*r.* 481, *p.* 82 ; *r.* 497, *p.* 200, 217.)

FLOTE (Guill.), Chev., Sire de Revel, fils de Pierre, Chev. Chât. t. s. de Maymont, dioc. de Clermont, de Torent, dioc. de Vienne, et de *Nerviaco*, dioc. de Lyon; ens. la dîme de la par. d'Escotayon, et sa maison de Faures près Montbrisson : *Forez*, 1316 *ad* 1333. (*r*. 491, *p*. 2, 242 ; *r*. 492, *p*. 204, 207 ; *r*. 1380, *p*. 3297.) — Guill. Flote, Chev., Sire de Revel, comme bail des enfans de feu Flocon de Revel. Chât. t. s. de Scole : *Chantelle*, 1350. (*r*. 458, *p*. 261.)

FODRAA (Jean), fils de feu Perronin Fodraa, Dam., par son curateur Perronin Raolin, Dam., vend à Jean, Cte de Forez, divers cens et rentes percept. à St Just en Chavalet et à Chareu : *Forez*, 1314. (*r*. 1395, *p*. 197.)

FOILLIET (Jean de), Héritages près le chât. de Loye, obtenus de Humbert de Villars, Sg. de Thoyre, et ratifiés par le Cte de Savoye…. (*r*. 1392, *p*. 857.)

FOISSON (Scipion-François de), de Poulloud, Chev. Chât., tour, dom. et seg. de la Jaquetière, près la viguerie de Ste Colombe ; 1669. — Marianne de Foisson, de Polloud. Chât. en ruines, par. Ste Colombe ; 1719 : *Lyon*. (*r*. 496, *p*. 141 ; *r*. 497, *p*. 13.)

FOIX (Jean-Frédéric de), Cte de Curson et de Flex, saisit la terre et baronnie de Pressigny sur Jaques Honorat de la Baulme, Cte de Suze, hérit. de Philippe-Emmanuel-Philib. de Savoye, Mis de Villars, Bon de Pressigny : *Chinon*, 1623. (*r*. 357, *p*. 90.)

FOIX (Henri-François de), de Candale, Duc et Pair de France, à cause de Marie-Charlotte de Roquelaure, son ép. T. s. de Montel de Golat, par. id. : *Riom*, 1699. (*r*. 506, *p*. 73.)

FOLENFFANT (Géofroi). Dom. et rentes en la seg. de la Roche de Vaulx, tenus à hom. lige. *Chât.-du-Loir*, 1405. (*r*. 344, *p*. 58, 118.)

FOLESTERIE (Reigner de), Dam. Maison de Folesterie, dom. et mouv. ; présent Aymon de Sornay, Dam. : *Bourb.-Lancy*, 1340. (*r*. 467, *p*. 30.)

FOLLET (Ant. et Charles de), écuyers, enfans de Jean de Follet, écuyer, et de Susanne du Breuil, vendent à la Duch. de Bourbon leur hôtel assis à *Souvigny* ; 1470. (*r*. 1356, *p*. 182.)

FOLLET (François), Sr de Verdun, fils aîné de feu Pierre Follet, Sr de la Fuye, élu à Niort, et de Marie David. F. s. de la Croisette : *Partenay*, 1694. (*r*. 436, *p*. 82.)

FOMBERG (Armand de), Chev. T. s. de Montcombroux et de la Coste : *Chaveroche*, 1692, 1696. (*r*. 475, *p*. 89, 186.)

FOMBERG (Gilbert de), écuyer, fils de François-Gabriel de Fomberg. F. s. de la Jarrye, par. St Allire de Valence : *Billy*, 1709, 1717. (*r*. 476, *p*. 228 ; *r*. 477, *p*. 562.)

FOMBERG (Emé de), Sg. de Laleu, écuyer, fils de Michel Fomberg, écuyer. F. s. de la Tronçay, par. de Buxiere : *Murat*, 1717. (*r*. 477, *p*. 331.)

FOND, *al*. Fons (Jaqueline de la), fille de feu Jaques de la Fond, écuyer, S^r des Rocherets, M^e des eaux et forêts du duché de Beaumont. Fiefs de la Daurie et des Pigeries, par. de Doullées et de Frenay : *Sonnois*, 1668. (*r*. 358, *p*. 133.)

FOND (Silvain de la), garde des sceaux au siége de la Marche, dem. à Guéret. Fief de Montlevade ; 1669. — Joseph de la Fond, assesseur de la maréchaussée de la Marche. Même fief, par. St Sulpice-Gueristoi, et rentes féodales en la par. de Fat ; 1724 : *Crozant, Guéret.* (r. 474, p. 131 ; r. 481, p. 56.)

FOND (Jaques de la), secrét. du Roi. F. s. de g⁴ port de Luzenay : *Issoudun*, 1668. (r. 445, p. 10.)

FOND (Claude de la), Chev., Mᵉ des requêtes ordin. de l'hôtel, Intendant à Besançon. Terres, châtell. et seg. de la Ferté-Gilbert, la Beurrière et du port de Luzenay, par. Sᵗ Hilaire, Reuilly, Diou et autres : *Issoudun, Vierzon*, 1681, 1687. (r. 445, p. 354, 366 ; r. 446, p. 104.)
— Claude-Adrien de la Fond, Chev., Mᵉ des requêtes ordin. de l'hôtel, comme hérit. de Claude de la Fond, Chev. Mêmes t. et seg. ; 1720. (r. 450, p. 105.)

FONJEAN (Gaspard), fils de Claude Fonjean, av. en parl. Terrier de Cheminblancher, ès par. de Diou et de Gilli ; ens. le fief de Chevenne-Blanche : *Moulins*, 1707, 1719. (r. 476, p. 202 ; r. 478, p. 13.)

FONLEBON, al. Fontlebon (Léon-François de), fils unique de Léon de Fonlebon, Chev. Fief seg. de Vitrac, par. de Monlaubeuf : *Civray*, 1717. (r. 438, p. 231.)

FONT (Pierre de la), paroiss. de Thiel. Baillie ou prévôté de Logeret, consistant en perceptions sur les par. de Chapeaux et Thiel : *Pougny*, 1444. (r. 455, p. 150.) Non noble.

FONT (Jacob de la), bourg. de Lyon, Maison forte de la Tour de Champs, appel. la Belle-Allemande, granges, terres, bois de haute futaye, et rentes en la par. Sᵗ Vincent, hors les murs de *Lyon* ; 1676. (r. 495, p. 46.)

FONT (Jaques de la), Chev., Sg. de Sᵗ Projet (signe : Projet.) T. s. de Reilhac en partie, par. de Tourniole ; ens. la t. et seg. d'Oignion, par. de Pleaux : *Aurillac, Sᵗ Flour*, 1699. (r. 506, p. 39.) — Charles de la Font, Chev., son fils, Mⁱˢ de Sᵗ Proget, Bᵒⁿ de Barbazan, premier Bᵒⁿ de Bigore, mêmes possessions ; 1723. (r. 509, p. 87.)

FONTA (Guillemette de), Béatrix, Jeanne et Marguer. ses filles, vendent une pièce de terre sise à Cordelle-sur-la-Loire : *Forez.*, 1323. (r. 1395, p. 284.)

FONTAINE (Nicolas), apothicaire à Nevers. Censives et autres objets en la par. d'Insy : *Bourb.*, 1632. (r. 474, p. 357.)

FONTAINE (Jean de la). Fief appel. de Maille, par. de Vouzailles, acq. par échange d'Aymery Gervais : *Mirebeau*, 1411, 1437. (r. 329, p. 19, 20.)

FONTAINE (René de la), écuyer, Sg. du Cleray. Gaignerie de la Couppetière, par. de la Varenne : *Chât.-Ceaux*, 1458. (r. 332, p. 112.)

FONTAINE (Louis de la), écuyer, fils de Gui de la Fontaine. T. s. de Baudellan : *Tours*, 1590. (r. 351, p. 57, 68.)

FONTAINE (Charles de la), Chev., Sg. de Cormeil, ayant la garde noble d'Antoinette de la Fontaine, sa fille. Partie de la t. et seg. de Veviez : *Loudun*, 1632. (r. 354, p. 35.)

FONTAINES (Pierre de) paroiss. de Sᵗ Sauveur, dioc. de Rodès, vend à Arnaud la Voye, *La Via*, Chev., Sg. de Villemur et de Calvinet, sa maison forte de Salis de Corpalier, dom., moulin et dr. en dép. : *Auv.*. 1340. (r. 471, p. 133.)

FONTAINES (Guill. des), clerc, et Pierre, son frère. Maisons, dom. cens au Bouchat de Prael : *Murat*, 1354. (r. 460, p. 393.)

FONTAINES (Hardouin de), Chev. T. s. de Fontaines-Guérin et de l'Isle-sur-le-Loir ; ens. l'herbergem^t de la Roiche, près Vaas : *Baugé, Chât.-du-Loir*, 1393, 1397. (*r.* 344, *p.* 34, 66.)

FONTAINES (Jean de), Chev. Même terre de Fontaines-Guerin ; 1417. (*r.* 342, *p.* 73 ; *r.* 347, *p.* 4.) Relèvent de lui : Jean de Basouges à cause de Jeanne des Roches, sa f^e ; Jean du Bellay ; Guill. de Boz ; Jean de Feschal, Sire de Mache-Ferrière, à cause de Jeanne Papine, sa f^e ; Jean de la Haye ; Robert du Lore ; Jean de Sarmeses, Chevaliers.

FONTAINES (Jaques de), écuyer, et Jeanne de Cohères sa mère. Hôtel des Fontaines et dép., par. de Chappes et de St Pierre, en la châtell. de Murat : *Bourbon.*, 1443. (*r.* 432, *p.* 45.)

FONTAINES (Louis des), écuyer, et Louise-Charlotte de Bersolles, sa sœur uterine, hérit. de Marie de Telly, lors de son décès v^e de Louis des Fontaines, écuyer. Fief de Chaumont, par. de Brinay : *Vierzon*, 1694. (*r.* 447, *p.* 123.)

FONTAINES (Henri des), écuyer, Sr de la Perelle. Mas et terrier de la Lande, par. St Germain d'Entrevaux : *Verneuil*, 1720. (*r.* 478, *p.* 66.)

FONTANES (Jean), fils d'Antoine, dit le Criaour, lègue à l'hôpital de *Montbrisson* ses biens, dr. et actions, à la charge d'acquitter ses dettes, et de le faire enterrer convenablem^t ; 1288. (*r.* 1402, *p.* 1443.)

FONTANES (Guill. et Pierre de), clercs, frères. Cens en grain sur la dîme de Montvic, à la mesure de Montmareau : *Hérisson* ; maison, terres, prés, étang, cens et rentes à Fontanes : *Murat*, 1354, 1356. (*r.* 460, *p.* 357 ; *r.* 462, *p.* 154, 155.)

FONTANES (Claude-Nicolas de), Chev., Bon de Maclas, Sg. de Chemé et de la Valette. Château fort du Buisson, par. de Veranne : *Forez*, 1675. (*r.* 496, *p.* 77.)

FONTANEYS (Acharie de), Dam., vend à Etienne Bertrand, et Pierre son fils, ses cens, rentes, tailles, hom. liges et non liges, garenne et dr. de chasse ès par. de St Etienne, de Chastelus, de Rajac, de St Romain-en-Jarese et autres : *Forez*, 1285. (*r.* 1394, *p.* 57.)

FONTANGES (Guynot de), écuyer, Sg. de Fontanges et de Palemon. Troisième partie du Roc de Fontanges, appel. de St Michel ; dom. et mouv. en divers lieux : *Auv.* 1.... (*r.* 471, *p.* 112.)

FONTANGES (Jean Annet de), écuyer, fils de Hugues de Fontanges, et Marguer. de Villenne, al. Villelame son ép. Chât., t. s. d'Auteroche, Marchaul, Besseys, Albiat et Chalus, par. de Trimouille et de Champs : *Riom*, 1669. (*r.* 499, *p.* 322, 323 ; *r.* 502, *p.* 79, 82 ; *r.* 503, *p.* 239.) — Hugues de Fontanges, écuyer. Mêmes posses. ; 1722. (*r.* 507, *p.* 256.)

FONTANGES-GOURDON (Juliette de), v^e de Gaspard de Monclar, Sg. de Monbrun, par son proc., Charles de Monclar de Monbrun, écuyer, Sg. de Longevergne. T. s. de Monbrun et autres : *Riom*, 1669. (*r.* 499, *p.* 566.)

FONTANGES (Geraud de), écuyer, Sg. de la Vernière et de la Canade, résidant au bourg de Vic. Cens et rentes au vill. de Tolly, par. de Jussac et de Reillac, acq. de Guill. de Fontanges, son frère : *Murat*, 1685. (*r.* 503, *p.* 504 ; *r.* 504, *p.* 103.)

FONTANGES (Philib. de), écuyer, comme hérit. de Marie Filliot, sa mère. F. s. de la Fauconnière, par. St Etienne de *Gannat* ; 1722. (*r.* 478, *p.* 242.)

FONTANGES (Ant. de), écuyer. Dom. noble de Vernines et de Furnolles, par. de Champs en la baron. de la Tour : *Clermont*, 1723. (*r*. 509, *p*. 67.)

FONTANGHES (Cather. de), v^e de Jean Belugha, bourg. de St Flour. Mas, t. et seg. de Chalmetone, par. de Valoge, en la baron. de Mercœur : *Auv.*, 1493. (*r*. 471, *p*. 163.)

FONTANIEL (Jean du), Dam. Maison à Sancet, cens et tailles : *Verneuil*, 1366. (*r*. 460, *p*. 16.)

FONTANIER (Jaques), et Jean-Claude Perollet, bourg. Rente noble appel. de Vernay, percept. ès par. des Olives et de St Loup : *Lyon*, 1686. (*r*. 495, *p*. 138.)

FONTENAY (Pierre, sire de) ; 1322, 1350. — Guill., Sire de Fontenay ; 1357. — Pierre, Sire de Fontenay. — Guy de Fontenay ; 1411 *ad* 1443. Mauroy, *al.* Amaury de Fontenay ; 1475, 1478. — Jean de Fontenay ; 1505. Chât. fort, t. s. de Fontenay : *Germigny*. (*r*. 432, *p*. 41, 55 ; *r*. 452, *p*. 22 ; *r*. 465, *p*. 254, 256, 290, 316, 345 ; *r*. 466, *p*. 70, 73.) Tiennent d'Amaury : Guiot de Bigny, dit Chevenon, Sg. de Riffardeau et de St Souvain ; Robert de Bonnay, Chev., à cause de Marie des Barres, sa f^e ; Jean de Murat, à cause de Gilete de Peson, sa f^e ; Jean de la Pointe, écuyer ; Phil. de Villayne, Sg. de la Vesure, Chantemerle et du Challenoy.

FONTENAY (Agnès de), Dame de Poge. Dom., bois, dîme, champart et serfs au territ. de Champmartin : *Chât.-Chinon*, 1323. (*r*. 470, *p*. 117.)

FONTENAY (Marguer. de), Dame de Champlement. Chât., t. s. de Boscotural, *Boscoestorali*, *Bourb*., 1350. (*r*. 465, *p*. 47.)

FONTENAY (Jean de), Chev., Huguet et Perrin ses frères. Hôtel, t. s. de Bonnebuche : *Germigny*, 1353, 1357. (*r*. 465, *p*. 297, 300, 326.) Rel. d'eux : Guill. de Rosers ; Jean Trousseboys, Sire d'Oreour ; Jean de Varennes, Chevaliers. Guiot de Bois-Gibaut ; Raoulin de Bosmerle ; Hugues de Foy-Liglise ; Perrin des Murs ; Hugues de la Porte, Sire de Boismaraud ; Jean de la Porte, Sire d'Issarteux ; Jean Segrie ; Drouin de Tralay, écuyers. — Hugues de Fontenay, écuyer ; 1375, 1.... Géofroi de Fontenay, écuyer ; 1505. Jaques son frère et héritier ; 1508. Même t. et seg. de Bonnebuche. (*r*. 452, *p*. 17, 65 ; *r*. 466, *p*. 6 ; *r*. 483, *p*. 40.)

FONTENAY (Odart de) reconnoît tenir de Pierre de Fontenay, Chev., son hôtel, dom., bois, dîme et h. j. de la Veure ; ens. le vill. de Chantemelle avec les hommes taillables : *Germigny*, 1361. (*r*. 465, *p*. 293.)

FONTENEAUL (Guill.) de Cosne. Menus cens en la par. de Cirilly : *Bourb*., 1399. (*r*. 464, *p*. 348.)

FONTENEL (Gilberte), v^e de Jaques Culant, écuyer. Fiefs de Frou et de Chamaillou, par. d'Aubigny : *Bourb*., 1692. (*r*. 475, *p*. 96.)

FONTENEOL, aussi Fonteniol (Jean de), Dam. Maison forte, t. s. de Fonteneol, par. de Gipsy : *Verneuil*, 1374. — Pierre de Fonteniol, écuyer. Même possess. ; ens. un hôtel à Sancet : *Bourbon*, *Verneuil*, 1443. — Louis de Fonteniol, écuyer, fils de feu Jean de Fonteniol. Maison forte, t. s. de Fonteniol ; 1497. (*r*. 464, *p*. 259 ; *r*. 465, *p*. 33 ; *r*. 484, *p*. 71.)

FONTENES (Jean de), écuyer, et Pierre son frère. Cens et rentes en la par. de Creuzier : *Bourb*., 1445. (*r*. 465, *p*. 33.)

FONTENOIL (Jean de). Dam. Rente en grain sur les terres et près de

Cheueres, et sur la grange de la Maison-Dieu : *Souvigny*, 1300. (*r*. 467, *p*. 174.)

FONTENOYS (Ambroys de), et Jean de Fontenoys, écuyer. Baronnie, forteresse et bourg de St Cassien ; *Loudun*, 1424 *ad* 1450. (*r* 341, *p*. 73, 93 ; *r*. 346, *p*. 1.) Tiennent d'eux : Bertrand de Beauvau ; Charles de la Jaille ; Pierre Petit, à cause de Jeanne de St Cassien, sa f^e ; Guill. de Remenueil ; Robert Sarrazin ; Jean de Vallée, Chevaliers.

FONTNOVE (Guill. de), *de Fontenovo*, Dam. Hôtel, dom. et seg. au vill. de Fontnove : *Bourb*., 1350. (*r*. 464, *p*. 105.)

FONTORTE (Michel-Ferrand de), écuyer. Chât., t. s. de la Tour-Vidal, par. St Mion : *Riom*. 1723. (*r*. 508, *p*. 15.)

FORAIN (Louise), v^e de Pierre Vasselot, Chev., Sr de Rigné, dem. en son chât. d'Exoudun, et de présent à Londres, agissant par Marguer. Bobin, sa nièce, v^e de Henri de Chivré, Chev., Mis de la Barre. T. s. de Bourleuf : *Lusignan*, 1687. (*r*. 435, *p*. 192.)

FORE (Jean de), bourg. de Lyon. Rente noble de la Benodière, par. de Lozanne : *Lyon*, 1721. (*r*. 497, *p*. 83, 142.)

FOREST (Aeceline de la) vend à Archambaud de *Bourbon*, son cazal de la Forest et dép. avec son dr. d'usage en la forest d'Isle ; 1236. (*r*. 1369, *p*. 1635.)

FOREST (Jehannet de la), fils de feu Etienne, Dam. Chesau Perrin à la Guillaume, etc. : *Ainay*, 1310. (*r*. 463, *p*. 71.)

FOREST (Jean de la), paroiss. de St Marcel, et sa f^e Arthaude de Praleyrs. Cens et partie de terre en la par. de Balbigny : *Forez*, 1313. *r*. 491, *p*. 180 ; *r*. 493, *p*. 150.)

FOREST (Chatard de la), Dam., fils de feu Arbert de la Forest, Sg. en partie de la Forest. Cens, rentes et autres dev. en la terre de Clarmat, ès par. d'Orleac, de Dorat, de Celle et autres : *Thiers*, 1325. (*r*. 472, *p*. 10.)

FOREST (André de la). Le bois de Chavalgiter ; cens, rentes et cout. sur divers tènemens : *Forez*, 1334. (*r*. 490, *p*. 276.)

FOREST (Ant. de la). Diverses redevances percept. au mandem^t de Cernerie : *Forez*, 1334. (*r*. 494, *p*. 73.)

FOREST (Dalmas et André de la). Dr. d'usage dans les bois de Monderes et de Montpreux, par de Selle *al*. Celle : *Forez*. 1334. — André de la Forest, fils de Dalmas de la Forest ; *Idem* ; 1338. (*r*. 490, *p*. 59, 158.)

FOREST (Guill. de la), Dam., et Jaquete de la Mousse, sa f^e. Hôtel, dom. et seg. de la Forest, par. d'Ingrande : *Bourb*. ; mote de Villene, sise à Averine : *Moulins* ; dom. et seg. au vill. de Lieudon, par. d'Ouroux : *Belleperche* ; 1367. (*r*. 454, *p*. 62 ; *r*. 464, *p*. 61 ; (*r*. 465, *p*. 155.)

FOREST (Ordre, *al*. Hodres, Houdre, Oudriez de la), Chev., Sg. de la Forest, à cause de Jeanne de Viche, son ép. Hôtel de la Mote-de-Chapeaux, terres bois taillis et cens : *Moulins*, 1351, 1366 ; (*r*. 454, *p*. 251, 290.) Ens. l'hôtel et dép. de Montpressi : *Chaveroche*, 1368. (*r*. 455, *p*. 144.) —Jean de la Forest. Dam., fils *Audrati* de la Forest, Chev. Mêmes possess. ; 1377. (*r*. 454, *p*. 323 ; *r*. 468, *p*. 96.)

FOREST (Aynard de la), notaire, bourg. de Pont de Vesle en Bresse, pour Anthonie sa f^e, fille de Johannet Avignion, bourg. de Macon. Maison de la Poype et dom. en dép., par. de Cormorenchy, châtell. de Pont de Vesle : *Beaujeu*, 1388, 1402. (*r*. 488, *p*. 73, 74.)

FORGET (Pierre), secrét. de la Reine, et receveur des aides et tailles, pour Jeanne Dezest, sa mère, v^e de Pierre Froget, bourg. d'Amboise. Terres, prés, et la seg. des eaux et islots au-dessous du prieuré de Moncé : *Amboise*, 1523. (*r*. 432, *p*. 82.)

FORGET (Pierre), Sr de la Picardière, M^e d'hôtel du Roi. T. s. de Beauvais et de la Herpinière : *Amboise*, 1637. (*r*. 354, *p*. 24.)

FORGET (Daniel), écuyer, Sg. de la Quantinière. T. s. de la Michelinière et de Bouvinière : *Amboise*, 1668. (*r*. 358, *p*. 29, 92.)

FORGET (Paul), écuyer. Sg. de Gourdon, cons. au présid. de Riom, fils d'Ant. Forget. T. s. de la Feuillade, des Marsains et de la Revoute, par. de St André et de St Georges de Mons, Elect. de Gannat : *Riom*, 1669 *ad* 1684. (*r*. 499, *p*. 684; *r*. 501, *p*. 43; *r*. 503, *p*. 386.)

FORGET (Antoine), écuyer, par success. de Paul Forget, écuyer, son bisayeul, et de Paul Forget, écuyer, son père, cons. au présid. d'Auvergne. Mêmes t. et seg. ; 1700, 1723. (*r*. 506, *p*. 103; *r*. 508, *p*. 106.)

FORGET (Ant.), m^d boucher. Une boutique analogue à son état : *Lyon*, 1715. (*r*. 496, *p*. 220.)

FORNEAUL (Guill. Thibaut du), et Marguer. sa f^e, fille de feu Petit-Guiot, feure de St Aubin, jadis homme taillable et exploitable, reçoivent de Jean de Chât.-Vilain, Sire de Luzy, le mas qui fut aud. Guiot, en deça de la Loire ; 1368. (*r*. 1377, *p*. 2953.) Voy. Fornel, qui est le même.

FORNEAUX (Archambaud de), Dam. Maison de la Creuse, dom. et seg. ès par. de Tiel, de Chapeaux, de Vema et autres : *Moulins*, 1300 ; ens. celle de la Roche et dép. : *Bourb.-Lancy*, 1332. (*r*. 454, *p*. 295; *r*. 466, *p*. 249.)

FORNÉES (Pierre et Guiot de), frères, et Jean Perier, fils de feue Margote de Fornées. Terres sises ès par. de Neuve-Eglise et de *Beçay* ; 1330. (*r*. 455, *p*. 218.)

FORNEL (Guill.-Thibaut de), *de Fornello*, traite de son mariage avec Marguer. fille de Petit-Guiot de St Aubin. en la baron. de Luzy; et vend à Perrot, dit Ponede de Fornel, deux pièces de terre sises outre Loire, mouv. du Sg. de Luzy : *Bourb.*, 1349 *ad* 1352. (*r*. 1377, *p*. 2935, 2946.)

FORNEL (Pierre), le jeune, fils de Pierre Fornel, à cause de Jeanne Rigaude Blanoir, de Brugières, par. de Rougeterre, *Rubeœ terrœ*, dioc. de Limoges. Dom., bois et h. j. en Combraille; 1405. (*r*. 469, *p*. 133.)

FORNER (Guillelmine, fille de feu Marrain), paroiss. de Tresail. Deux pièces de terre et une vigne en cette par. : *Chaveroche*, 1341. (*r*. 468, *p*. 122.)

FORNET (Marie du), v^e de Phil. de Nuzières, notaire. Rente noble appel. de Sibut et de la Channe, par. de Rivedegier : *Lyon*, 1671. (*r*. 495, *p*. 54.)

FORNIER (Jean), paroiss. de Tresail. Maison de Guadeleres, une pièce de terre, 2 quartiers de vigne et menus cens : *Chaveroche*, 1342. (*r*. 468, *p*. 360.) Non noble.

FORT (Jean le), fils de feu Jehannet le Fort, bourg. d'Autun, vend une rente de 60 bichets d'avoine à la Dame de *Beaujeu*, fille de feu Jean de Chât.-Vilain, Sire de Luzy; 1345. (*r*. 1392, *p*. 713.)

FORT (Charles le), dit des Fontaines, et Marie Richin, sa f^e. Moulin et usine de la Ronde : *St P.-le-Moust.*, 1710, 1717. (*r*. 476, *p*. 38; *r*. 477, *p*. 392.)

FORT (Claude-Charles du), curé de Varenne-sur-Tesche, fils d'Abraham du Fort, et de Jeanne de Barbet. F. s. de Plaisance et de la motte de Joux, par. de Bert : *Chaveroche*, 1723, 1732. (*r.* 478, *p.* 456 ; *r.* 479, *p.* 65.)

FORTIER (Florimont), trésorier et garde de l'artillerie. Dîme de l'Arpentilz, près Bleré : *Amboise*, 1523. (*r.* 432, *p.* 82.)

FORTIER (Claude), écuyer, pour Charles Fortier, son père, écuyer. T. s. de Resnay : *Tours*, 1665. (*r.* 357, *p.* 59.)

FORTIN (Jean), fils de Girbert Fortin ; 1303. — Autre Jean Fortin ; 1342. — Girbert Fortin, Dam. ; 1342. — Jean Fortin ; 1367 ; tous paroiss. de Chastel-Peron, et possessionés en la par. de Tresail : *Chaveroche*. (*r.* 468, *p.* 142, 152, 326, 357.)

FOSSEGARIN (Jean de), Dam. pour Phil. de Vernasseur son ép. Dame d'Autruay. Cens et tailles en la par. de Vic : *Billy*, 1381. (*r.* 455, *p.* 313.)

FOSSEGARIN (Huguet de), Dam. Hôtel du Plex, dom. terres, vignes et cens ; *Verneuil* ; ens. le lieu de Fossegarin, cens et rentes, avec la dîme de Montcourbon, et partie de celle de Sazeret : *Murat*, 1398. (*r.* 459, *p.* 127 ; *r.* 460, *p.* 353.) — Louis de Fousseguerin, pour lui et Alips de la Trolière, sa f^e. Hôtel de Fousseguerin, dom., bois, garenne, et dîme de Montcombron : *Murat*, 1443. (*r.* 460, *p.* 351.) Rayé au texte la qualité d'écuyer, pour le 2^d acte.

FOSSEZ (Jean des), Dam., à cause de son ép. Jaquette, fille de Hugues de la Roche, dit le Gardien, et de feue Ysabelle, son ép., fille de feu Aymon Tricaleuf, de Neronde. Maison, mote, dom. et seg. sis à Néronde ; ens. tailles et autres redev. sur divers tènemens situés à Meilleres : *Arcy, Bourb.-Lancy*, 1381. (*r.* 467, *p.* 91, 98.)

FOSSIAT (Pierre), cons. au présid. de Guéret. Fief de la Journalière, par. de Crozant : *H. Marche*, 1669. (*r.* 474, *p.* 286.)

FOU (Guill. du), écuyer. Chât. t. s. de Piremil : *Mans.* 1455. (*r.* 343, *p.* 24 ; *r.* 345, *p.* 48.) Tiennent de lui : René de Rays, Sg. de la Suze, Chev. ; Jaquet de Baige ; Laurent de Besaguere ; Jean du Boys ; Pierre de Champaigne, écuyers.

FOU (François du), Sg. de Chantoliers. Chât. fort de Vigon, dom. h. j., droit de foire, etc., dont quelques parties lui sont venues par transaction avec François de la Beraudière, écuyer, Sg. de l'Isle-Jourdan, *al.* Jordane, *al.* Jordin : *B. Marche*, 1506, 1508. (*r.* 452, *p.* 233 ; *r.* 453, *p.* 235 ; *r.* 471, *p.* 79, 88 ; *r.* 483, *p.* 91.)

FOUACIER (Jean), le jeune, à cause de Gilete Pelée, sa f^e, v^e de Pierre Barré. Fiefs de Chources et de Vauberault, par. de Nazelles : *Amboise*, 1442. (*r.* 432, *p.* 105, 106.)

FOUCAUD (Jaques), écuyer. F. s. de St Germain : *Marche*, 1506. (*r.* 452, *p.* 222.)

FOUCAULT (Henri), Chev., Mis de St Germain. T. s. de Palleteau, Beaupré, Beaumont, la Guerche, etc. : *Marche*, 1669. (*r.* 474, *p.* 11.)

FOUCAULT (Jean-Jaques), écuyer, fils de Louis Foucault, Sg. de Chamfort, présid^t au présid. de Bourges, et comme hérit. de son oncle Guill. Foucault, Sg. de Vernay, doyen de l'église de Bourges. Censives de Mirebeau ; 1675, 1681. — Martin Foucault, Sg. de Chamfort, chan. de la cath. de Bourges, son frère et hérit. universel, *Idem* ; 1688 : *Bourges*. (*r.* 445, *p.* 249, 323, 427 ; *r.* 446, *p.* 152.)

FOUCAULT (Armand-Louis-François), Chev., mestre de camp de cavalerie, agissant pour son père Louis-François Foucault, Mis de St Germain-Beaupré, veuf d'Hélène Ferrand. F. s. de Vaucelles : *Châtelleraut*, 1705. (*r*. 437, *p*. 140.)

FOUCAULT (Jean-Jaques), écuyer, fils de Louis Foucault, écuyer, trés. de France. Partie de la terre, justice et seg. de Chambon ; ens. la métairie de Beauquaire, par. de St Just : *Dun-le-Roi*, 1715. (*r*. 449, *p*. 197, 234.)

FOUCHER, aussi Fouchier (Jean), bourg. de Bourges. Hôtel et manoir de Sales et de Bréon, dom. et mouv. en la par. de Gravier, acq. de Robin de la Forest, écuyer, et pour laquelle acquisit. il a payé le dr. d'amort. ; 1371 *ad* 1399. — Autre Jean Foucher, également bourg. de Bourges. Mêmes possess. ; 1497, 1506 : *Germigny*, (*r*. 452, *p*. 91 ; *r*. 465, *p*. 303, 306; *r*. 466, *p*. 2, 7, 8.) — Guill. Foucher, bourg. de Bourges. Mêmes possess. ; 1445, 1471. (*r*. 465, *p*. 305 ; *r*. 466, *p*. 8.)

FOUCHIER (Pierre), neveu de Louis Fouchier. Hôtel et dom. en la ville de Craon, appel. la Tour aux Borreaux, relev. de *Mirebeau ;* 1386. (*r*. 330, *p*. 95, 96.)

FOUCHIER (Pierre), juge de St Menoux. Deux clos de vigne et une rente en grain en la par. de Chareil : *Chantelle, Murat*, 1506. (*r*. 453, *p*. 77.)

FOUCHIER (Louis). Forteresse ancienne de Meex, *al*. Mees ; herbergement de la Roche Bosreau, et moitié de la dîme de Puyrenou, par. de Verrou : *Mirebeau*, 1408 *ad* 1440. (*r*. 330, *p*. 106, 107, 108 ; *r*. 332, *p*. 20 ; *r*. 351, *p*. 43, 44, 45.) — Jean Fouchier. Tour et forteresse de Meex : *Mirebeau*, 1455, 1461. (*r*. 329, *p*. 4 ; *r*. 331, *p*. 42.) Tient de lui, Heliot de l'Estang, mari de sa sœur Perote.

FOUCHIER (Pierre), écuyer. Diverses terres assises aux environs de Champaigne : *Mirebeau*, 1431. (*r*. 330, *p*. 99, 100.)

FOUCHIER (Jean). Fief du Pré-Carrier, par. St Silvain de Bellegarde : *H. Marche*, 1669. (*r*. 474, *p*. 226.)

FOUCHIER (Jean-Phil.), Sr de Glere, *al*. Glaire, fils de Jaques Fouchier, écuyer, pour lui, François et Anne Fouchier, ses frère et sœur. Censives de Mirebeau, percept. sur divers par. : *Bourges*, 1669. — François Fouchier, écuyer, S^r des Reaux, comme hérit. de Marguer. Milet, v^e de Jaques Fouchier, écuyer, Sr de Glaire, et aussi de François Fouchier, écuyer, son frère : *Idem ;* 1673. (*r*. 445, *p*. 66, 214.)

FOUCHIERE (Gilbert de), écuyer, Sg. de Chaumasson. Diverses dîmes en la par. de Cerilly : *La Bruyere, l'Aubepin*, 1723. (*r*. 478, *p*. 311.)

FOUCHIERES (Mathe), bourgeoise de Cognac, ayant tenu le parti du roi d'Anglet. et s'étant mariée avec Guillonet de Ste Foy, ennemi du roi de France, éprouve la confiscation de ses biens et héritages : *Angoul.*, 1395. (*r*. 1404, *p*. 239.)

FOUCQUET (Macé), fils de feu Bartholot Foucquet. Un pré tenu du Duc d'*Anjou* en la forêt de Monnoys ; 1453. (*r*. 340, *p*. 106.)

FOUCQUET (Christophe), présid^t au parl. de Bret. Châtell. et dép. et Challain ; 1606. — Christophe Fouquet, Chev., cons. d'Etat. T. s. de Chalain ; 1622, 1628 : *Angers*. (*r*. 354, *p*. 94 ; *r*. 388, *p*. unique ; *r*. 430, *p*. 24.) Rel. de lui : René le Clerc, Bon de Santré, S^r des Aulnois ; Pierre de Laval, Mis de Treves, Bon de Lizay, Sr de la Bigotière, Chevaliers. Jean d'Andigné, S^r du g^d et peti^t Beauvais ; Jaques d'Andigné, Sr de Maubusson ; René d'Avoine, *al*. d'Anoien, Sr de la Jaille ; Claude Bouzu, Sr de la Salle; Guill. de Chasne, Sr de Bucheraye; Jean de Chasse, Sr de Moullinets; François du Chastellet; François Cheminart, veuf de Marie de g^d Moulin; François Chemineau, Sr de Cheviré; Pierre Crespin, Sr de la Bourdendaye; Batiste, *al.* Bastide de l'Espinay, Sr de la Rivière et des grandes Villattes; François de Juigné, Sr de Bruille; René de Montesson; René Pelault, Sr de Bois-Bernier, Sg. de la Bataille; Jean de Poitiers; Phil. Reverdy, Sr du Petit Marché; Claude Rousseau, Sr du Chardonay; François Rousseau, *al.* Ruffeau, Sr de la Chesnaye; Jean de Seillon, Sr de Brenay; Anne de Villaprouver, Sr de Quinzay, écuyers.

FOUCQUET (Gilles), écuyer, Sr de la Brosse, pour Cather. Foucquet, v^e de Claude de Bretagne, Cte de Vertus et de Goesle, 1er Baron de Bretagne, Dame, par assignat, des baronnie d'Ingrande, châtell. de Chantocé et autres lieux : *Saumur,* 1666. (*r.* 357, *p.* 115.)

FOUCQUET (Christophe), Chev., présid^t à mortier au parl. de Bret., Sg. de la Roche d'Iré, etc., fils aîné de Christophe. Châtell., t. s. de Challain, érigée en vicomté l'an 1650 : *Angers,* 1683, 1687. (*r.* 410, *p.* 6; *r.* 424, *p.* unique.) Tiennent de lui : N. le Clerc, Sg. des Aulnais et de la Ferrière; François de la Forest, Sg. de la Forest d'Armaillé, cons. au Parl. de Paris; Pierre de Laval, Mis de Laval, héritier d'Hilaire de Laval, Chev., Sg. de la Bigeottière et de la Roche-Normande, Chevaliers. Christophe d'Andigné, S^r du g^d et petit Beauvois et de la g^{de} Haye; Charles Brillet, Sr de Loyre; Claude Brillet, Sr de Maubuisson; Helone de Chouppe, Dame de Pruille, v^e de Gabriel de Villiers, Sr de Formeslé; François Drouillard, S^r de La Barre; René de l'Espinay, fils de Jean de l'Espinay, S^r des Grandes Villates; Damien de la Grue, Sr du Rivault; Louis Guillier, S^r du g^d Marcé; Magdel. Nepveu, v^e de Crespin; Charles Prevost, Sr de Monfolleux; Phil. Reverdy, S^r du petit Marcé; Phillippes Rousseau, Sr du Chardonnay et des petites Villates; Jeanne de la Saugere, v^e de François de Hellault; René Veillon, Sr de la Deniollaye; Louis de Villiers et Charlotte de la Marche sa sœur, écuyers.

FOUCQUET (Louis), Chev., Mis de Belleisle, Sg. de Villards. T. s. de Pomay, par. de Lucigny. acq. de Marie-Magdel. de Castille, v^e de Nicolas Fouquet, Chev., Vte de Melun et de Vaux, Mis de Belleisle, surintendant des Finances, etc. : *Moulins,* 1703 *ad* 1717. (*r.* 474. *p.* 516; *r.* 476, *p.* 94, 173.)

FOUCQUET (Bernardin), cons. au Parl. de Bret., fils de Christophe Foucquet, présid^t à Mortier en la même Cour. T. s. de Challain : *Angers,* 1706. (*r.* 425, *p.* 48.)

FOUDAN (Heliot de), *al.* Helyon de Foudant, écuyer. T. s. de la Roche : *Marche,* 1506. (*r.* 452, *p.* 199.)

FOUDRAS (Hugues de), Chev., Sg. de Baignaux, fils de Hugues de Foudras. T. s. en la par. de Meley; 1317. — Ant. Fouldra, Dam. Serm. de fidél. et prom. d'aveu; 1400. — Jeanne Foudrax, v^e de Jean d'Ars, Dam., tutrice de Jean d'Ars, leurs fils et hérit. universel. Maison forte d'Ars, dom. et seg. en dép., en la châtell. de Villenove; 1441 : *Beaujeu.* (*r.* 486, *p.* 164; *r.* 488, *p.* 108; *r.* 489, *p.* 310.)

FOUDRAS (Louis de), Chev., Cte de Châteautiers. F. s. de la Chapelle, par. de même nom; et, à cause de Marie-Louise Tiercelin, sa f^e, la t. et seg. de la Reberie, par. de la Far. — Anne de Foudras, Dame de Chât.-

Tiers, dame d'atours de S. A. R. Madame. T. s. de Chassenay, par. d'Orson, chatell. de Crozant ; *Marche*, 1722, 1727. (*r*. 478, *p*. 168, 169.) — François de Foudras, de Coutançon, chan., Cte de Lyon ; 1724. (*r*. 509, *p*. 115.)

FOUET (Jean), bourg. de Moulins. Deux tours, maison, grange, jardin assis à *Souvigny ;* 1431. (*r*. 1356, *p*. 180.)

FOUGERAT (Odonet), à cause de sa f^e Agnès, fille de feu André Gliglo. Troisième partie du chesal de Charnoux, garenne, bois, terres et prés : *Aynay*, 1376. (*r*. 462, *p*. 311.) Non noble.

FOUGERES (Jean de), Chev. Dom., bois et seg: de Sallongne et arr. fiefs, par. St Christophe : *Beaujeu*, 1351, 1357. (*r*. 489, *p*. 45, 57, 67.)

FOUGERES (François de), Chev., Sg. de Coullombiers, gentilh. ordin. de S. A. R. Mademoiselle d'Orléans, pour Marguer. Veziens, v^e de Pierre de Fougères. Fief et haute Tour de Meilloux ; 1671. — Joseph de Fougères, Chev. Même fief ; 1684. — François de Fougère, écuyer. F. s. de Milloux, par. de Chaillou en Berri ; 1727 : *Monmorillon*. (*r*. 433, *p*. 114 ; *r*. 435, *p*. 136 ; *r*. 438, *p*. 553.)

FOUGERE (François de), Chev., Sg. du Cluzeau, fils de feu François de Fougère, Chev. F. s. du Creux, par. de Valon : *Hérisson*, 1710, 1717 (*r*. 476, *p*. 243 ; *r*. 477, *p*. 424.)

FOUGERE (François de), écuyer., fils de Joseph de Fougère. F. s. de la Tour-Millou, par. de Chaillac : *Maubergeon*, 1711. (*r*. 437, *p*. 213.)

FOUGEREUX (Paul), des Grands-Bois, licentié en droit. Dîme, champart, cens et rentes en la par. de Bremont-la-Motte : *Clermont*, 1730. (*r*. 510, *p*. 72.)

FOUGEROLES (Guill. de), écuyer, Sg. de Cours, et Agnès de Boulles, Damoiselle, sa f^e. Hôtel, t. s. de Boulles : *Bourb*., 1443. (*r*. 463, *p*. 216.)

FOUGEROLLES (Guill. de), écuyer, et sa f^e Huguette, fille de feu Phil. Amblart, écuyer. T. s. de Varenne et dép. : *Hérisson, Montluçon*, 1445. (*r*. 462, *p*. 32.)

FOUGEROLLES (Claude de), av. en parl., fils de François de Fougerolles et d'Antoinette. F. s. de Parey-le-Vieil, par. de Neuglise : *Bessay*, 1695, 1698. (*r*. 475, *p*. 148 ; *r*. 478, *p*. 577.) — Pierre de Fougerolle, ancien garde du Roi. Même fief ; 1736. (*r*. 481, *p*. 173.)

FOUGEROUSE (Pierre). Fief de Malleval, et rente noble de Rouzière, par. de Montrotier : *Lyon*, 1737. (*r*. 498, *p*. 152.)

FOUGIÈRES (Louise de), Damoiselle, v^e d'Amadour-le-Boys. T. s. de Dorrières : *Bourb*., 1506. (*r*. 453, *p*. 132.)

FOUGIROUX (Marguer., fille de feu Pierre), Dam., f^e de Guill. Turseries, Dam. Cens et rentes en la châtell. de *Chantelle*, et partie de la dîme de Blumast : *Murat*, 1403. (*r*. 459, *p*. 31 ; *r*. 460, *p*. 350.)

FOUGUERE (feu Macé). Sa v^e Martine tient une partie de la Giraudière, par. de Mayet : *Chât.-du-Loir*, 1489. (*r*. 348 *bis*, *p*. 211.)

FOUILLOUX (Symon du). Herbergem^t de la Grimaudière ; 1376. — Guill. du Fouilloux, écuyer ; *Idem ;* 1405. — Jean du Fouilloux, écuyer ; 1433, 1437. — Louis du Fouilloux, écuyer. T. s. de Fouilloux et de Laurege, sis à la Grimaudière ; 1469 : *Mirebeau*. (*r*. 330, *p*. 29, 31, 33 ; *r*. 1405, *p*. 32 : *r*. 1437, *p*. 30.)

FOULCART (Charles), écuyer, fils de feu Patris Foulcart, écuyer, Vte d'Auvillar, Sg. de Miradotz et de Badefol, et sa mère Marguer. de Salignac, consentent au remeré de la terre et Châtell. d'*Ainay*, achetée en 1463 par Patris Foulcart, de Jean, Duc de Bourb. et d'Auv. ; 1478. (*r.* 1374, *p.* 2406.)

FOULÉ (Hyacinthe), Chev. Mis de Martangis, M^c des Requêtes ordin. de l'hôtel, ambass. extraordin. du Roi en Dannemarck. T. s. d'Escoué : *Fontenay-le-Cte*, 1693. (*r.* 436, *p.* 17.)

FOULET (Phelibert de), écuyer. Hôtel, dom. et seg. de Reuil, par. de Gouzon : *Montluçon*, 1482. (*r.* 461, *p.* 310.)

FOULLÉ (Léonard), garde des Sceaux en la cour des Aides de Guienne. T. s. d'Ourne, fiefs et arr. fiefs en dép., avec le dr. d'usage en la forêt de Berçay : *Chât.-du-Loir*, 1662, 1669. (*r.* 331, *p.* 39 ; *r.* 356, *p.* 104.)

FOULLET (Ant. de), écuyer, Sg. dudit lieu. Cens, tailles et rentes sur divers territ. près l'Allier : *Belleperche*, 1495. (*r.* 1355, *p.* 159.)

FOULOURTON (Ant.), dem. à Chenerailles. Fief de Plancheux, par. d'Issodun : *Ahun*, 1684. (*r.* 474, *p.* 457.)

FOULZ (Michel) se reconnoît homme lige du Sire de *Beaujeu* ; 1351. (*r.* 1394, *p.* 617.)

FOUQUAUT (Jean), écuyer, pour Jeanne Loumois, son ép., v^e de Guill. Franoy, Chev. Dom., bois, champart et serfs à Buxères : *Chât.-Chinon*, 1397. (*r.* 470, *p.* 48.)

FOUQUETEAU, aussi Fougeteau (Pierre), docteur en médecine. F. s. de la Grimouardière : *Maubergeon*, 1669. (*r.* 433, *p.* 153 ; *r.* 434, *p.* 90.) — Charles Fouqueteau, Sg. de Mortiers, échevin de la ville de Poitiers. Même fief de la Grimouardière, par. de Montamise ; 1691, 1716. (*r.* 435. *p.* 327 ; *r.* 437, *p.* 15.)

FOUR (Etienne du), clerc. Maison du Four, un bois, et terres qu'il afferme ou cultive lui-même : *Thiers*, 1304. (*r.* 472, *p.* 58.)

FOUR (Archemburge, v^e de Jeanet du). Maison en Avillars : *Forez*, 1334. (*r.* 1395, *p.* 359.)

FOUR (David du), écuyer, lieut. gén. au présid. de Clermont, fils d'Isaac du Four, Chev., trés. de France. T. s. de Villeneuve, Mardogne et Fortanier. — François du Four, son frère, Sg. de Rocheville, cons. au présid. de Clermont, à cause de Marie Poisson, son ép. Dîme, cens et rentes ès par. de Vernope, Loudeyrat, Chapdes et autres. — Jean du Four, autre frère, cons. en la cour des Aides de Clerm.-Fer. T. s. de Baladou et du Gromont, par. St Anastase et de Segur : *Riom*, *St Flour*, 1683. (*r.* 503, *p.* 102, 104, 138.)

FOUR (Jean du), écuyer, cons. au présid. de Clermont, fils de David du Four, lieut. gén. en la Sénéchaussée du même lieu. T. s. de Villeneuve, Mardogne et Joursat : *Issoire*, *St Flour*, 1699. (*r.* 506, *p.* 83.)

FOUR (François du), cons. au présid. de Clermont. Dom., bois, moulin, justice, h. m. et b. ès par. de Vernols et de Lendeyrat, avec droit de patronage en la première : *Riom*, 1702. (*r.* 506, *p.* 291.) — David du Four, écuyer, fils de feu François du Four, écuyer, proc. du Roi en la Maréchaussée au présid. de Clerm. Mêmes possess. ; 1716. (*r.* 507, *p.* 24.)

FOUR (Ant. du), écuyer, Sg. de la Salle) et de Barradoux, comme mari d'Anne de Bonnavant. F. s. de Villemouze, par. de Paray-sous-Briaille : *Verneuil*, 1708. (*r.* 476, *p.* 227.) — Joseph du Four, son frère et héritier. T. s. du petit Allanche, partie de *Riom*, partie de *Clermont* ; 1716, (*r*. 507, *p*. 10.)

FOUR (Isaac-Louis du), écuyer, brigadier des armées du Roi. F. s. de Bois-Cros, près Clerm. ; ens. celui de Prades, par. de Lendeyrat et de St Pierre : *Clerm.*, 1716. (*r*. 504, *p*. 17.)

FOUR (Jean du), écuyer, lieut. gén. au présid. de Clerm., donataire de feu David du Four, aussi lieut. gén. aud. siège. T. s. de Merdogne, Villeneuve, etc. : *Clermont, Riom*, 1716 ; et, comme tuteur de François du Four, écuyer, son fils unique. Chât. t. s. de Villeneuve et de Chalus : *Issoire*, 1723. (*r*. 508, *p*. 22.)

FOURCHAUT (Jean de), Dam. Hôtel de Fourchaut, dom., et mouv., par. de Besson ; 1351.—Hugues de Fourchaut, son fils ; *Idem* ; et autres possessions en la par. de Brenay : *Souvigny, Verneuil*, 1353, 1367. (*r*. 459, *p*. 127 ; *r*. 467, *p*. 145, 168, 189.)

FOURDELLE (Ambroise), v^e de Fouques de Maulay, Chev., Dame du, Breil de Feings. Haute, m. et b. justice en la t. et s. de St Martin de Tours : *Baugé*, 1437. (*r*. 348, *p*. 1.)

FOUREST. Voy. Forest. — Colin de la Fourest. Mote de Lairaudière, se à la *Roche-sur-Oyon* ; 1364. — Jean de la Fourest. Herbergement de la Cymotière, et fief de la Brouandere-Visete, par. de la Roche-sur-Oyon, relev. de Jean de Harpedene, Chev., Sg. dud. lieu, de Belleville et de Montagu ; 1407, 1408. (*r*. 333, *p*. 70, 72, 73.)

FOUREST (Jean de la), écuyer, Sg. de Belière. Hôtel, t. s. de Boys : *Ainay*, 1411. (*r*. 462, *p*. 296.)

FOUREST (Robert de), écuyer. T. s. dud. lieu, par. de Commentriet : *Murat*, 1506. (*r*. 452, *p*. 191.)

FOUREST (Ant. de la), écuyer. T. s. du Pin et des Arbres : *Hérisson*, 1506. (*r*. 453, *p*. 140.)

FOUREST (Gilbert). Cens, rentes et dev. ès chatell. de *Murat* et *Verneuil* ; 1506. (*r*. 453, *p*. 55.)

FOUREST (Antoine), et Léonard Pasquer. Le fief de Ribeaux ; *Marche*, 1669. (*r*. 474, *p*. 90.)

FOURETON (Laurent), écuyer, gentilh. de la Manche du Roi. Fiefs de Margeleix et de Combost, par. du Puy-Malseignat, en la châtell. d'Aubusson : *Marche*, 1684, 1691. (*r*. 474, *p*. 450 ; *r*. 475, *p*. 49.) — Jean Foureton, contrôleur gén. des finances en la gén. de Moulins. T. s. de Margeleix ; 1724. — Jean Foureton, lieut. au rég. de la Marche. T. s. de Combost ; 1724. (*r*. 481, *p*. 55, 92.)

FOURGON (Vital), bourg. de Lyon. Maison forte et rentes nobles en la par. de Vourles : *Lyon*, 1736 ; secrét. du Roi ; 1737. (*r*. 498, *p*. 136, 156.)

FOURNEAU (Louis), bourg. de la Rochelle. T. s. de Coup-de-Vague, tenue à foi et hom. lige : *La Rochelle*, 1733. (*r*. 442, *p*. 17.)

FOURNEYRON (Jean), habitant de Moulins. Dom. de la g^{de} Rigollée, par. d'Averine : *Moulins*, 1689. (*r*. 475, *p*. 21.)

FOURNIER, *Fornerii*, (Poncet), d'Annonay. Cens, rentes et autres dr. en la châtell. de Malval : *Forez*, 1408. (*r*. 494, *p*. 123.)

FOURNIER (Jean), dit Thomas des Granges, et Vincent Fournier, son fils, paroiss. de Besson. Deux quartiers de Pré en lad. par. : *Souvigny*, 1447. (*r*. 467, *p*. 118.) Non noble.

FOURNIER, aussi Fornier (Phil.), Sg. de Beauregard. Moitié de l'Hôtel, dom. et seg. de Nozières, par indivis avec Jean Choul, écuyer, Sg. de Pereaul : *Chaveroche*, 1489. (*r*, 468, *p*. 48 ; *r*. 484, *p*. 44.)

FOURNIER (Mathieu, Georges, *al.* Genez, aussi Genest), bourg. de Thiers, et Pierre Fournier, notaire au même lieu. Dîmes, cens, rentes et seg. directe sur divers particul. de *Thiers ;* 1512, 1517. (*r*. 472, *p*. 78, 104, 105 ; *r*. 483, *p*. 68.)

FOURNIER (Michelle de), v^e de Jean de Servière, écuyer, tutrice de leurs enfans Cather. et Jeanne, *al.* Jean. Maison et dom. noble de Couronnet, par. St Priest-des-Champs : *Riom*, 1669. (*r*. 499, *p*. 42 ; *r*. 500, *p*. 76.)

FOURNIER (Charles-Léon), de Carlos, Chev., Sg. de Prasdines. Châtell., t. s. de Jumalloche, saisie sur lui : *Châtillon-sur-Indre*, 1682. (*r*. 410, *p*. 16.)

FOURNIER (Ant. *al.* Claude), av. en parl. Parties de dîme appel. du Pigey, ès par. St Germain de Leermy, *al.* l'Herin, et de Champagnat : Elect. d'*Issoire*, 1683. (*r*. 503, *p*. 150, 333, 515.)

FOURNIER (Gilbert), fils de Toussaint Fournier et de Gilberte de Alloy. Fief de Boutevin, par. de l'Ouroux de Bouble, et celui des Allots en partie, par. de Monnestier ; *Chantelle*, 1688. (*r*. 474, *p*. 716 ; *r*. 475, *p*. 19.)

FOURNIER (Pierre), m^d, veuf d'Andrée Pareau. et Jean Fournier, laboureur, tiennent à hom. lige l'herbergement de la Fontaine-aux-Aremberg : *Lusignan*, 1688. (*r*. 433, *p*. 259 ; *r*. 435, *p*. 294.) — Pierre Fournier, laboureur. Même fief, 1696. (*r*. 436, *p*. 54.)

FOURNIER (Jaques), écuyer, comme mari de Vital du Pastural. Dom. et cens de Grenouillat, par. de Chambon : *Issoire*, 1723. (*r*. 509, *p*. 103 ; *r*. 510, *p*. 23.)

FOURNIER (Claude), Sr de Vialettes, trés. de France, fils de Claude Fournier, cons. en la cour des aides de *Clerm.-Fer*. Dîme, appel. du Pigey, et dr. de Lods à cause de mutations, en la par. de St Germain-l'Herin, *al.* l'Herene, *al.* l'Herni (*melius* Leermy), Elect. d'Issoire : *Nonnette*, 4722, 1730. (*r*. 508, *p*. 1, 8 ; *r*. 510, *p*. 40.)

FOURNOULX (Ant. de), écuyer, Sg. de la Vaugraton. Le vill. des Arbetz et partie de celui de Beauvoir : *Aubusson*, 1506. (*r*. 453, *p*. 259.)

FOURNOULX (Jaspard de), écuyer. Fief seg. de Fournoulx, en la châtell. d'Aubusson : *Marche*, 1506. (*r*. 452, *p*. 243.)

FOURNOUX (Alips de), mariée en secondes noces à Guill. des Cloux (Voy. Cleux), bourg. de Montluçon. Hôtel du Crevent, mote, fossés, garenne, terres et dr. en la par. de l'Ouroux : *Hérisson*, 1454. (*r*. 462, *p*. 172.) Non noble.

FOURNOUX (François de), écuyer. T. s. de Husson : *Montluçon*, 1505. (*r*. 453, *p*. 148.)

FOURNY (Henri de), Chev., Sg. du Jon. T. s. de la Roche de Brande ; 1669. — Marie-Henriette de Fourny, du Jon, v^e de Pierre Thoreau, écuyer, S^r d'Assay, Même t. et s. ; cns. celle de Charassé ; 1711 : *Maubergeon*. (*r*. 433, *p*. 177 ; *r*. 437, *p*. 197, 198.)

FOURRÉ (Thomas), à cause de Louise Guillegaude. Herbergement de 40 arpens de terre, prés, cens et rentes : *Amboise*, 1435. (*r*. 351, *p*. 116.)

FOURRÉ (Marie), de Dampierre, v^e de Louis Foucault de St Germain, vice-amiral et M^{al} de France, comme tutrice de leurs enfans, Louise-Marie et Constance Foucault, l'une âgée de 10 ans, l'autre de 6. T. s. de Flex et de Mareuil : *Monmorillon*, 1661. (*r*. 433, *p*. 273, 274.)

FOURRÉ (Louise-Diane), de Dampierrre, ép. de Jean de Lostanges, Chev., Sg. de Montausier, dem. au Rocheroux, par. d'Aunay, T. s. de Beaulieu et de Rocheroux : *Aunay*, 1667. (*r*. 433, *p*. 210, 211.)

FOURRELLE (Ambroise), v^e de Foulques de Maulnay, Chev., Dame du Breil. T. s. et h. j., ès par. de Genestet et autres : *Baugé*, 1437. (*r*. 342, *p*. 53.)

FOUSONNE (Jean de), écuyer, Sg. dud. lieu et de Lys Bermont, gentilh. de la chambre, pour dame Apolline Feulliette, sa f^e, fille de feu Robert Feulliette. T. s. de Lude : *Mans*, 1606. (*r*. 352, *p*. 18.)

FOUSSIER (Etienne), receveur des dr. du dom. des châtell. de Moulins et de Souvigny. Le tiers de la dîme des Clercs, par. d'Iseure et de St Bonnet ; 1697. — Est dit vérificateur en la maîtrise des eaux et forêts de Moulins. Fief de Lorbigny, par. St Symphorien-sur-Abron ; 1704. — Etienne Foussier, Sr de la Loure, Exempt en la vice senech. de Bourbonnois. Dîme des Clercs, par. St Bonnet ; 1717 : *Moulins*.. (*r*. 475, *p*. 232 ; *r*. 476, *p*. 140 ; *r*. 477, *p*. 461.)

FOUSSIER (Marie), v^e en premières noces de Benoit Coulange, et en 2des noces, de Gabriel de Chalier. Le quart du fief de la Vinere-Roziere, et la dîme de Mibonnet, par. de Toulon : *Moulins*, 1728. (*r*. 479, *p*. 87.)

FOY (Jean), et François Belhot, laboureurs. Vingt cinq journaux tant terre que bois en la par. de Torsac : *Angoul.*, 1483. (*r*. 1405, *p*. 335.)

FOY DE CANDALLE (Henri-François de), Duc de Randan, etc. Chât., t. seg. de Montel, et autres dom. ès par. de Villossenges, Montel et Troslaigne : *Gannat, Riom*, 1700. (*r*. 506, *p*. 271.)

FOY (François de), m^d à Montesgu, fils de Gabriel de Foy. Petit terrier en la par. de Chemilly : *Bessay*, 1703. (*r*. 476, *p*. 90.)

FOY (Pierre de), m^d, et Marie Godin, sa f^e, v^e en premières noces d'Antoine du Mas. Fief de la Creuse, par. de Thiel : *Bessay*, 1723. (*r*. 478, *p*. 339.)

FOYAL (Louis de), Chev., Sg. d'Aslone, pour Marie de Cambray, sa f^e, v^e de Gabriel de Larable, Chev. F. s. du Chât.-Herpin, par. de Maron : *Vierzon*, 1668. (*r*. 443, *p*. 22.) — Nicolas, Joseph-Achille et Louis de Foyal, leurs enfans. Même fief ; 1687. (*r*. 446, *p*. 147 ; *r*. 447, *p*. 162.) Rel. d'eux : Alexandre de Laage, Sr de Cerboy, fils de Claude de Laage, et petit-fils de Phil. de Laage ; François du Viselle, Sr de la Ferté, fils de Jean du Viselle, écuyers.

FRADET (Marie de), v^e de Claude Josse, lieut. en l'Elect. de Moulins, maintenant f^e de Jean-François Jolian, écuyer, Sr de Grandval, pour ses enfans du 1er lit. Fief de Villette, dit la Besche, par. de Beret-en-Bert. *Chaveroche*, 1706. (*r*. 476, *p*. 184.)

FRADET (Cather. de), St Aoust, v^e de Vallerion de Franciere, Chev., Sg. du Couldray. F. s. de Fests : *Vierzon*, 1663. (*r*. 443, *p*. 20.)

FRADET (Marie), fille d'Ant. Fradet, écuyer, Sr de Chappes, et de Louise le Large. F. s. de Mizei : *Mehun-sur-Y.*, 1670. (*r*. 445, *p*. 118.)

FRADET (Jeanne-Marie de), de St Aoust, f^e de Jaques du Plessis-Châtillon, Chev., Mis dud. lieu et de Bonant, à son décès brigadier des armées

du Roi, héritière de son frère Ant.-Armand de Fradet de S¹ Aoust, Chev.,
et de leur mère Jeanne-Marie de S¹ Gelais de Lusignan, agissant par Denis
Heurtault, écuyer, Sʳ de la Tripelerie, Mᵉ d'hôtel du Roi. Châtell. t. s. de
Vouzeron : *Mehun-sur-Y.* ; f. s. de Bois-Briand. par. de Parnay : *Dun-le-
Roi* ; de la Baugé, par. S¹ Gelais : *Maubergeon* ; de Fraigneau : *Vouvant* ;
de Marsœuvre et du gᵈ Turluvin : *Bourges, Issoudun*, 1676 ad 1717. (*r.*
438, *p.* 70, 298 ; *r.* 445, *p.* 263 ; *r.* 447, *p.* 130 ; *r.* 448, *p.* 14, 192.)

FRADIN (Jaques), lieut. gén. au siège de Civray, et Marie-Agnès, sa fᵉ.
Fief et métairie de la Salle de Bruslin, tenu à hom. lige et le baiser : *Civray*, 1669. (*r.* 433, *p.* 170.)

FRADIN (Pierre), écuyer, receveur des consignations à Civray, fils de
Pierre Fradin, écuyer. T. s. de la Roche d'Orillac : *Civray*, 1676, 1688.
(*r.* 435, *p.* 74, 262.)

FRAGNE ou Frague (Jean de), Dam. Cens et tailles en la châtell. de
Billy ; 1378. (*r.* 457, *p.* 24.)

FRAIGNE (Hugonin de), Dam. Dîmes, cens et tailles en la par. de
Doyet : *Hérisson*, 1300. (*r.* 462, *p.* 112.)

FRAIGNE (Bernard de). Dom. et droits à Fraigne, *al.* Fragne ; 1306.
— Bernard de Fraigne, Dam. T. s. de Fraigne ; 6ᵉ partie de la dîme de
Maupertuis, et mouv. au vill. de Sale ; 1350. — Jean de Fraigne, dit
Fraignont, Dam. Hôtel, t. s. de Fraigne, par. de Verney ; ens. un droit
sur les dîmes de Vigeneulle et de Malpertuis, et un autre sur le grenier de
Montluçon ; 1368, 1393. — Eustache de la Fraigne, écuyer. T. s. de la
Fraigne, par. de Verneys et de Vigeneulle ; 1488, 1505. — Jean de Fraigne,
écuyer, Sʳ de Buxiere en Combraille (Signe : Busiere), tuteur des enfans
de Benigne de Fraigne. F. s. de Fraigne et de Chaloche, par. de Vernoix
et de Bezeneuillè ; 1694 : *Hérisson, Montluçon, Murat*. (*r.* 453, *p.* 71 ;
r. 461, *p.* 217 ; *r.* 462, *p.* 49, 50, 51, 112, 137, 245 ; *r.* 476, *p.* 53 ; *r.*
484, *p.* 55.)

FRAIGNE, *al.* Frague ou Fragne (Béatrix), vᵉ de Roger, *al.* Rogeron
Morillon, comme tutrice de leurs enfans. Hôtels de la Praelle, de Vernet
et de Mongon, dom. et dr. en dép. ; ens. maisons et rentes à Gannat :
Chantelle, Murat, Verneuil, 1378. (*r.* 458, *p.* 43 ; *r.* 459, *p.* 30.)

FRAIGNE (Balthasard de), écuyer, Sg. de Chaloche et de Lavault ; Gilbert de Rochebut, écuyer, Sg. de la Fay, *al.* Faist, et Verfeuil ; Louis
Martin, écuyer, Sg. de Maulvieux, et Jeanne Rochebut, vᵉ de Nicolas Martin, écuyer, Sg. de S¹ Mannieu. F. s. de Laumois et du Puids de Vareine,
par. de Neuilly-en-Dun-le-Roi : *Ainay*, 1723. (*r.* 451, *p.* 78, 134 ; *r.*
478, *p.* 556.)

FRAILLON (Colard), bourg. de Peredon. Fief par lui acq. de Guiot de
S¹ Vanne, par. S¹ Aignan : *Bourbon.*, 1383. (*r.* 432, *p.* 9.)

FRAISSE (François et Ant. du, frères, dem. au vill. du Fraisse, tiennent la maison et le lieu allodial de Bonnerive, en la seg. de Volore :
Riom, 1669. (*r.* 499, *p.* 196 ; *r.* 500, *p.* 43.)

FRAISSE (Martin du), comme mari de Gilberte Espinars. Partie de la
seg. h. m. et b. justice du Chier, par. de Celleule : *Riom*, 1684. (*r.* 503,
p. 413.) — Amable du Fraisse, écuyer, Sg. du Cheix, proc. du Roi au
présid. de Riom. Trois quarts du fief, terre, dîme et seg. d'Aucher, avec
h. m. et b., par. de Celulle : *Riom*, 1734. (*r.* 508, *p.* 81, 82.)

Gantillon. Boutiques en la boucherie de la Lanterne ; 1734 : *Lyon.* (*r.* 497, *p.* 41, 57 ; *r.* 498, *p.* 97, 98, 116, 117.)

GARADEUR (Briand de), Dam. Maison de l'Ecluse, appel. la Poype, dom., bois et mouv. en dép., par. de Chalarone et de St Jean d'Arderie, près Belleville ; 1400, 1415 ; présens : Robert de Chaluc, *de Chaluco*, Raoulet de la Cour, *de Area* ; Herard, Sg. du chât. des Montagnes ; Jean de Loye ; Rolet de Trasetes ; Arnoul de Ulphy, Chevaliers. Denis de Beaumont ; Jean Nagut, Damoiseaux.—Jean de Garadeur, Dam. ; *Idem ;* 1441, 1459, 1477, *Beaujeu.* (*r.* 485 *bis, p.* 4, 22 ; *r.* 486, *p.* 58, 177.)

GARBILLIE (Jean), Dam. Hospice de Garbillie, dom. et dr. en dép., par. de Romegos : *Carlat,* 1325, 1355. (*r.* 473, *p.* 103, 144.)

GARBOT (Charles), écuyer, Sg. de Chatenay, Mal de logis d'une compie de gendarmes. Chât. de Charpieux, dom. et rentes nobles, par. de Vauguerray : *Lyon*, 1729. (*r.* 498, *p.* 39.)

GARDE (Vivian de la), Dam. Hospice de la Garde, dom. et mouv., par. St Etienne : *Carlat,* 1279. (*r.* 472, *p.* 143.)

GARDE (Jean de la), fils de feu Girard de la Garde, Dam. Maison de la Boerie, dom., cens et tailles en dép., au mandt de Noireau, *Nigerunda* : *Forez,* 1292. (*r.* 492, *p.* 65.) — Bernard de la Garde, Dam., son fils ; *idem ;* ès par. de Poyllau et de Ste Colombe ; 1316. (*r.* 494, *p.* 67.)

GARDE (Roger de la), *al.* de la Guarda, Dam. Fief en la par. de St Remy, appel. la terre de la Forêt : *Billy,* 1300. (*r.* 457, *p.* 133.)

GARDE (Jean de la), Chev. Maison de la Malarée, et le vill. de Versa, dom. et seg.; ens. la baillie ou prévôté de Villebert ; 1301. (*r.* 461, *p.* 98.) — Robert de la Garde, *de Gardia,* Dam. Hôtel fort de la Malerée, par. St Genez, dom. et mouv. ; 1354. — Guichard de la Garde ; *Idem ;* 1445 : *Montluçon.* (*r.* 461, *p.* 235, 262.)

GARDE (Guill. et Bertrand de la), Dam. Rentes à Vallignet, Estivaleilles, Chât.-vieux et Varennes : *Hérisson,* 1301. (*r.* 462, *p.* 111, 120.)

GARDE (Jean de la), Chev. Deux parties de la maison, t. s. de la Guerche ; ens. le mas de la Palice, etc., ès par. de St Victor, Nasigniette, Mallie et autres ; 1301. — Jean de la Garde, Dam., son fils. Hôtel, t. s. de la Guerche, etc.; 1351 : *Herisson.* (*r.* 462, *p.* 34, 60.)

GARDE (Jean de la), Dam. Fief à hom. lige en la châtell. de *Bourb.* ; 1310. (*r.* 432, *p.* 17.)

GARDE (Prohète de la), fille de feu Jean de la Garde, et ses enfans Pierre et Hugues, vendent à Jean, Cte de *Forez,* leur maison et dom. de la Garde, exceptés les cens en dép. perceptibles au mandemt de Montifaut ; 1311. (*r.* 1394, *p.* 5.)

GARDE (Jean de la), Dam., fils de feu Hugonin de la Garde, Chev. Quatrième partie des avoines et terrages de Laycapon, *al.* Lacapon, et censives ; 1323. — Hugonin de la Garde, Dam.; *Idem ;* et le chesal du Plais ; 1357 : *Bourbon, Germigny.* (*r.* 464, *p.* 28, 110.)

GARDE (Guill. de la), dit Geneytines, Dam. Dîmes ès par. de St Habund, Roneysons et de Poilly en Roannois, acq. de Hugues Groygnon, Dam.: *Forez,* 1327. (*r.* 491, *p.* 199.)

GARDE (Bernard de la), Dam. Maison de Locri, dom. et mouv. au territ. de Ruygny : *Forez,* 1334. (*r.* 490, *p.* 142.)

GARDE (Jean de la), Chev., et Alips, son ép. Maison forte, dom. et seg.

de la Garde, par. St Martin du Lac ; ens. une terre et seg. en la par. d'Igrande, dioc. de Mâcon : *Beaujeu,* 1350, 1354. (*r.* 489, *p.* 53, 69, 90.)

GARDE (Gabrielle de la), v^e de Jean de Boucé, *Bouciaco,* comme tutrice de leurs enfans Guill., Ysabelle et Jeanne. Maison forte de Boucé et hôtel d'Essartines, dom. et seg. ès par. de Moncombroux, de Tresail et de Cindré : *Chaveroche,* 1352. (*r.* 468, *p.* 70.)

GARDE (Jean de la), Dam. Maison, bois, prés, cens, et baillie de Lineroles : *Montluçon,* 1354. (*r.* 461, *p.* 156.)

GARDE (Guiete de la), f^e d'Etienne Bourbon. Bois des Chocheres et cens, par. de Celle: *Montluçon,* 1366. (*r.* 461, *p.* 298.)

GARDE (Robert de la), Chev. Hôtel, dom. et seg. d'Emphi, *al.* Aimphi ; dom. et dr. sur les rives de la Loire ; 1366. — Guichard de la Garde, *al.* Gardie, *de Gardia,* Dam.; *Idem* ; 1411 : *Moulins.* (*r.* 454, *p.* 231 ; *r.* 455, *p.* 17.)

GARDE (Pierre de la), Dam. Serm. de fidél. et prom. d'aveu au Sire de *Beaujeu;* 1400. (*r.* 486, *p.* 48.)

GARDE (Jean de la), *de Garda* Dam., paroiss. de St Martin du Lac, dioc. d'Autun. Vente par lui faite au Duc de *Bourbon* de la 4e partie de sa terre et justice en la par. et prévôté de Bourg-le-Comte ; 1381. (*r.* 1355, *p.* 86.)

GARDE (Marguer. de la), v^e de Guill. de Montvert, Chev., et Marie de la Garde, v^e de Hugues de Montvert, Chev. Partie du f. et seg. de Chastel-de-Montaigne ; 1461. (*r.* 457 *bis, p.* 42.)

GARDE (Philib., *al.* Philippes de la), Dam. Maisons fortes, dom. et seg. de Challioure et de Franchese : *Beaujeu,* 1486. (*r.* 487, *p.* 9.)

GARDE (Tristan de la), écuyer, Sr de Chassigny en Maconnois. T. s. des Droicturiers : *Billy,* 1506. (*r.* 452, *p.* 97.)

GARDE (Annet de la), Chev., étant aux dr. de Claude de Montrognon, Dame de Chabanes, v^e de Charles de Cistel, Chev., Sg. de la Garde, usufruitière des terres de Chabannes et de Lodant. T. s. de Lodant, *al.* Londant, par. de Courtesserre : *Riom,* 1683. (*r.* 503, *p.* 118, 132.) Signe : La Garde Cistel.

GARDE (François de la), écuyer, pour Pierre de la Garde, écuyer, son père. Maisons d'Escorailles et Sorin, dom., j. h. m. et b. ès par. d'Aly, Chaussenat, Drignac et Escorailles : *S. Flour,* 1684. (*r.* 503, *p.* 312 ; *r.* 504, *p.* 68.)

GARDET (Barthomer), bourg. de Cerilly. Moitié de la dîme du Clos-Cerilly, achetée de Louis Barbier, fils de Jeanne, fille de feu Pierre de la Mote, écuyer, Sg. de Salis: châtell. de la *Bruyère, Bourb.;* 1452. (*r.* 462, *p.* 256.)

GARDET (Jean), av. fiscal du duché de Bourbonnois. Dimes, cens et rentes ès châtell. d'*Ainay, Bessay, La Bruyère, Hérisson;* 1501. (*r.* 484, *p.* 61.)

GARDETE (Jean de la), Chev., Sg. dud. lieu, et Gabrielle de Montmorin, sa f^e, vendent au Duc de Bourb. la 4e partie du port de Roanne ; 1478. (*r.* 1359, *p.* 760.)

GARDONS (Pierre), fils de feu Guill. Gardons, paroiss. de Vaseilles, vend à Jean, Cte de *Forez,* une quartelée de bois, sise à Sury-le-Bois ; 1324. (*r.* 1395, *p.* 259.)

GAREAU (Charles de S^t), Chev., Sg. de Trasleboust. Maison et fief de la Bertinière : *Civray*, 1695. (*r.* 436, *p.* 42.)

GAREIN (André), m^d à Romorentin. Chât. t. s. du Mont, par. de Vouzeron : *Mehun-sur-Y.*, 1673. (*r.* 445, *p.* 213 ; *r.* 446, *p.* 15.)

GAREIN (Magdel.), v^e de Jean Poignant, prévôt de la maréch. de Berri. F. s. du Mont, et 6e partie de la t. et seg. de Vouzeron : *Mehun-sur-Y.*, 1722. (*r.* 451, *p.* 52.)

GARENNE (Charles de la), écuyer. Maison de la Garenne : *Bourb.*, 1505. (*r.* 453, *p.* 40.)

GARGOUILLAUD (Judith), v^e de Pierre de Pouetier, *al.* Poutieu, Sr de Chivré. T. s. de Champdenier : *La Rochelle*, 1673. (*r.* 433, *p.* 69.)

GARIN (Guill.), *al.* Girin, Dam., dit Harilles. Dîmes ès par. de Ste Marie, de Boysset, de St Vincent et autres, ès châtell. de Lay et de Perreux : *Beaujeu*, 1400. (*r.* 485, *p.* 116, 117.)

GARIN (Etienne). Herbergement au vill. de Rigné : *Mirebeau*, 1456. (*r.* 332, *p.* 31.)

GARIOD (Claude), bourg. de Lyon. Maison appel. la Table-Ronde, et fonds en dép., par. St Irenée : *Lyon*, 1739. (*r.* 498, *p.* 164, 173.)

GARIPAUD (André), Sr de Bois-Bauderon. T. s. de la Mothe St Thomas, par. de Meruant : *Vouvant*, 1699. (*r.* 436, *p.* 268.)

GARITON (Jean), fils de feu Pierre Gariton et d'Anne Fayette. Terres, prés, cens et rentes; 1512; Jean Gariton, m^d à Thierne ; Mathieu Fournier, fils de feu Genez, Fournier, aussi m^d, et Genez Fournier, son frère. Cens, rentes et autres dev. ès par. de St Remy, Dorat, Celle et autres; 1517 : *Thyerne*. (*r.* 472, *p.* 73, 76.)

GARNERENS (Hugonet de), Dam. Maison forte de Garnerens, four bannal, et le bois de Chantenay, en la châtell. de Tissay : *Beaujeu*, 1315. (*r.* 488, *p.* 64.)

GARNIER (Jean), Dam. Accensement d'un dom. en la par. de Treneuld'Averly, *al.* Aurilly : *Moulins*, 1344. (*r.* 454, *p.* 220.)

GARNIER (Guill.), autrement dit Brigat, pour lui et Simone, sa f^e, fille de Jean Bourbon. Une vigne en la par. de Sausset : *Verneuil*, 1411. (*r.* 460, *p.* 67.) Non noble.

GARNIER (feu Etienne). Sa v^e tient du chât. d'*Angers*, la 3e partie d'une sergenterie sur diverses par. ; 1415. (*r.* 337, *p.* 69.)

GARNIER (Jean), écuyer, Sg. de la Bernetière. Hôtel de la Chignardière, par. St Germain : *Montfaucon*, 1457. (*r.* 333, *p.* 42.)

GARNIER (Jean), écuyer, Sg. de la Tour-Meré. Dîme de Ballen, par. d'Adrier, en la chatell. de Champaignac : *Bourb.*, *al.* *Marche*, 1506. (*r.* 452, *p.* 17.)

GARNIER (Charles). Un pré à lui donné par Etienne Gouget, son oncle, présid^t au grenier à sel de *Vierzon*; 1673. (*r.* 445, *p.* 211.)

GARNIER (Henri-François), écuyer, Sg. de Beauvoir, à cause de Magdel. le Febvre, son ép., v^e de Simon-Jude Trochereau, bourg. de Paris. T. s. de Blannois, par. St Pourçain-sur-Besbre : *Moulins*, 1686. (*r.* 474, *p.* 610.)

GARNIER (Jean), Chev., trés. de France. T. s. d'Aurilly, par. de Trenol : *Moulins*, 1686. (*r.* 474, *p.* 610.)

GARNIER (Cather.), v^e de Jean de Rechignevoisin. Chev., Sg. de Gurat. Maison et fief de Colnay : *Civray*, 1696. (*r.* 436, *p.* 51.)

GARNIER (Charles), Chev. F. s. de Brieuil, par. de Cheney : *Lusignan*, 1696 *ad* 1716. (*r.* 436, *p.* 47 ; *r.* 437, *p.* 329 ; *r.* 438, *p.* 135.) — Alexandre Garnier, Chev. ; *Idem* ; 1726. (*r.* 438, *p.* 531.)

GARNIER (Jeanne). Le fief Labbée, tenu à hom. plein : *Partenay*, 1700. (*r.* 436, *p.* 362.)

GARNIER (Françoise), v^e de Pierre de la Chapelle, écuyer, Sr du Plaix, doyen et professeur en droit en l'université de Bourges. Partie des dîmes de la par. de Bery, 2 pièces de terre appel. les Figuiers, et 32 boisselées de terre à elle délaissées par François Guenois, écuyer, lieut. partic. au présid. de Bourges, hérit. de Phil. Charlemagne, écuyer, Sr de Bury : *Mehun-sur-Y.*, 1710. (*r.* 449, *p.* 36, 86.)

GARNIER (Pierre), bourg. de Lyon, licentié en droit. Rente noble en la par. d'Echalas : *Lyon*, 1726. (*r.* 498, *p.* 17.)

GARNIER (Jean de), cons. au parl. de Grenoble, Sg. de St Jean de Bournay. Un quart de dîme en la par. de Loyre : *Lyon*, 1736. (*r.* 810, *p.* 40.)

GARONE (Falconet et Pierre), du mandement de Poillieu. Garenne sise au mandement de Cleppé : *Forez*, 1436. (*r.* 1402, *p.* 1275.)

GARRAUD (Gabriel), Sr de Buffeix. Rente sur le vill. de Buffoix, par. St Avit de Tarde : *Aubusson*, 1684. (*r.* 474 *p.* 398.)

GARREAU (Jean), procureur à Moulins, et Claude Guillemet, proc. en la châtell. de Chantelle, à cause de leurs f^{es} Gabrielle et Marguer. Chambon. F. s. de la Boulle, par. de Sinat : *Chantelle*, 1722. (*r.* 478, *p.* 586.)

GARREAU (Jean), et Jamette, sa f^e. Maison tenu en fief à *Angers*, appel. la Salle-Brodeuse, *al*. Baudrouze, à eux octroyée par la Duch. d'Anjou pour récompense de leurs services pendant l'espace de 20 ans ; 1429. (*r.* 335, *p.* 9.)

GARREAU (Jean). Fiefs de Lazeras et de la Villate ; ens. la dîme de Montelplane : *H.-Marche*, 1669. (*r.* 474, *p.* 73, 75.) — Jean Garreau, receveur des tailles en l'Elect. de Combraille. F. s. de la Villate, par. St Pierre d'Allairat, h. m. et b. justice : *Marche*, 1684. (*r.* 474, *p.* 418.)

GARREAU (Pierre), Léonard, Jean et autre Léonard, ses frères, enfans de Jaques Garreau et de Marguer. Lombard. Fief lige de Confolent, etc. : *H.-Marche*, 1669. (*r.* 474, *p.* 259.)

GARREAU (François). Fief de Chef-Tavelle ; 1669. — François Garreau, *al*. Garraux, Sr de la Salle. Fief du Chier-Tavelle, par. de Néaux ; ens. la t. et seg. de la Bussière, par. St Sulpice-les-Champs, châtell. d'Aubusson ; 1684 : *H.-Marche*. (*r.* 474, *p.* 102, 396, 397.)

GARREAU (Marguer.), fille de noble François Garreau. Fief de la Basserette : *H.-Marche*, 1669. (*r.* 474, *p.* 275.)

GARREAU (Léonard). Fief de Cuberat : *H.-Marche*, 1669. (*r.* 474, *p.* 253.)

GARREAU (Jean), av. en Parl., banquier expédition, en Cour de Rome. Fief de Hautefays et autres possess. en la par. d'*Issoudun* ; 1677. (*r.* 474, *p.* 332.)

GARREAU (Joseph), fils de Jaques. Dîme au vill. de Chezelles ; ens. celle de Pietaud, par. St Georges de Dessertines ; 1688. — Joseph Garraud, Sr de Chazelle, lieut. gén. de police à Montluçon. Même dîme de Pietaut ; 1717 : *Montluçon*. — Léonard Garreau, Sr de Cheselle, aussi lieut. gén., etc. ; *Idem* ; 1729. (*r.* 474, *p.* 685, 735 ; *r.* 477, *p.* 237 ; *r.* 479, *p.* 34.)

GARRIGE (Bertrand la), *al.* Guarrigue. Maison, terre, bois, moulin et mouv. en la par. de Vic; cens et rentes sur le mas de Feleytos, ès montagnes d'Auv. : *Carlat*, 1343, 1355. (*r.* 472, *p.* 119; *r.* 473, *p.* 18.)

GARSSAUD (Jean, fils de Jean), dit Triquaud, à cause de Marguer. Pouparde, sa f^e. Menus cens à Besson : *Souviyny*, 1410. (*r.* 467, *p.* 297.) Non noble.

GARSSAULT (Allain de), Chev. T. s. de Grassays, par. de Benassays : *Maubergeon*, 1697, 1717. (*r.* 436, *p.* 63 ; *r.* 438, *p.* 295.)

GASCHIER (Pierre), clerc, paroiss. de St Loup, fils de Laurent Gaschier, de Eschirolles, pour Marguer. sa f^e, fille de Hugonin Martel. Terres, dîmes, cens en la par. St Giran des Vaux : *Verneuil*, 1322, 1342. (*r.* 460, *p.* 189, 212.) Non noble.

GASCHIER (Susanne), v^e de Louis Clair de Beaubost, écuyer, tutrice de leurs enfans. T. s. de Beaubost, par. St Pierre de Lezoux : *Riom*, 1684. (*r.* 503, *p.* 238.)

GASCOING (Pierre), lieut. gén. au baill. de St P.-du-Moust. et Marguer. Bequas, son ép. T. s. de Lavaux, Créange, Froux, par. St Léopardin et d'Aubigny; 1700. — Jean Gascoing, Chev., gentilh. servant du Roi, lieut. gén. au baill. de Nivernois, Chev. de N. D. de Montcarmel et de St Lazare. Mêmes t. et seg. ; 1736 : *Bourb.* (*r.* 475, *p.* 267 ; *r.* 481, *p.* 189.)

GASCQ (Blaise de), Chev., Sg. de Préguillac. F. s. de la Barbe-Fagneuse ; 1724. — Blaise-Antoine-Alexandre de Gascq, présid^t à mortier au parl. de Bordeaux. Même fief, et ceux de Léoville et St Médard ; 1739: *Xaintes.* (*r.* 441, *p.* 14 ; *r.* 442, *p.* 42.)

GASPARD (Claude). Maison forte de Meon, *al.* Myons, dom. et mouv., par. de Montreux : *Beaujeu*, 1459. (*r.* 487, *p.* 18.)

GASSAULT (Etienne), secrét. du Roi, veuf de Cather. Chambellaine. Hôtel, manoir et seg. de Merolles : *Vierzon*, 1494. (*r.* 469, *p.* 82 ; *r.* 484, *p.* 141.)

GASSELIN (Jean), Valet, Sg. de Haies-Gasselin. Justice foncière en la ville de Longeron : *Montfaucon*, 1414. (*r.* 350, *p.* 31.) Tient de lui: Jean de Plexeis, Chevalier.

GASSION (Raymon de), Chev., Sg. de Goyon, lieut. du Roi en la citad. de l'Isle de Ré, et Anne-Marie de Maigne, son ep., pour eux et Silvie de Maigne, f^e de Joseph de Misniere, Chev., Sg. de la Gaudinière, héritières de feu Benjamin de Maigne, Chev. leur frère. F. s. de Sigogne : *Rochefort*, 1700. (*r.* 459, *p.* 16, 20.) Signe : Goyon Misniere.

GASSOT (Etienne), écuyer, fils de François Gassot, celui-ci hérit. de Claude Gassot, écuyer, qui l'étoit de Jaques Gassot à cause de Jeanne Chossulat, son ép. Partie de dîme au vill. d'Estrechy, par. d'Orney: *Dun-le-Roi.* — Etienne Gassot, écuyer, Sg. du Priou et du Platet, comme acquér. de Charles Bonnin, écuyer, Sr du Courpoy, et de Marie Picque de Guespeau son ép. Hôtel, terres, bois et rentes appel. de Ferolles, par. St Martin d'Auxigny : *Bourges*, 1669 *ad* 1673. (*r.* 444, *p.* 72 ; *r.* 445, *p.* 184. — François Gassot, écuyer, son fils ; *Idem ;* 1700, 1702. (*r.* 447, *p.* 170 ; *r.* 448, *p.* 49.)

GASSOT (Etienne), écuyer, fils de François Gassot, écuyer, Sr de Deffends. F. s. de Domery et du Tinglet, par. de Chaumier : *Dun-le-Roi,*

1684. (*r. 445, p.* 361.) — Mathias Gassot, écuyer, fils de feu Etienne Gassot, écuyer, Sg. de Deffens. Quatrième partie des dîmes du vill. d'Estrechy : *Dun-le-Roi*, 1703. (*r.* 448, *p.* 57.) — Etienne Gassot, Chev., Sg. du Deffand, son fils unique, procédant sous l'autorité d'Etienne Gassot, écuyer, Sg. de Priou, av. du Roi au présid. de Bourges. Mêmes dîmes d'Estrechy ; 1723, 1726. (*r.* 451, *p.* 74, 93.)

GASSOT (François), écuyer, Sr de Rochefort. T. s. de Soye, *al.* Soix, acq. de Matie du Coing, v^e d'Ant. de Tholet, écuyer, Sr de Bois-Sirâme : *Dun-le-Roi*, 1683, 1694. (*r.* 445, *p.* 355 ; *r.* 447, *p.* 148. — Robert Gassot, Chev., Sg. de Soye, comme hérit. de Françoise Gassot, f^e de François Gassot, Chev., Sg. de Rochefort. Manoir du Plaix, par. de Luet, *al.* Leuet : *Dun-le-Roi*, 1724, 1726. (*r.* 451, *p.* 95, 132.)

GASSOT (François-Xavier), écuyer, Sr de Lisy, à cause d'Elisabeth Brossier, son ép. Fief s. de Fontillay, par. de Bery : *Bourges*, 1684. (*r.* 445, *p.* 361.)

GASSOT (Pierre), écuyer, hérit. de Joseph Gassot, son oncle, chan. de Bourges, qui étoit fils de Jaques Gassot, écuyer, Sr de Lisy, présid^t en l'Élect. gén. du Berri, et de Jeanne Pinette. F. s. de la Vernusse, par. de Vignol-sur-Barajon : *Mehun-sur-Y.*, 1698, 1716. (*r.* 447, *p.* 213 ; *r.* 449, *p.* 138.)

GASTEBOIS (Jean), écuyer. Domaines, engagés situés en la par. de Villedoux et autres : *La Rochelle*, 1723. (*r.* 440, *p.* 72.)

GASTEVIN (Jean), fils de Blaynet Gastevin de Naves. Cens et rentes ès par. de Taciat et de Senciat : *Chantelle*, 1352. (*r.* 459, *p.* 53. — Blaynet Gastevin, fils de feu Jean Gastevin. Vente par lui faite de 8 livrées de terres sises au lieu de Ronguères : *Billy*, 1395. (*r.* 1355, *p.* 17.)

GASTEVIN (Macé), écuyer. Hôtel et dom. de Coulernes : *Chât.-du-Loir*, 1387. (*r.* 356, *p.* 43.)

GASTINEAU (Jean), le jeune, Michau, Philib. et autre Jean, ses frères. Trois maisons sises à *Loudun* ; 1444. (*r.* 341, *p.* 52.)

GATEBLÉS (Guill.), de la Loge-Vitry, paroiss. de Cronay, Dam. Tailles, corvées et autres exploits sur diverses tènemens ; ens. les dom. et mouv. qu'il a acquis d'Alips de Mars, Damoiselle, v^e de Perrin de Bougnon, Dam. : *Bourb.-Lancy*, 1343. (*r.* 467, *p.* 45.)

GAUBELON (Marie), sous la tutelle de Joseph de Salandrouze. Fief et tènem^t de la Borne par indivis avec Joseph de la Quatin, époux de Marie Paquet : *Marche*, 1669. (*r.* 474, *p.* 58.)

GAUBELON (Jean). Fief de Sanaboche, par. St Frion : *Felletin*, 1684. (*r.* 474, *p.* 403.)

GAUCEY (Humbert de), Chev., recon. tenir à hom., de Gui, Cte de Nevers et de *Forez*, son dom. de Chaney, *al.* Chancey ; 1230. (*r.* 1395, *p.* 185.)

GAUCHER (Gaspard), Sr de la Molandrie, lieut. en la maîtrise partic. des eaux et forêts de Vierzon. Dom. et Métairie des Collas, par. de Teillay, acq. d'Anne Acarie, v^e de Germain Courtin, Chev., Sg. de Monsel : *Mehun-sur-Y.*, 1712. (*r.* 449, *p.* 102.)

GAUCHET (Marie), de Belleville, Damoiselle. F. s. de Langlard, par. de Mazerier, acq. de Louis-Maximilien Titon, Chev., Sg. de Villegenon : *Bourb.*, 1724. (*r.* 478, *p.* 525.)

GAUCOURT (Silvain de), Chev. Fiefs de Jussy, Quincampoix et Maignoux, *al.* Magnenoux, acq. de Cather.-Eléonore de Gamache, v^e de Henri de Bigny, Chev., par. de Meaume, *al.* Meaulne et autres : *Dun-le-Roi, Hérisson*, 1703 *ad* 1726. (*r.* 448, *p.* 56 ; *r.* 451, *p.* 94 ; *r.* 477, *p.* 120 ; *r.* 478, *p.* 395, 441.)

GAUCOURT (Guill. de), Chev., Sg. de Cluy, fils de Charles de Gaucourt, Chev. Trois arpens de bois de haute futaye, appel. la g^{de} Jaric, l'étang de Pisany, *al.* Pisseny, et le pré de Nouhault, par. de Cluy : *Issoudun*, 1720. — Charles de Gaucourt, Chev., Sg. de Cluys, son légataire universel; *Idem* ; 1724. (*r.* 450, *p.* 94 ; *r.* 451, *p.* 157.)

GAUDARD (Etienne), écuyer, Sr de la Verdine, trés. de France. T. s. des Genetais et g^d Vaux, par. de Lurcy, acq. de Balthasard de Vignolles, Sg. de la Tour : *Bourb.*, 1694. (*r.* 475, *p.* 126.)

GAUDEMARD, *al.* Godemart (Guiot), Dam., à cause de Jeancte, son ép. Maison forte, dom. et seg. de St Martin des Lacs, *de Lacubus* : *Bourb.-Lancy*, 1341. Tient aussi de Jean, bâtard de Bourbon, Sg. de Bruille, Chev., plusieurs tènemens, et moitié de la dîme de Trumeaux : *Moulins*, 1353. (*r.* 454, *p.* 274 ; *r.* 467, *p.* 36, 37.) — Huguete et Marguer. Godemarde ; 1413, 1427. (*r.* 455, *p.* 84.)

GAUDETZ (Ant.), Dam., et Arthaude de la Garde, Damoiselle, son ép. Maison de Bœura, dom., bois, dîme et mouv. ; ens. la maison forte de la Garde, celle-ci néanmoins contestée par le Sire d'Escotay, ès par. de Chalaigny, St Bonît, St Just, et autres : *Forez*, 1441. (*r.* 493 *bis*, *p.* 19, 20.)

GAUDIGNON (Phil.), Sr de Marée, notaire royal, substitut et adjoint aux enquêtes en la châtell. de Hérisson. T. s. de la Chastre, par. de Reugny : *Hérisson*, 1700, 1702. (*r.* 476, *p.* 10, 171 ; *r.* 477, *p.* 212.)

GAUDILLON (Giraud), paroiss. de Chastel-sur-Murat. Rentes en directe seg. sur les par. de Chastel, de Bredon et de la Chapelle d'Allagnon : *Murat, St Flour*, 1685. (*r.* 304, *p.* 30.)

GAUDIN (Etienne), paroiss. de St Martin près Croset, vend à Guy, Cte de *Forez*, divers cens et rentes percept. en la par. de Laval ; 1334. (*r.* 1395, *p.* 171.)

GAUDIN (Henri), à cause de Jeanne de Blanchelande, sa f^e. Office de Sergenterie fayée du Pont de Gennes : *Mans*, 1459. (*r.* 343, *p.* 33 ; *r.* 345, *p.* 98.)

GAUDIN (Jean), Chan. de Tours. T. s. de Jallanges, Villemereau et du Beheron, par. de Vouvray : *Amboise*, 1462. (*r.* 432, *p.* 110.)

GAUDIN (Anne), Dame de Marcigné. T. s. de Fay, par success. de Péan Gaudin, son oncle : *Chât-du-Loir*, 1484. (*r.* 353, *p.* 7.)

GAUDIN (Nicolas), argentier de la Reine, et maire de la ville de Tours, pour Agnès Morin, v^e de Victor Gaudin, argentier de l'épargne. T. s. de Raluere : *Amboise*, 1501. (*r.* 432, *p.* 83.)

GAUDON (Jean), fils de Jaques Gaudon. Maison, grange et autres objets en la par. de *Souvigny* ; 1466. (*r.* 455, *p.* 53.) — Jean Gaudon. F. s. de Soye : *Bourb.*, 1505. (*r.* 452, *p.* 6 ; *r.* 484, *p.* 73.) D^{elle} Claude-Marie Gaudon ; 1716. Voy. Guillouet.

GAUDOUARD, ou Gandouard (Jaques), proc. du Roi en l'Elect. de Fontenay-le-Cte. F. s. de la Petite-Perière : *Vouvant*, 1719. (*r.* 438, *p.* 401.)

GAUDRION (François), m^d à Bourges. F. s. de Chantegrue, par. de

Fouessey ; *Mehun-sur-Y.*, 1667. (*r.* 443, *p.* 30.) — Même f. et seg. tenu par ses enfans, François, m^d, Nicolas, Marcouz, Cather. et Ange ; 1680. (*r.* 445, *p.* 312; *r.* 447, *p.* 93 et suiv.) Il y eut opposition à la réception de cet aveu, en ce que l'avouant avoit pris la qualité de *Seigneur*, titre qui ne pouvoit convenir à un marchand. Mais il fut passé outre, attendu que cette qualité se trouvoit en un aveu précédent.

GAUDRIOU, *al.* Gaudrion (Claude), sacristain en l'Égl. de Bourges, fils de Jean Gaudrion. Le Buisson-Pouilleux, par. de Bery : *Mehun-sur-Y.*, 1671. (*r.* 444, *p.* 40; *r.* 445, *p.* 177.) Jeanne Gaudrion, sa nièce, v^e de Gilbert Tagournet, *al.* Lagourdet, avocat; *idem* ; 1709. — Catherine Gaudrion, sœur de celle-ci, ép. du Sr Remy Chambon ; *idem* ; 1725. (*r.* 449, *p.* 14 ; 451, *p.* 166.)

GAUFFINET (Jean), clerc, autre Jean et Perronelle ses frère et sœur. Cens, rentes et un quart de la dîme de sang, en la par. de Giurlay : *Hérisson*, 1443. (*r.* 462, *p.* 233.) Non nobles.

GAULMYN (Grég.), Chev., fils unique de Gilbert Gaulmin, Chev., cons. du Roi et directeur de ses finances, donataire universel de François Gaulmin, Chev., mestre de Camp de cavalerie et brigad. gén. des armées. T. s. de la Guionnière, par. St Sornin et de Chavenon : *Murat*, 1684. (*r.* 474, *p.* 401.)

GAULMYN (Gilbert), Chev., mousquetaire, fils de feu Gilbert Gaulmyn, Chev., capit. de cavalerie. T. s. de la Goutte, par. St Sornin; 1686. — Gilbert de Gaulmin, écuyer, major des dragons d'Epinay, son fils ; *Idem*; 1718 : *Murat*. (*r.* 474, *p.* 607 ; *r.* 478, *p.* 11.)

GAULMYN (Jean), écuyer, Sg. de Chassignolle, cons. au présid. de Moulins, et Jeanne Marechal, son ép. Moitié de la dîme de Champagnat, par. de Parcenat, acq. de Blaise-Etienne Marechal, Sg. de la Motte de Noix, seul hérit. de feu Marechal, son frère : *Chantelle*, 1700. (*r.* 475, *p.* 278.)

GAULMYN (Gilbert), Chev., Cte de Montgeorges, M^{al} des camps et armées de France et d'Esp., et Anne-Jeanne Auzannet, son ép. T. s. du g^d et petit Montgeorges et des Forges, par. de Chaumont : *Murat;* ens. celles du Theil et du Mas, par. de Voussat : *Verneuil;* et aussi celle de Pomey, par. de Lusigny. acq. de Marc-Ant. Valin, Chev., Sg. de Monmain, et d'Anne-Magdel. Fouquet, son ép. : *Moulins*, 1719, 1723. (*r.* 477, *p.* 171, 173 ; *r.* 478, *p.* 27, 319.)

GAULMYN (Nicolas), écuyer, capit. de dragons, fils d'Ant. Gaulmyn, écuyer, Sg. des Maisons, par. de Chavonon : *Murat*, 1717. (*r.* 477, *p.* 242.)

GAULMYN (Claude), écuyer, fils de Jean Gaulmyn, écuyer, et de Thérèse de Culant. T. s. de Beauvoir, par. St Pourçain-sur-Besbre, et des Pereux, par. d'Iseure : *Moulins*, 1717. (*r.* 477, *p.* 371.) — Jean Gaulmyn, écuyer, Sg. de Laly, pour lui et Claude-Jean Gaulmyn, son fils, donataire de Claude Gaulmyn, son oncle, écuyer, Sg. de Beauvoir ; *Idem*; 1719 *ad* 1730. (*r.* 478, *p.* 22, 234 ; *r.* 479, *p.* 6.)

GAULMIN (Jean), fils de feu Pasques Gaulmin. Fief et terrier de Montferrat, par. de Branssat : *Verneuil*, 1726. (*r.* 486, *p.* 95, 97.)

GAULMYN (Susanne), épouse de Jules-Henri de Montbel, Chev., major de cavalerie, hérit. en partie de feu François de Culant, écuyer, S^r de

Leugere. F. s. de Chambraul et Fonteau, par. d'Agouges : *Bourb.*, 1728. (*r*. 480, *p*. 35.)

GAULNE (Jaques-Ignace), élu en l'Elect. de Roanne. Fief de la Fayolle et rente noble, par. St Martin d'Estraux : *Lyon*, 1732. (*r*. 498, *p*. 77 ; *r*. 810, *p*. 18.)

GAULT (Macé). Fief de l'Espinardiere, par. de Bier, et dr. d'usage en la forêt de Beurczay : *Chât.-du-Loir*, 1491. (*r*. 348 *bis*, *p*. 18.)

GAULTEREAU (Louis), écuyer, fils de Gabrielle Boutou, à son décès v^e de Gilbert Gaultereau, écuyer, Sg. de la Tousche. F. s. de Mons et du fief Parsonnier ; 1698. — Marianne Gautrau, sa fille unique ; *Idem* ; 1715 ; par. St Etienne des Loges : *Vouvant*. (*r*. 436, *p*. 197, 199 ; *r*. 437. *p*. 190, 191.)

GAULTIER (Guill.), paroiss. de Cenquoins, à cause d'Agnès du Boux, sa f^e. Pièce de terre en la par. de Livry : *Bourbon.*, 1404. (*r*. 464, *p*. 235.) Non noble.

GAULTIER (Jean), écuyer, auditeur en la chamb. des comptes de Bret. Châtellenie du g^d Brullon et dép., par. St Laurent du Mortiers : *Chât.-Gontier*, 1641. (*r*. 354, *p*. 4, 8.) Tiennent de lui : René du Breil, B^{on} d'Ingrande, Chevalier. Claude du Bois, Sr de Masguillé, écuyer.

GAULTIER (Perine), v^e de Claude Razilly, chef d'escadre et vice-amiral des armées navales. T. s. de la Crousillière. *Plessis-lès-Tours*, 1662. (*r*. 356, *p*. 89.)

GAULTIER (Pierre), S^r de St Germain, fils de Jaques Gaultier, Sr de la Rochegenty, présid^t au grenier à sel de Richelieu, et de Perine Menuau. T. s. de Rigné, par. de Claunay : *Loudun*, 1670. (*r*. 405, *p*. 44, 45.)

GAULTIER (Abraham), écuyer, Sr de Villevert. Troisième partie de la baron. de Baussay, acq. de François Mauclerc, Chev., Sg. de la Mezauchere : *Loudun*, 1678. (*r*. 405, *p*. 12.)

GAULTIER (Etienne), contrôleur du grenier à sel de Vierzon, et Anne-Barbe Franchon, sa f^e. Partie de pré indivis entre lui et Adrien de Lauson, lieut. gén. au baill. de Vierzon : *Mehun-sur-Y.*, 1682. (*r*. 445, *p*. 325.)

GAULTIER (Jeanne-Marie), v^e de François-Joseph Coutocheau, écuyer, S^r de St Hilaire, tutrice de leurs enfans, dont l'aîné, Paul-Joseph, est âgé de 17 ans. F. s. de St Hilaire de Ligné : *Chizaye*, 1703. (*r*. 437, *p*. 60.)

GAULTIER (Louise), v^e de François de Bonnefaut, écuyer, Sr de Launay, et fille d'Etienne Gaultier, proc. du Roi au gren. à sel de *Vierzon*; Maison et jardin aud. lieu ; 1716, 1720. (*r*. 449, *p*. 225 ; *r*. 450, *p*. 91.)

GAUMIN (Elisabeth), f^e de Jaques de Monpellay, Chev., Sg. de Martigny, capit. de cav. au rég. de Berri, fille de feu Pierre Gaumin, Sg. du Mas, cons. au parl. de Metz. F. s. du Moulin-Chaume, par. de Deux-Chaizes : *Murat*, 1703. (*r*. 476, *p*. 76.)

GAUQUELIN (Alexise), f^e de noble homme, Me Malé Bastard, vend à honorable Antoine de Voultos, bourg. de *Bourges*, une maison et tour ruinée en cette ville ; 1509. (*r*. 1376, *p*. 2663.)

GAUSSERAND (Jaques), Dam. Maison, roche, dom. et seg. de Caylar, par. de St Parthemie, dioc. de Rodez ; ens. dom. et dr. à lui échus du Sire Archambaud de la Roche, au mandem^t de Vinzelle : *Auv.*, 1501. (*r*. 471, *p*. 129.)

GAUTER (Perrin), paroiss. de Colevre, et sa f° Agnès, fille de feu Perrin Limozin. Le chezal de Grapaudin, par. de Treneul, dom. et dr. en dép. : *Bourb.*, 1388. (*r*. 464, *p*. 66.) Non noble.

GAUTERAT (Thomas), paroiss. de St Menoux, pour Marguer. Mossiere, sa f°, et Ysabeau Mossiere, sa belle-sœur, f° de Guill. Ravault, paroiss. d'Aubigny-sur-Allier. Moitié du tènem^t de Seullein, dom. et dr. en dép. : *Bourb.*, 1443. (*r*. 463, *p*. 214.) Non nobles.

GAUTERAUD (Adhemar), Dam., Sg. de St Hilaire, au dioc. de Rodez. Tènement appel. de Bramarit, par. de Sansat, baronn. de Calvinet, h. m. et b. justice: *Auv.*, 1490. (*r*. 470, *p*. 163.)

GAUTERES (Martin de), paroiss. d'Ingrande, pour Laurent, son frère, ladre et muet, *insensibili et muto*, et Gilbert de Gautieres, paroissiens d'Ingrande. Tailles sur le chesal de Gauteres, *al.* Gautieres : *Bourb.*, 1398, 1411. (*r*. 464, *p*. 95, 172.) Non nobles.

GAUTERIN (Perronin) avoue ce qu'il tient en la par. St Martin du Lays : *Moulins*, 1300. (455, *p*. 57.)

GAUTERIN (Guill.) à cause de Bonne, sa f°, fille de Pierre Tartin. Partie d'un clos de vigne et d'une rente en la par. de Sancet : *Verneuil*, 1342. (*r*. 460, *p*. 97.) Non noble.

GAUTERON (Jean), écuyer. Hôtel, seg. et dép. de la Helliberge, par. de Drain : *Chât.-Ceaus*, 1470. (*r*. 350, *p*. 7, 23.)

GAUTIER (Pierre), paroiss. de Teneul, pour sa f°, v° de Jeannet Popet. Dr. sur le terrage du chesal de Poupeteres ; *Bourb.*, 1399. (*r*. 464, *p*. 371.) Non noble.

GAUTIER, *potius* Gantier (Robert de), autrement de Bassieure, Dam, neveu de feu Dalmas de Bassieure, Chev. Cens, rentes et autres dev. percept. à Chambost: *Beaujeu*, 1400. (*r*. 486, *p*. 32, 33.)

GAUTIER (Perrin), charpentier, paroiss. de Tholon, pour Cather. Rondelate, sa f°. Dîme percept. à Savigny-le-Thion, et menus cens : *Moulins*, 1405. (*r*. 454, *p*. 84.)

GAUTIER (Martin), de Coleuvre, pour sa f° Margot, et sa nièce Marguer., fille de feu Perrin Gautier, f° de Guill. de Charenois. Deux parties du cheseau ou tènement de Grappaudin et dom. en dép., par. de Teneul : *Bourb.*, 1411. (*r*. 463, *p*. 160.)

GAULTIER (Jean). Herbergement au vill. de Douces : *Mirebeau*, 1455. (*r*. 332, *p*. 26.)

GAUTIER (Clément), bourg. de Lyon. Fief de Sena, et rente noble en la par. de Chât.-Neuf: *Lyon*, 1725. (*r*. 498, *p*. 8.)

GAUVAIN, aussi Gauvaing (Hugues, aussi Huguet), Dam., paroiss. de Nohent. Hôtel de Bosc, près de Cosne, dom., four bannier, cens et rentes ; ens. l'hôtel de Fraxinel, *al.* Fresseinel : *Montluçon*, 1350, 1355. (*r*. 461, *p*. 135, 231.)

GAUVAIN (Pierre), écuyer. T. s. de la Boutelaye et de Baudiment: *Lusignan*, 1664. (*r*. 433, *p*. 225.)

GAUZARD (Pierre). F. s. de Laugere et de Sault, par. de Montilly et de Bagneux : *Belleperche*, 1722. (*r*. 478, *p*. 229.)

GAVINET (Jean), M^e apothicaire. Maison à *Lyon* ; 1716. (*r*. 496, *p*. 247, 248.)

GAYS (Jean), de Planchas, habitant de Caudiac, souscrit un cens annuel pour la défense de ses propriétés, par Gui, Cte de *Forez*; 1360. (*r.* 1395, *p.* 281.)

GAY (Jean le), receveur à Baugé, Sg. de la Sautriere, et Jeanne Gorinière, sa f°. Un Jardin près l'hôtel de Sire James Louet, trés. de France, à Baugé; ens. le dom; appel. la Chignardière, cens et autres dev. appel. les Douets de Loir : *Chât.-Ceaus, Montfaucon*, 1465 *ad* 1478. (*r.* 333, *p.* 31 ; *r.* 337, *p.* 28 ; *r.* 350, *p.* 24.)

GAY (François), du Donjon. Dîmes et corvées en la châtell. de *Moulins*; 1505. (*r.* 453, *p.* 126.)

GAY (Jean), av. en parl., étant aux droits de Claude, Pierre et Robert, ses frères. Le fief de la Maignance, par. de Mollinet : *B.-Marche*, 1685. (*r.* 474, *p.* 586.) — Pierre Gay, son fils, Sr de la Broche, bourg. de Digoin. Même fief; 1707. (*r.* 476, *p.* 187, 192.)

GAY (François-Théodore), écuyer, Sr de Fontenelles, veuf de Louise d'Auché. F. s. de Puyboyer, de la Garenne, *al.* Garnerie et de Sauzé : *Civray*, 1688. (*r.* 435, *p.* 222 *ad* 225.) — François Gay, Chev., Sg. du Pui-d'Auché, par droit successif de François-Théod. F. s. de la Garnerie, de Puyboyer et de Sauzé, par. de Vossay : *Civray*, 1716. (*r.* 438, *p.* 112 et suiv.)

GAY (Charles), m^d de drap et soye, prévôt de la jurisdiction consulaire à Bourges. Quatrième partie des g^{des} dîmes de la par. de Nohant en Goust, par indivis avec le Sg. de Savigny et autres : *Bourges*, 1717, 1719. (*r.* 449, *p.* 240 ; *r.* 450, *p.* 54.)

GAY (Charles), écuyer. F. s. de la Maillolière, par. de Blanzays : *Civray*, 1727. (*r.* 438. *p.* 569.)

GAY (Louis de), de Plantiol, Chev., capit. de cavalerie. Chât., t. s. de Sallezuit, par. St Privat : *Brioude*, 1739, 1741. (*r.* 511, *p.* 50, 57, 59.)

GAYAULT, *al.* Gajault (Henri), écuyer, Sg. de Cru, proc., *al.* prévôt gén. de la maréchaussée du Berri, pour Marie-Thérèse de la Chastre, son ép., et Honorée Pellerin, v^e de Phil. de la Chastre, écuyer, Sr de Planche, trés. de France. Maison appel. le Logis du Roi : *Issoudun*, 1723, 1726. (*r.* 451, *p.* 68, 106.)

GAYETE (l'Ermite de), écuyer, *al.* l'Hermite de Gayette, Sg. dud. lieu de Gayette, et sa f° Marguer. de Veures. T. s. de Vieille Mouse : *Verneuil*; cens, tailles, corvées, et la 4e partie de la dîme de Cindrier : *Chaveroche*, 1452. (*r.* 460, *p.* 90 ; *r.* 468, *p.* 136.) — Louis de Gayete, écuyer. T. s. de Villemouse et autres : *Billy, Verneuil*, 1488. (*r.* 484, *p.* 16.)

GAYETE (Ant. de), écuyer, Sg. de Gravières. Dîmes, cens, rentes et autres dev. acq. de Robert de Lothoin, Chev., Sg. de Mongon, ès par. de Vriols, Varennes, Montoldre et Rougières : *Billy*, 1484. (*r.* 456, *p.* 13, 153.)

GAYETE (Gilberte de), f^e de Raulin de St Romain, écuyer, Sg. de Valorges. F. s. de Montperroux : *Bourb.*, 1506. (*r.* 453, *p.* 3.)

GAYTE (Ant.), comme donataire de Françoise Taillandier, sa mère. Partie de la t. et s. de Nonant, *al.* Nohanen, dîme et cens : *Riom*, 1669 *ad* 1683. — Jean Gayte, neveu d'Ant. Gayte, lieut. du Roi à la Mirandole; *Idem*; 1717. (*r.* 499, *p.* 312 ; *r.* 501, *p.* 31 ; *r.* 503, *p.* 106 ; *r.* 507, *p.* 26.) Signe : Gayte Nonant.

GAYFFIER (Guill.), *Gaytferti*, et Thomas Bruyère, son cousin. Cens, rentes et tailles en la par. de Chareye et autres : *Forez*, 1333. (*r.* 490, *p.* 223.)

GAYOT (J. B.). T. s. et rente noble appel. de Chambrey, par. d'Oulines : *Lyon*, 1723. (*r.* 497, *p.* 198, 205.)

GAYMARD (Jean), Chev. Fief ou ligeance, assis devant le Chœur de N. D. du Luc, relev. de la *Roche-sur-Yon* ; 1394, 1407. (*r.* 333, *p.* 99, 100.)

GAZEAU (Gabriel), Chev., prem. capit. au rég. de Mornac. F. s. de la Brandanière : *Vouvant*, 1710. (*r.* 437, *p.* 166.)

GEAY (Marie), v^e de Jean Guerusseau, écuyer, Sr de Laubray et du Maignou. Fief de la Coudre, de Chicheville et de Péan, par. de Buignon en Gastine : *Partenay*, 1698. (*r.* 436, *p.* 128, 130, 211.)

GELAS D'AMBRE (Marie-Françoise de), v^e de François d'Estissac de la Rochefoucault, Chev. Fief de Millière : *Niort*, 1675. (*r.* 433, *p.* 42.)

GEMEAUX (Camille), premier secrét. du M^{al} de Villeroy. Chât., t. s. de Jauzé, par. de Marcilly : *Lyon*, 1720. (*r.* 497, *p.* 47, 55.)

GEMON (Jean), m^d à Billy. Rentes ès par. de Sansat, et de *Billy* ; 1443. (*r.* 456, *p.* 7.)

GENAC (Girard, *al.* Gerald de), Dam., paroiss. de St Etienne. La Mote de l'Isle, terres, bois, moulin, cens et rentes, par. de Leugi et de St Félix : *Billy*, 1322, 1350. — Jean de Genac, Dam.; *Idem* ; 1374. (*r.* 455, *p.* 252 ; *r.* 456, *p.* 12, 21.)

GENAY (Aynet de), Dam. Diverses possess. ès par. de Leugi de Sensat, et *Billy* : 1300. (*r.* 457, *p.* 190.)

GENAY (Etienne de), Dam. Maison d'Avonnes au territ. de Montaneis : *Beaujeu*, 1345. (*r.* 488, *p.* 45.)

GENDRE (Julien), chan. de Poitiers, fils de feu Joseph Gendre, Sr de la Mesnardière, et hérit. de Jaques Gendre, proc. au siège présid. de Poitiers. Maison noble, terres et rentes, tenues du Roi à hom. lige au dev. d'un homme de pied, armé de cotte gamboisée, de coustel et d'épée, de 40 jours et 40 nuits, entre les rivières de la Loire et de la Dordogne : *Manbergeon*, 1674. (*r.* 434, *p.* 12.)

GENDRE (Pierre le), écuyer, Sg. de St Martin et autres lieux. F. s. de la Brosse-Raquin et de la Brosse-Givreul, par. de Tartezay : *Hérisson*, *Murat*, 1688, 1693. (*r.* 474, *p.* 692 ; *r.* 476, *p.* 52.) — Jean le Gendre, écuyer, son fils ; *Idem* ; ens. une maison appel. de St Martin en la par. d'Iseure : *Moulins*, 1717. (*r.* 477, *p.* 493, 496.)

GENDRE (Charles le), Chev., pour lui et Marguer. Vialet, son ép. T. s. de St Aubin ; ens. les fiefs de Jaligny, par. de Bagneux ; de l'Espine, par. d'Agouges ; et des Noix, par. de Cressanges : *Belleperche*, *Bourb.*, *Moulins*, *Ussel*, 1688. (*r.* 474, *p.* 700.)

GENDRE (Cather.-Marie le), v^e de Claude Recoil, Chev., Mis de Septime, tutrice de Gather. et Magdel. Recoil. T. s. de Villedieu, par. d'Ardilly : *Lyon*, 1720. (*r.* 497, *p.* 48, 81.)

GENDRE (Gilbert-Charles le), Mis de St Aubin, cons. du Roi. T. s. du Reau, des Noix et de la motte Brisson, saisies réellement sur lui : *Moulins*, *Verneuil*, 1736. (*r.* 481, *p.* 118.)

GENDREAU (Jeanne), fille de Germain Gendreau. Moulin appel. de Vandegon, par. St Eloi : *Mehun-sur-Y.*, 1670. (*r.* 445, *p.* 128.)

GENES (Bertrand de), écuyer, Sg. de Launay et de Genes. T. s. de la Lande-Charles; ens. les fiefs de la Forestière et de Vaulx, par. de Montiherne: *Baugé*, 1457 *ad* 1485. (*r*. 342, *p*. 15; *r*. 347, *p*. 41; 348, *p*. 24, 36.) — Jean de Genes, écuyer. Mêmes fiefs de la Forestière et de Vaulx; 1504. (*r*. 348, *p*. 25.) — René de Genes, écuyer; *Idem*; 1513. (*r*. 348, *p*. 28; *r*. 348 *bis*, *p*. 13.)

GENEST (Claude), m^e charpentier. Moitié d'une maison sur les courtines du Rhône: *Lyon*, 1717, 1721. (*r*. 496, *p*. 90, 252.)

GENESTA (Hugues de la), av. Un fief franc et noble en la par. de Vic: *Carlat*, 1355. (*r*. 473, *p*. 100.)

GENESTE (Pierre de), Chev., Sg. de Repaire, capit. commandant de l'escadron de la Reine. T. s. de Vail, par. de la Nobre, en la baron. de la Tour: *Riom*, 1669. (*r*. 499, *p*. 604.)

GENESTE (Benoite de la), v^e de Nicolas du Vergier. Le fief de Robin, par. St Clément: *Vichy*, 1696. (*r*. 485, *p*. 190.)

GENESTE (Claude de la), Sr de Bevillatre, écuyer, M^e des postes au bourg de St Geran-le-Puy. Dîme, cens et rentes en la par. de Ciernat, acq. d'Honoré de la Geneste, bourg., dem. en la par. de Montegut-le-Blin, et de sa f^e Gilberte de Laire: *Billy*, 1701, 1708. (*r*. 476, *p*. 148, 211.)

GENESTE (Jean de la), Sr de Presle. Cens et rentes en la par. de St Geran-le-Puy, acq. de Dame Claude Chitain. v^e de Guill. Roucher. cons. du Roi au présid. de Moulins; ens. les terriers de St Etienne et de Puy-Rambaud, par. St Etienne du Bas: *Billy*, 1712, 1717. (*r*. 477, *p*. 81, 381.)

GENESTINES (Guill. de), *al*. Ginestines, Dam. Hôtel. t. s. de Genestine, par. de Beçay et autres: *Ainay*, 1300. (*r*. 463, *p*. 57.) — Guill. de Genestines, Dam., dit Charboners; *Idem*; ens. la moitié de la dîme de St Roman-sous-Ulphey: *Forez*, 1335. — Ponchon de Genestines, Dam., son fils; *Idem*; 1342. (*r*. 490, *p*. 220; *r*. 491, *p*. 161.) — Pierre et Jean de Genestines, Dam. Deux moulins, terres et vignes, près *Hérisson*; ens. l'hôtel, t. s. de Genestines; 1350. (*r*. 462, *p*. 33; *r*. 464, *p*. 102.)

GENESTOUX (Jaques de), écuyer, fils d'Ymbert Fayet, Sg. de Genestoux. Dîmes, cens et rentes en la baron. de *Thiern*; 1517. (*r*. 472, *p*. 77; *r*. 483, *p*. 70.) Voy. Fayet.

GENESTOUT (François de), écuyer, commissaire provincial d'artillerie, à cause de Marie de Vaux, son ép. F. s. des Arragons, par. St Etienne du Bas: *Billy*, 1717, 1730. (*r*. 477, *p*. 406; *r*. 479, *p*. 59.)

GENESTOUX (Louis de), écuyer, Sg. de Vallière. T. s. des Manteaux, par. de Deux-Chaises: *Murat*, 1686. (*r*. 474, *p*. 562.) — Jean de Genestoux, écuyer, son fils et de Cécile Coyffier; *Idem*; 1711 *ad* 1726. — Jean de Genestoux, écuyer, hérit. d'Alexandre de Genestoux, écuyer, son frère. F. s. de Vallière, par. de Neufvy: *Moulins*, 1733. (*r*. 477, *p*. 28, 259; *r*. 479, *p*. 16; *r*. 480, *p*. 80.)

GENEVE (Jean de), du dioc. de Vivarais, en son nom et celui de.... de Til, sa mère, vend à Phil. de Levis, Sg. de la Roche, Chev., une maison à Joyeuse, relev. du *Forez*; 1407. (*r*. 1398, *p*. 724.)

GENEVOIS (Domingues le), valet du Duc de Bourbon. Rente de 15 liv., avec une maison à Bourbon, par lui reçues pour récomp. de ses services; 1352. (*r*. 464, *p*. 343.)

GENEVOIS (Thomas le), autorise sa f° Agnès, v° de Clément de Becay, à rendre aveu de l'hôtel, dom. et seg. de Genevois de Boham, par. de Buxier : *Bourb.*, 1357. (*r.* 463, *p.* 217.) Non noble.

GENNES (Pierre de), proc. de la maréch. du Mans, fils de Jaques de Gennes. T. s. de St Pater et Ozé : *Sonnois*, 19... (*r.* 411, *p.* unique.) Tiennent de lui : Thomas Collard, Sr de Montaudin ; Henri le Prévost, Sr de la Belessière, écuyers.

GENOIS (Joseph), écuyer, Sg. de Prunay, cons. au présid. de Bourges. Pièce de terre appel. Genchevache-au-Chesne, par. Ste Thorette, acq. sur Pierre le Bègue, écuyer, présid^t au même siège : *Mehun-s.-Y.*, 1711. (*r.* 449, *p.* 77.)

GENTES (Hugues de), Chev., et Agnès son ép., vendent à Jean de Chât.-Villain et de Luzy, une vigne sous le chât. de Bourbon ; ens. divers objets situés à *Bourbon-Lancy* ; 1271. (*r.* 1377, *p.* 2954.)

GENTET (Henri), écuyer. Hôtel, t. s. d'Ardene, par. d'Autry : *Bourb.*, 1443. (*r.* 464, *p.* 70.) Non noble.

GENTET (Jaques), écuyer, fils aîné de Jaques Gentet, écuyer, Sr de Louche. F. s. de la Chesnelière, par. St Hilaire de Voust : *Vouvant*, 1698 ad 1716. (*r.* 436, *p.* 160 ; *r.* 437, *p.* 316 ; *r.* 438, *p.* 202.)

GENTET, *al.* Jantet (J. B.), m^e couvreur. Petite maison à *Lyon*, 1722. (*r.* 497, *p.* 140, 144.)

GENTHON (Phil.), Chev. de l'Egl. de Lyon. Prébende de la chap. St Ant. : *Lyon*, 1725. (*r.* 498, *p.* 245.)

GENTIL (Claude), m^d tanneur. Maison tenue du Roi à *Vierzon* ; 1661. (*r.* 443, *p.* 18.)

GENTIL (Seguin), écuyer, Sg. de la Fond Brassau. F. s. de Restaud, acq. d'Alexandre de Voyer de Dorée, Chev. : *Xaintes*, 1718, 1720. (*r.* 440, *p.* 3, 45.)

GENTILHOMME (Jeanet le). Un pré et 2 pièces de terres au territ. de Pars, châtell. de Lormes : *Nevers*, 1396, (*r.* 469, *p.* 223.)

GENTILS (Paul-Léonard des), écuyer. T. s. des Craux, *al.* Crux, par. *id.*: *S. P. du Moust.*, 1677. (*r.* 474, *p.* 343.)

GENTILS (Anne-Paul-Laurent des), Chev., héritier d'Ant.-François des Gentils, Chev. T. s. de Bessay, par. de Toury-en-Séjour, etc. ; 1689. — Louise-Gabrielle des Gentils, fille de feu Annet-Laurent des Gentils, Chev., colonel du régiment du Bessay. Même t. et seg. ; 1723 ; *Belleperche*, al. *Moulins*. (*r.* 474, *p.* 746 ; *r.* 478, *p.* 328.)

GENTIS (Aymon), habitant de Campinet. Maison, terres, verger aud. Campinet : *Cognac*, 1456. (*r.* 1404, *p.* 264.)

GEOFROY (Humbert), de St Henemond, Dam. Courtil et tènem^t sis à la Murete. par échange avec son frère Pierre *Gaufridi* : *Forez*, 1294. (*r.* 492, *p.* 319.)

GEOMART (Pierre), bourg. de St Baldomer en Forez, et Jeanette de Monchalnet, sa f^e. Cens, rentes, tailles et corvées, par. St Julien et de Juzy, *al.* Givisy : *Beaujeu*, 1354, 1357. (*r.* 489, *p.* 11, 19.)

GERALD (Hugues), et Beatrix d'Eurs, sa f^e, fille de feu Charles d'Eurs. Dom., bois, garenne, étangs, cens et rentes en la par. d'Eurs : *Thiers*, 1304, 1331. (*r.* 472, *p.* 11, 24.)

GERAULT, *al.* Girauld, aussi Jerault (Annet), fils d'Etienne Gerault, et héritier d'Annet Gerauld, son oncle. T. s. de Buffevent, par. St Priest des Champs, Elect.. de Gannat: *Riom*, 1669 *ad* 1685. (*r*. 499, *p*. 179 ; *r*. 500. *p*. 41 ; *r*. 503, *p*. 279 ; *r*. 504, *p*. 47.)

GERGUIS (André), Dam. Vente d'une pièce de terre, relev. de la châtell. de *Bourb.*; 1463· (*r*. 1377, *p*. 2898.)

GERMAIN (René), m^d, mari de Jeanne Gilbert, v^e de Jean Lassie, Sr de Landouzière. Métairie de Payre, et moulin de Moulmard : *Partenay*, 1697. (*r*. 436, *p*. 103.)

GERMAINCOUT (Ysabelle, *al*. Ysabeau de), v^e de Jean Pelerin, Chev., accusé de stellionat, au préjudice du Duc d'Anjou, abandonne à ce prince la châtell. de Loupelande, et ses terres d'Attenay, situées au *Maine*; 1399, (*r*. 336, *p*. 15); et rend hom. du fief de Vendosmois, de la justice, devoirs et cout. à Fouilletourte, et du dom. de Launoy-Brion ; 1402 : *Chât.-du-Loir.* (*r*. 344, *p*. 13, 45, 48, 49, 71.)—Jean de Germaincourt. Même dom. de Launoy-Brian ; 1416. — Phil. de Germaincourt, écuyer, Sg. des Touches. T. s. de Launoy-Brian, avec la 4e partie de la prévôté d'Oyse : *Chât.-du-Loir*, 1489. (*r*. 348 *bis*, *p*. 18.) — Ysaac de Germaincourt, écuyer, Bon de la Gahardière et des Touches. Métairie de Launay-Briant : *Chât.-du-Loir*, 1603. (*r*. 492, *p*. 88.)

GERMIAS (Guy), Chev. Dom., cens et rentes entre la rivière de Dorole et la par. de St Remesé : *Forez*, 1305. (*r*. 492, *p*. 88.)

GERMOLE, *al*. Garniole (Guichard de), Dam. Cens et tailles en la par. de Bey, châtell. de Toissey : *Beaujeu*, 1242. (*r*. 488, *p*. 61.)

GERMOLE (Regnaud de), Chev. Maison de Beaulieu sur la Grone, et 10 l. tour. de rente : *Beaujeu*, 1317. (*r*. 486, *p*. 90.)

GERMOLES (Regnaud de), Dam., Sg. de Varennes près Macon. Cens, rentes et autres dev. en la prévôté de Coux : *Beaujeu*, 1405. (*r*. 485, *p*. 57.)

GERNEULLE (Jean de), Dam. Rentes en grain, argent et gelines : *Chaveroche*, 1344. (*r*. 468, *p*. 148.)

GERNEULLE (Johannet de), Dam. Cens et rentes en la par. de Vic : *Billy*, 1351. (*r*. 456, *p*. 20.)

GERNOLE (Bartrandon de), Dam. Maison, fossés, terres, bois, étang, cens de la Brouce ; et usage dans la forêt de Drulle ; ens. une dîme en la par. d'Avallon : *Hérisson*, 1388. (*r*. 462, *p*. 60.)

GERONDELLE (J. B.), écuyer, Sg. de la Dauphinée, et sa f^e Marguer. de Lingendes, v^e d'André de Foulier, écuyer, Sr du Bouchat. T. s. de la Garde, acq. d'Ant. de Chât.-Bodeau, écuyer, par. de Limoise : *Bourb.*; 1695.; ens. le fief du petit bois, par. de Cosne : *Hérisson*, 1703, 1712. (*r*. 475, *p*. 156 ; *r*. 476, *p*. 87 ; *r*. 477, *p*. 41.)

GEROUILLE (Jaques). H. m. et b. justice, appel. d'Escosse : *B.-Marche*, 1669. (*r*. 474, *p*. 293.)

GERSAULT (Henri), et Marie, sa f^e, fille de Thevenin du Bos, par donation que leur a faite, lors de leur mariage, Phil. de la Roche, écuyer, avouent diverses pièces de terre et un tènement avec les maisons, granges, terres, vignes et tailles en la par. de Besson : *Souvigny*, 1433. (*r*. 467, *p*. 125.) Non nobles.

GERVAIS (Jean), secrét. du Roi. Chât., t. s. de Combefort, Rapeton et St Laurent, par. de Breuil, Cheyssa, Bagnols et St Germain : *Lyon*, 1721.

— Louise Gervais ; *Idem ;* 1734, 1736. (*r.* 497, *p.* 130, 137 ; *r.* 498, *p.* 103, 146.)

GESLAIN (Robin), et Michelle, sa f⁰. Métairie de la Morandiere : *Mans*, 1473. (*r.* 335, *p.* 171.)

GETTIER (Jullin), écuyer, *al.* Quettier, Sʳ de la Ribelliere. Gᵈ hôtel de Manne : *Amboise*, 1606. (*r.* 352, *p.* 6.)

GEUFFROY (Gabriel), écuyer, Sg. de Sallignon en Dauphiné. T. s. de Vibraye : *Mans*, 1504. (*r.* 348 *bis*, *p.* 15.)

GEURY, *al.* Guiry (Guill. de), fils de Guillot Geury, *Guiriaco*, Dam. Moitié de la grange, terres, bois, dîme, terrage de Rugieres, par. de même nom : *Billy*, 1301. (*r.* 457, *p.* 185.)

GEURY (Marguer. de), vᵉ de Guiot de Paluaul, écuyer, pour Phil. et Ysabelle leurs enfans. Mouvances sur divers tènemens : *Chât.-Chinon*, 1357. (*r.* 469, *p.* 169.)

GEURY (Jaques de), Sg. de Launay, et Marie de Geury, sa sœur, enfans de Jaques de Geury, écuyer. Quatre arpens de pré en la par. de Baunay : *Bourges*, 1677. (*r.* 445, *p.* 270 ; *r.* 446, *p.* 45.)

GIAC (Pierre de), chancelier du Duc de Bourbon. Chât. t. s. de Vigoche : *Riom*, 1379. (*r.* 471, *p.* 57.) — Pierre de Giac, Chev., Sg. de Joserant. Hôtel, t. s. de Luçay, par. d'Agouge ; ens. la t. et s. de la Villeneuve, par. de Lurcy-le-Sauvage : *Bourbon.* ; 1382. (*r.* 457, *p.* 48 ; *r.* 463, *p.* 196.) — Pierre de Giac, Chev., chancelier de France. Exemption d'aides pour ses terres de Joy, Bouchereul, Josserant et autres au duché de *Bourbon.* ; 1385. (*r.* 1356, *p.* 223.) — Pierre, Sg. de Giac, de Joserant et de Joy, cons. du Roi, entre en la foi du Duc de Bourbon, à raison du fief de la Grange, par. de Croizy, acheté d'Ysabelle de la Tournelle, et de Jean d'Assigny, écuyer : *Germigny*, 1394, 1395. (*r.* 466, *p.* 11, 12.) Nᵃ. On connoit la fin tragique du chancelier de France, arrêté et exécuté en 1427. Est-ce le même que Pierre de Giac, chancelier du Duc de Bourbon en 1379. L'ordre des tems pourroit en faire douter.

GIAC (Pierre de), Chev., Sire de Bousquetural et de Joy. Chât. et châtell. de Jousserant, *al.* Jauserant ; les vill. de Jayet et de Pezat ; ens. les fiefs de Monceaulx et de la Maison neuve, acq. du comte de Montpensier, par. d'Ingrande, Augi, Cousson, Limoese, Pousi : *Bourbon.*, 1456, 1482. (*r.* 463, *p.* 195 ; *r.* 1356, *p.* 202.)

GIBAL (Jeanne), vᵉ de Jean Rochette, écuyer, tutrice de Blaise Rochette, leur fils. Moitié de la terre de Lempde, par. *id.*, par success. de Blaise Rochette, écuyer, son oncle, cons. en la cour des aides de Clermont ; 1730. (*r.* 510, *p.* 71.)

GIBANEL (Annet de), *al.* Gibanuel, écuyer, Sʳ de Vernege, pour sa fᵉ Cather. d'Autrechal, *al.* Austressal. Dom., h. j. cens et rentes aux vill. del Bois et de Sartiges, par. de Sallians, *al.* Sallins et de Sourniat, Élect. de Sᵗ Flour : *Riom*, 1669. (*r.* 499, *p.* 588 ; *r.* 502, *p.* 44.) — Louis-Charles de Gibanuel, écuyer, leur fils ; *Idem ;* 1684. (*r.* 503, *p.* 353.)

GIBERNIE (Pierre de la), fils de Hugues de la Gibernie. Maison, terres, prés et cens à la Villate, près de Noirestable : *Forez*, 1333. (*r.* 493 *bis*, *p.* 24.)

GIBIEUF (Marie), vᵉ de Claude de Chambellan, écuyer, Sʳ du Genetay, tutrice de Marie Cather. de Chambellan, leur fille unique. Métairie de

Fougeray, démembrée du fief de Genetoy: *Bourges*, 1673. (r. 445, p. 222.)

GIBIEUF (Françoise), v^e de François Doullé, Chev., Sg. du Moulin-du-Pont. Droit d'échanges honorifiques et prééminences en la par. de Lissay : *Bourges*, 1702. (r. 448, p. 30.)

GIBIEUF (Henri), Chev., Sg. de la Faix, av. du Roi, fils de François Gibieuf, Chev. Sg. de la Faix, et de Magdel. Baugy. T. s. de Loye, par. de Morogues, avec dr. d'échanges honorifiques et prééminences : *Bourges*, 1717. (r. 449, p. 56.)

GIBOT (Allain), Sg. de Perrinien. Herbergement de la Perriniere : *Montfaucon*, 1490. (r. 332, p. 83.)

GIGAUD (Guillot). Dîme en la par. de St Cheruai : *Hérisson*, 1506. (r. 453, p. 43.)

GIGAUD, al. Gigault (Charles de), Sg. de Bellefonds, fils de René de Gigaut et d'Anne d'Argy, fille de Gilles d'Argy. T. s. de Pons : *Loches*, 1663, 1665. (r. 356, p. 9, 71.) — Louis-Christophe Gigault, Mis de Bellefons, 1er écuyer de la Dauphine, gouverneur du chât. et parc de Vincennes. T. s. de Langeais : *Tours*, 1686. (r. 421, p. 63.)

GIGAUD (Pierre), av. au baill. de Salers, comme mari et donataire de Françoise de Vigier de Prades. Maison, étable et jardin à Salers, métairie et montagne en dép. ; h. m. et b. justice del Maurie, et coseigneurie des vill. de Montelas, Noux et Malapresse, ès par. de St Paul d'Anglard et de Salers : *Riom*, 1669, 1672. (r. 499, p. 6 ; r. 500, p. 56.) — François Gigaud, av. au même baill., par success. de François et Anne Ferrier, ses ayeul et mère. Dom. noble et montagne de Lauzet del Maurie en toute j. h. m. et basse, par. St Bonnet près Salers ; 1685. (r. 503, p. 448 ; r. 504, p. 50.)

GIGAUD (Jeanne et Marie), sœurs, filles d'Ant. Gigaud. Cens, rentes et partie du dom. de l'Espinasse, par. de St Priest et de Fontanges : Elect. de St *Flour* ; 1684. (r. 503, p. 286.)

GIGOU (Pierre-Simon), écuyer, et Marie Marchand, son ép. F. s. de la Garenne, al. Puymaillé, par. St Pierre de *Melle* ; 1717. (r. 438, p. 239.)

GILBERDE (Marguer.), f° de serve condition, étant morte sans hoirs, son cousin germain rachète ses héritages du Duc de *Bourbon*, au profit duquel ils avoient été confisqués ; 1468. (r. 1374, p. 2300.)

GILBERT (Huges), Dam., d'Annonay, fils de feu Jeanne Mirebel, *Miribelli*, Damoiselle, dite Bruigneu. Cens et rentes percept. à Fontaneys : *Forez*, 1336. (r. 490, p. 25.)

GILBERT Guill.), écuyer pannetier ordin. du Roi. Pièce de terre amasée, appel. le champ de la bataille, près d'*Angers* ; 1483. (r. 1344, p. 169.)

GILBERT (Nicolas), receveur du Bourbonnois. Partie de terre assise outre-Loire, appel. Chambon, à lui donnée par Guill., Sg. de Vergy, B^{on} de *Bourb.-Lancy*, à charge de la tenir de lui ; 1488. (r. 1360, p. 836.)

GILBERT (Jean), chirurgien, veuf de Jeanne Fourestier. F. s. d'Avenay, al. Ausinay, al. Ausinaire, par. de Maillet : *Hérisson*, 1700 ad 1716. (r. 476, p. 7, 170 ; r. 477, p. 209.) — Jean Gilbert, écuyer, garde du Roi. Même f. et seg. ; 1736. (r. 481, p. 203.)

GILBERTE (Cather.), dite de Brousses, v^e de noble homme Ant. Chassaing, tutrice de Jeanne leur fille, habitant la Volte par. St Cyr, dioc.

de St Flour, avoue, par son proc. Balthasard Gurat, Sg. de Brousses, son frère, ce qu'elle tient du Cte de Montpensier : *B.-Auv.*, 1443. (*r.* 471, *p.* 176.)

GILBERTEZ (Guill. de), Chev., Sg. dud. lieu. F. s. d'Auvers et de Vissac, en la baronnie de Mercœur : *Auv.*, 1508. (*r.* 452, *p.* 77.)

GILBERTEZ (Fulqueraut du), Chev., mari de Louise de la Rochefoucaud. Justice h., m. et b. sur les vill. de Rochegoude et autres, par. de Neuveglise, de Cussat, etc. : Elect. de St *Flour*, 1684. (*r.* 503, *p.* 366.)

GILBERTONS (Gilbert), Jean et Gabriel, ses frères, Gilberte sa f^e, et Louise Giraudet, f^e dud. Jean, laboureurs. F. s. de Clos-Renaud, par. de Louchy, acq. de Gaspard de Beautière, écuyer, Sr de Chassincour, à cause de Marie de Villelume, sa f^e : *Verneuil*, 1696 *ad* 1724. (*r.* 475, *p.* 171, 237; *r.* 478, *p.* 298, 505.)

GILBERTON (Jean), Sr du Soulier, lieut. gén. de police en la ville de Cerilly. F. s. de Breuilly, par. de Vitray : *Hérisson*, 1726. (*r.* 480, *p.* 52.)

GILET (N.), fauconnier de Gui, Cte de *Forez*, obtient de lui un moulin situé à Bussy, en échange de quelques héritages assis au mandem^t du Chat. de Monteleu ; 1274. (*r.* 1400, *p.* 860.)

GILLIER (Ant.-René), Chev., Sg. de Puigareau, Bon de Mermande, etc. Hôtel et maison forte de Passavant : *Chât.-du-Loir*, 1609. (*r.* 353. *p.* 38.) Rel. de lui : Louis de Champaigne, Cte de la Suze, Chevalier. — Jaques de la Chencière, Sg. de la Roche de Vaux ; Jean Couette, Sr de la Gufferie ; Guy Jaques, Sr de la Hurlière ; François Morreau, Sr de la Poissonnière ; Paul de Pavigne, Sr de Veneuille ; Louis de Perrier, Sr du Bouchet ; Magdelon Thoumas, Sr de Jupilles, écuyers. — Jean Gillier, Sr du Passault, et Jaqueline Gilier, enfans de feu René Gilier, Sr du Puygareau, vendent au Card. de Richelieu, la baron., t. s. de la Faye-la-Vineuse : *Saumur*, 1626. (*r.* 354, *p.* 50.)

GILLIER (Marc), Bon de Saux, et Urbain, Bon de Marmande, son frère, tiennent Mermande de *Chinon* ; Faye-la-Vineuse de *Saumur* ; Puygarreau, de *Châtelleraut* ; et la seg. de Passault, de *Chat.-du-Loir* ; 1615. (*r.* 354, *p.* 87.) — Louise de Croisilles, v^e de Geroges Gillier, Chev., Bon de Marmande et de Puygareau, fils d'Urbain Gillier, comme tutrice de Cyprien et Marie-Anne Gillier, leurs enfans. Chat. et forteresse de Puygareau, 1672. (*r.* 435, *p.* 1.) Tiennent d'eux : Maximilien Aubery, Sg. de Meurier ; Balthasard le Berton, Sg. de Villandry ; Pierre le Bosseu, Sg. de Beaufort, gentilh. ordin. de la ch. du Roi, gouverneur de la Rochelle ; Martin Martel, Sg. de la Godinière ; Phil. Martel, Sg. de Tiquon ; Louis Perion. Sg. de Ports, à cause d'Angélique Gilliers, son ép., fille d'Urbain Gillier ; Etienne de Remigou, Sg. de Cheszelle, Chevaliers. — Aymé Carré, S^r des Ombres et de la Mothe d'Useau ; Pierre Desmond, lieut. crim. au siège royal de Chatelleraut, Sr de la Picherie ; Jaques de Ferou, Sr de la Chasseigne ; Pierre Gillier, Sr de Haulte Clere, fils de Philib. Gillier, Sr de la Tourlegat ; Marin Guérin, S^r des Noyers ; François Lucas, Sr de Vangeville, cons. du Roi au bureau des finances de Poitiers ; Lancelot de Marconnay, Sr de Coulombiers ; Jaques Nepveu, Sr de la Muntallery ; Phil. Niotte, Sr de la Cuchardière ; Marc de Rougé, S^r des Esards ; Jaques de Vaucelle, Sr de Vilmort, pour François Forestier, et Louise de Vaucelle, son ép., écuyers.

GILLIER (Joseph), Chev., fils aîné de Louis Gillier, Chev. T. s. de la

Villedieu et St Georges de Longepierre : *Lusignan*, 1663. (*r.* 433, *p.* 240 et suiv.)

GILLIER (René de), Mis de Clerambault. T. s. de Puygarreau : *Châtelleraut*, 1681. (*r.* 435, *p.* 107.)

GILLOUET (Claude), écuyer. Fief de la motte Chamaron, par. St Menoux : *Bourb.*, 1717. (*r.* 477, *p.* 425.)

GIMBER (Pierre le), officier chez le Mis de la Vallière, gouverneur du Bourbonnois. F. s. du Bouis et du Cluzeau, par. de Chirat-l'Eglise, acq. de Guill. le Noir, écuyer, secrét. du Roi : *Chantelle*, 1722. (*r.* 478, *p.* 179.)

GIMEL (Pheliberthe de), f^e de Charles d'Arton, écuyer, S^r de St Martial-le-Mont, autorisée par justice à cause de la démence de son mari, avoue le fief et Sg. d'Ajen : *Marche*, 1669. (*r.* 474, *p.* 55.)

GIMEL (Anne de), pour son mari Jean de Villelume, écuyer. T. s. de la Villedière-Truffiat, par. de Sauraniat : *Riom*, 1670. (*r.* 499, *p.* 802.)

GIMEL (Claude de), écuyer, et Thérèse Polleau, sa f^e. Maison forte d'Albon ; rentes nobles et dom. en la par. de Fontaines : *Lyon*, 1693. — Pierre Gimel, écuyer, leur fils ; *Idem* ; 1720. (*r.* 496, *p.* 112 ; *r.* 497, *p.* 33.) Voy. Poulleaux.

GINARD (Pierre), de Roche. Cens et tailles en la par. d'Ingrande : *Bourb.*, 1411. (*r.* 463, *p.* 282.) Non noble.

GINAY (Alexandre de), Dam. Maison, fossés, terres, garenne et seg. de Ginay, par. de Cresy ; témoin Perrin de St Loup, Dam. : *Bourb.-Lancy*, 1340. — Ysabelle de Ginay, Damoiselle ; *Idem* ; 1371. (*r.* 466, *p.* 151, 256.)

GINÇAY (Regnaud de), Dam. Le mas de la Bruyère et dr. en dép., par. de Maglet : *Hérisson*, 1300. (*r.* 462, *p.* 39.) — Guillemin de Ginçay, Dam. Cens sur les terres de Villene ; 1300. — Jean de Ginçay. Dom. et mouv. en la même par. de Villene ; 1301 : *Ainay*, al. *Hérisson*. (*r.* 462, *p.* 17 ; *r.* 463, *p.* 70.)

GINESTOU (Jean), écuyer, Sg. des Espoisses, à cause d'Angelique Rouer, son ép. F. s. de la Prugne, par. de Perigny : *Billy*, 1722. (*r.* 478, *p.* 243.)

GINIRE (Julien), chan. de Poitiers. Fief et mét. de Garnerie : *Maubergeon*, 1669. (*r.* 433, *p.* 185.)

GINOT (Bonaventure), proc., tant pour lui que pour ses cohéritiers, de la success. de Christophe Danneau, official de Poitiers. Hommage lige avec le baiser, du f. et s. de la Jarrie, par. St Georges des Baillargeaux ; 1682. — Charles Ginot ; *Idem* ; 1711, 1717. (*r.* 435, *p.* 49 ; *r.* 437, *p.* 183 ; *r.* 438, *p.* 34.)

GIPOULON (Louis), et Jean, son frère. Le fief de Poulan ; 1669. — Ant. Gipoullon. Le vill. de la Challagne, par. St Quentin ; 1669 : *Marche*. (*r.* 474, *p.* 32, 125.)

GIRARD (Agnès, f^e de Guill.), de Graisy. Maison del Pas. Deux moulins, terres, bois et cens en la par. de St Christophe : *Forez*, 1336. (*r.* 490, *p.* 168.)

GIRARD (Jean, fils de Hugues), paroiss. de Nani, al. Mani, cède à Gui, Cte de *Forez*, en recon. des bienfaits qu'il en a reçus, tous ses biens, meubles et immeubles, sauf l'usufruit ; 1351. (*r.* 1395, *p.* 283.)

GIRARD (noble homme Sire), de Semur, *Sine muro*, Chev. Chât., t. s. de Billezois : *Billy*, 1353, (*r*. 455, *p*. 275.)

GIRARD (Jean), Dam., fils de feu Raynaud Girard, paroiss. de St Félix. Terres, dîmes, bois, garenne, tailles et arr. fiefs, en la par. de Magni : *Billy*, 1366, 1375. (*r*. 455, *p*. 250, 321.)

GIRARD (Jean), de Confex, paroiss. de Montellix, et Jean Rainneaul, paroiss. de Trenol. Moulin, deux tènemens et un pré au ter. de Montandry : *Belleperche, Moulins*, 1389. (*r*. 454, *p*. 159.) Non nobles.

GIRARD (Jean), fils de feu Jean Girard, pour lui ses frères et sœurs. Moulin, terres et prés en la par. de Trenol, sur la rivière de Montaudry : *Moulins*, 1404, 1410. (*r*. 454, *p*. 135, 204, 249.) Non noble.

GIRARD (Hugues), m^d à St Porcien. Maison et clos de vigne au territ. de Varennes, et menues rentes par. de Soytes : *Verneuil*, 1408, 1411. (*r*. 460, *p*. 30, 165.) Non noble.

GIRARD (Thomas), Dam. et Jean Girard, Dam. Hôtel, t. s. de la Girardières, *al*. Guarderes, par. St Félix : *Billy*, 1411. (*r*. 455, *p*. 340 ; *r*. 457, *p*. 107.)

GIRARD (Pierre), de Bournet, Guill. et Ant., ses frères. Droit sur la dîme de Creloux, et cens ès par. de Rugnat et de Nassignat : *Hérisson*, 1443. (*r*. 462, *p*. 235.) Non noble.

GIRARD (Jean). Deux pièces de terre et un pré au territ. de Montandry par. de Trenol : *Moulins*, 1443. (*r*. 454, *p*. 90.)

GIRARD (Jean), m^d, hôtel appel. Balières, garenne, vignes et pêche en dép., par. de Coutigny : *Verneuil*, 1444. (*r*. 459, *p*. 140.) Non noble.

GIRARD (Jean), écuyer. Hôtel des Escures, dom. et mouv. : *Chaveroche*, 1449. (*r*. 468, *p*. 109.)

GIRARD (Jean), paroiss. de Trenol. Portion de terre et de pré, tenue en fief lige : *Moulins*, 1456, 1460. (*r*. 454, *p*. 332, 335.)

GIRARD (Guill.), écuyer. Hôtel et dom. de Châtel. ; autres terres, dîmes et seg. ès châtellenies de *Billy, Chantelle, Montagu, Verneuil* ; 1488. (*r*. 484, *p*. 14.)

GIRARD (Jacob de), écuyer, S^r de Ste Radegonde, secret. du Roi, fils aîné de feue Françoise Forget, tant pour lui que pour ses frères et sœurs : Pierre de Girard écuyer, S^r de l'Espinay, M^e d'hôtel du Roi ; Alexandre de Girard, écuyer, Sr de la Richerie, recev. gén. des finances de Riom ; Diane de Girard, v^e de Louis de Paris, écuyer, Sr de Guigny, gentilh. servant du Roi ; et Suzanne de Girard, f^e de Charles du Rousseau, Sr de Villeroussie ; comme aussi pour Marc de Faultray, cons. au parl. de Paris ; Marie de Faultray, v^e de Louis de Marolles, écuyer, Sr de la Rochere, et Louise de Faultray, v^e de Laurent le Blanc, écuyer, Sr de la Roche, cons. au présid. de Tours, tous par success. de leur oncle Pierre de Forget, Sr de Fresnes, cons., secrét. d'Etat. T. s. de Forget : *Chinon*, 1618. (*r*. 355, *p*. 109.)

GIRARD (Jaques-Phil. de), Chev., Sg. de Charnassé, Bon de Vaux, Vte de Periers, lieut. de la 1re comp. des gardes du corps, fils de Phil. de Girard, Chev., et de Jaqueline du Fresne. T. s. de la Blanchardière, de la Boissière, Isaac-du-Cormier et autres : *Baugé, La Flèche, Mans, Saumur*, 1665 *ad* 1671. (*r*. 357, *p*. 98, 121, 122 ; *r*. 358, *p*. 22 ; *r*. 431, *p*. 52.) Tiennent de lui : René de Fontaines, écuyer, et Marie Bruneau, sa fe.

GIRARD (Alexandre de), écuyer, Sr de la Richerie, gentilh. ordin. de la chambre du Roi. Chât., t. s. de St Pons : *Riom*, 1669. (*r.* 499, *p.* 166 ; *r.* 500, *p.* 9.)

GIRARD (René de), M^e d'hôtel ordin. du Roi, fils d'Alexandre de Girard, de l'Ordre du Roi, et gentilh. ordin. de sa chambre. T. s. de la Tour Vidal, par. St Myon : *Riom*, 1670. (*r.* 499, *p.* 811.) — Blaise de Girard, écuyer, fils de René de Girard, Chev. Fiefs nobles de Reul et de la Tour Vidal, par. St Geniez et de St Myon : *Issoire, Riom, Usson*, 1670, 1684. (*r.* 499, *p.* 741 ; *r.* 503, *p.* 409.)

GIRARD (François de), écuyer. T. s. de la Prugne, par. de Romaignat et de St Geneys : *Riom*, 1669 *ad* 1684. (*r.* 499, *p.* 167 ; *r.* 500, *p.* 9 ; *r.* 503, *p.* 350.)

GIRARD (Jaques), écuyer, Hyacinthe et Pierre, ses frères, enfans de Jean Girard, écuyer. Fief et mét. de Vorley, par. St Cyr : *Issoudun*, 1672. (*r.* 444, *p.* 64 ; *r.* 445, *p.* 206.) — Louis Girard, écuyer, fils de Jaques Girard, écuyer, et de Magdel. Chauvet, *al.* Chauveton. Même fief de Vorley ; et, comme hérit. de sa tante, v^e Pearçon, 5/16 du fief de Seraine, par. de Diou : *Issoudun*, 1705, 1713. (*r.* 448, *p.* 105 ; *r.* 449, *p.* 61, 111, 113, 131.)

GIRARD (François de). Chât., t. s. de Montrodez, sis au vill. de Chazelles, par. d'Orcines, acq. en 1670 de Diane de Serment, v^e de Henri de Salers : *Riom*, 1677, 1685. (*r.* 501, *p.* 17 ; *r.* 503, *p.* 440 ; *r.* 504, *p.* 27.)

GIRARD (Ant.), Chev., trés. de France, pour Françoise de Golefer, son ép., hérit. universelle de François de Golefer, prieur de Radonvillier. T. s. de Barsses, par. St Priest des Champs ; ens. le fief noble de Montiroir, par. de Manzat, Elect. de Gannat : *Riom*, 1680. (*r.* 503, *p.* 359.)

GIRARD (François de), écuyer, Sg. de la Chaux. Fief de Trizy : *Moulins*, 1684. (*r.* 474, *p.* 403.)

GIRARD (Pierre), curé de St Jean-le-Vieil de Bourges. Le pré Peloile, acq. de Léonard Drouet et Sébastienne Lestenoire : *Mehun-s. Y.*, 1687. (*r.* 446, *p.* 145, 157.)

GIRARD (Pierre), Sr de Bellevue, cons. au siège présid. de La Rochelle. Partie du fief et seg. de St Xandre : *La Rochelle*, 1699, 1717. (*r.* 439, *p.* 8, 54.)

GIRARD (Eusebe), écuyer, Sg. de la Girardie, fils de Jaques Girard, Chev. F. s. de Beaurepas, par. de Serigne : *Vouvant*, 1699. (*r.* 436, *p.* 324.)

GIRARD (Marie), v^e de René-François Durcot, Chev. T. s. de la Bobiniere, par. de Thouarsay : *Vouvant*, 1699. (*r.* 436, *p.* 247.)

GIRARD (Claude-Marie, *al.* Marien de), Chev., Mis d'Epreuille, Sg. dudit lieu. F. s. de Mougny et de Fusilly, par. de Bazolles et d'Achun : *St Pierre-le-Moustier*, 1710. (*r.* 476, *p.* 39 ; *r.* 477, *p.* 164.)

GIRARD (Joseph), écuyer, Sr de Borderousse. Rente en grain et droit de rivière, en la par. de Lizeray, 1713 : *Issoudun*. (*r.* 449, *p.* 111.)

GIRARD (Jean), écuyer, Sr de Villesaison, lieut. partic. au baill. d'Issoudun, fils de Jean Girard, écuyer. Dîme de vin en la par. de Neuvy-Pailloux : *Issoudun*, 1713, 1726. (*r.* 449, *p.* 113 ; *r.* 451, *p.* 103.)

GIRARD (François), de Pindray, Chev., fils d'Ester Ferré. F. s. de Pindray, *al.* Pindroy : *Monmorillon*, 1713, 1727. (*r.* 437, *p.* 238 ; *r.* 438, *p.* 556.)

GIRARD (Guill.), écuyer, cons. en la cour des aides de Clerm.-Fer., fils de feu Jean Gerard, secrét. du Roi. T. s. de Chât.-Neuf et de Batisse, par. de Chanonas: *Clerm.*, 1716, 1731. (r. 505, p. 34 ; r. 511; p. 6.)

GIRARD (Jean), à cause de Marie Montrognon, sa f^e, fille de Marie de Beaubost. Fief et dom. de Beaubost, par. St Pierre de Lesoux : *Clerm.*, 1723. (r. 509, p. 35.)

GIRARD (Edme), écuyer, Sg. de Busson, commissaire des guerres. T. s. de Beaumont, par. de Babille : *St P.-le-Moust.*, 1727. (r. 478, p. 214.)

GIRARD (Louis-François), tenant la poste à Moulins, pour lui et Marie-Anne Monac, *al.* Monnat, sa f^e. Fief de la garenne du Gué, par. d'Allouy : *Mehun-sur-Y.*, 1726. (r. 451, p. 110) ; ens. 2/3 du fief de Bufuant et du Mazy, par. de St Voir et de Merry-le-Vieil : *Bessay*, 1732. (r. 479, p. 18, 19.)

GIRARDIN (Josuée), Sg. de Fougeroux. Fief, maison noble de la G^{de} Espine, par. d'Usson : *Civray* ; 1676. — Jean Girardin, Sr de Fougerous ; *Idem* ; 1716. (r. 433, p. 30 ; r. 438, p. 138.)

GIRAUD (Gilbert), écuyer, paroiss. de Montaudre. Un quartier du bois d'Aumont, par. de Fleuriet : *Chantelle*, 1489. (r. 458, p. 79 ; r. 484, p. 23.)

GIRAUD (Gabrielle de), v^e d'Ant. du Bosc, écuyer, tutrice de leurs enfans. Dom. de Truel, maison de Paré et mouv. au mandem^t de la Chaire : *Riom*, 1669. (r. 499, p. 236.)

GIRAUD, aussi Girault (Jaques), officier chez le Roi, fils de Pierre Girault, chatelain de Moulins. T. s. de Mimorin et de Changy, par. de Lusigny ; 1717. — Pierre Girault, aussi officier chez le Roi ; *idem* ; 1729. : *Bessay*, *Moulins*. (r. 477, p. 325, 326 ; r. 479, p. 1.)

GIRAUDE (Jeanne), v^e de Jean Hugon, m^d à Montbrisson, pour leurs enfans. Rente de sept livres au mandem^t de St Parret : *Forez*, 1503. (r. 491, p. 82.)

GIRAUDET (Claude), fils de Gabriel Giraudet, ci-dev. huissier audiencier en la Sénéch. de Bourbon. F. s. de Gravières, par. de Branssat : *Verneuil*, 1688. — Ses enfans, sous la tutelle de Gabriel Roux, Sr de Souvignet ; *idem*, 1692, 1696. (r. 474, p. 668 ; r. 475, p. 86, 188.)

GIRAUDET (Pierre), proc. en la chamb. du dom. de Bourbonnois. Partie de la t. et seg. de Boudemanche, par. d'Auterive : *Bessay*, 1697. (r. 475, p. 211.)

GIRAULX (Pierre et Me Guill.), frères, écuyers, Sg. de Fregenoils, vendent à la Ctesse d'Angoul. leur droit au port de Saunier de *Cognac* ; 1498. (r. 1404, p. 182.)

GIRAUT (Jean). Herbergem^t de la Cheze : *Mirebeau*, 1380. (r. 330, p. 54.)

GIRAUT (Lucas). Landes, bois, pâturages et prés du Viel-Chaon : *Roche-sur-Oyon*, 1408. (r. 333, p. 76.)

GIRAUT (Jean), de Pucheilles. Fief au terroir de la Farmère : *Mirebeau*, 1456. (r. 332, p. 42.)

GIRBERT (Constant, fils de feu Hugonet), de Morreygnes. Menus cens en la par. de Luzey : *Beaujeu*, 1296. (r. 489, p. 256.)

GIROD (Jean), Dam. Serm. de fidél. et prom. d'aveu au Sire de *Beaujeu* ; 1400. (r. 488, p. 35.)

GIRODET (Fouquet). Maison au vill. de Montfan, et dîmes, dont il a racheté le cens d'Agnès, Dame de Montfan : *Verneuil*, 1408. (r. 459, p. 187.)

GIROIS (Pierre de), Chev., Sg. de Neufvy et de la Roche-Mahier, fils de Jaquet de Girois. Prévôté de Neufvy et dr. en dép.: *Mans*, 1665. (r. 357, p. 97.)

GIRONDE (André de), Chev., Vte d'Embrief, fils d'Alexandre de Gironde, Chev. Chât., t. s. de Buron, par. d'Ironde: *Clerm.*, 1724. (r. 509, p. 131.)

GIROT (Jean), Sg. de la Perrine. Domaine de la Perinnière: *Montfaucon*, 1460. (r. 333, p. 48.)

GIRY (Hermant), écuyer. T. s. des Viergnes: *Ahun*, 1506. (r. 453, p. 241.)

GIRY (Cather. de), v^e de Guill. Pratlong, écuyer, secrét. du Roi. Rente noble percept. en la par. de Chapponost: *Lyon*, 1700. — François-Joseph Giry, officier d'artillerie. Même rente; 1725. (r. 496, p. 150, 168 ; r. 498, p. 13.)

GITTONS (Benjamin des), Chev., Sg. de Messé. T. s. du g^d et petit Cerzé-la-Plesse ; 1676. — Gabriel des Gittons, écuyer; *idem*; 1694, 1717 : *Civray*. (r. 433 p. 13 ; r. 434, p. 2; r. 436, p. 23 ; r. 438, p. 310.)

GIVREUL, *al.* Gerneuil (Guill. de), Dam. Maison de Pozeux et de la Vulpellière, dom. et mouv., par. St Hilaire: *Bourb.*; autres en la par. de Besson: *Souvigny*, 1300. (r. 464, p. 339; r. 467, p. 235.)

GIVRY (l'Homet ou Guill. de, *l'Hometus, sive Guillelmus*), Dam., fils de feu Guillot de Givry, pour lui et ses frères mineurs. Hôtel de Givry, terres, bois, garennes, vignes, cens et rentes en la par. de Brenay: *Verneuil*. Autres dom. et mouv. en la par. de Besson, chargés du douaire de Béatrix de la Tour, Damoiselle, v^e de Jean de Givry, Dam., leur oncle: *Souvigny*, 1300. (r. 467, p. 171.) Relev. d'eux: Anselme de la Mote, Chev. ; Hugues de la Mote et Etienne Prévot, Damoiseaux.

GIVRY (Jean de), Dam., fils de feu Jean de Givry, pour lui, ses frères et sœurs. Chât., dom. et seg. de Besson, et arr. fiefs: *Billy, Bourb., Souvigny*, 1352. (r. 467, p. 183.)

GIVRY (Jean de), Dam., fils de feu Jean Beraud. Hôtel fort de Givry, dom. et mouv. en dép.; par. de Brenay : *Verneuil*, 1379. (r. 467, p. 254.) Voy. Beraud.

GIVRY (Marie de), v^e de Jean de Guenegaud, écuyer, et Anthonie, leur fille, f^e de Rollet, *al.* Raoulet de la Salle, écuyer. T. S. de Bellevane, de Guenegaud et de Forilles: *Chantelle, Verneuil*, 1443. (r. 458, p. 291.)

GIVRY (Gilbert de), écuyer, Hôtel fort, motte, fossés, dom. et seg. de Neufville ; cens et dîmes en diverses par.: *Murat*, 1443. (r. 461, p. 2.)

GLANNE (Hugues de), Dam., et Guiette, son ép. Cens et autres dev. sur les vignes de Gotteboset, en la Châtell. de Semur en Brionnois: *Beaujeu*, 1347. (r. 489, p. 17, 44.)

GLANON (Guiot de), Dam., à cause de Marguer. de Fontenay, sa f^e. T. s. h. j. d'Agoullois et de Montanches : *Chât.-Chinon*, 1351. (r. 469, p. 198.)

GLARENS (André, Sire de), dit autrem^t Clerepaux, Dam. Accord entre lui et Humbert de Villars, Sg. de Thoyre, au sujet de la troisième partie de l'étang de Glareins: *Beaujeu*, 1404. (r. 1392, p. 741.)

GLARENS (Claude de), v^e d'Eustache de Chandey, abandonne à ses frères Louis, François et Georges de Glarens, tous les droits qu'elle peut avoir sur l'étang de Coyrat en *Beaujolois* ; 1464. (*r.* 1360, *p.* 884.) Voy. Lyarens (Humbert de).

GLARINS (Guill. de). T. s. de Billion, au pays de Gien, relev. de *Beaujeu*; 1486. (*r.* 489, *p.* 144.)

GLEMER (Louis de), écuyer, Sg. d'Ande. Cens en divers territ. : *Billy*, *Chaveroche*, 1443. (*r.* 456, *p.* 152.)

GLENAYE (Guiete, v^e de Hugues de), tutrice de leurs enfans. Maison, dom. et mouv. de Glenay, par. St Martin du Lac : *Beaujeu*, 1349. (*r.* 489, *p.* 204.) Voy. Glanne.

GLENNE (Adenet de), à cause de Jeanne Savarie, sa f^e. Fief d'Asse, et terre de la Boffes-Boyssière : *Mans*, 1401. (*r.* 344, *p.* 100.)

GLENE, *al.* Glener, (Tachon de), écuyer, Cens et tailles ès environs de St Giran et de Sensat : *Billy*, 1411. (*r.* 457, *p.* 101.)

GLENE (François de), écuyer, Sg. dudit. lieu. F. s. de Tresuble : *Chaveroche*, 1505. (*r.* 452, *p.* 52.)

GLENON (Guiot de), écuyer : *Armiger*, à cause de Marguer. de Fontenay, sa f^e, Dame de Champartem^t. T. s. de Boscoturaul, *de Boscocusterali*, et arr. fiefs : *Bourb.*, 1351. (*r.* 465, *p.* 15.)

GLEOLE, aussi Gleiole (Beranger la), *Gleola*, Dam. Tènem^t, *Affarium*, h. m. et b. j. aux confins du chât. d'Avalon, relev. imméd. du Bon Guirbert, *de Petraforti*, Chev., Sg. d'Avalon ; présens, Guill., Vte de Murat ; Guill. de Turlande et R. d'Oradour, Chevaliers : *Carlat*, 1300. (*r.* 472, *p.* 141.) — Berenger de la Gleysole Dam. ; Etienne Pistor ; Etienne d'Avalon, *al.* de Valon ; Guibert son frère, Béatrix son ép., et Phil. d'Avallon, avouent tout ce qu'ils tiennent au chât. d'Avallon, *al.* de Valon, mandem^t de Mur : *Carlat*, 1267. (*r.* 473, *p.* 9.)

GLETEINS (feu Hugonin de). Sa v^e Béatrix de Mars, comme tutrice de leurs enfans, rend hom. de sa succ. au Sire de *Beaujeu* ; 1320. (*r.* 488, *p.* 88.)

GLETEINS (Etienne de), Dam. Rente annuelle de 60 l. és par. de Meyssimy, Farenes, Juex et autres : *Beaujeu*, 1338. (*r.* 488, *p.* 28.)

GLETEINS (Hugues de), Chev., fils, cza *en ariers* (de feu) Simon de Gleteins. Partie du chât., t. s. de Jarmoust : *Beaujeu*, 1374. (*r.* 488, *p.* 87.)

GLETEINS (Louis de), Chev., fils de Henri de Gleteins, Chev. Partie du chât. de Jarmoust, bois de Duene, cens et rentes, par. St Euphême, St Didier et autres : *Beaujeu*, 1395. (*r.* 488, *p.* 89.)

GLETEINS (Louis de), *Gletenis*, *Gletinis*, petit-fils de Hugues de Gleteins, Chev. Demande en restitution des sommes à lui dues par feu Ant., Sire de *Beaujeu*, père de Louis, Duc de Bourbon ; 1406. (*r.* 1366, *p.* 1513.)

GLETENS (Simonin de). Cens et rentes percep. ès par. de Cous, Ranchal et Bellemont, châtell. de Tisy, à lui donnés par Guichard, Sire de *Beaujeu* ; 1402. (*r.* 1390, *p.* 472.)

GLETEINS (Guichard de), Dam. Maison de Biars ; dom. et dr. en la châtell. de Calomont, et moitié de la prévôté de Sales ; 1405. — Guichard de Gleteins, Dam. Chât. fort de Jarmost, dom. et seg. ès par. de Chalons et autres 1441. — Ant. de Gleteins, Dam. ; *Idem* ; ens. la prévôté de Sales, et le fief de Byars ; 1459. — Aubert, *al.* Haulbert de Gleteins (écrit aussi Gleteurs), Dam. Même t. et s. de Jarmost et de Byars; et vend à noble homme Blaise Escarmouche, natif de Roman, sa maison de la Roche en la par. St Julien, démembrée de la maison forte de la Roche; 1477, 1498, 1502 : *Beaujeu*. (*r*. 485, *p*. 69; *r*. 486, *p*. 11, 176 ; *r*. 488, *p*. 36, 37 ; *r*. 1360, *p*. 877 ; *r*. 1390, *p*. 488.)

GLUCQ (Claude), cons. au parl. de Paris. T. s. de Pionsat, par. *id*.; ens. celle de la Chenal : *Gannat*, 1724. (*r*. 509, *p*. 162.)

GOAT, aussi Gouat (Guillemin), paroiss. de Beçay, pour Cather., son ép. Rente sur un mas en la par. de Tolon ; 1364. — Guill. Goat. Rentes et diverses pièces de terre en la par. de Beçay ; 1390 : *Moulins*. (*r*. 455, *p*. 39, 185.) Non nobles.

GOBARRE (Pierre). Maison nommée la Rocherau, au bourg du Faillet : *Chât.-Ceaux*, 1476. (*r*. 350, *p*. 23.)

GOBBIN (Jenyn), habitant d'Angoul. Deux journaux de terre en la par. St Éloi : *Angoul.*, 1491. (*r*. 1405, *p*. 323.)

GOCHETAUZ, *al*. Godechaux (Hugues). T. s. dans les confins de la Tour de Jarèse : *Forez*, 1269. (*r*. 493 *bis, p*. 69.) — Guigues Godechaux, *al*. de Maniverie, Dam. fils de feu Hugonet Godechaus, Dam. Maison appel. Mirimor, dom., moulin et dr. en dép., relev. d'Aymar, Sg. de Rossillon ; cens et rentes à la Peyllaterie et autres lieux : *Forez*, 1344, 1347. (*r*. 492, *p*. 68 ; *r*. 494, *p*. 178.)

GODDE DE VARENNES (Auguste de), M^{al} des camps et armées, lieut. col. aux gardes françoises, unique hérit. de Crisante le Clerc, son oncle. Châtell., t. s. de Saultrai ; *Angers*, 1742. (*r*. 427, *p*. 42.)

GODDOT (Charles), S^r dud. lieu, commissaire des guerres. T. s. de la Maroustière, acq. de Louis d'Amboise, Mis de Revel : *Chât.-Gontier*, 1610. (*r*. 354, *p*. 14.)

GODEAU (Jean), bourg. de Tours. Hôtel et dom. du petit Ronnay, par. de Negron ; cens, rentes et autres services « qui souloient être tenus à « foi et hom. simple, et le sont maintenant à foi lige depuis qu'ils se « trouvent en la main du Roi : » *Amboise*, 1434. (*r*. 432, *p*. 101.)

GODEAU (Mathelin de), écuyer. T. s. de Pray : *Amboise*, 1523. (*r*. 432, *p*. 82.)

GODET (Jean), clerc, pour lui et Guerine sa mère. Le mas de Malbourget, par. de Paroy-sur-Allier : *Billy*, 1410. (*r*. 455, *p*. 357.) Non noble.

GOGNIER (Hillairet). Herbergement sis au vill. de Puichille : *Mirebeau*, 1447. (*r*. 332, *p*. 35.)

GOHARTE (Etienne de la), fils d'Etienne. Un pré et 4 pièces de terre : *Billy*, 1347. (*r*. 456, *p*. 144.)

GOHORI (Jean). Sergenterie Fayée au ressort de *Baugé* ; 1507. (*r*. 348, *p*. 37.)

GOIFFON (Claude), écuyer, ses sœurs, enfans de noble J. B. Goiffon, ancien échevin de Lyon. Dom. en la par. de Ste Foy, au territ. de Mons et des Balines : *Lyon*, 1738. (*r*. 498, *p*. 163.)

GOIGNART (Aremburge, fille de feu Guy), f^e de Regnaud, fils d'Alayson. Vente à Jean de Chât.-Vilain, d'une partie du mas que relève d'elle Perrin de Corcelles : *Beaujeu*, 1293. (*r*. 489, *p*. 282.)

GOIGNONS (Guillemet). Maison de Prés, dom., dîme et seg., par. de Lentigny : *Forez*, 1333. (*r*. 490, *p*. 135.)

GOISLARD (Marc-Anne), cons. au parl. de Paris, et Anne le Maistre, son ép., unique heritière d'Anne Saraziu, v⁶ de Claude le Maistre, Chev., Sg. de Montsabert. Baronnie de Toureil-Richebourg, *al.* Richebourg le Toureil. *Saumur,* 1696. (*r.* 425, *p.* 35, 94, 96.)—Anne-Charles Goislard, Chev., Sg. de Montsabert, aussi cons. au parl., leur fils aîné. Même baronnie; 1715, 1725. — Anne-Louis, fils aîné de celui-ci ; 1736. (*r.* 426, *p.* 33, 76.)

GOISLARD (Anne J.-B.), Chev., à cause de Marie-Magdel.-Françoise-Charlotte Mageux, sa f⁶, fille de feu François Mageux, inspect. gén. du dom. de la couronne. T. s. de Groslière, par. de Charensat: *Gannat,* 1740. (*r.* 511, *p.* 53.)

GOLDREAU, *al.* Godereau (Hierôme), Sʳ de la Roullière, héritier de Jeanne du Bois. F. s. de la Revelinière, par. Sᵗ Cyr des Gast: *Vouvant,* 1716. (*r.* 438, *p.* 215.)

GOLEFERE (Amblard), *al.* Golfier, *Golferii,* Dam., à cause de sa f⁶.- Maison forte, dom. et seg. de Martillat: *Chantelle* ; 1300. — Marguer. Golfere, *Guolfera,* leur fille, v⁶ de Jean de Barbeyret, *al.* Barberet; *Idem* ; 1321. (*r.* 458, *p.* 191, 196, 199.)

GOLEFER (François), prieur de N. D. de Secours au dioc. de Chalons. Chât., t. s. de Barsses, par. de Sᵗ Priest-des-Champs: *Riom,* 1669, 1676, (*r.* 499, *p.* 505 ; *r.* 501, *p.* 27.) — Françoise de Golefer, sa nièce et héritière ; *Idem* ; 1716, 1723. (*r.* 507, *p.* 86 ; *r.* 508, *p.* 59.)

GOMAI (Guyot), écuyer, Sg. de la Valée, vend au Cᵗᵉ d'Angoul. son droit au port Saunier de *Cognac* ; 1484. (*r.* 1404, *p.* 290.)

GOMBAULD (Charles), Chev., Sg. de Maire. T. s. de Baussay : *Melle,* 1668. (*r.* 433, *p.* 187.)

GOMET (Michel), bailli d'Espinasse. T. s. de Sᵗ Hilaire, par. *id.;* ens. le fief du Poirier: *Gannat,* 1700. (*r.* 506, *p.* 107.)

GOMIER, Goumier (Pierre de), écuyer, Sʳ des Houillières. F. s. de Villeneuve ; 1688. — Pierre de Goumier, écuyer, enseigne de vaisseau. F. s. des Houllières., par. du Breuil de Magné ; 1701, 1717. — Susanne de Goumier. F. s. de Villeneuve et de Montigny ; 1717. — François de Gomier, garde marine ; *Idem;* 1731. — Pierre de Gommier, Chev. F. s. des Houllières ; 1739: *Rochefort.* (*r.* 435, *p.* 248, 249; *r.* 439, *p.* 18, 19, 70, 115; *r.* 442, *p.* 6, 38.)

GONDÉ (François de), écuyer, Sg. de Romaneau, lieut. col. au rég. des Landres, et J. B. Chevallier, écuyer, auditeur en la chamb. des comptes de Paris, Sg. de Sous-Rivière. F. s. de Semoussac et de Simillac, qu'ils possèdent par indivis : *Xaintes,* 1725. (*r.* 441, *p.* 18.)

GONIN (J. B.), potier d'étain. Maison et terrain contigu, au bourg de la Guillotière : *Lyon,* 1721. (*r.* 497, *p.* 95, 109.)

GONNET (noble écuyer). Maison, terres, prés an Mares : *Ainay,* 1443, (*r.* 462, *p.* 285.) Au dos: reçu comme non noble.

GONTAIL, *al.* Goutal (Pierre Denis), et autres de même nom, ouvriers en soie. Maison en la rue de Bourg-Chanin : *Lyon,* 1716. (*r.* 496, *p.* 250, 253.)

GONTAUT (Charles-Armand de), Mⁱˢ de Biron, brigadier des armées du Roi. F. s. de la Chauvière, par. d'Asnières : *Aunay,* 1699. (*r.* 436, *p.* 280.)

GONTÉ (Jean de la), écuyer. T. s. de l'Ecluze : *Bessay,* 1506. (*r.* 453, *p.* 200.)

GORBERT (Jean), clerc. Maison de Sapinières, terres, prés, garenne, pêche et sensives, par. St Félix : *Billy*, 1367. (*r.* 456, *r.* 75.) Non noble.

GORCIE (Pierre de), *al.* Gorsos, Dam., et Jeanne de Chazelles, son ép., fille de feu Aymery de Chazelles, Dam. Maison forte, t. s. de Chamgat au mandement de la Roche : *Forez*, 1333. (*r.* 494, *p.* 1.)

GORDEIA (Bertrand de), Dam. Promesse de fournir aveu : *Carlat*, 1338. (*r.* 473, *p.* 27.)

GORE (Jean), écuyer. Bordage appel. Eventart, *al.* Esuentart : *Montfaucon*, 1459. (*r.* 333, *p.* 59.) — Pierre Gouro, écuyer, Sg. de Linaye ; *Idem* ; 1498. (*r.* 332, *p.* 87.)

GORET (René de), écuyer, cons. au présid. de Poitiers, S^r des Sollar, *al.* Saulles. Maison noble et hôtel des halles ; ens. un droit sur les foires de Poitiers : *Lusignan, Maubergeon*, 1669. (*r.* 333, *p.* 145 ; *r.* 434, *p.* 107.)

GORET (Phil.-François de), écuyer, Sr de Chamagnan. F. s. de la Fontaine-Bernac, par. de Champagne-Mouton : *Civray*, 1698. (*r.* 436, *p.* 148.)

GORMONZ (Guill. dit.), clerc. T. s. de Marrigny, par. St Germain, dioc. de Nevers : *Moulins*, 1300. (*r.* 454, *p.* 142.) Non noble.

GOROU (Jean), écuyer, Sg. de Linaye. Hôtel de la Beuerie, par. de Lire : *Chat.-Ceaux*, 1458. (*r.* 332, *p.* 9.)

GORRE (Jean), et Agnès Poesturelle, sa f^e. Herbergem^t au vill. d'Agray : *Mirebeau*, 1454. (*r.* 332, *p.* 32.)

GORRIT (Micheau et Jean), frères. Vente au Cte d'Angoul. de leur droit au port Saunier de *Cognac* ; 1461. (*r.* 1404, *p.* 208.)

GORRY (Jean), fils aîné de Jean Gorry, notaire royal. Droits de lods et ventes, échanges et contre échanges ès par. de St Thomas, St Disant et autres : *Xaintes*, 1729. (*r.* 441, *p.* 49.)

GORSA (Pierre de). Le mas assis à Chareyas, et ce qu'il tient du Sg. de la Roche à Retornat : *Forez*, 1283. (*r.* 493 *bis*, *p.* 108.)

GORSA (Michel), professeur és lois. Maison de Dés, grange, dom., cens, rentes et mouv. aux territ. de Dés, de Montlobier et de la Vercherie : *Forez*, 1333, 1336. (*r.* 490, *p.* 49, 53 ; *r.* 491, *p.* 98.)

GORZE (Hugues de la), Dam., veuf d'Alise, fille de Poncet d'Auriol, pour leurs enfans. Chât., t. s. d'Auriol et de Rennant ou Renirant, dioc. e Vienne : *Forez*, 1326. (*r.* 492, *p.* 149.)

GOSIN (Perrin). Maison et dép. au chesau de Villebogroul ; terres, prés, cens, en la par. de Treneuil : *Bourb.*, 1395. (*r.* 463, *p.* 207.) Non noble.

GOTOLEUEZ (Guill.), héritier de son frère Jean Gotoleuez. Cens et rentes aux territ. du Chatellar, de Croset et de Loyères : *Forez*, 1323. (*r.* 490, *p.* 13.)

GOTOLEUZ (Jean), et Ysabelle sa f^e, Paroiss. de Torzy, dioc. de Clermont, vendent à Guy, Cte de *Forez*, les cens et rentes qu'ils percevoient en la par. de Crozet ; 1342. (*r.* 1394, *p.* 29.)

GOUAUD (Perrin), Paroiss. de Tholon, à cause d'Alise de Tholon, sa f^e. Tailles, cens et rentes en la par. de Silingi, et diverses mouv. ailleurs : *Beçay, Moulins*, 1330. (*r.* 455, *p.* 188.)

GOUAULT (Magdel.), v^e de Pierre Lepaix, m^d. Le moulin de Changy, *al.* Saügy, par. de Dame-Sainte : *Issoudun*, 1673, 1685. (*r.* 445, *p.* 219 ; *r.* 446, *p.* 3.)

GOUCUY (François), bourg. de Gueret. Fief de la Rebière, par. St Sulpice-le-Gueritois : *Gueret*, 1724. (r. 481, p. 42.)

GOUDAILLI, *al.* Goudellie (Jean de), paroiss. de Varennes-sur-Allier. Deux pièces de terre et menus cens au ter. de Rouge-Chambon, *al.* Charbon-Rouge ; terres, prés, bois, dîmes, censives en la par. de Creschy: *Billy*, 1358, 1366. (r. 456, p. 127 ; r. 457, p. 99.) Non noble.

GOUDON (Pierre), écuyer, Sr de l'Héraudière, prévôt de la maréch. de Monmorillon. T. s. de La Lande, par. de Moussac ; 1683, 1686. — François-Joseph Goudon, écuyer, son fils, officier de feue S. A. R. la duch. de Berri; *Idem* ; 1726 : *Monmorillon*. (r. 435, p. 80, 115 ; r. 438, p. 533.) — Jeanne Goudon, sœur dud. Pierre, ve en prem. noces de Jaques Bonnet, Sr des Forges, assesseur civil et crim. au siège de Monmorillon, et en secondes noces de François Goudon, Sr de Bouillinière, égalem^t assesseur, etc. F. s. de la Chinault : *Monmorillon*, 1722. (r. 438, p. 469.)

GOUDON (André), et Marguer. l'Amirault, sa fe, fille de Louis l'Amirault, Sr de Vauthibaut. T. s. de Fougerolles et de Laage de Plaisance, par. de Saulgé : *Monmorillon* ; 1688, 1722. (r. 435, p. 237 ; r. 438, p. 467, 468.) — Françoise Goudon, sa fille ; *Idem*, 1726. (r. 438, p. 542.)

GOUEUROT, *al.* Goeurot (Jean), Vicomte du Perche (office), médecin du roi François Ier. T. s. de St Denis de Sablé et de Courboullain : *Mans*, 1535, 1537. (r. 351, p. 87, 88.)

GOUFFIER (Guill.), écuyer, Sg. de Brueil, chambellan du Roi. T. s. de Rochefort et de Rougnon: *Mirebeau*, 1450, 1466. (r. 330, p. 123 ; r. 331, p. 15, 16 ; r. 1354, p. 108.)

GOUFFIER (Claude), Chev. de l'Ordre, Ier gentilh. de la chamb., Sg. de Boisy. La baronnie de Maulevrier : *Baugé* ; celle de Passavant ; ens. la châtell. et prévôté de St Generoie : *Saumur*, 1538. (r. 348 *bis*, p. 14, 16.)

GOUFFIER (Louis), Chev., Cte de Cavaras, fils de feu Louis Gouffier, Chev., Bon de St Loup et de Poussange. T. s. de Passavant : *Saumur*, 1665. (r. 405, p. 38.)

GOUFFIER (Pierre-Marc-Antoine), Cte de Caravas, et Charlotte-Marie Gouffier, sa sœur, enfans d'Armand-Louis Gouffier. Baronn. de Doué et seg. de Passavant : *Saumur*, 1714. (r. 425, p. 39.)

GOUFFIER (François-Louis), Mis de Toix, Bon de Cateux. Baronn., t. s. de Doué : *Saumur* ; et, du chef de sa fe Armande-Louise Gouffier, fille et seule héritière de Pierre-Marc-Antoine Gouffier et de Louise de l'Estang. Terre et Comté de Passavant ; 1734, 1737. (r. 426, p. 66, 79.)

GOUFFIER (Marie-Anne), ve de Louis de Bourbon, Chev., Cte de Busset, tutrice de leurs enfans. T. s. de Grandval, par. de Busset : *Vichy*, 1724 ; ens. celle de Chault, acq. d'Ant. du Sauzet, Chev., Sg. de la Chapelle, et d'Antoinette Colin, son ép. : *Billy*, 1736. (r. 478, p. 555 ; r. 481, p. 148.)

GOUGE (Simon), Dam. Hôtel appel. le Pleix-de-Bord, par. d'Ingrande, tailles, corvées et arr. fiefs : *Bourb.*, 1366. (r. 464, p. 217.) Non noble.

GOUGENOT (Georges), secrét. des command. de S. A. R., M. le Duc. F. s. d'Availly, par. de St Cyr : *Issoudun*, 1721. (r. 451, p. 17.)

GOUGET (Etienne), présidt du grenier à sel de Vierzon, hérit. d'Anne Poussard, *al.* Poussac, sa mère, et aussi de Vincent Gouget et de sa fe

Françoise Poussard. Fief et mét. de Bonnaigle, tenu du Roi à plein fief: *Vierzon*, 1670 *ad* 1684. (*r.* 444, *p.* 2; *r.* 445, *p.* 121, 357, 432.)

GOUGNON (Geneviève), v^e de Henri Beugy, élu en l'Elect. de Bourges, fille de Jaques Gougnon. Moitié du fief de la Moline, par. St Eloy de Giy, l'autre moitié appart. à Hélène Gougnon, sa sœur, v^e d'Ant. Bourdaloue, proc. du Roi au siège de *Mehun-s.-Y.* ; 1669. (*r.* 445, *p.* 52.)

GOUGNON (Jean-Claude), écuyer, Sg. de Bois de Vesure, juge ordin, civil et crim. de la ville de Bourges, héritier de Paul Berault, son aïeul maternel. Rente sur les moulins à blé de *Dun-le-Roi* ; 1671. (*r.* 444, *p.* 58; *r.* 445, *p.* 160.)

GOUGNON (Jean), écuyer, par acquis. de Pierre de Laage, curateur aux success. vacantes de Pierre de la Coste, écuyer, Sg. dud. lieu et d'Anne Gougnon, sa f^e. F. s. de la Greslière, par. de Vouzeron : *Mehun-s.-Y.*, 1710. (*r.* 449, *p.* 35.)

GOUGNON (Sébastien), écuyer, S^r des Minieres, comme hérit. de Vincent de la Rue, lieut. gén. de police à Bourges. Le pré Berthomier, tenu par indivis avec Charles Clément, m^d à Bourges, par. de Luzenay: *Bourges*, 1718, 1724. (*r.* 450, *p.* 44; *r.* 451, *p.* 121.)

GOUJON. Voy. Gouyon.

GOULLAINNE (René de), et Marie Garipault, sa f^e. F. s. de Doignon, par. de Fontaine : *Fontenai-le-Cte*, 1697. (*r.* 436, *p.* 96.)

GOULLARD (Henri), écuyer. T. s. d'Arsay: *Niort*, 1662. (*r.* 433, *p.* 272.)

GOULLARD (René de), Chev., Sg. de la Brussière, *al.* la Brulerie, capit. dans Royal infanterie. F. s. de la Simonnière, par. de Bourneau: *Vouvant*, 1699, 1714. (*r.* 436, *p.* 219 ; *r.* 437, *p.* 263.)

GOULLARD (Aimée), des Landes, v^e de François de Guillon, Chev., Sg. de la Chaux, tutrice de leurs enfans. Rente appel. le Mas de l'Epine, par. de Colonge et de St Cyr au Mont d'Or: *Lyon*, 1717, 1722. (*r.* 496, *p.* 270 ; *r.* 497, *p.* 164.)

GOULLARD (Jaques), Chev., Mis de Vervant, ou Verrant, Bon de Rochereau. T. s. de la Hoguette Chamouillac ; ens. celles de Vignault et de Laudrée, par. des Eglises d'Argenteuil : *Aunay*, *Xaintes*, 1719 *ad* 1731. (*r.* 438, *p.* 403 et suiv. ; *r.* 440, *p.* 49; *r.* 442, *p.* 19.)

GOULLET (Pierre). Office de sergent fayé héréditaire, au ressort de *Baugé* ; 1606. (*r.* 353, *p.* 75 ; *r.* 430, *p.* 7.)

GOURBY (Magdel.) Rente foncière avec dr. de garenne et de chasse, par. de Hérisson : *Dun-le-Roi*, 1713. (*r.* 449, *p.* 121.)

GOURDAIN (Ant.). Fief de Soulemagne : *Marche*, 1669. (*r.* 474, *p.* 315.)

GOURDON (feu Jean). Sa v^e Phil. Terine, tient la Grangerie appel. la Bloerie, ès marches d'Anjou et de Poitou, mouv. de *Montfaucon* ; 1475. (*r.* 333, *p.* 23.)

GOURDON (François), proc. au baill. de Vierzon. Censives de la Folie, par. de *Vierzon* : 1688. (*r.* 447, *p.* 13.)

GOUREAU (N.), Sr de la Proutière. Terre et châtell. de la Roche-Joullain, par. de Feun-en-Soullère : *Anjou*, 1605. (*r.* 352, *p.* 66.)

GOURJAULT (Claude), écuyer, Sr de Bessière. T. s. de Chât.-Neuf et de la Tousche de Bessé, par. de Nitré : *Melle*, 1669, 1677. (*r.* 433, *p.* 1, 137, 138.)

GOURJAULT (Olivier), Chev., S⁵ de Boisdenier. T. s. de Mauprier, al. Mauperier, par. de Pranzay : *Lusignan*, 1677. (*r.* 433, *p.* 2.)

GOURJAULT (Louis), écuyer. Fief de la dîme de Passacq : *Civray*, 1683. (*r.* 435, *p.* 129.)

GOURJAULT (Olivier),écuyer,puis Chev. T. s. de Mauperier ; ens. celles de Chât-Neuf et de la Tousche de Bessé : *Lusignan, Melle*, 1700 *ad* 1720. (*r.* 436, *p.* 372 ; *r.* 438, *p.* 46, 421.)

GOURJAULT (Charles), Chev., Sg. de la Grois. Droits d'échanges honoriques et de prééminences, dans l'étendue de la par. de Thorigné, Elect. de Sᵗ Maixent,qu'il a acq. en vertu de l'Edit du 13 mars 1696, à la charge d'une rente annuelle de 20 s., et d'en fournir aveu et dénombr. : *Poitou*, 1702. (*r.* 437, *p.* 10.)

GOURJAULT (Charles), écuyer, Sg. de Carnay. Herbergegemᵗ de Breuilheu, par. de Caulnay : *Civray*, 1719. (*r.* 438, *p.* 417.)

GOURSSAULT (Jean), chaussetier à *Angoulême*. Rente sur les boucherie de cette ville ; 1520. (*r.* 1405, *p.* 331.)

GOUSSAUT (N.), Chev., Sg. de Thory, obtient lettre de grâce de Louis, Duc de Bourbon, pour les excès par lui commis sur Regnaut de la Monte de Mazères, écuyer ; 1366 ; et transporte au même duc son droit sur les terres qui furent à Gautier Daule ès châtell. de *Hérisson* et *Verneuil* ; 1378. (*r.* 1376, *p.* 2703 ; *r.* 1357, *p.* 381.) *Nᵃ*. Ce dernier, quoiqu'aussi Sg. de Thory, Chev., est pourtant nommé Gontaut.

GOUTE (Jean de la), du Donjon, notaire, pour Jamete, sa fᵉ. Tailles perceptibles au Donjon : *Chaveroche*, 1443. (*r.* 468, *p.* 89.) Non noble.

GOUTTE (Ant.), bourg. de Lyon. Maison et terres appel. d'Ars, par. de Lozane : *Lyon*, 1677. (*r.* 495, *p.* 50.)

GOUTTES (Ant. des), Chev., capit. de vaisseaux. T. s. de Chastel-Perron : *Moulins*, 1688. (*r.* 474, *p.* 699.)

GOUY (Durand), bourg., pour Jeanne, sa fᵉ, fille de feu Pierre de la Monte, écuyer, Sg. de Salis. Moitié de la dîme des clos de Cerilly, en la châtell. de la Bruyère : *Bourb.*, 1444. (*r.* 462, *p.* 263.)

GOUYON (Amaury),Chev.,Cᵗᵉ et Bᵒⁿ de Quentin, cons. du Roi. Baronnie de Nogent à lui échue de Cather. de Champagne sa mère, vᵉ d'Amaury Goyon, Mⁱˢ de la Moussay : *Mans*, 1661. — Henri Gouyon, Chev., son fils ; *Idem* ; 1664, 1671. (*r.* 355, *p.* 7 ; *r.* 356, *p.* 20 ; *r.* 358, *p.* 8.)

GOUYON (Elisabeth-Marie), ép. de Théodore de Beringhen, cons. au parl. de Paris, absent du royaume pour fait de religion. F. s. des Hayes de Partenay : *Vouvant*, 1700 ; vᵉ en 1722. (*r.* 436, *p.* 352 ; *r.* 438, *p.* 481, 483.)

GOUZ, al. Goux (Raoul le), écuyer Sʳ des Bordes. Fiefs, seg. de la Roche Gastevin, et des Gᵈˢ Moulins, par. de Pontigne : *Bauyé*, 1662, 1665. (*r.* 431, *p.* 7, 8.)

GOUZA (Hugues de), autremᵗ dit l'Espicier, bourg. de Cucy. Rentes en grain et partie de dîme en la par. Sᵗ Germain : *Billy, Vichy*, 1395. (*r.* 457, *p.* 93.) Non noble.

GOUZET (Louis de), fils de Charles de Gouzet, écuyer. T. s. de Lauriat, par. de Beaumont : Elect. de *Brioude*, 1670. (*r.* 499, *p.* 771.)

GOUZET (Pierre de), dit de Segne. T. s. de Rocherousse, par. de Marcenai : *Riom*, 1670. (*r.* 499, *p.* 804.)

GOUZOLLE, al. Gozolle (Ant. de), paroiss. de Trebent, à cause de Jeanne Beaucaire, sa f⁰. Hôtel de Boucherolles et dép., dom., dîmes et cens en diverses par. : *Bessay, Bourb., Souvigny, Verneuil,* 1443. (*r.* 459, *p.* 105.) Non noble, et rayé au texte le titre d'écuyer.— Louis de Gozolle. Dom. cens et tailles en la par. de Saucet : *Verneuil,* 1452. (*r.* 459, *p.* 104.)

GOUZOLLE (Gilbert de), écuyer. F. s. de Gouzolle, par. de Perrouze *Chantelle,* 1722. (*r.* 478, *p.* 200.)

GOY (Jaques), bourg. d'Aigueperce, vend à la duch. de *Bourbon,* ses cens et rentes ; 1508. (*r.* 1359, *p.* 722.)

GOY (Gabriel de), écuyer, fils de Charles Goy. Chât. de Didogne, par. de Montiguet : *Gannat,* 1688. — Louis de Goys, écuyer, son fils ; *Idem* ; 1717. — Gilbert de Goy, lieut^t. de vaisseau. F. s. de Begues, par. *id.*, acq. de Jeanne Resnaud, v⁰ de son frère Gabriel de Goy, écuyer, Sg. de Didogne : *Chantelle* ; et, comme tuteur des enfans de Gaspard de Faure, écuyer, Sr de Chasons. La dîme de Breuil, par. St Etienne de *Gannat* ; 1717. (*r.* 474, *p.* 717, 755 ; *r.* 477, *p.* 432, 433, 450.)

GOY (feu Jean). Ses enfans sous la tutelle de Guill. Buglet, huissier royal. Fief de Ferrière, par. de Nerine : *Montluçon,* 1703. (*r.* 476, *p.* 96.)

GOYER (Françoise), v⁰ de Charles Boves, écuyer, Sr de la Noue. Fief de la Pilletiere : *Chât.-du-Loir,* 1609. (*r.* 353, *p.* 42.)

GOYET (Etienne), écuyer. T. s. de Champfeu et de la Ferrière : *Baugé,* 1485. (*r.* 348 *bis, p.* 15.)

GOYONET (Cather.), v⁰ de Pierre de l'Eschalier, Damoiselle. Maison, terres, bois et mouv. ès par. de Salis et *Arcontiaci* : *Forez,* 1338. (*r.* 490, *p.* 3.)

GOYONS (Bernard), à cause de Jeanne, sa f⁰, fille de Bernard de Chantoyr, vendent leur portion de droit au port de Chantor, par. de Cordelle : *Forez,* 1275. (*r.* 1395, *p.* 368.)

GOZARD (Jean), Sg. des Forges. Cens et autres dev. en la par. de Guiurlais : *Hérisson,* 1697. (*r.* 475, *p.* 224.)

GOZARD (Pierre), M^e de pension à Paris. F. s. de la G^{de} Augere, et dîme du Bord en la par. de Bagneux : *Belleperche,* 1719. (*r.* 478, *p.* 29.)

GOZON, Gosum, Gouzon (Guill. Sire de), *Gosomii, de Gosonno,* etc., rend hom. de sa terre à Gui, puis à Archambaud, Sires de Bourbon, et s'oblige à les défendre envers et contre tous : *Montluçon,* 1203, 1242. (*r.* 461, *p.* 164, 252 ; *r.* 462, *p.* 101.) Rel. de lui : Guill. et Pierre Brandon ; Jean de la Garde ; Guill. Malaret, Chevaliers. Jean de Boschaux, Damoiseau.

GRAÇAY (Pierre de), Chev. Hôtel, t. s. de Graçay et de Vaux : *Billy,* 1452. (*r.* 452, *p.* 1.)

GRAILLOT (Cather.) fille de Jean Graillot. Dîme en la par. de Neris : *Montluçon,* 1688. (*r.* 474, *p.* 704.)

GRAILLOT (Joseph-Gilbert), cons. du Roi en l'Elect. de Montluçon, fils de Jean Graillot. Dîme en la par. de Guivrette : 1688. — Jean Graillot, élû en l'Elect. de Moulins. F. s. de Guirette ; 1716 : *Montluçon.* (*r.* 474, *p.* 713 ; *r.* 477, *p.* 195.)

GRAISOLES, aussi Graysoles (Guill. de), Dam. Maison et vigne à Marcilly ; ens. sa maison de St Just en Chavalet, etc. : *Forez,* 1290. (*r.* 492, *p.* 315.)

GRAISOLES (Robert de), Dam., de Chatel ès montagnes, *de Castro in montanis*, dioc. de Clerm. Hospice situé au chât. de St Just en Chavalet; dîmes, cens et rentes, par. St Germain de Laval ; 1331. — Robert de Graysoles, Dam. Maison de St Clément, près le chât. de St Just, cens et tailles; 1334 : *Forez*. (r. 490, p. 193 ; r. 492, p. 249.)

GRAISOLES (Hugues de), Dam. Dom. et mouv. au mandement de St Just ; ens. la terre de Montclavel, partie du bois de Saynart, cens et rentes ès par. de Chavallet et de St Prix : *Forez*, 1333. (r. 490, p. 247 ; r. 494, p. 269.) — Pierre de Graysoles, Chev. ; *Idem*. (r. 490, p. 7.) Voy. Gresoles.

GRAISOLES, *al*. Greysolles (Hugues de), Chev., achète une maison située à St Germain-Laval, sous condition qu'il la tiendra à foi et hom. du Cte de *Forez*, « attendu que comme noble, il ne peut être taillable » comme l'étoit son vendeur roturier, ou être qualifié de rebelle en cas » de résistance aux volontés de son seigneur »; 1347. (r. 1394, p. 85.)

GRANCAY (Robert de), Chev. T. s. d'Alloignet, et prévôté de Couz : *Beaujeu*, 1372. (r. 485, p. 80.)

GRANÇAY (Pierre de), Chev. Sg. de Gracay. Cens sur divers vill., et 4e partie de la dîme de Maupertuis : *Montluçon*, 1452. (r. 461, p. 187.)

GRAND (Jean), à cause d'Antoinette Arnier sa f^e ; Jean Bignon, fils de Ligier Bignon et de Jeanne Cousturier, et Ant. Raveray, fils de Jean Raveray, et de Cather. Mouchon. Domaines ès par. de Cindré et de Perigny; Fief de Villette, par. de Billesois : *Billy*, 1693. (r. 476, p. 46.)

GRAND (J. B. le), écuyer, garde du corps du Roi. Fief de la cour de Pousut, acq. de Marie-Louise de Coustard, v^e de Louis-Joseph Lemenan, écuyer, Sg. des Touches : *Billy*, 1703. (r. 476, p. 108.)

GRAND (Blaise), laboureur, fils de Jean Grand. Moitié du f. et seg. de la Villette, par. de Bellesois : *Billy*, 1717. (r. 477, p. 621.)

GRANDCHAMPT (Marguer. du), v^e de Jean de Lichy, écuyer, S^r des Vignaux, tant pour elle que pour sa sœur Geneviève du Grandchampt, v^e de François de Lichy, écuyer, S^r des Perrats, filles de Marc de Grandchampt, écuyer. T. j. et seg. de Parrigny et de Manneton : St P.-le-Moust., 1677, 1686. (r. 474, p. 346, 630.)

GRANCHIER (Hives). Partie du fief de Routeix. — Ant. Granchier. Fief de Chissat, par. de Gioux.—François Granchier. Fief de la Vedrene et dîmes de St Quentin : *H.-Marche*, 1669, 1684. (r. 474, p. 185, 243, 290, 455.)

GRANCI (Regnaud de), Sg. de Larri, Chev., veut que Guill. de Chattenay tienne en fief d'Eudes, Sire de Bourbon, les revenus de la terre de Charenton, dont il se rend caution : *Ainay*, 1250. (4. 463, p. 53.)

GRANDET (Jeanne), v^e de Guill. Alboit. H. m. et b. justice à usage de Chevalier, cens, rentes et autres dr. au vill. de Noux, Élect. de St Flour : *Murat*, 1669. (r. 499, p. 584 ; r. 502, p. 56.)

GRANDHOMME (René), écuyer, secrét. du Roi. Châtell., t. s. d'Aurille et dom. d'Armenonville, faisant partie de la terre de Giseux, acq. d'Anne-René de Rouxelle, Chev., Mis de Saché, fils de René de Rouxelle, Chev., Cte de la Roche-Millay, et d'Anne de Frezeau : *La Flèche*, 1727. (r. 426, p. 39, 42.) — René-Simon Grandhomme, écuyer, son fils, gentilh. ordin. de la Chamb. du Roi; *Idem* ; ens. la t. et s. du Puits : *Loudun*, 1739. (r. 427, p. 16.)

GRANDRIVE (Jean de), dit de Crepinges. Cens et tailles en la par. de Jomers : *Forez*, 1328. (*r.* 492, *p.* 4.)

GRANDVAL (Armand de), Dam. Hospice de la Boerie ; maison de Granval, dom. et seg. en dép., ès par. de Marcilly, St Bonit et autres ; 1333. — Hugonet de Grandval, Dam., son fils ; *Idem ;* 1345 : *Forez.* (*r.* 490, *p.* 27 ; *r.* 492, *p.* 124.)

GRANET (Pierre), bailli de la ville d'Arlenc, pour Pierre Granet, son père, châtelain de Montravel. Cens et rentes ès par. du bourg d'Arlenc, Ambert et autres : *Issoire,* 1700. (*r.* 506, *p.* 111.)

GRANGE (Girbert de la), paroissien de Serneilles. Maison de Danodere, dom., bois, pêche, tenus en fief lige et franc ; ens. une partie des dîmes de Fontaine, Cindré, Pruneray et Tresail : *Chaveroche,* 1342. (*r.* 468, *p.* 134.) Non noble.

GRANGE (Jean de la), Dam., paroiss. de Montbeugny, *Montbugniaco*, dioc. d'Autun. Tailles en la par. de Chapeaux, et ses immeubles en celle de Longeprée : *Beçay, Moulins, Pougny,* 1357. (*r.* 455, *p.* 182.)

GRANGE (Archambaud de la), Dam. Maison du Pastural, dom. et dr. en dép., par. de Tresail, Thiel et Milli : *Chaveroche, Moulins,* 1344, 1375. (*r.* 455, *p.* 93 ; *r.* 468, *p.* 148.)

GRANGES (Guill. des), écuyer, Sire de Pancy et de Champaien en partie. Ses serfs de Villers-le-Comte, haute m. et b. justice : *Chât.-Chinon,* 1396. (*r.* 469, *p.* 241.)

GRANGE-BARER (Jean de la), à cause de Phil. Paulate, sa f^e. Cens, tailles et 4e partie de terrage au vill. de Bour : *Bourb.,* 1410. (*r.* 464, *p.* 287.) Non noble.

GRANGE (Jean), notaire, paroiss. de Burjat, vend au Duc de Bourbon 1 cartier de bois assis en celui de Remondis ; 1511. (*r.* 1359, *p.* 717.)

GRANGE (Ant. de la), Guill., son frère, et autres de même nom, leurs parens, obtiennent le droit de bourgeoisie en la ville de *Bourbon ;* 1511. (*r.* 1377, *p.* 2323.)

GRANGES (Gabrielle des), v^e de Pierre Vernaison, receveur des consignations au présid. de Riom, tutrice de leurs enfans. Cens et rentes en divers vill. ès par. du bourg d'Arlant, Julianges-le-Chambon et autres : *Riom,* 1669. (*r.* 499, *p.* 657 ; *r.* 505, *p.* 115.)

GRANGE-TRIANON (Louis de la), Chev., cons. au Parl. de Paris, et son ép. Marguer. Martineau. T. s. de Benuys : *Chinon,* 1670. (*r.* 358, *p.* 50.) — Louis-Armand de la Grange-Trianon, Chev. leur fils, et son ép. Marguer. Jolly d'Oudeuil, fille unique de feu Nicolas Jolly d'Oudeuil, cons. au Parl. de Metz, et de Magdel. de Postel Danerue. Châtellenies de Benais en *Anjou,* du Bouchet-Toutteville en *Vendomois,* Oudeuil en *Picardie,* Pisseleu en *Beauvoisis ;* ens. le fief du Moutier près *Beaumont-sur-Oise,* etc. ; 1682. (*r.* 410, *p.* 18.)

GRANGES DE LAGORT (Gabriel-Charles de). F. s. de Pignard, par. de Beceleu : *Partenai,* 1699. (*r.* 436, *p.* 295.)

GRANGE d'Arquin (Louise-Marie de la), sœur de la Reine de Pologne, v^e de François de Béthune, Chev. des Ordres, ambass. extraordin. en Suède et en Pologne, donataire de Louise d'Anereuville. M^{ise} d'Espoises, sa tante. Terre de Montigny-aux-Amongues, h. m. et b. j. : *St P.-le-Moustier,* 1702. (*r.* 476, *p.* 35.) Signe : La Marquise de Béthune.

GRANCHON (Germain), ancien présid^t en l'Elect. de Riom, pour lui et comme tuteur des enfans d'Annet-François Granchon, son frère, lieut. gén. de Randon. Dom. noble et dîme de Vaudot et de la Come, par. de St Pons : *Gannat*, 1720. (*r.* 507, *p.* 241.)

GRANIER (Jaquin), d'une part ; Guill. et Etienne de Chaumiz, paroiss. d'Iseure, d'autre part. Jugem^t arbitral sur des objets médiocres ; 1299. (*r.* 445, *p.* 123.) Jean Granier, fils dud. Jaquin, constitué par Bonne Bayrete, sa mère, hérit. de tous ses biens nobles : *Moulins*, 1334 (*r.* 1359, *p.* 621.)

GRANIER (Marie), v^e d'Alexis Marsault, écuyer, présid^t en l'Elect. de Niort. F. s. de la Fontaine-aux-Aremberg, par. de Chey : *Lusignan*, 1701. (*r.* 436, *p.* 388.)

GRANIER (Paul), S^r de St Aubin. Fief de Bois-Ledet : *Aunay*, 1718. (*r.* 438, *p.* 381.)

GRANT (Mathieu), bâtard de Bourbon, Sg. de Roche-Regnier. Vente à Pierre de la Bessie, m^d à Villefranche en Beaujolois, d'une rente de 300 l. sur lad. terre de Roche-Regnier, revendue l'année suiv. au Duc de Bourbon, moyennant 6000 l. ; 1494. (*r.* 1374, *p.* 2447, 2448.) N^a l'argent à 5 pour cent avant la fin du XVe Siècle.

GRANT (Charles le), Chev., fils de Henri le Grant, écuyer, S^r des Gallois, dem. en son chât. de Courpeteau en *Saintonge*. T. s. de Courpeteau ; ens. les fiefs de la Combe, du Puy et Treuil-au-Gros : *Aunay*, 1679 ad 1688. — Charles le Grant, Chev., son fils ; *idem*, 1705. (*r.* 435, *p.* 13, 91, 94, 238, 317. *r.* 437, *p.* 128, 129.)

GRANZAY (Jaques de), écuyer, Sr de Marigné. Hôtel noble, t. s. de la Groischière : *Chizaye*, 1668. — Jacques de Granzay, écuyer, fils aîné de Jaques de Granzay, écuyer ; *idem* ; et, à cause de sa f^e Marie Brunet. F. s. de la Mothe de Doignen : *Fontenay-le-Cte*, 1670, 1672. (*r.* 433, *p.* 84, 204 ; *r.* 434, *p.* 75.)

GRAONTIER (Perot), paroiss. de Breteuiles, *Bretoliis*, et sa f^e Agnès Piquande, fille de feu Hugon Piquant. Quelques acres de vigne à Montchemin : *Moulins*, 1346. (*r.* 454, *p.* 112.)

GRAS (Jean). Cens et rentes en la par. de Rodenne : *Forez*, 1291. (*r.* 492, *p.* 308.)

GRAS (Charles le). Moitié de la terre de la Bataillerie, par. St Christophe : *Montfaucon*, 1402. (*r.* 350, *p.* 31.)

GRAS (Renée le), Damoiselle. Maison, t. s. de l'Isle : *Loudun*, 1606. (*r.* 352, *p.* 8.)

GRASSAY (Pierre de), Chev. T. s. de Gincay ; autres dom. et mouv., par, de Teneuil et d'Ingrande, avec droit d'usage en la forêt de Tronçay : *Bourb.*, *Hérisson*, *Montbrisson*, 1443, 1452. (*r.* 463, *p.* 132 ; *r.* 464, *p.* 278.)

GRASSAY (N.). Hôtel de Vaux, t. s. en dép. : *Hérisson*, déc. 14... (*r.* 462, *p.* 1.) Manque une partie de la pièce.

GRASSE (Alliette la). Dame de la Regnoulière. Fief en la par. de Remaigne : *Montfaucon*, 1462. (*r.* 333, *p.* 46.)

GRASSET (Henri), écuyer, Sr de Faveray. F. s. d'Hiery, par. de Savigny, de Soye et Onoy : *Bourges*, 1685, 1687. — Louis-Etienne, *al.* Etienne-Louis, Sg. de Faucon. Cather. et Jean-Paul, ses enfans ; *idem*,

1709 ad 1717. (r. 447, p. 210 ; r. 448, p. 196 ; r. 449, p. 77, 238.)

GRASSINS (Jean), de Cordelle-le-Vieux, s'oblige à un cens annuel de 6 deniers envers Guill. du Verdier, Chev. en reconn. de la garde qu'il prend de ses propriétés : *Forez*, 1323. (r. 1395, p. 397.)

GRASSOZ (Guill.), bourg. de Varzy, pour Mahaut, sa f^e. Terre de Vaulsatre, dîme de Poussignet, quelques serfs et parties d'immeubles : *Chât.-Chinon*, 1357, 1362. (r. 470, p. 73, 92.)

GRASTEAU (Pierre), écuyer. T. s. de la Roche-Rigault, à lui échue par le décès de sa mère, Marie de la Haye : *Loudun*, 1548. (r. 351, p. 2.)

GRAT (Guill.) paroiss. de Beçay. Censives à Chemilly : *Beçay*, 1411. (r. 455, p. 157.)

GRATAN (Gabriel de), écuyer. T. s. de Beauvoir, cens, rentes : *Gueret*, 1506. (r. 452, p. 334.)

GRAUGEOT (Pierre). Emplacem^t en la ville de *Chât.-Ceaux*, 1479. (r. 332, p. 127.)

GRAULERIE (Bernard), Chev. Maison de Graulérie, terres, bois, cens et tailles : *Thiern.*, 1334. (r. 490, p. 22.)

GRAULIER (Guill.), prêtre et Ant. son neveu, bourg. de Gannat. Tour sise près l'église de Ste Croix de Gannat ; moitié de l'étang de St Priest ; portions de dîmes, cens et rentes : *Gannat*, 1443 (r. 458, p. 174.) Non nobles.

GRAVEL (Seguin), fils de Jean Gravel. Terres et prés ès par. de Veroz et Oroux, tenus en fief ligne : *Germigny*, 1301. (r. 465, p. 240.)

GRAVEREUS (André), s'avoue homme taillable et exploitable une fois par an, du Sire de *Bourbon*, sous peine de perdre ses héritages s'il se retiroit de dessous lui ; 1264. (r. 1377, p. 2799.)

GRAVES (Phil. de). Fief de la Dallerie, au bourg de Latus : *Monmorillon*, 1683. (r. 435, p. 126, 323.)

GRAVIER (Hugonin), bourg. de Jaligny, et Alips, sa f^e, fille de Guill. Morvent. Terres, prés et tailles avec la huitième partie de la dîme appel. Benissons-Dieu, par. de Tresail : *Chaveroche*, 1411. (r. 468, p. 352.)

GRAVIÈRES (Girard de), *de Graveriis*, Dam. Hôtel de Gravières, dom. et dr. en dép. à Vorox, *Vorotio* : *Billy*, 1322, 1350. (r. 456, p. 155, 156.)

GRAVIÈRES (Guill. de), Dam., et Marguer. son ép. Dom. et mouv. ès par. de Coutigny et de la Ferté-aux-Moines : *Verneuil*, 1342. (r. 460, p. 243.)

GRAVIERES (Girard, al. Girardin de), Dam., pour Bellote de la Mote, son ép. Huitième partie de la dîme de Sanciet, et menus cens : *Verneuil*, 1350 ad 1377. (r. 460, p. 231, 232, 234, 263.)

GRAVILLE (Marie de), v^e de Louis de Cleremont, Chev., Chambel. du Duc d'Anjou. T. s. de Cleremont et du G^d Montreveau : *Anjou*, 1477. (r. 1343, p. 88.)

GRAVILLE (Louis, Sg. de), Amiral de France, comme bail de Louis, Charles et Louise de Vendosme, enfans mineurs de Jaques de Vendosme, Vidame de Chartres, et de Louise de Graville. T. s. de Lassay et de la Chastre-sur-le-Loir : *Mans*, 1508. (r. 348 bis, p. 15.)

GRAZAY (Jean de), écuyer, fils de feu Guill., écuyer, et sa mère Guillemette Darqueue, tiennent l'herbergem^t de Vaulx : *Chât.-du-Loir*, 1405. (r. 344, p. 58, 118.)

GRAZON (Sébastien), Sr de la Tramblaire. Pré appel. Carré, par. St Cyr : *Issoudun*, 1711, 1717. (*r.* 449, *p.* 57, 268.)

GRÉ (René de la), lieut. gén. de Longeais, fils de René, aussi lieut. gén. T. s. des Bords et Tillay, par. de Couzon et d'Augy: *Bourb.*, 1737. (*r.* 481, *p.* 197.)

GREAUME (René de), écuyer, Sr de la Couté, hérit. de feu René de Vangel, écuyer, Sr de Verney. T. s. de Bernardière : *Maubergeon*, 1669. (*r.* 433, *p.* 163.)

GREAUME (Gabriel de), Chev. F. s. de Clerbaudières, par. de Paizay-le-Sec : *Monmorillon*, 1696, 1716. (*r.* 436, *p.* 48 ; *r.* 438, *p.* 163.)

GRECZES (feu Claude-François, S^r de). Sa t. et seg. de Grezes, par. d'Aignat, saisie par Jean Combes, son créancier, proc. en la Sénéch. de *Riom* ; 1670. (*r.* 499, *p.* 708.)

GREEN (Hélène), de St Marsault, v^e d'Olivier Gourjault, Chev., Sg. de Bois de Vers. T. s. de Mauprier : *Lusignan*, 1681. (*r.* 435, *p.* 110.)

GREEN (François-Louis, *al.* Louis-François), de St Marsault, Chev., Bon de Chatel-l'Allion. F. s. de la Salle d'Aytre : *La Rochelle*, 1728, 1734. (*r.* 441, *p.* 44.)

GREEN (André) de St Marsaud, Chev. Sg. de Salignac, Baronnie de Courpignac : *Xaintes*, 1739. (*r.* 442, *p.* 40.)

GREFFUELLE (Hélis de), veuve de Rigaud Maursieyras, et Pierre, leur fils, Dam. Droits seig., sur les mas de Guolagordo, Bassynhac et autres ; dom. et devoirs ès par. de Payrat, de Salenac et au chât. de Mont d'or, *de Monte aurato* : *Carlat*, 1329. (*r.* 472, *p.* 121.)

GREGIO (Etienne de), et Guillete, sa f^e, v^e de Johannet de Quincie, vendent à Etienne Banczan et Barthélemi, son fils, un bois appel. le Challin, terres et cens en la par. de Quincie : *Beaujeu*, 1310. (*r.* 1390, *p.* 424.)

GRÉGOIRE (Claudine de), des Gardies, v^e et héritière de Louis de Bessujoule de Rocquelaure. Chât., t. s. de Montchausson et autres lieux, par. de Faveyrolles : *Riom*, 1669. (*r.* 499, *p.* 592.)

GRELLET (Barthelemy), habitant de la ville d'Alegre, pour Marguer. Bigot, sa f^e, héritière de Gabrielle Soret, sa fille, et de feu Jean Soret, son premier mari, religieuse professe. Dom. en toute justice, au vill. de Liouzargues, par. de Ruffiat : Elect. de St *Flour* ; 1684. (*r.* 503, *p.* 327.)

GRELLIER (Phil.), écuyer, Sr de Fougerou, à cause de sa f^e, Marie Robert, fille aînée d'André Robert, écuyer, Sr de Gauvert, qui était fils d'Etienne Robert, écuyer. T. s. du Puy-Bernier, et fief de Chauvet, par. de Longesve et de Rochat : *Fontenay-le-Cte*, 1668, 1687. (*r.* 433, *p.* 191 ; *r.* 435, *p.* 203, 204.) — Robert Grellier, écuyer, Sr de la Jousseliniere, *Idem* ; 1609 *ad* 1723. (*r.* 437, *p.* 159, 160, 301, 302, 324, 325 ; *r.* 438, *p.* 174, 175.)

GRENEST (Cornu du), Valet. Dîme, cens et rentes au vill. de St Quentin : *Loches*, 1319. (*r.* 432, *p.* 37.)

GRENIER (Guill.). Vente à Jaques, son frère, des cens qu'il perçoit à *Moulins* ; 1292. (*r.* 455, *p.* 21.)

GRENIER (Paule), Dam., à cause de Cather., sa f^e. T. s. d'Arengy, à elle échue par le décès de son frère Philib. de Blins, *de Blinis*, par. de *Germigny* ; 1389. (*r.* 465, *p.* 245.)

GRENIER (Guill.), écuyer. Hôtel de la Mote et dép., par. de Chappeaulx, par lui tenu en viage d'Ysabeau de la Fourest, f⁰ de Guyot de Chevenes ; cens, rentes et tailles ès par. d'Iseure, St Symphorien et autres : *Germigny, Moulins*, 1435, 1443. (*r*. 454, *p*. 242 ; *r*. 465, *p*. 243.)

GRENIER (René du), Chev., B^{on} d'Olleron, fils de René du Grenier et de Louise le Coeur. T. s. de Montescoublé, et fief de la Fresnaye : *Chât.-du-Loir* ; et, à cause d'Anne de Maillé, sa f^e, la t. et seg. de Chât.-Senechal ; ens. la seg. des par. de Verox et de St Germain : *La Flèche*, 1667, 1670. (*r*. 357, *p*. 17 ; *r*. 358, *p*. 44.) — Anne de Maillé, séparée de biens d'avec lui, rend aveu de ses terres, mouv. de *Belleme, Mans* et *Sonnois* ; 1687, 1690. (*r*. 421, *p*. 35 et suiv.)

GRENIER (Henri de), écuyer, fils de Henri de Grenier, Chev., et de Cather. de Lorn, *al*. Corn. Moitié de la t. et seg. de Pleaux (Voy. Rillac), consistant en un vieux chât. avec ses tours, girouettes, dom. et dr. honorif. ès par. de Pleaux, Arnac, Tourniat-St Sernin et autres ; 1669. (*r*. 499, *p*. 86, 88 ; *r*. 502, *p*. 144.) — Christophe de Grenier, Chev., Sg., de Cosniac, son frère, mari de Marguer. de Couesson, *al*. Coursson, *al*. Curson, donataire de Gabriel de Veilhan de Pinacol, écuyer, Sg. de Faumonteil, de Cambon et autres, par. de Jussat, St Martin, Valeix, St Sernin, etc., en la baron. de Crevecoeur ; *Riom*, 1684, 1687. (*r*. 503, *p*. 269, 270, 567, 568 ; *r*. 505, *p*. 55.) — Marie de Grenier, sa fille, et de Marguer. Curson, v^e de Jean-Jaques de Pouzols, Chev., Bon de la Garrigue. Chât., t. s. de Faumonteil et de Cambon, etc. ; 1722. (*r*. 508, *p*. 11, 13.)

GRENIER (Louis de), Chev., fils de Henri de Grenier, résid. en son chât. de Regheaud, époux de Marie-Françoise de Montclard. T. s. de Pleaux, Anglard, Longevergne et autres ; et pour Marie-Bonaventure de Montclard-Montbrun, Ctesse de St Project de Quercy, v^e de Joseph de la Font, Cte de St Project, fille de feu Jean-Charles de Montclard. Chât., t. s. de Montbrun, par. de Meallet : *Aurillac, St Flour*, 1722. (*r*. 508, *p*. 10.)

GRESOLES (Hugues de), Dam. Maison, terres, bois, garenne, étang et dev. ès par de Tresail, de Sorbers de Varenne sur Tesche, et autres : *Chaveroche*, 1301. (*r*. 468, *p*. 203.)

GRESOLLES (Hugonin de), Chev. Moitié des maison, f. s. de Sercie, *al*. Sercy ; 1334, 1355. — Hugues de Grossolles, Chev., pour Béatrix d'Espinace, son ép. Maison de Sercy, dom., bois et justice ; 1357 : *Beaujeu*. (*r*. 489, *p*. 44, 92, 94.)

GRESOLLES (Ant. de), fils d'Ant.-Alexandre de Gresolles, Chev. Chât., t. s. d'Aix, par. St Martin de Sauveté : *Forez*, 1731. (*r*. 498, *p*. 245.)

GRESSEAU (André), écuyer, Sg. de St Benoit. Fief du petit bailliage de Chaignollet : *La Rochelle*, 1717. (*r*. 439, *p*. 53.)

GRESSIVEL (Guill. de), Dam., vend à Jean du Châtelet-Lombard, les cens, usages et franc-alleux qu'il tient au chât. de Suyry : *Forez*, 1324, (*r*. 1392, *p*. 743.)

GREYGNONS (Hugues), Dam., pour Béatrix, sa f^o, v^e de Perraud de Serchaut. Menus cens percept. à St Germain : *Forez*, 1322. (*r*. 490, *p*. 152.)

GREYSOLAS (feu Foucher de), Dam. Sa v^e Alise, tient dans sa mouv. un courtil en la par. d'Arcousac : *Thiers*, 1304. (*r*. 472, *p*. 62.)

GREZILLE (Geofroy de la), Chev., à cause de Jeanne, sa f^e. Chât., t. seg. de la Grezille : *Saumur*, 1343, 1406. (*r*. 344, *p*. 87, 129 ; *r*. 341, *p*. 109.). Tiennent de lui : Jean de Benezay, Jean de Chaurée, Chevaliers.

GREZILLE (Jean de la), Chev., Gilles de la Grezille, écuyer. Herbergement de Puyraveau: *Mirebeau*, 1376 ad 1468. (*r.* 330, *p.* 89 ; *r.* 331, *p.* 30, 31.)

GRIFAUD (Pierre), de Donjon. Moitié des dîmes de la Chenale, *de Canali*, par. du Pin, *de Pignu: Moulins*, 1398. (*r.* 455, *p.* 122.)

GRIFFET (Gilbert), pour lui et Jean Griffet, son oncle. Dom., dîmes, cens et rentes : *Billy, Moulins*, 1506. (*r.* 452, *p.* 133.)

GRIFFIER (Hugues, Sire de), *Grifferio*. Terrage et bois de Valayau, et autres possess., vers St Bonit et sous Croizet : *Forez*, 1290, 1294. (*r.* 491, *p.* 170; *r.* 493, *p.* 126.)

GRIFFIER (Jean de), *al.* Grifferie, Chev. Chât, t. s. de Griffier ; ens. l'hôtel fort et dép. de la Palice: *Billy*, 1353, 1358. (*r.* 455, *p.* 284, 286 ; *r.* 456, *p.* 133. Rel. de lui : Père Bollier ; Eustache de Chappes, *de Capis*; Jean de Chasteluz ; Guill. Flote, Sg. de Renel ; Jean de Morac ; Jean Tays, Chevaliers. — Gui du Bosc ; Hodin et Tichon de Glene ; Jean de Montpallein; Pierre Piquet ; Guill. de la Tour ; Pierre de Villers, Damoiseaux.

GRIFFON (François), lieut. crim. au présid. de La Rochelle. F. s. de Romagné, par. St Xandre : *La Rochelle*, 1741. (*r.* 442, *p.* 51.)

GRIGNON (Guill.), receveur des aides à Angers, vend ses maisons d'*Angers* avec une métairie en la forêt de Monnoys ; 1455. (*r.* 329 *bis*, *p.* 118.)

GRIMAUD (Eldin et Pierre), Cens et tailles sur divers tènemens assis vers Croset : *Forez*, 1261. (*r.* 493 *bis*, *p.* 47.)

GRIMAUT (Guelfers). Droits sur les tènemens de Guill. Alart et d'Alamonterseri: *Forez*, 1290. (*r.* 491, *p.* 272.)

GRIMAUT (Regnaut), dit de Donge, Valet. Herbergement sis au territ. de Luche : *Mirebeau*, 1368, 1389. (*r.* 329, *p.* 32, 33.)

GRIMAUT (Olivier), Valet. Hôtel de la Venderie et dép.; ens. celui du Lison ; 1435, 1441. (*r.* 329, *p.* 16 ; *r.* 331, *p.* 17.) — François Grimaut, écuyer; *Idem*; par. de Boussageau: *Mirebeau*, 1473. (*r.* 329, *p.* 15 ; *r.* 331, *p.* 65.)

GRIMAUT (Pierre), Chev., pour Guillemette du Bucay, sa f^e. Hôtel de Goheliere et dép.: *Montfaucon*, 1450. (*r.* 333, *p.* 5.)

GRIMAUT (Jean), de Mournay. Herbergement au vill. de Mournay, par. de Mazueil, appel. l'hôtel Jean-Aguillon: *Mirebeau*, 1466. (*r.* 329, *p.* 33.)

GRIMAUT (Nicolas), lieut. gén. au baill. et duché-pairie de Montpensier, comme administrateur des biens d'Ant. son fils, de Marie Bernard, son ép., fille de Gilbert Bernard ; ens. de Quintienne Bernard, f^e de François Montanier, proc. fiscal au même baill. T. s. de Brauards et du Pouyet : *Gannat*, 1730. (*r.* 510, *p.* 61.)

GRIMOUARD (Jaques), Chev., fils aîné de Géofroy Grimouard, Chev. T. s. du Perré et de la Bauge, par. de Coullanges et de St Gelais : *Maubergeon*, 1670. (*r.* 433, *p.* 117 ; *r.* 434, *p.* 68, 69.) — Jaquet-Joseph Grimouard, Chev. ; *Idem* ; 1682. (435, *p.* 47.)

GRIMOUARD (J. B.), écuyer, Sg. de St Laurent. F. s. de Puissecque et de Grissay, autrement dit des deux Seigneurs ; et, comme principal hérit. de Henri Ricard, écuyer, Sg. de la Touche-Moreau. T. s. de Guignefolle : *Fontenay-le-Cte, Vouvant*, 1702 ad 1719. (*r.* 437, *p.* 19, 20 ; *r.* 438, *p.* 200, 201, 406.) — Henri Grimouard, Chev., Sg. de la Loge, son fils ; *Idem*; 1727. (*r.* 438, *p.* 576 et suiv.)

GRIMOUARD (Jean), écuyer, S^r de St Laurent, fils de Jean Grimouard, écuyer, Sr de Villefort. Terrage de la Fouchinieres, ès par. de Bouildroux, Bourneau et St Cyr des Gatz : *Vouvant*, 1721. (*r*. 438, *p*. 440.)

GRIPPEL (Jean du), écuyer, Sg. de la Landelle, pour Magdel. de Bailleul, sa f^e, fille de Joachim de Bailleul, Chev., et héritière de Jean, son frère. Châtell., t. s. de Gorron : *Mans*, 1505. (*r*. 343, *p*. 62 ; *r*. 348 *bis*, *p*. 5.)

GRISLONS (Symonin), Sire de Froydefont, écuyer, et Marguer., sa f^e. Moitié de la terre de Laugere sous Belleperche ; moulin de Laleuf, terres, cens et tailles : *Belleperche*, 1357. (*r*. 465, *p*. 143.)

GRISSONET (Cather.), v^e de Guill. Champauere, m^e ouvrier en draps de soie. Maison à *Lyon* ; 1721. (*r*. 497, *p*. 84, 93.)

GRIVEAU (Etienne), *Grevelli*, Dam. Cinq chesaulx, terres, prés, bois, terrage : *Germigny*, 1351. (*r*. 466, *p*. 69.) Voy. Gruel.

GRIVEAU (Jean), Dam., fils de feu Perreaul, al. Perele Griveau, al. Gruel. Maison forte, dom. et seg. de Veroz ; 1354, 1357.—Jean Griveau, Chev. T. s. de Gressesoue, al. Grossesolve, de Montel, Mornay et arr. fiefs ; 1378, 1419. — Jean Griveaul (écrit : Gruteaul). Même t. et seg. ; 1443. — Claude Griveau, écuyer ; *Idem* ; 1506 : *Bourbon, Gannat, Germigny, Pouzy*. (*r*. 452, *p*. 62 ; *r*. 465, *p*. 234, 273, 296, 319 ; *r*. 466, *p*. 78.)

GRIVELLE (Claude de). Chev. Cte d'Ourouer, héritier d'Anne de Gamache, f^e de Hubert de Grivelle, Chev. F. s. d'Azieres et de Puisausseloux : *Dun-le-Roi*, 1676. (*r*. 445, *p*. 261 ; *r*. 446, *p*. 27.) — Paul de Grivelle, Chev., Cte d'Orouer, Bon de la Grange, Croisy, Coudray, etc. ; *Idem* ; 1699 *ad* 1715. (*r*. 447, *p*. 224 ; *r*. 448, *p*. 148 ; *r*. 449, *p*. 82, 198.)

GRIVILLIAS (Perronet), dit Cosin, paroiss. de St Symphorien près St Romain, et Guicharde, sa f^e, vendent à Pierre de Montverdun, chan. de Mâcon, un pré appel. En-Foras : *Beaujeu*, 1321. (*r*. 1389, *p*. 263.)

GRIZARD (Benoit), m^d. F. s. du Courdin, par. et châtell. de *Souvigny* ; 1714, 1722. (*r*. 477, *p*. 107 ; *r*. 478, *p*. 259.)

GRIZOLES (Hugues de), Dam. T. s. ès par. de Sorbers, de Tyon, et de Varennes-sur-Tesche : *Chaveroche*, 1301. (*r*. 468, *p*. 76.)

GRIZOLES (Robert de), *de Grisoliis*, Dam., à cause de Béatrix, son ép., fille de Jean de Villefort, Dam. Maison, t. s. de Nohall, par. de Magnat, *Manhiaci* : *Billy*, 1350. (*r*. 457, *p*. 23.)

GROGNET, al. Grouhet (Girbert), bourg. de St Porcian, fils de feu Pierre Grouhet. Cens et rentes à Chenillat : *Chantelle*, 1355. (*r*. 458, *p*. 319.)

GROIGNON (Guill., Hugues, Guichard, Richard), Dam., frères. Maisons, dom., dîmes, cens et rentes ès par. de Leucigny, Villemonteys, Renaison et St Habund : *Forez*, 1321 *ad* 1336. (*r*. 490, *p*. 254 ; *r*. 491, *p*. 4 ; *r*. 492, *p*. 190 ; *r*. 493, *p*. 28 ; *r*. 493 *bis*, *p*. 4, 7.)

GROIGNON (Hugonin), Dam., et Béatrix de Villon, son ép., vendent à Jean Cte de *Forez*, divers cens et rentes percept. à St Germain-le-Val ; 1330. (*r*. 1395, *p*. 242.)

GROIGNON (Guillemet), Dam. Cens, rentes et dr. ès par. de Villemonteys et de Coutigny : *Forez*, 1336. (*r*. 491, *p*. 101.)

GROIN (Ant. le), Chev. Sg. de Villebosche, Six tonnes et demi de vin, ou 9 l. 15 s. tour. (32 s. la tonne), sur la dîme de Teil et du Rodier, par.

de Lavaul, près la riv. de Cher : *Montluçon*, 1497. (r. 464, p. 312 ; r. 484, p. 109.)

GROIN (Jean le), écuyer. T. s. de Reculat : *Hérisson*, 1506. (r. 453, p. 98.)

GROIN (Joseph le), Chev., Sg. de Villebouche, gentilh. ordin. de la chamb. du Roi. Fief de Reculat, par. de Tregnat ; 1684. — Jaques le Groin, son fils ; 1693. — J. B. le Groin, écuyer, fils de celui-ci. T. s. de Tregnat, Reculat et le Bouis, par. de Tregnat ; 1723 : *Hérisson*. Et, comme mari de Thérèse de Courtais, fille de Gilbert de Courtais, Sg. de la Guierche, brigadier des armées. T. s. de Montebras, par. de Joumaut, de la Guierche, par. de Cosne, et deux parties de dîme en la par. de Quinssaine ; 1736 : *Montluçon*. (r. 474, p. 435 ; r. 475, p. 109 ; r. 478, p. 448 ; r. 484, p. 97, 101, 205.)

GROIN (Joseph le), écuyer, fils de Charles le Groin. F. s. de Romagere, par. St Saulvier, acq. de Jean de Tillac, Sg. de St Paul, Bon de Boussac, et de Henriette-Magdeleine des Grillets son ép. : *Hérisson*, 1669 ad 1695. (r. 445, p. 46 ; r. 446, p. 4 ; r. 474, p. 667 ; r. 476, p. 62.) — Louis le Groin, écuyer, capit. d'infanterie, et ses frères Charles-Sylvain et Joseph, enfans dud. Joseph le Groin ; *Idem* ; 1711, 1717. (r. 477, p. 3, 615.)

GROIN (Gilbert le), Chev. et Charles, son frère, capit. au rég. de Royal-Comtois, héritiers de Joseph le Groin. T. s. de St Saunier : *Issoudun*, 1711, 1725. (r. 449, p. 60 ; r. 454, p. 459.)

GROIN (François le), écuyer, fils de Jean le Groin, écuyer, Sg. de Chalus. T. s. de la Maison Neufve, par. de Landoigne : *Riom*, 1670. (r. 499, p. 733.) Signe : Maison Neufve. — Emmanuel le Groin, Chev., son fils et pour lui ; *Idem* ; 1683. (r. 503, p. 91.) — Gilbert le Groin, Chev., comme hérit. de Marguer. de la Richardie, sa gd mère, ve de François le Groin, Chev. Même t. et seg. ; ens. le dom. de la Gorsse ; 1717. (r. 505, p. 205.)

GROIN (Appollonie le), abbesse de St Pierre de Beaumont ; 1671. (r. 499, p. 818.)

GROIN (Jean le). F. s. de la Forest Chassemay, al. Chazemay, par. de même nom : *Hérisson*, 1717 ; par lui vendu à Gilbert le Groin, écuyer, Sg. de St Saunier et de Monroy : 1721. (r. 477, p. 341 ; r. 478, p. 153.)

GROLÉE (Eléonore de), rend hom. du Chât. d'Ay, sis près d'Annonay, à Phil. de Levis, Sg. de Villars ; 1335. (r. 1402, p. 1248.)

GROLÉE (Guill. de), Chev., Sg. de Noyreu, vend à Ysabeau de Harcourt divers cens et rentes sur le manoir de Myngotz, que tient le Sg. de Peramala en *Beaujolois* ; 1398, 1412. (r. 1389, p. 194 ; r. 1392, p. 646.)

GROLÉE (Antonie de), ve de noble Gilet Richard, Sg. de St Priest, tutrice d'Antoine leur fils. Dom. et h. j. des Vaulx : *Beaujeu*, 1460. (r. 486, p. 69.)

GROLÉE (Aymard de), Dam., Sg. de Bressieu en Dauphiné. Chât. fort, t. s. de Juys, al. des Juifs, près d'Amberieu : *Beaujeu*, 1467, 1476. (r. 487, p. 14 ; r. 1361, p. 909.)

GROLERIE (Bernard de), Chev. Hospice de Grolerie, dom., bois, pêche, cens et rentes, par. et châtell. de *Thiern.* ; 1335, (r. 472, p. 13.)

GROS (Jocerand), *Grossus*, Sire de Bracedon, al. Brancion, mari de

Marguer., fille du Sire Gautier de Salins, sœur (demie) d'Archambaud de *Bourbon*, se fait homme lige de celui-ci, et lui donne quittance de 1300 liv. de Provence ; 1221. (*r*. 1355, *p*. 55 ; *r*. 1377, *p*. 2764.)

GROS (Guill.). Moitié d'objets et dr. assis à St Habund et sur la terre de la Valée en Charolois : *Forez*, 1290. (*r*. 493, *p*. 127.)

GROS (Roland), homme d'armes : *armiger*. Divers cens à lui dus ès par. de Cordelle, de St Paul et de St Morice en Roannois ; 1304. (*r*. 1395, *p*. 395.)

GROS (Jean), fils de feu Etienne Gros, bourg. de Montbrisson. Arrangem^t avec le Cte de Forez, au sujet d'une maison sise à *Montbrisson* ; 1323. (*r*. 1395, *p*. 292.)

GROS (Etienne), Dam. Maison et dép. à Ligone, mouv. de l'év. de *Clerm*. ; 1330. (*r*. 1359, *p*. 644.)

GROS (Guill.) de Croset, prêtre, et Guill. Gros, clerc, enfans de feu Tachon Gros, et de Marguer. Etang appel. Chantemerle, terres et prés environnans, par. de Torzy: *Forez*, 1411, 1413. (*r*. 494, *p*. 117, 118).

GROS (Charles le), Sg. du Bouchet et de la Bourelière, fils de Charles, et frère de Françoise le Gros, v^e de Jean Bragelongue, M^e des requêtes ordin. de l'hôtel. Fiefs de Princé et de la Bourrelière, Beaufort en Vallée : *Anjou*, 1669. (*r*. 358, *p*. 87.)

GROS (J. B. Joseph le), garde du Roi en la prévoté de son hôtel, et Antoinette Menard, sa f^e. Maison, dom., cens et rentes de Charnes, par. de Marigny : *Bourb*., 1696. (*r*. 475, *p*. 180.)

GROS (Charles le), écuyer, Sg. du Bouchet et de Princé, commis. des guerres en Bret., à cause de Françoise-Denise Garnier, sa f^e. hérit. de Françoise Garnier, v^e de Pierre de la Chapelle, écuyer, profess. en droit à l'université de Bourges. Dîme et terre en la par. de Bery : *Mehun-sur-Y.*, 1712. (*r*. 449, *p*. 101.)

GROS (Frédéric). Une boutique en la Boucherie des Terreaux à *Lyon* ; 1720. — Gabriel Gros, son fils ; *Idem* ; 1733. (*r*. 497, *p*. 41, 57 ; *r*. 810, *p*. 45.)

GROSBOIS (Robert de), Sg. de l'Estang, de *Stanno*, ou d'Estain. T. s. de l'Estang et autres : *Hérisson, Montluçon*, 1301. (*r*. 461, *p*. 94.) Rel. de lui : Guill. *de Agia*, et Roger son frère ; Pierre Jarriga, *al*. Garriga, Chevaliers. — Jean Mauvaizin ; Hibaud *de Agriis*, Damoiseaux.

GROSBOIS (Cather. de), fille de feu Perrin Vigier, de Verneuil. Maison, grange, garenne, terres, bois, moulin, dîmes et tailles, excepté ce qu'elle tient de Hugues de Bos, Dam., en la par. de Mellars : *Verneuil*, 1322, (*r*. 460, *p*. 260.)

GROSBOIS, *al*. Grosbox (Mathieu), Dam. T. s. de l'Etang, dîme de St Angel ; ens. ses serfs de la Buxerole, de Grosbos, de Puychabrier et autres lieux : *Hérisson, Montluçon, Murat*, 1350. (*r*. 461, *p*. 264.) Rel. de lui : Guill. de Bleaume ; Jean de Bout-Ermenoux ; Perrin de Cortix ; Jean le Groing ; Perrin de Jarrege ; Jean et Guill. de Lage ; Pierre de la Sale ; Guill. de Valelles ; Pierre de Vazelles ; Perrin de Versat, Damoiseaux.

GROSJEAN (Pierre), Sr de Vilaines, av. en parl., fils de feu Philib. Grosjean, et de Françoise Voiland. Fief de Ferriere, par. de Chalman : *St Pierre-le-Moust*., 1686. (*r*. 474, *p*. 625.)

GROSLOU (Ysabelle, v^e de Jean de), tutrice d'Ysabelle, leur fille. Hôtel et ses appart. sis à Grolou, possédés par indivis avec Perrot de Grolou : *Moulins*, 1353. (*r.* 454, *p.* 75, 143.)

GROSLOUP (Jean de). Terres, prés cens et rentes en la par. d'Octovernins, et à Varennes-sur-Tesche et sur Allier ; 1367. Pierre et Etienne, ses enfans ; *idem* ; ens. la Maison de Beaudeduit, par. de Tresail, etc. ; 1378. — Pierre de Grosloup, prêtre. Maison de Grosloup, terres, prés, bois et pêche; 1411 : *Chaveroche*. (*r.* 467, *p.* 287 ; *r.* 468, *p.* 43.) Non nobles.

GROSSIN (Adenet), écuyer, fils d'Etienne Grossin et de Jeanne d'Espineux. Terre de Lavau et les apparten. de Court de Chevreny : *Amboise*, 1410. (*r.* 432, *p.* 91.)

GROSSOLLES. Voy. Gresolles.

GROSYEUX, aussi Grosieux et Groseaux (Guill.), écuyer, fils de feu Jean Grosyeux et de Marie de la Porte, Damoiselle ; 1427. — Gilbert Grosyeux, écuyer; 1444, 1488. Hôtel, t. s. de Pontcharraud : *Ainay*. (*r.* 462, *p.* 352; *r.* 463, *p.* 13, 28 ; *r.* 484, *p.* 34, 41.)

GROUX (Louis le), écuyer, Sg. de Mernay et de la Blanchardière, tient du chef de sa f^e Martine Quantine, le fief des Landes d'Auverse : *Baugé*, 1444. (*r.* 342, *p.* 40 ; *r.* 347, *p.* 48.)

GROUYNT (Gabriel le), écuyer, S^r d'Herculat, veuf de Susanne d'Assy. F. s. du Pleix-Jolyet, par. de Lourdoir-St-Michel : *H.-Marche*, 1669. (*r.* 474, *p.* 198.)

GROYS (Pierre des). Rente sur l'une des sergenteries fayées de *Baugé* ; 1457. (*r.* 342, *p.* 50.)

GRUAZ (Michelet). Un pré et cens tenus de *Moulins* ; 1358. (*r.* 454, *p.* 93.)

GRUEL (Jean), *Gruelli*, de Germigny, Dam. La Grange de la Furestille, dom., bois, terrage et cens ès par. de Veros, de la Chapelle-Hugon et de *Germigny* ; 1310. (*r.* 465, *p.* 328.) Voy. Griveau.

GRUEL (Jean), paroiss. de Milli, notaire. Rentes percept. au territ. de la Magnence, et en la par. de Montcombroux : *Chaveroche, Moulins*, 1399. (*r.* 468, *p.* 190.) Non noble.

GRUEL (Pierre), dit Joyart, pour lui et Jean Gruel, son oncle. Dom. appel. le Péage, cens, rentes, et autres dev. : *Moulins*, 1505. (*r.* 453, *p.* 142.)

GRUENTEL (Jean), fils de Jean Gruentel, paroiss. de Montcombroux. Les baillies de Blocenges, d'Arbon et de Bosmien. Présens Jean et Guill. Cho, Dam. : *Chaveroche*, 1341. (*r.* 468, *p.* 166.)

GRUET, probablement le même que Gruel (Jaquet), pour lui et Pierre, son frère. Diverses pièces de terre en la par. de Digoin : *Moulins*, 1411. (*r.* 454, *p.* 58.) Non noble.

GRUET (Bartholomée). Tènement composé de dom., maisons, bois, etc., au vill. du Péage, par. de Digoin : *Moulins*, 1445. (*r.* 454, *p.* 174.) Non noble.

GRUET (Jean), écuyer, Berthomier Gruet, son oncle, père de Jean Gruet, et Jean Daval, son gendre. Maison du Péage, métairie du Colombier et garenne de Putay, par. de Digoin : *Moulins*, 1488, 1505, 1506. (*r.* 454, *p.* 4 et suiv.; *r.* 484, *p.* 85.)

GRUTEL, *al.* Gruetel (Guill.), paroiss. de Montcombroux, Dam. Deux maisons, terres, bois, étangs, dîmes et rentes, ès par. de Sorbers et de Montcombroux : *Chaveroche,* 1375. (r. 468, p. 346.)

GRUTEAUL. Voy. Griveau.

GRUTHUZE (Jean de la), Chev., Sg. de Usse, Chambell. du Duc d'Anjou, pour Renée du Bueil, sa f^e, fille du Sg. de Bueil, Cte de Sancerre. T. s. de Faye-la-Vineuse-Puyrenon, et partie de celle de Seneche : *Mirebeau,* 1480. (r. 1343, p. 229.)

GRYE (Achille-François de la), écuyer, gendarme de la garde du Roi. F. s. de la Bruyère, par. de Barray : *Chaveroche,* 1717. (r. 477, p. 395.)

GUAHIN (Jean), Chev., Sg. de Linars, par son proc. Gantheaume, al. Guancelin d'Agimont, *Agiamonte,* Dam. Hôtel, t. s. de Puy-Guillaume : *Chantelle,* 1367. (r. 468, p. 162.)

GUAHIN (Jean de), Chev., Sg. d'Agoumont, *de Agoumonte.* Prés, cens et tailles en la châtell. de *Murat;* 1367. (r. 460, p. 356.)

GUALVENET (N.), *Gualvaynetus,* Dam., tient d'Archambaut, Sire de Bourbon, son fief de Guinesgauz en la par. de Soites : *Verneuil,* avril 1243. (r. 460, p. 54.)

GUANILH (Jean), notaire. Cens et rentes en directe seg., par. de Pauliac, Elect. de St Flour : *Murat,* 1723. (r. 509, p. 82.)

GUARD (Petronille, v^e de Jean). Dom., bois, garenne, tailles et autres dev. en la par. de Megniet, *Megniaco : Billy,* 1300. (r. 457, p. 122.)

GUARPAIGNE (Géofroi de). Fief de Villaines : *Chât.-du-Loir,* 1342. (r. 344, p. 87.)

GUARREAU (Pierre), écuyer. Fiefs de Jupilles et de la Poissonnière : *Chât.-du-Loir,* 1413. (r. 344, p. 21.)

GUASTUEIL (Regnault), écuyer, et Jeanne de Lousme, Damoiselle, sa fe, cèdent au Cte d'Angoul. leur part de droit sur le port Saunier de *Cognac;* 1493. (r. 1404, p. 284.)

GUBIAN (Jean-Joseph), m^e jardinier. Maison hors la porte St Georges à *Lyon;* 1726. (r. 498, p. 31.)

GUÉ (Joceran du), écuyer. Le four de Brinon et une partie de bois : *Habant,* 1351. (r. 470, p. 129.)

GUÉ (Jean du), écuyer, S^r dud. lieu. T. s. de Chanan, Moulinneuf, Creschy et autres, ès châtell. de *Billy, Verneuil, Vichy;* 1500, 1505, (r. 452, p. 145 ; r. 484, p. 19.)

GUÉ (Dreux-Louis du), Sg. de Bagnoles, cons. d'Etat. T. s. de Courcillon : *Chât.-du-Loir,* 1698. (r. 425, p. 89.)

GUÉAQUIN, Guasquin, Guaghin (Cather. du), Dame de Guemené, Guincamp, Renefore, etc. T. s. de l'Hôtelerie, de Flée, bourg, dom. et dr. en dép. ; ens. le dom. de Bellenoe : *Angers,* 1445 *ad* 1461. (r. 337, p. 43; r. 338, p. 10 ; r. 339, p. 12 ; r. 341, p. 36, 40.)

GUEFAUT (feu Huguet). Sa v^e Simone tient du Roi à ligeance, l'herbergement de la Guefaudière et des Noyers : *Loches,* 1319. (r. 432, p. 31.)

GUEGNAUD (Perrine), Damoiselle, v^e de Pierre de Marray, écuyer, ayant le bail de Geuffroy de Marray, leur fils ainé. T. s. de la Roche de Changé, de Restigne, etc. : *Amboise, Montrichard,* 1516. (r. 432, p. 81.)

GUEIGNAUT (Jean), paroiss. de St Menoul, *Menulphi.* Le pré Valois en la par. d'Agouge : *Bourb.,* 1402. (r. 463, p. 134.) Non noble.

GUELLON (Simon), Dam., al. Grieullon, pour Marguer. d'Aubigny, sa f⁰. Quatrième partie des prés de Bouchereul, des bois, étang et mote de Laugere, des terres de l'Isle etc., par. de Baigneux ; *Belleperche*, 1350. (r. 465, p. 210.)

GUEMENÉ (Prince de), à cause de la Princesse de Guemené, sa fᵉ. Terre et chatell. de Cernusson et Assais : *Angers*, 1613. (r. 354, p. 101.)

GUENARD (Elisabeth de), vᵉ d'André de Questien, écuyer. T. s. de Verrières et de la Rochette, par. de Granderolles : *Riom*, 1684. (r. 503, p. 355.)

GUENAUT (Pierre), Chev. Sg. de la Celle-Guenaut, chambellan ordin. du Roi, et Alips de Charenton, sa fᵉ. Hôtel fort, dom.; dîme, bois, garenne et seg. de Chazelles, *al.* Chizelles ; ens. les terres de Chavenes, de la Croix et de Buzy, par. de la Chapelle-Hugon : *Germigny*, 1464, 1488. (r. 465, p. 222 ; r. 466, p. 63 ; r. 484, p. 78, 79.) — Antoine Guenaut, écuyer ; *Idem* ; 1506. (r. 452, p. 15.)

GUENAULT (Jeanne), vᵉ de Louis de Raucourt, receveur des tailles en l'Elect. de Gien. Vigne en la par. de Sᵗ Gondon : *Bourges*, 1718, 1720. (r. 450, p. 41, 84.)

GUENEGAUD, aussi Guinegaut, etc. (Jean de), Dam. Terres, prés, bois au ter. de Maiage, par. de Rugières : *Billy*, 1300. (r. 457, p. 139.)

GUINEGAUS (Hugues de), Dam. Maisons de Guinegaus, dom. et dr. en dép., par. de Soytes : *Verneuil*, 1300. (r. 460, p. 284.)

GUENEGAUS (Gauvaing de), Dam., pour Jean, son fils. Cens et rentes en la par. de Colombier : *Montagu*, 1353, 1357. (r. 469, p. 97, 124.)

GUENESGAUS (Louis de), Dam. Hôtel t. s. de Guenesgaus, par. de Soyetes : et arr. fiefs en la par. Sᵗ Didier : *Billy, Verneuil*, 1364. (r. 460, p. 306.)

GUENEGAUD (Cather. de), fᵉ de Gautier de Tronçay, écuyer, paroiss. de Besson, vᵉ de Jean de Box, écuyer, pour Ant. de Box, leur fils. Tailles, cens et rentes ès par. de Pougny et de *Bessay* ; et par indivis avec ses sœurs Jaquete, vᵉ de Pierre de Borbes, écuyer, paroiss. de Lubye, et Blanche de Guenegaud, paroiss. de Fleurille. Hôtel, dom. et seg. de Guenegaud, Bellevane et Besson, avec dr. d'usage en la forêt de Tronceon ; *Chantelle, Souvigny, Verneuil*, 1455. (r. 455, p. 130 ; r. 458, p. 283 ; r. 459, p. 237 ; r. 467, p. 216.)

GUENOIS (Phil.), écuyer, F. s. de Merthomier : *Bourges*; et terres en la par. de Bery : *Mehun-sur-Y.*, 1672. — Joseph Guenois, écuyer, Sʳ de Prunay, son fils. Même fief de Morthomier; 1683. (r. 445, p. 198, 353.)

GUENOIS (Phil.), écuyer, Sʳ de la Salle, fils de N. Guenois, écuyer, Sʳ de Prunay et Morthomier. Parties de terres en la par. de Bery : *Mehun-sur-Y.*; 1687. (r. 446, p. 151.)

GUENOIS (François, Joseph, Robert Marie et Anne), enfans de Joseph Guenois, écuyer, Sʳ de Prunay, cons. au présid. de Bourges. Même fief de Morthomier et possess. en la par. de Bery ; 1722. (r. 451, p. 30, 47.)

GUENOIS (Pierre), écuyer, Sʳ de Murget, et Marguer. Baraton, sa fᵉ. F. s. du Prion, par. de Sᵗᵉ Solange : *Bourges*, 1711, 1717. (r. 449, p. 54 ; r. 450, p. 1.)

GUENON (Jaques), écuyer, Sg. de la Tour. F. s. de l'Isle : *Aunay*, 1711. (r. 437, p. 210.)

GUENOYS (Françoise), vᵉ de Pierre Hurtault, Sʳ de Baignoux, fils de

Gille Hurtault, Sr du Meez, et de Jeanne Duval. Une part dans la dîme de Cussay, par. de Chouday : *Issoudun*, 1671. (*r.* 444, *p.* 26.)

GUÉRAUD (Gilbert), chirurgien de Montluçon, tuteur de son fils Nicolas. Dîmes et dr. féodaux ès par. de Giurlais et de Maillet : *Hérisson*, 1694. (*r.* 475, *p.* 122.)

GUÉRET (Léonard), fils de Jean Gueret., av. en parl., à cause de Jaqueline Rouzeaux, sa fe, fille de Silvain Rondeaux. Fief de Ponty, par. St Dezier ; 1684 ; et, conjointement avec son frère Jean, le fief de la Tonnelle, par. de Fleurac : *Crozant*, 1684, 1691. (*r.* 474, *p.* 524, 528 ; *r.* 475, *p.* 52.)

GUÉRET (Jean), proc. du Roi en la châtell. de Jarnage, fils de Jean Gueret, revêtu du même office, et de Marguer. Martinet. F. s. de la Cour, par. de Domerat : *Montluçon*, 1692 *ad* 1717. (*r.* 475, *p.* 78 ; *r.* 477, *p.* 345 ; *r.* 478, *p.* 566, 598.)

GUÉRIGNON (Jaques). Un quart de la dîme appel. Chambon, par. de Vicq : *Chantelle*, 1693. (*r.* 476, *p.* 15.)

GUERILLON (Simonin), Dam., pour Marguer. d'Aubigny, son ép. Prés et garenne de Taguères ; cens et tailles de Maupensant ; et la dîme de Venaz qu'il partage avec le prieur de Souvigny : *Bourb., Hérisson*, 1350, 1366. (*r.* 462, *p.* 58 ; *r.* 464, *p.* 94.)

GUERILLON (Simon), Dam., et Marguer. de Noyreule, son ép. Moulin de Laleu et mouv. ès par. de la Buxières et de St Hilaire : *Bourb.*. 1366. (*r.* 463, *p.* 179.)

GUERILLON (Simonin), Dam. Moitié de l'hospice, dom. et seg. de Pruignes ; et tailles en la baillie de Beaucaire : *Murat*, 1375. (*r.* 460, *p.* 340.)

GUERIN (Pierre). Verger sis à Marthaise : *Loudun*, 1445. (*r.* 346, *p.* 44.)

GUERIN (Jacques), écuyer. Moitié de la t. et s. de Monteil : *Billy*, 1506. (*r.* 452, *p.* 274.)

GUERIN (Macé). Office de Sergenterie fayée au ressort de *Beaugé* ; 1507. (*r.* 347, *p.* 42 ; *r.* 348, *p.* 37.)

GUERIN (Gilbert de), Chev., fils de Claude de Guerin. Chât. t. s. de Lugeac, de Marsac, de Grezes, et en partie de la Vaudieu : *Brioude, Riom*, 1669 *ad* 1687. (*r.* 499, *p.* 116 ; *r.* 502, *p.* 72 ; *r.* 503, *p.* 16 ; *r.* 504, *p.* 9, 10 ; *r.* 505, *p.* 50.) — Gilbert-Agatanges de Guerin, Chev. Mêmes t. et s. ; 1716, 1723. (*r.* 507, *p.* 42 ; *r.* 508, *p.* 81, 82.)

GUERIN (Claude), écuyer, Me ordin. en la chamb. des comptes du Dauphiné, comme mari d'Elisabeth Daillon, héritière substituée à feu Gaspard de Montconis. T. s. de Liergues et Poully-le-Monial : *Lyon*, 1686. (*r.* 495, *p.* 142.) — Claude Guerin, écuyer, cons. au parl. de Dauphiné. Mêmes t. et seg. échues à sa fille Marie Druone, ép. de Pierre de Rabot de Buffière, cons. au même parl., à laquelle elles sont parvenues en ligne directe du côté maternel, de la maison de Monconis qui les a possédées depuis près de deux siècles ; 1723. (*r.* 497, *p.* 194.)

GUERIN (Claude), écuyer, très. de France. Fief de Chermont et de Creuzier-le-Neuf, par. dud. Creuzier : *Vichy*, 1686. (*r.* 474, *p.* 628, 629.)

GUERIN (François), écuyer, secrét. du Roi. T. s. de St-Bonnet-outre-Allier, par. *id.* : *Clermont*, 1699. (*r.* 506, *p.* 111, 175.) — Jean Guerin, écuyer, cons. au présid. de Clermont ; *idem* ; 1716, 1731. (*r.* 507, *p.* 22 ; *r.* 511, *p.* 7.)

GUERIN (feu Julien). Sa v⁰ Marie Bascher, tient à hom. lige et le baiser, le fief et seg. de Bachers de Mongon, par. de Vivonne : *Lusignan*, 1713. (*r.* 437, *p.* 245.)

GUERIN (Jean), bourg., à cause de sa f⁰ Françoise Guerin, hérit. de Jean-Jaques Guerin, av. en parl., son frère. Fief et rente noble de la Collonge, par. de Marcilly : *Lyon*, 1717. (*r.* 496, *p.* 287.)

GUERIN (Marie), v⁰ de François de Rieux, écuyer, lieut. gén. en la chamb. du dom. de Bourbonnois. T. s. de Chinçay, *al*, Ginçay, par. de Teneuille : *Bourb.*, 1717. (*r.* 477, *p.* 317.)

GUERIN (Michel). Maison à la Guillotière : *Lyon*, 1721. (*r.* 497, *p.* 123.)

GUERRES (Barthelemy des), écuyer, chatelain de Moulins. F. s. de Chardon, assis au bourg de *Gien*; 1520, 1529. (*r.* 452 *p.* 165; *r.* 483, *p.* 82, 83.)

GUERRIC (Johannin), de Laval, *de Valle*, Dam. Hospice au chât. de Noireau, et seg. en dép. : *Forez*, 1334. (*r.* 490, *p.* 200.)

GUERRIC (Pierre), de S¹ Marcel, Dam. Terres, prés, bois et cens à S¹ Marcellin, et ès environs de Montbrisson ; 1341. — Pierre Guerric, Dam., pour lui et Marguer., sa fille, f⁰ de Hugues de Tholomat, Dam. Un cellier à S¹ Marcellin, dom., cens, rentes et autres droits ; 1378 : *Forez*. (*r.* 493, *p.* 63 ; *r.* 494, *p.* 84.)

GUERRIER (Jean), laboureur, résid. au bourg d'Usson. Fief et dom. noble de la Richardie, et le moulin appel. Paty, par. S¹ Jean-en-Val, acq. de Gaspard de la Richardie de Besse, Sg. d'Auliac : *S¹ Flour*, 1723. (*r.* 509, *p.* 96.)

GUERRIN (Marguer., v⁰ de Denys), Damoiseau, tutrice de Hugues, leur fils, Maison del Bateur, près S¹ Marcellin, dom. et mouv. : *Forez*, 1325, (*r.* 491, *p.* 251.)

GUERRY (René), et Jeanne Allard, sa f⁰. F. s. de la G⁴ Maison, autrem¹ les Girardières, par. de Secondigny, tenu à hom. plein et le baiser, 1698. — Leurs enfans mineurs Jean, Louis, Jaques et Jeanne sous la curatelle de Joseph Pineau ; *idem*, 1713 *ad* 1722, *Partenay*. (*r.* 436, *p.* 168 ; *r.* 437, *p.* 235 ; *r.* 438, *p.* 110, 447.)

GUERRY (Pierre de), chan. de Mehun. Moitié d'une maison aud. lieu, nommée la Pucelle ; ens. les rivière et biez de Vachon, tenus en plein fief : *Mehun-sur-Y.*, 1714, 1718. (*r.* 449, *p.* 164, 398 ; *r.* 450, *p.* 37.)

GUERUSSEAU (Marie-Anne de), du Magnou. v⁰ de Phil.-Ignace de Trion de Montalembert, Chev., Sg. de Panvilliers, ayant la garde-noble de leurs enfans. T. s. de la Garde de Panvilliers, ès par. de Brus, Virelaines et Rouillé : *Civray*, *Lusignan*, 1721. (*r.* 438, *p.* 437 et suiv.)

GUÉS (Guill. de), paroiss. d'Octoveros, à cause d'Ysabelle, sa f⁰, fille de feu Johandelles de Grosloup. Diverses parties de terre et de bois : *Chaveroche*, 1367. (*r.* 468, *p.* 32.)

GUESBIN (Jean), écuyer, S⁷ de Rassay, secrét. du Roi. F. s. de la Voirie, dont dépend la Sergenterie fayée héréditaire de *Loches*, 1669. (*r.* 358, *p.* 106 ; *r.* 431, *p.* 41.)

GUESCLIN (Olivier du), Chev., C¹⁰ de Longueville. Transport à la Duch. d'Anjou de ses dr. et actions sur la t. et seg. de Rochemabire, moyennant 4000 l. tourn., à la charge néanmoins de rendre cette somme dans le cas où il auroit des enfans; 1398. (*r* 334, *p.* 78.) Voy. ci-dev. Marie Aulonne.

GUESLE (Marie de la), v⁰ de René de Chât.-Vieux, Confolant, etc., Chev., fille de feu Jean de la Guesle, Sg. dud. lieu. T. s. de la Chaudx, par. de Sallede : *Riom*, 1670, (*r.* 499, *p.* 710; *r.* 502, *p.* 108.)

GUESTAN (Humbert), bourg. de Lyon. Maison tenue en franc aleu aud. *Lyon* ; 1676. (*r.* 495, *p.* 13.)

GUET (Jean de), paroiss. de Huybers. Terres et prés assis vers l'Egl. de Sᵗ Glians : *Chaveroche*, 1411. (*r.* 468, *p.* 265.) Non noble.

GUETTE (Jamet la). Bois et lande de Gastbureau: *Baugé*, 1432. (*r.* 348, *p.* 6.)

GUEY (Honoré du), Dam., fils d'Ysabelle de Rodon, Damoiselle. Tènemᵗ de la Garenne, maison, terres, vigne, prés, bois, par lui donnés à tailles et autres dev. : *Bourb.-Lancy*, 1445. (*r.* 467, *p.* 19.)

GUEZ (Henriette de), *al.* Gais. F. s. du Puy de Neuville: *Angoul.*, 1731. (*r.* 442, *p.* 7.)

GUIS (Hugues et Pierre), enfans de feu Hugues Gui. Une pièce de terre à Sᵗ André, sous le chât. de Sᵗ Habund : *Forez*, 1290. (*r.* 490, *p.* 178.)

GUIS (Hugonin), clerc, et Guill., son frère, enfans de feu Bernard Gui. Pré et deux pièces de terre, par. Sᵗ André: *Forez*, 1290. (*r.* 491, *p.* 64.)

GUI (Guiard), Chev., Sg. de Chabannes, émancipe Ymbert, son fils, sous les sceau d'Adhemar de Valence, Chev., Cᵗᵉ de Pemhrock, sénéchal des châtell. de Belac et de Champinhac. Son fils Ymbert, *al.* Humbert Gui, Chev. et Contoire de Thiern, son ép., fille et héritière en partie de Guill. de Thiern, Dam., transigent avec Jean, Cᵗᵉ de Forez, au sujet de la succession échue à cette dame, et reconnoissent avoir reçu de lui la somme de 4000 l. tourn., pour prix de la vente à lui faite du chât. de Sᵗ Germain-le-Val : *Forez*, 1320. (*r.* 1400, *p.* 932, 935, 950; *r.* 1401, *p.* 1043, 1065, 1077.)

GUIS (Guill.), de Chauce. Cens et rentes au territ. de Sᵗ Habund : *Forez*, 1336. (*r.* 494, *p.* 79.)

GUIS (Ysabelle, fille de feu Hugues). Maison, pièce de terre, pré et censives en la par. de Rainaison: *Forez*, 1336. (*r.* 492, *p.* 287.)

GUIART (Jean, Pierre et Guill.), enfans de feu Guill. Guiart, de la Roche, paroiss. d'Ingrande. Rentes tenues en fief lige du Duc de *Bourb.*; 1396. (*r.* 464, *p.* 66.) Non noble.

GUIBERT (François de), écuyer, fils de Claude de Guibert, écuyer, Sʳ de Pesselliere, et d'Elisabeth Brossier. F. s. de Fontillay, par. de Bery : *Bourges*, 1718, 1721. (*r.* 450, *p.* 28, 82.)

GUICHARD (Pierre), Dam. et Ysabelle, sa femme, vendent au Cᵗᵉ de Forez divers cens, rentes et tailles au territ. de Fontaneys ; 1295. (*r.* 1395, *p.* 213.)

GUICHARD (Guigues, *al.* Guigon), Dam., fils de feu Aymar Guichard de Riveray, *Riviriaco*, Dam., du dioc. de Lyon. Cens, rentes, tailles et autres devoirs sur divers tènemens, et le four de Folloise ; ens. une maison au chât. de la Tour de Jarese : *Forez*, 1326, 1334. (*r.* 491, *p.* 213, 219 ; *r.* 492, *p.* 253.)

GUICHARD (Jaques), mᵈ boucher. Petite maison et dép. à la Guillotiere : *Lyon*, 1692. (*r.* 496, *p.* 111.)

GUICHARDET (Claude), prêtre, vend à Humbert Fabri, prêtre, une vigne assise près de Beauregard : *Forez*, 1500. (*r*. 1391, *p*. 619.)

GUICHE (Marie de la), Duch. douair. de Ventadour, Ctesse de St Geran, etc., v^e de Charles de Levi, Duc de Ventadour, pair de France. F. s. de Chitain, de Rosieres et de la Terre-Rouge, par. St Christophe et autres : *Billy*, 1693. (*r*. 476, *p*. 50.)

GUICHE (Claude-Elisabeth, Mis de la), Bon de Roussat, à cause de Marie-Louise-Eleonore de Langhac, sa f^e. T. s. de Precor, la Mothe-Valliere, par. de Varenne-sur-Tesche : *Chaveroche*, 1717. (*r*. 477, *p*. 250.)

GUIELLET (François), et François Thevenard, m^{ds}. F. s. du Plat-Mazeau, par. de Pouzy : *Bourb*., 1722. (*r*. 478, *p*. 187.)

GUIERCHAIS (Pierre), frère puîné d'Yves Guierchais. T. s. de Millereulx : *Amboise*, 1519. (*r*. 432, *p*. 81.)

GUIERCHE-RENAUD (Claude la), écuyer, Sg. de Venize. F. s. de la Sauzée, par. de Cressange : *Verneuil*, 1717. (*r*. 477, *p*. 585.)

GUIERRE (Jean), bourg. d'Ahun. Dom., cens et rentes au vill. de Bacolat : *Marche*, 1669. (*r*. 474, *p*. 122.)

GUIGHOT (Robert), Dam., paroiss. de Thion, à cause de sa f^e Agnès, fille de feu Pierre de Monnet. Diverses parties de maisons, terres, bois et rentes, sises à Monnet, par. de Tresteaux : *Chaveroche*, 1374. (*r*. 468, *p*. 257.) Au dos : *dubitatur de nobilitate*.

GUIGNARD (Camille-Léon de), écuyer, fils de feu Jaques de Guignard, présid^t au Parl. de Metz. Rentes nobles assises à Bellevue, quartier de *Lyon* ; 1676, 1722. (*r*. 495, *p*. 48 ; *r*. 497, *p*. 154.) — Pierre-Emmanuel de Guignard, Chev., Bon de Jon, son neveu et héritier ; *Idem* ; 1733. (*r*. 498, *p*. 82.)

GUIGNAUT (Pierre), receveur aux traites foraines d'Arfeuille. Terrier en la par. de même nom, acq. de Paul de Chavaignac, écuyer, Sr de la Moliere, et de Gilberte Fradel, son ép. : *Billy*, 1720. (*r*. 478, *p*. 108.)

GUIGNOT (Louis), Chev., lieut. de dragons, fils de Joachim Guignot, écuyer, et d'Angélique de St Mathieu. Prévôté féodale de St Sorin : *Xaintes*, 1720. (*r*. 440, *p*. 43.)

GUIGNY (Faucon et Phil. de), Dam., enfans de Mathieu de Guigny, se reconnaissent vassaux de Gui, Cte de *Forez*, pour ce qu'ils tiennent à Donzy ; 1314, 1339. (*r*. 1395, *p*. 179, 194, 272.)

GUIGOLET (Guigues de), et son ép. Arthaude, fille de feu Raynaud de Mauvoisin, Chev. Maison de la Lege et mouv. en dép. : *Forez*, 1323. (*r*. 493, *p*. 97.)

GUIGON (Pierre). Ce qu'il tient du Sg. de la Roche de Retornat : *Forez*, 1284. (*r*. 493 bis, *p*. 109.)

GUIGON (Jean, dit), paroiss. de Luperci sur Abron. Portion de terre, pré et bois aux territ. de Noe et de Champrole ; 1335, 1353. — Agnès, sa v^e et Jean leur fils ; *Idem* ; 1367. (*r*. 454, *p*. 91, 229, 273.)

GUILCON (Pierre), dem. au Donjon. Tènement appel. des Vignes, consistant en maison, terres, prés, pâturages : *Chaveroche* ; et rentes ès par. de Molinet et du Pin : *Moulins*, 1455. (*r*. 454, *p*. 194, 195.)

GUILLART (André), cons. au Parl. de Paris. La châtell. d'Assé le Reboule : *Mans*, 1532. (*r*. 351, *p*. 96.)

GUILLART (André), cons. du Roi en son conseil privé, fils d'André

Guillart, Chev., Sg. du Mortier. T. s. de l'Isle, de l'Espicelière, Vallon et Maigne ; ens. dr. de patron. en l'égl. paroiss. de Solligné, comme aussi les terres et seg. de Maulle : *Mans*, 1572, 1574. (*r*. 351, *p*. 15, 22, 23.)

GUILLAU (Charles), greffier en l'Elect. de Xaintes, fils de Charles Guillau, échevin de la ville de Xaintes, et de Marie le Meusnier. Maison noble du Collombier, et baronnie de Nancras, érigées en fief noble au mois de février 1615 en faveur de Jean le Meusnier, élû en l'Elect. de *Xaintes*; 1717, 1727. (*r*. 439, *p*. 114 ; *r*. 441, *p*. 43.)

GUILLAUD (Clément-Eleonore), Chev., colonel d'infanterie; du chef de sa mère Marie-Gabrielle-Marmande. F. s. de Jaligny : *Chaveroche*, 1698. (*r*. 478, *p*. 558.)

GUILLAUD (Marie-Cilenie), v^e d'Ant. de Charry des Gouttes, Chev., capit. de vaisseau. T. s. du Châtel-Perron, par. *id.* : *Moulins* ; ens. celle de Reau, par. d'Aurouer : *Belleperche*, 1717. (*r*. 447, *p*. 363, 364.)

GUILLAUMANCHE (Christophe de), écuyer, fils d'Ant. de Guillaumanche, écuyer. Chât. t. s. du Boscage, cens et rentes ès par. d'Orsonnette et Bansac : *Issoire, Montpensier, Nonnette*, 1669. — Gabriel de Guillaumanche, écuyer, son fils; *Idem;* 1685. (*r*. 499, *p*. 521 ; *r*. 503, *p*. 470.)

GUILLAUME (Jean), notaire de Calomont, *Calomonte*, vend à Louis, Duc de Bourbon, Sire de *Beaujeu*, les propriétés et dr. par lui acq. vers les étangs de Calomont et de Lent, soit de Jeanette, v^e de Jean Crant, soit d'Etienne Julien, fils de feu Pierre Julien, autrement dit de Chillou; 1407. (*r*. 1391, *p*. 550.)

GUILLAUME, *al.* Guillement (Raymond), bourg. de St Léonard. T. s. de Sinpalaiz, dom., bois, garenne, étang et mouv. en lad. par. : *Chât.-Chinon*, 1442. (*r*. 469, *p*. 149 ; *r*. 470, *p*. 55.)

GUILLAUME (Claude). Etang de la Bugniere au mandement de Calomont, cens et rentes : *Beaujeu*, 1463. (*r*. 487, *p*. 1.)

GUILLAUMET, *al.* Guillomet (Ant.), proc. du Roi en la châtell. de Chantelle, pour Françoise la Rogue, sa femme. F. s. de Buchepot, par. de Taxat-sous-Charroux : *Chantelle*, 1686. (*r*. 474, *p*. 599.) — Simon Guillaumet; *Idem ;* 1717, 1722. (*r*. 477, *p*. 527 ; *r*. 478, *p*. 105.)

GUILLAUMOZ (Jean), de Bruille, paroiss. de Lucenay-les-Ayes. Pièce de terre appel. le Champ-Amelin : *Moulins*, 1369. (*r*. 455, *p*. 127.)

GUILLEBON (Jean-Gabriel de), écuyer, pour Dame Sevin, son ép., fille de feu Hugues Sevin, écuyer, Sg. de Villembour. T. s. des Fontaines, par. St Sornin : *Murat*, 1717. (*r*. 477, *p*. 330.)

GUILLEMARD (Charlotte), v^e de Guill. Nau, av. du Roi au siège de Melle, fils de Guill. Nau revètu du même office, et de Marie Barillet. Maison noble, f. s. de Courgé, par. de Vansay ; ens. le fief du Plessis-au-Proust, *al.* Plessis-Prevost, par. de Courgé : *Lusignan, Partenay*, 1686 *ad* 1701. (*r*. 435, *p*. 129 ; *r*. 436, *p*. 46, 207 ; *r*. 437, *p*. 7.)

GUILLEMET (Françoise), v^e d'André Chevallier. Fief et vill. de Boffrand, par. de la Sousterraine : *Monmorillon*, 1662. (*r*. 433, *p*. 236.)

GUILLEMINOT (Martin, Hugues, Guill. et Jeanne) ; ens. Durand Guilleminot et Bienvenue, sa f^e. Domaines ès par. de Chemilli, Neuveglise et Beçay ; 1330. (*r*. 455, *p*. 208, 221.)

GUILLEMOT (Jean), homme de labeur, tient en fief et hom. lige, une maison, grange et six pièces de terre en la par. de *Beçay* ; 1461. (*r.* 455, *p.* 230.)

GUILLEMOT (Jean), *al.* Guillanot, écuyer. F. s. de l'Espince, *al.* Espinasse : *Chatelleraut*, 1672, 1686. (*r.* 433, *p.* 72 ; *r.* 435, *p.* 187.)

GUILLEMOT (Phil.), de Lusigny, receveur du grenier à sel d'Angers. Terre et baronnie de St Gemme-sur-Loir : *Angers*, 1699, 1725. (*r.* 425, *p.* 81 ; *r.* 426, *p.* 26.)

GUILLEN, *al.* Guillien (André de), écuyer, fils de François Guillien, écuyer. T. s. de Verieres et de la Rochette, par. de Verieres et de Seneterre : *Riom*, 1669 ; signe : Verieres la Rochette. — Paul de Guillen, Chev.; *Idem*; 1723. (*r.* 499, *p.* 516 ; *r.* 500, *p.* 13 ; *r.* 509, *p.* 65.)

GUILLERAUT (Etienne), Sg. de la Croix. Terre et châtell. de Bleré, acq. le 26 août 1679, de Jaques de Faverolles : *Amboise*, 1680, 1685. (*r.* 410, *p.* 54 ; *r.* 423, *p.* unique.) Tiennent de lui : Etienne Guillerault, son père, sa maison de Fossambault et accessoires considérables ; Jaques-François de Faverolles, Chev., Sg. de Crespierre; Henri Tiercelin, Chev. Sg. Mis de Brosses.

GUILLERMET (Jean), notaire à Moulins, pour Geneviève Tridon, sa f^e. F. s. de Chevrotiere, par. de Tronget : *Murat*, 1717. (*r.* 477, *p.* 235.)

GUILLERMIN (Ant.-Hilaire de), écuyer, capit. au rég. de Gatinois. F. s. des Saboulaud, par. St Leger-des-Brieres: *Moulins*, 1723. (*r.* 478, *p.* 402.)

GUILLERMIN (Jean-François de), Chev., Sg. de Nuziere, anc. capit. d'Infanterie. Maison forte de Montz, dom., bois, dîme, h. j. et rente noble, par. St Nizier sous Charlieu : *Lyon*, 1734. (*r.* 498, *p.* 109.)

GUILLERVILLE (Ant. de), Chev. T. s. de Villaigue : *Civray*, 1676. (*r.* 433, *p.* 20.)

GUILLET (Claude), m^d. Chât., t. s. de Saconay et de la Chapelle, ès par. de Pomey, Ancizes et la Chapelle ; ens. la rente noble de Pitavel et dép. : *Lyon*, 1714, 1717. (*r.* 496, *p.* 194, 196, 277.)

GUILLET (Joseph-Phil.), de St Martin. F. s. du Plessis-Candole et le Breuil-Marmand : *Cognac*, 1730. (*r.* 442, *p.* 4.)

GUILLOET (Remy), cons. de la Duchesse de Bourbon. Maison sise à *Moulins;* 1505. (*r.* 453, *p.* 34.)

GUILLON (Jean). Métairie de la Quérole, par. de Flee : *Chât.-du-Loir*, 1393. (*r.* 344, *p.* 74.)

GUILLON (Marie), fille. T. s. de Champfeu en partie : *Mans*, 1606. (*r.* 352, *p.* 391.)

GUILLON, *al.* Guillou (André), proc. au présid. de Poitiers, tient en fief le vill. de Brochesacq : *Lusignan*, 1663. (*r.* 433, *p.* 262.)

GUILLON (Annet), pour lui et Anne Mirebeau, sa mère. Fief de Vielazelles : *Marche*, 1669. (*r.* 474, *p.* 72.)

GUILLON (Pierre), prévôt-châtellain de Gueret. Fief de Breal, par. Ste Affeyre : *B.-Marche*, 1669. (*r.* 474, *p.* 279.)

GUILLON (François), avocat. Fief de Disjenrimon : *Marche*, 1669. (*r.* 473, *p.* 53.) — François Guillon, avocat, résidant à Felleton. Fiefs de Seignemont et du Cluseau, par. St Morice et de la Noualle : *Marche*, 1684. (*r.* 474, *p.* 439.)

GUILLON (Ant.), Sr de Varennes, et Jean Chauveau, laboureur. F. s. de Lavaux du Creux, par. de Neville : *Murat*, 1718. (*r.* 477, *p.* 639.)

GUILLON (Léonard), lieut. crim. au présid. de Guéret. Fief de la Villate-Billou, par. St Victor : *Guéret*, 1726. (*r*. 481, *p*. 76.)

GUILLOTEAU (Jean-Josué et Pierre de), écuyers, Srs de Launay et des Landes. T. s. de Surimeaux : *Niort*, 1680. (*r*. 435, *p*. 102.)

GUILLOTIN (Jean), av. au présidial de la Rochelle, et Anne-Agathe Joyeux, v^e de Mathieu Martin, cons. honoraire aud. siège, représentée par son fils Pierre-Mathieu Martin, de Chassiron. F. s. de Poutaisiere en l'Isle d'Oleron, par eux acq. le 12 mai 1716 : *Xaintes*, 1724. (*r*. 441, *p*. 15.)

GUILLOUET (Jeanne), v^e de Claude-Gilbert de Plantadis, écuyer, tutrice de leurs enfans. T. s. de Pancyreix, par. de Marenchal : *Riom*, 1684. (*r*. 503, *p*. 337.)

GUILLOUET (Claude), écuyer. T. s. de la Motte Chamaron, par. St Menoux : *Bourb.*, 1684. (*r*. 474, *p*. 480.) Et, comme proc. de D^{elle} Claude-Marie Gaudon. F. s. de Bannassat, par. de Chirat l'Eglise : *Chantelle*, 1716. (*r*. 477, *p*. 161.) — Louis Guillouet, Sr de la Motte Chamaron, capit. d'Infanterie. T. s. de Vellate, par. de Châtillon : *Verneuil*, 1716. Et, pour Claude Guillouet, écuyer, Sg. d'Orvilliere, capit. de frégate, gouverneur de Cayene. Les fiefs de la Tronçay et de Laleuf, par. de Buxiere : *Murat*, 1723, 1725. — Le même Claude Guillouet et sa f^e Marie Vic Pongibaud. F. s. de la Motte Chamaron, par. etc. : 1725, (*r*. 477, *p*. 161; *r*. 478, *p*. 438 ; *r*. 480, *p*. 27, 75.)

GUIMARD (Anne), v^e de Gaspard Jaques, Chev., Sg. de Pruniers, ayant la garde noble de leurs filles. T. s. de Pruniers : *Monmorillon*, 1692 ; ens. le f. et seg. de Couppé, par. de Pindray : *Maubergeon*, 1713. (*r*. 435, *p*. 3 ; *r*. 437, *p*. 237.)

GUINARD, *al*. Guiniard (Jean de), écuyer, fils de Blaise Guigniard et de Marguer. de Tournemire. Chât., t. s. de Besaudun, maison de Payrol, cens et rentes, par. de Tournemire : Elect. d'*Aurillac*, 1684. (*r*. 503, *p*. 300 ; *r*. 504, *p*. 25.)

GUINEBAUT (Jean). Herbergement et dom. de Laure, etc. : *Montfaucon*, 1408. (*r*. 350, *p*. 31.)

GUINEMENT (Hugues), Dam. Maison de Cuy, dom., étang, cens, g^{de} et petite justice : *Chât.-Chinon*, 1351. — Perrin Guinement, écuyer, son fils, à cause de Meline de Croy, *al*. Cary, sa f^e. Maison forte de Croix, assise en la mote de l'Estang, dom. justice et seg. : *Chât.-Chinon*, 1357. (*r*. 470, *p*. 19, 88.)

GUINEMENT (Pierre), dit de la Fullade, écuyer. Terres, cens, rentes et autres objets par lui acq. de Hugues, Sg. de la Roche de Chastel-Neuf, Chev. : *Auv.*, 1402. (*r*. 471, *p*. 55.)

GUINNAT (Gerald de), Chev. par son proc. Guill. de Pertuse, bailli des mont. d'Auvergne son beau-père. Mas, terres, bois, mouv. et h. j. en la châtell. de *Carlat* ; 1355. (*r*. 472, *p*. 82.)

GUINOISEAU (Nicolas). Sergenterie fayée hérédit. au bailliage de Sablé : *Mans*, 1665, 1669. (*r*. 357, *p*. 47, 115, 116.)

GUION (Perrin), de la Boucherate, paroiss. de Dorne, pour Guion et André ses fils. Diverses pièces de terre en la par. de Lucenay-sur-Allier : *Belleperche*, 1383. (*r*. 465, *p*. 123.) Non noble.

GUION (Jean), pour Jeanne Cassin, sa f^e, fille de feu Jaques Cassin, de

Balaine. Diverses parties de terres au territ. des Ormes; présent Guill. Gentils, écuyer : *Belleperche*, 1410. (*r.* 465, *p.* 179.) Non noble.

GUION (Guill.), officier et serviteur du Duc d'Orléans, obtient de lui, comme administ. du Cte d'Angoul., son frère, un vill. ruiné, appel. autrefois le vill. de Villars-l'Orgueilleux, maison, terres, prés, bois : *Angoul.*, 1468. (*r.* 1405, *p.* 252.)

GUIONNET (Hugues). Menus cens et autres héritages vers St Giran-le-Puy et St Felix : *Billy*, 1449. (*r.* 456, *p.* 30.) Non noble.

GUIONNET (Guil.), dit Martray, *al.* Martroy, notaire et secrét. du duc de Bourbon. Dom., bois, cens, et la troisième partie des Moulins-Neufs en la par. d'Iseure : *Moulins*, 1475. (*r.* 454, *p.* 153; *r.* 455, *p.* 121.)

GUIONNET (Gilbert), dit Piedebeuf. Cens et rentes ès par. de Gipey, Meilliers et Thollion : *Bourb.*, *Moulins*, 1506. (*r.* 453, *p.* 187.)

GUIPPY (Jean de), Dam. Maison appel. la Grange de Guippi; dom. mouv. et h. j. : *Aynay*, *Germigny*, 1309. (*r.* 466, *p.* 88.)

GUIPPI (Aalis de), v^e de Pierre Bocart, *al.* Boscart de Vendenesse, Chev. Dom. et mouv. en la par. d'Ery : *Chateau-Chinon*, 1335. (*r.* 469, *p.* 241.)

GUIPPI (Jean de), le jeune, écuyer, et Guiot, son frère. Justice et seg. de Neuville ; bois de Taillefeu, terres, vignes, moulin, garenne, cens et tailles, par. de Neuville : *Habant*, 1351. (*r.* 470, *p.* 123.)

GUIREUL (Pierre de), écuyer, vend au Duc de Bourbon deux fours banniers sis à Bellevane : *Chantelle*, 1472. (*r.* 1374, *p.* 2364.)

GUIREUL (Jean de), écuyer. T. s. de Guireul et de la Brosse : *Hérisson*, *Souvigny*, 1505. (*r.* 453, *p.* 105, 703.)

GUIRY (Guill. de), *al.* de Chastel, Dam., paroiss. de Besson. Moitié du four bannal de Bellevane; clos de vigne, rentes et usage dans la forêt de Tronceon : *Chantelle*, 1379. (*r.* 459, *p.* 130.)

GUITARD (Roger), Dam., paroiss. de St Martin de Plas, dioc. de Clermont. Hospice ou chezal de Poyhet, et dép. : *Nonnette*, 1400. (*r.* 471, *p.* 67.)

GUITON (Perrin), autrement dit Blanc. Un pré appel. les Boillaz de la Baulme, tenant à la rivière d'Allier, par. d'Aveuldre, possédé par indivis avec Jean de Murat, Dam., et Perrin Chapeaul : *Bourb.*, 1366, 1407. (*r.* 464, *p.* 217; *r.* 465, *p.* 15.) Non noble.

GUITON (Jean), de Cosne. Quatrième partie du péage dud. lieu ; cens, tailles et dr. de pêche en la par. de Venas ; 1375. — Guill. Guiton, bourg. de Montluçon. Tailles en la même par. de Venas, et un étang en celle de Vigeneul, 1389 : *Hérisson*. (*r.* 462, *p.* 186, 187.) Non nobles.

GUITON (Pierre), licencié ès lois, fils de feu Et. Guiton, bourg. de Cucy. Dîmes ès par. de Santiat, *al.* Sensat, et de St Felix qu'il partage avec le Sire Etienne de Mariol, Pierre Emeric Duc, dit Chantellet, *al.* Chantelot, Damoiseaux : *Billy*, 1397 *ad* 1443. (*r.* 456, *p.* 70, 113, 115.) Non noble.

GUODART, *al.* Godart (Ymbaud), fils de feu Guill. Guodart, de Montmareau. Rentes en grain sur les dîmes de Preaulx et de Blumart : *Chantelle*, *Murat*, 1350, 1357. (*r.* 461, *p.* 49, 55.)

GUOGNET (Pierre), maréchal du Duc de Bourbon, et bourg. de Souvigny. Une vigne au terroir des Roches : *Souvigny*, 1452. (*r.* 467, *p.* 135.)

GUSPE (Etienne du), de Blavens, paroiss. de Challaronne, vend au Sire de *Beaujeu*, ses cens et rentes percept. à Bessenens, etc.; 1318. (*r.* 1391, *p.* 584.)

GUTONS (Gabriel des), Chev. T. s. de la Baronnière et Lencier : *Lusignan*, 1663. (*r.* 433, *p.* 247.)

GUY (Hugues). Cens et rentes en la par. de Mornay : *Bourb.*, 1426. (*r.* 464, *p.* 90.)

GUY (Pierre), écuyer. Une pièce de terre en la par de Neuvic : *Bourb.*, 1443. (*r.* 463, *p.* 174, 250; *r.* 465, *p.* 104.) La qualité d'écuyer étant suspectée, il est dit au bas : *Caveatur ad sigillum ;* déclaré ensuite non noble.

GUY (Guion.) Fief au bourg de Aumônerie de *Mirebeau;* 1453. (*r.* 332, *p.* 36.)

GUY (Jean), écuyer, Sg. du Broil, accense à Guill. Tallon, laboureur, cinq journaux de terre, par. de Champmers : *Angoul.*, 1479. (*r.* 1405, *p.* 333.)

GUY (Jean), écuyer, Sg. de Laye. Cens et rentes en diverses par. : *Billy, Chaveroche, Moulins*, 1488. (*r.* 454, *p.* 308.)

GUY (Claude), écuyer. Maison, mote et seg. de la Tournelle : *Bourb.*, 1505. (*r.* 453, *p.* 26.)

GUY (Pierre). Maison, dîme, cens et rentes ès châtell. de *Bessay, Bourb., Moulins, Verneuil;* 1506. (*r.* 452, *p.* 86, 119.)

GUY (Jean), fils de feu Jean Guy, av. en parl. Fief des Ferrières, par. de Nery : *Montluçon;* 1688. — Ant. et Charles Guy, ses enfans ; *Idem;* 1717, 1724. (*r.* 474, *p.* 669 ; *r.* 477, *p.* 234 ; *r.* 478, *p.* 474.)

GUY (Jean). Fief de la Maignance, par. de Molinet : *Moulins*, 1717. (*r.* 477, *p.* 282.)

GUY (Marie), v^e de Jean Bernard, boucher, et f^e de J. B. Flajollet, aussi boucher. Echoppe en la boucherie des Terreaux : *Lyon*, 1721. (*r.* 497, *p.* 115.)

GUYDIER (Jean), bourg. de Tours. T. s. de la Tibergerie et de Champeaux : *Chât.-du-Loir*, 1483. (*r.* 348 *bis, p.* 10, 21.)

GUYHOU (Benjamin), Sr de Montlevaux, trés. de France, hérit. de Marie-Susanne Guyhou, v^e de Paul Poisson, écuyer, Sr de Bourvallais, secrét. du Roi. Châtell., t. s. de Bellesault et du Creux : *Mans*, 1724. (*r.* 426, *p.* 19.)

GUYN (Dalmas), Chev. ; 1291. — Ponce Guyn, fils de feu Hugues Guyn, Dam. ; 1291. — Pierre Guyn, Dam. ; 1306. — Humbert Guyn, Dam. ; 1335. — Guillemet Guyn ; 1336. Terres, bois, garennes, mouv. ; ens. la maison forte de Chazelet, par. St Maurice, mandement de St Bonit : *Forez*. (*r.* 490, *p.* 65, 163 ; *r.* 493, *p.* 18 ; *r.* 493 *bis, p.* 10, 68.)

GUYNE (Agnès), v^e de Géofroy de Barges, Dam., tutrice de leurs enfans. Deux maisons près les portes de Montbrisson ; cens à Chastel-Neuf, et ce qu'elle possède à Essartines : *Forez*, 1335. (*r.* 491, *p.* 93.)

GUYNTRANT (Etienne), à cause de Jeanne, sa f^e, fille de feu Jean d'Auchier, autrement le Pelletier, tient en fief lige un dr. d'aide sur le bled vendu à *Gannat ;* 1352. (*r.* 452, *p.* 37.) Non noble.

GUYOT (Phil.), fils de Jeffroy Guyot, écuyer, pour Alei, sa f^e, fille de feu Guiot de Burrienne. Moitié de la dîme en la par. de Dampierre, quelques terres et menus cens : *Hubant*, 1351. (*r.* 470, *p.* 144.)

GUYOT (Pierre), lieut. d'Angers, fils de Pierre Guyot. Une pièce de terre et deux maisons en la par. de Villeneuve : *Angers*, 1450. (*r*. 1341, *fol*. 64.)

GUYOT (Pierre), et Guill. Berthet, son filiastre. Rente et un pré en la par. de Creschy : *Billy*, 1452. (*r*. 437, *p*. 7.) Non noble.

GUYOT (Jean), écuyer, Sg. d'Asnières. Herbergement du Doignon et de la Verigne : *Marche*, 1506. (*r*. 452, *p*. 336.)

GUYOT (Fleureau), écuyer, Sg. de Lessart. La Baron. de Chasteillon-sur-Indre, acq. du Roi Charles IX : *Tours*, 1590. (*r*. 351, *p*. 71.)

GUYOT (Jean), av. en parl. Fief de Pravieu, consistant en un chât., tour, dom. et rentes, par. de Chapouost : *Lyon*, 1671. (*r*, 495, *p*. 72.)

GUYOT (Bonaventure), proc. au présid. de Poitiers, pour lui et Anne Barbier, sa f^e. Maison et fief de la Jarrie au bourg de St Georges-les-Baillargeaux : *Maubergeon*, 1682. (*r*. 435, *p*. 115.)

GUYOT (Christophe), m^d, veuf d'Ant. Bernard, comme tuteur de Joseph Guyot, leur fils, d'une part ; et Gabrielle Bernard, v^e de François Bellot, laboureur, comme mère de Christophe Bellot, leur fils. Fief de Merdelon, consistant en terres, prés et bois, par. de *Dun-le-Roi* ; 1688. (*r*. 446, *p*. 152, 153.)

GUYOT (François), huissier, et Françoise Rousseau, sa f^e. F. s. de la Grange-Tallucheau : *Vouvant*, 1699. (*r*. 436, *p*. 277.)

GUYOT (Pierre), de Montgermain ; Jean-François Guyot, S^r de la G^{de} Maison ; Esme-François Guyot et leurs sœurs. Censives de Mirebeau ; *Bourges*, 1723. (*r*. 451, *p*. 65.)

GUYOTE (Béatrix), Ve de Bertrand Chevalier, bourg. de Cucy, fille de feu Pierre Guyot. Tènem^t de Maulbourgat, terres, prés, bois, par. de Paroy : *Billy*, 1443. (*r*. 452, *p*. 228, 229 ; *r*. 455, *p*. 315.) Non noble.

GUYOTE (Cather.), Damoiselle, v^e d'Odet de Marcillac, dit Baclet, écuyer, tutrice d'Ensart de Marcillac, leur fils. Dîme, cens et rente appel. les Guigonnets : *Marche*, 1506. (*r*. 452, *p*. 335.)

GUYOTET (Michel), de Bulliac. Pièce de terre au territ. de Fontanères sur le chemin de Polgue : *Forez*, 1467. (*r*. 1402, *p*. 273.)

GYVERLAY (François de), Chev., Chambel. du Roi. Partie de la justice de Burely, acq. de Jean le Bouc, Sr de la Bourdinière : *Gien*, 1507. (*r*. 452, *p*. 205.)

H.

HABAULT (Silvain), laboureur, pour Jeanne Chantelat, fille de Gilbert Chantellat, Terre détachée du fief de la Grange-Rouge, par. de Bery ; *Mehun-sur-Y.*, 1669. (*r*. 445, *p*. 78.)

HACQUEVILLE (Ragonde de), Damoiselle, v^e de Pierre Poignant, cons. au parlem. de Paris. Haute justice d'Assé-le-Riboulle : *Mans*, 1510. (*r*. 348 *bis*, *p*. 15.) Voy. Poignant.

HAGUAIS (Augustin le), Chev., Sg. de Montguiraut, brigadier des armées du Roi, tant pour lui que pour ses frères Jean-François le Haguais, 1er avocat gén. en la Cour des Aides, et Nicolas-Ant. le Haguais, Sg. de Gueritat, aussi avoc. gén. en la même Cour. Châtell., t. s. de Courcelles: *Mans*, 1695. (*r.* 421, *p.* 2.)

HAIS (François-Joseph de), et Françoise, sa sœur, enfans de Jaques de Hais, médecin. Partie des dîmes de Vaux et de Villaines, par. de Condé: *Issoudun*, 1680. (*r.* 445, *p.* 313, 400.)

HALEMENT (Jean). Dîmes et cens ès châtell. de *Billy* et *Vichy*; 1506. (*r.* 452, *p.* 47.)

HALES (Colinet des), pour Jaquette de Chanceaulx, Damoiselle, sa f^e. Mote, garenne, terres, bois, cens et partie de dîme en la par. de Trenol: *Moulins*, 1411. (*r.* 455, *p.* 4.) La qualité de *Damoiselle* rayée, les Parties n'étant point nobles.

HALLE (Jean de la), écuyer, M^e d'hôtel de Susanne de Bourbon, et Françoise Grosyeux, sa f^e. T. s. de Pontcharault, *al.* Vigian; ens. les t. et s. de Bouy et de la Faye: *Aynay*, 1499, 1510. (*r.* 484, *p.* 37; *r.* 1356, *p.* 281.)

HALORET (Geofroy), écuyer de cuisine du duc d'Anjou. Don à lui fait de la prévôté de Generouz: *Saumur*, 1477. (*r.* 1343, *p.* 107.)

HALUYN, *al.* Halwick (Théaude, *al.* Theolde de), pannetier du Roi de Sicile, duc d'Anjou, né hors du royaume, mais attaché depuis long-temps au service du Roi. Chât., t. s. de Dieu-Aye, avec le greffe des Assises et prevôté d'*Angers*; 1480. (*r.* 335, *p.* 64; *r.* 351, *p.* 122; *r.* 1340, fol. 153; *r.* 1344, *p.* 52.)

HAMARD (Jean), Dam. Chesal, dom. et cens à Masengi; ens. la moitié de la dîme de Blanchard: *Bourb.*, 1353. (464, *p.* 143.)

HAMEL (Marguer.), vend au duc de Bourbon sa châtell. de Bulles, relev. du Cte de Clermont en *Beauvoisis*; 1425. (*r.* 1369, *p.* 1742.)

HAMELIN (Jean), écuyer, T. s. de la Mote des moulins de Crizé: *Baugé*, 1480. — René Hamelin, écuyer; *Idem*; 1503. (*r.* 348, *p.* 17, 36.)

HAMELLET (Jean), écuyer, Sg. de la Roche de Mayet, pour Blanche Carelle, sa mère. T. s. de Gaschereau, par. de Bernoil-le-Chetif; ens. le fief de Berçay: *Chât.-du-Loir*, 1489. (*r.* 348 bis, *p.* 18, 21.)

HAMES, *al.* Haume (Guillaume de), Chev., Sg. dudit lieu, et Marguer. de Rochedagou, *Rupedagulpho*, son ép. T. s. de Marcillat, par. *id.*; et fondation par eux d'une vicairerie perpétuelle en l'hon. de St Nicolas, à l'extrémité du pont de Vichy: *Montluçon, Vichy*, 1370, 1375. (*r.* 461, *p.* 146, 243; *r.* 1357, *p.* 420.)

HARCOURT (Jean de), Chev. Baronnie de Harcourt, érigée en comté par le Roi; mars 1342. (*r.* 336, *p.* 71.)

HARCOURT (Ysabeau de), fille de Jean, Cte de Harcourt. Son mariage avec Humbert de Villars, Sg. de Toyre, Chev., auquel elle apporte 15,000 florins d'or, et reçoit pour douaire les chât. t. s. qu'il tient au royaume de France; ens. les seg. de Rossillon et d'Annonay; 1383; fait ériger en l'abbaye de Chassagnes, O. C. dioc. de Lyon, un tombeau à son mari, nouvellem^t décédé, conformém^t aux ordres qu'il en a laissés à Humbert, son fils et héritier universel; août 1413; dispose de ses propres en faveur de Charles, Duc de Bourbon; 1441; et décède le 16 avril 1443. Foule d'actes de possessions, d'hom. et d'acquisitions. (*r.* 494, 1359, 1360, 1361, 1362, 1366, 1375, 1380, 1387, 1389, 1392.) Voy. Villars.

HARCOURT (Phil. de). T. s. de Bonnestable : *Mans,* 1394, 1406. (*r.* 343, *p.* 9 ; *r.* 345, *p.* 79, 114.)

HARCOURT (Phil. de), Chev., Sr de Montgomery et de Noyelle-sur-mer, *Bailli d'Amiens* ; 1410. (anc. hom. de France, t. 1, cotte 162.)

HARCOURT (Jeanne, bâtarde de), Dame de la Lende. Chât., t. s. de l'Isle-Savary, à titre d'usufr. : *Chatillon-sur-Indre,* 1446. (*r.*432, *p.* 25.)

HARCOURT (Guill. de), Chev., Cte de Tancarville et de Montgomery, Vte de Melun. T. et châtell. de Montreuil-Bellay : *Saumur,* 1454. (*r.* 341, *p.* 106 ; *r.* 344, *p.* 131.) Rel. de lui : François et Louis de Beaumont ; François de Beauran ; Jean de la Beraudière ; Jaques de Bernezay ; Pierre de Brezé ; Theaude de Châteaubriend ; Charles Doiron ; Jean du Tail ; Pierre Fleury ; Géofroy Gallebrun ; Guill. de la Jumelière ; Gui de Laval ; Pierre de Ponches ; Jean de Razille ; Hardy le Roux ; Ant. Turpin ; François de Vendel, Chevaliers. Géofroy d'Argenton ; Fouquet de la Bouille ; Guill. de Champaigne ; Pierre de la Court ; Pierre Crespin ; Jean et Joachim de la Haye ; Charles de Kraimerch ; Gilles de Maillé ; Jean de Possay ; Jean de la Roche ; Regnaut de Velort, écuyers.

HARCOURT (Jean, bâtard de), Chambel. du Roi Louis XI, reçoit du Cte du Maine, Vte de Chatelleraut, la t. et seg. de Géronde, *al.* de la Gironde ; 1471 *ad* 1481. (*r.* 1351, *p.* 35 ; *r.* 1359, *p.* 674.)

HARDAS (Claude du), Chev., Sg. de Hauteville, fils de feu Jaques de Hardatz, Chev., Sg. de Chevaine. Sergenterie fayée hérédit. au baillage de Lassay : *Mans,* 1630, 1670. (*r.* 357, *p.* 85 ; *r.* 358, *p.* 54.)

HARDAS (René de), Chev., Sg. de Courtilleles, agissant par son proc. Henri le Coutellier, Chev., Sg. de St Pater. F. s. d'Aucinnes, Chenay et Chevallerie : *Sonnois,* 1668, 1680. (*r.* 358, *p.* 127 ; *r.* 410, *p.* 28.) Tiennent de lui : Alexandre d'Aché, et Callais de Vansay, Sg. de Brestel, Chevaliers. Abraham Semalé et Jaques Vaseuf, écuyers.

HARDIAU (Macé). T. s. de la Gauldruere, *al.* Gaultdruyere, par. de Jupilles, et dr. d'usage en la forêt de Bersay : *Chât.-du-Loir,* 1402. — Jean Hardiau ; *Idem;* 1489. (*r.* 344, *p.* 114, 118 ; *r.* 348 *bis, p.* 18.)

HARDOUL (Georget et Colin). Dom. de la Luguetière : *Angers,* 1423 *ad* 1445. (*r.* 327, *p.* 75 ; *r.* 340, *p.* 33, 34, 35.)

HARDOUYN (Macé). Fief de la Fouaye, par. St Mars d'Oustille : *Baugé,* 1489. (*r.* 348 *bis, p.* 18, 21.)

HARDY (François), écuyer, S^r des Loges. Fiefs de la Mote de Moux et des Prost, par. St Symphorien et de Souvigny-le-Thion : *Bessay,* 1684. (*r.* 474, *p.* 482.)

HAREL (Nicole, *al.* Nicolas), médecin du Duc et de la Duch. de Bourbon. Tour, mote. fossés, dom. et garenne de Brossart, prévôté de Besson et une maison à *Moulins,* etc. ; 1494 *ad* 1512. (*r.* 453, *p.* 162 ; *r.* 483, *p.* 48 ; *r.* 484, *p.* 114, 115 ; *r.* 1374, *p.* 2341.)

HARNOUL (Robert), bourg. de Montluçon, pour Ysabelle Françoise, sa f^e. Cens, rentes, tailles et parties de dîme ès par. d'Ingrande et de Teneuil : *Bourb.,* 1377. (*r.* 463, *p.* 98.)

HARNOUX (Robert), écuyer, pour sa f^e N. de Montefelour. Deux métairies en la par. de Teillet, savoir le mas-Chenu et le mas-Chabaut : *Montluçon,* 1443. (*r.* 461, *p.* 306.)

HARPEDONE, *al.* Harpedenne, Chev., Sg. de Belleville. Difficulté avec la Duch. d'*Anjou* au sujet de la Roche-sur-Yon; 1431. (*r*. 329 *bis*, *p*. 142.)

HARPIN (Guill.), écuyer. Terre des Bordes : *Amboise*, 1431. (*r*. 358, *p*. 63.)

HARTIEGE (Jean), écuyer, capit. de cavalerie au rég. de Sourdis. T. s. de Villemonteix et de Gousonnat : *Marche*, 1677. (*r*. 474, *p*. 333.) Signe: Jean Disriege. Voy. Desriege.

HASTIER (André et Phil.), enfans de feu Pierre Hastier, écuyer. Hôtel, t. s. de la Faye : *Aynay*, 1375. (*r*. 462, *p*. 377.)

HAUDRICOURT. (Ant. d'), écuyer. F. s. de Mortillon : *Moulins*, 1488. (*r*. 484, *p*. 84.)

HAUTEFEUILLE (Beraud de), bourg. de Varennes. Trois pièces de terre en la par. de *Billy*; 1367. (*r*. 455, *p*. 324.)

HAUTEFOIS (Marie-Henriette de), v^e de Jaques de Bremond, Chev., Sg. de Vernou, colonel de cavalerie, agissant par son proc. François de Brémond, Chev., Sg. de la Caré, son beau-frère. F. s. de la cour de Lusseray, de la Revelizon et autres : *Melle*, 1703, 1716. (*r*. 437, *p*. 73 et suiv. ; *r*. 438, *p*. 37 et suiv.)

HAUTEFORT (Charles de), écuyer. T. s. de Lusseraye : *Melle*, 1669. (*r*. 433. *p*. 139.)

HAUTERIVE (Béatrix de), v^e de Pierre Guay ou Genais, Chev., Dame de Freysset, et Guill. leur fils, Dam., vendent à Jean, Cte de Forez, divers cens et rentes percept. à Montulet, châtell. de St Bonit : *Forez*, 1323. (*r*. 1394, *p*. 84.)

HAUTERIVE (Robert), fils de feu Robert de Hauterive, Dam. T. s. de Hauterive ; ens. l'hôtel et dom. de la Creuse, par. de Thiel : *Moulins*, *Verneuil*, 1352, 1366. (*r*. 455, *p*. 107 ; *r*. 460, *p*. 78, 79.)

HAUTERIVE (Ysabelle de), Damoiselle, f^e de Robert Pasquier, Dam. Bois appelés la Bretaigne et la Garenne, 2 étangs et quelques mouv. ès par. de Mons et de Chalemot : *Bourb.-Lancy*, 1401. (*r*. 467, *p*. 76.)

HAUTEROCHE (Jean de), *de Alta ruppe*, écuyer, Sg. du Pomier-Chany, par. de St Leger, dioc. de Nismes, et Lionne de la Rochedragon, son ép., fille de feue Cather. Vesse. Maison forte, t. s. de Turlande : *Auv.*, 1493. (*r*. 471, *p*. 199.)

HAUTETERRE (Pierre de), bourg. de Bourges. Maison en cette ville ; rente annuelle sur l'hôtel de Salles, et moitié de la Mote-Beraut, terres, prés, bois, etc. : *Germigny*, 1444, 1446. (*r*. 466, *p*. 19 ; *r*. 1376, *p*. 2656.)

HAUTEVAUX (Berthomer de), écuyer. Maison de Pringi, terres, prés et tailles : *Belleperche*, 1357. (*r*. 464, *p*. 378.)

HAUTIER (François), écuyer, fils de Jaques Hautier. T. s. de Villemontée, par. de Bromond : Elect. de *Clermont*, 1686. (*r*. 504, *p*. 120.)

HAUTONNIERE (Jaques de la), et Jeanne de la Ferriere, sa f^e. F. s. de Rouillon : *Mans*, 1606. (*r*. 351, *p*. 95.)

HAUTONNIERE (Joseph de la), Chev., Mis de la Hautonniere, Sg. de la Pichoraye, gouverneur de Rennes, à cause de Marguer. d'Angennes, son ép. F. s. de la Concressault : *Bourges*, 1703. (*r*. 448, *p*. 53.)

HAVART (René), receveur des tailles en l'Elect. de Paris. Fief du Puy d'Arcay, par. d'Azay : *Amboise*, 1670, 1672. (*r*. 358, *p*. 63 ; *r*. 505, *p*. 48.)

HAYE (Brient de la), Chev. Terres et châtell. de la Haye-Joullain, du

Plessis-Macé, Sauterre et Sapvoniere : *Angers*, 1404, 1408. (*r.* 337, *p.* 62, 72 ; *r.* 340, *p.* 126, 127.) Tiennent de lui : Raoul de Brie ; Gilles de Clerambaut ; Thibaut de l'Espino ; Jean Ruffier ; Jean du Vergier ; Jean de Villeprouvée, Chevaliers. — Guill. sire de la Haye-Joullain et de Sauterre, étant débile d'esprit, sa sœur Cather., Dame de Thors, est chargée de l'administr. de ses biens ; 1424. (*r.* 337, *p.* 72 ; *r.* 340, *p.* 128.)

HAYE (Géofroy de la), écuyer, pour sa f⁰ Jeanne d'Ancenis. T. s. de Bellenoë : *Angers*, 1409. (*r.* 337, *p.* 44 ; *r.* 341, *p.* 35.)

HAYE (Jean de la), écuyer. Terre et baronnie de Passavant ; ens. les châtell. de Brochessat et de Chemillé, (marié en 1446 à Ysabeau, fille de feu Thebaut de Bleymont) : *Angers, Semur*, 1416 *ad* 1457. (*r.* 333, *p.* 164 ; *r.* 337, *p.* 55 ; *r.* 339, *p.* 42 ; *r.* 341, *p.* 101, 102 ; *r.* 344, *p.* 122, 124.) Tiennent de lui : Jean Amenart ; Guill. de Bour ; Pierre de Brezé ; Jean Chapperon ; Pierre Flory ; Tristan de la Jaille ; Jean de Maillé ; Jean de Montfaucon ; Thebaut Odart ; Jehan Pelant ; Hardy le Roux ; Pierre de Sierzay, Chevaliers.

HAYE (Jean de la), Chev. Fief de la Haye, h. m. et b. justice, ès par. du Gué de Nyau et de Bocé : *Baugé*, 1444, 1480. (*r.* 342, *p.* 45 ; *r.* 348, *p.* 8, 36.)

HAYE (Guillemette de la), f⁰ de Pierre de Ponches, Chev. Réclamation de sa dot ; 1457. (*r.* 1352, *p.* 206.)

HAYE (Louis de la), Sg. de Passavant, de Chemillé et de Mortaigne. Fiefs de la Masure, des Magnis, etc. : *Montfaucon*, 1472. (*r.* 333, *p.* 43.)

HAYE (Pierre de la), écuyer. T. s. de la Grand-Lent, par. de Gémone : *Chât.-du-Loir*, 1489. (*r.* 348 *bis, p.* 18, 21.)

HAYE-MONBAULT (J. B. de la), Chev., Sg. des Hommes. F. s. de Bourneau : *Vouvant*, 1698. (*r.* 436, *p.* 187.)

HAYE (François de la), écuyer, S⁰ dud. lieu. Maison, dom., moulin, cens et rentes de la Bastisse et Periers, par. dud. Periers : Elect. d'*Issoire*, 1670. (*r.* 500, *p.* 46.)

HAYER (Dreux le), Sg. de la Chevalleraye et de la Follaine. Châtell., t. s. de Chedigné, qu'il a acquise le 26 octob. 1681 : *Loches*, 27 juin 1690. (*r.* 421, *p.* 25.)

HAYER (feu René le). Sa v⁰ Jaquette tient le fief de la Guasnerie : *Chât.-du-Loir*, 1489. (*r.* 348 *bis, p.* 18.)

HAYER (Phil.-Louis le), de la Follaine, Chev., M⁰ d'hôtel ordin. du Roi, et enseigne au rég. des Gardes-Françaises, seul hérit. de Thomas-Dreux le Hayer, écuyer, Sg. de Chedigny, aussi M⁰ d'hôtel ordin. du Roi, et son lieut. au gouvern⁰ de Toul, fils de Gamart le Hayer. Terre et châtell. de Chedigny : *Loches*, 1739. (*r.* 427, *p.* 9.) Voy. aussi Vallée Pimaudan.

HAYES (François-Joseph des), prieur de S⁰ Geniteur du Blanc, et Jeanne des Hayes, sa sœur. Partie de la dîme de Vaux et Villaine, par. de Condé : *Issoudun*, 1717. (*r.* 449, *p.* 264.)

HEES (Guill. des), écuyer, pour Marie Souchière, sa f⁰. Dîme de Puyrenon, par. de Verrue : *Mirebeau*, 1459. (*r.* 332, *p.* 19.)

HELDIN (noble Louis-Claude-François), av. en parl., fils de feu Louis Heldin, anc. payeur des rentes de l'hôtel de ville de Paris, capit. des gardes de M⁰ de la Vallière, gouverneur du Bourbon. F. s. de Villards, par.

de Lucenat-sur-Allier : *Belleperche,* 1711, 1716. (*r.* 476, *p.* 258 ; *r.* 477, *p.* 204.)

HELIE (Stevenin), Dam. T. s. de la Praelle, et dr. d'usage en la forêt de Tronceon : *Chantelle,* 1322. (*r.* 458, *p.* 147.)

HELIE (Guill.), Dam. Maison, dom., dîmes, garennes, cens et tailles ès par. de Mellars, Feline, Santiat et Brenay : *Verneuil,* 1342, 1357. (*r.* 460, *p.* 198, 208.)

HEMERY (Marie), v^e de Toussain Barré, Sr de Boc, bourg. d'Issoudun. Partie de la dîme de l'Espinière, par. de Lezerai ; ens. le moulin du Colombier : *Issoudun,* 1671. (*r.* 444, *p.* 14.) Voy. Barré (J. B.).

HENARD, *al.* Eynard (Jean), docteur en médecine, et Jean-François, son fils, comme donataires de feue Marie Thérèse-Gratia le Blanc, f^e séparée de biens de François de Bargue. Rente noble de Crussol en la par. de Lentilly : *Lyon,* 1722. (*r.* 497, *p.* 175, 189.)

HENRI (M^e), fauconier du Sire de Bourbon. Le vill. et les hommes de Bort et de Chaudenay ; ens. les bois de Sauzey et de Chaudenay, avec six quartiers de vigne à Montluçon : *Hérisson,* 1265. (*r.* 1357, *p.* 390.)

HENRI (Tevenin), paroiss. de Benegon. Chesau sis à Charlet, avec deux pièces de terre, un pré et deux vignes : *Aynay,* 1356. (*r.* 463, *p.* 27.) Non noble.

HENRI (Marie), f^e d'honorable homme Jean Rossignol, m^d tanneur, héritière de Marie Thebaut, sa cousine germaine ; Jeanne Moreau, v^e de prudent homme Charles Plazannet ; prudent homme Etienne Champion, m^e cordonnier, et Simon Bandin, laboureur, comme hérit. de Marguer. Didier, sa mère. Fief de la Peauldrie, *al.* Pyauderie, par. de *Vierzon* ; 1686. (*r.* 446, *p.* 145 ; *r.* 447, *p.* 51.)

HENRI (J. B.), anc. trés. gén. des galères. Terre de la Grange-St-Jean, par. de Trouy, acq. de Louis-Auguste de Navinault, Chev., Sg. du Petit-Paris : *Bourges,* 1719. (*r.* 450, *p.* 77, 85.)

HENRI (Michel), bourg. de Lyon. Rente noble et dîmes de Chassagny, ès par. de St Martin de Cornas, St Andeol-le-Château, et St Romain en Giers : *Lyon,* 1726. (*r.* 498, *p.* 17.)

HENRICON (Guill.), écuyer, archer du corps du Roi. Délai d'hommage pour ses terres sises ès châtell. d'*Ainay* et *Germigny* ; 1455. (*r.* 1374, *p.* 2415.)

HERAL, *al.* Herail (Balthasard), de Pierrefort, Chev., fils de Gaspard Herail de Pierrefort, Chev. Chât., t. s. de la Roue au bourg de St Antesine ; ens. la t. et seg. de Montpelouz, Elect. d'Issoire : *Riom,* 1669. (*r.* 499, *p.* 654 ; *r.* 502, *p.* 102.)

HERAS, *al.* Eras (Ponce d'), Dam., du dioc. de Vienne, et Louise, sa mère. Chât. forts d'Eras et de Seintran, avec partie du péage de Heras : *Forez,* 1323. (*r.* 493, *p.* 72, 73.)

HERAULT (Ant.) proc. F. s. de Chât.-Gaillard ; ens. une dîme en la par. de Seuillet : *Billy,* 1722. — Jaques-Ant. Herault, proc. ; *idem* ; 1736. (*r.* 478, *p.* 210 ; *r.* 481, *p.* 137.)

HERAULT (Jean), laboureur, Antoine, autre Jean et Marie ses frères et sœur, enfans d'Ant. Herault. Partie de la dîme de Parsay, par. de Venas : *Hérisson,* 1723. (*r.* 478, *p.* 420.)

HERBIERS (Marie-Charlotte-Henriette des), v^e d'Ant. d'Arcemalle,

Chev., Bon de Langon, comme tutrice de leur fils unique Ant.-Charles-Henri d'Arcemalle. F. s. d'Arcemalle, par. de Vouillé ; ens. la g^{de} et petite Liolière, par. du Langon : *Vouvant*, 1715. (*r.* 437, *p.* 279, 281.)

HERIÇON (Me Pierre de), *Hericione*, Dam. Hôtel. t. s. de Civray, et usage en la forêt de l'Espinasse : *Hérisson*, 1413. (*r.* 462, *p.* 181.)

HÉRIÇON (noble homme Me Jean de), Dam., licentié ès lois. Cens et justice moyenne en la par. *de Malliaco : Hérisson*, 1443. (*r.* 462, *p.* 184.)

HERIÇON (Jean de), écuyer, cons. au parl. de Paris. Hôtel, t. s. de Civray, et dr. d'usage en la forêt de l'Espinasse ; ens. les t. et seg. d'Ouroux, de Bouble et de Verignet ; et pour Cather. de Villers, sa f^e, le quart de la g^{de} dîme de Villene, celle de Villate, étangs et garennes : *Chantelle, Hérisson, Murat*, 1468. (*r.* 458, *p.* 250 ; *r.* 462, *p.* 158, 242, 250.) — Jean de Hériçon, écuyer. T. s. de Civray, l'Ouroux et le Bouble : *Chantelle, Hérisson*, 1505. (*r.* 453, *p.* 154 ; *r.* 483, *p.* 42.)

HERIÇON (Gamaliel de). Moitié de la seg. de Civray : *Hérisson*, 1506. (*r.* 453, *p.* 2.)

HERIÇON (Jean de), écuyer. Maison seig. de Hériçon, cens et rentes : *Bourb.*, 1505. (*r.* 452, *p.* 278.)

HERISSON (Jeanne de), v^e de Jaques Peiguerre. Herbergem^t de la Grimaudière : *Mirebeau*, 1406. (*r.* 330, *p.* 116.)

HERITIER de la Croix (Guill. l'), fils de feu Guill., paroiss. d'Ingrande et de St Plaisir, *al.* St Placide, alternativem^t par année. Le Pré de l'Ombre, *de Umbra* du Perrin : *Bourb.*, 1403. — Jean l'Héritier de la Croix, son fils, Jean et Guill. ses frères : *idem* ; 1405, 1410. (*r.* 464, *p.* 100, 225, 366.) Non nobles.

HERLACES (Pierre de), Chev., à cause de sa f^e, Nicole de Voutreuille, Dame de Sourbe. Chât. fort de Sorboy : *Bourbon*, 1384. (*r.* 465, *p.* 111.)

HERMANT (Jean). Hôtel, dom. et seg. en la par. de Trenol : *Moulins*, 1398. (*r.* 455, *p.* 85.) Non noble.

HERME (Jacotin). Un fief au chât. de Sury-Comtal : *Forez*, 1458. (*r.* 1402, *p.* 1271.)

HERMINIER (Elisabeth l'), v^e de Charles Farjonel, comme tutrice de leur fils Louis-Charles Farjonel. F. s. de Corgenay, par. de Neufvy : *Moulins*, 1717. (*r.* 477, *p.* 287.)

HERMIOS (Jaucerand), Chev., Sg. d'Arcias, vend à Guigues de la Roche divers cens et rentes assis au mandem^t d'Arcias, comme aussi le mas de Chareas : *Forez*, 1246, 1262. (*r.* 1397, *p.* 554 ; *r.* 1398, *p.* 738.)

HERMIOS, *al.* Hermo, Hermion (Ponce), Chev., vend à son Sg. Guigues de la Roche, ses cens et rentes sur le mas de Merle : *Forez*, 1258. (*r.* 1397, *p.* 592.)

HERMO, *al.* Hermion (Hugues et Ponce), frères, Dam., du dioc. d'Annecy. Le mas de la Bastide et dép., au mandement de la Roche : *Forez*, 1336. (*r.* 493 *bis*, *p.* 118.)

HERMO (Ponce de), Hugues de Villade, Damoiseaux, et Arnaudete, femme de celui-ci. Dom. et dr. aux chât. de la Roche d'Arcias, de Retornat et de Malmernas : *Forez*, 1344. (*r.* 494, *p.* 33.)

HERNE (Françoise), v^e de René Basseric. T. s. d'Aulton, acq. de Louis du Puy, écuyer, Sr de Nazelles et de Jaques David, écuyer, Sr de Fontanelles : *Loudun*, 1594. (*r.* 352, *p.* 180, 181.)

HERON (Lambert), écuyer, trés. de France. F. s. de Lorme, par. de Branssat: *Verneuil,* 1720. (*r.* 478, *p.* 134.)

HERON (François), cons. du Roi au grenier à sel de Gannat, pour Anne-Françoise de Chatais, sa f*e*. F. s. de la Chenal-Beaugard, par. d'Estroussat: *Chantelle,* 1724. (*r.* 478, *p.* 505.)

HERON (Elisabeth). Fief de Cordebeuf, par. de Paray sous Brialle: *Billy,* 1728. (*r.* 481, *p.* 14.)

HEROUARD (René de), écuyer, fils d'Eustache de Herouard, écuyer, et de Marie de Matheflon. F. s. et h. justice de Guiroux, *al.* Givroux, par. S*t* Denis de Palain; ens. la vicomté et veherie de Chipoux: *Dun-le-Roi,* 1693 *ad* 1713. (*r.* 447, *p.* 153 ; *r.* 448, *p.* 52, 92 ; *r.* 449, *p.* 68, 290.)

HEROUARD (Jeanne de), f*e* de Henri Rolland, écuyer, S*r* du Coudray. Fief des Barres de Vineuil, par. de Bussy: *Dun-le-Roi,* 1701. (*r.* 448, *p.* 40.)

HEROYS (Louis), écuyer, très. de France. F. s. d'Origny et de Certilly, ès par. de Neufvy et de Coulandon : *Moulins,* 1684. (*r.* 474, *p.* 392, 393.)
—Louis Heroys, écuyer, S*r* de Mingot, trés. de France, et Marguer. Brisson, sa f*e*. T. s. de la Ramas et du Coudray, ès par. de Vesse, de Chappes et de Deux-Chaises: *Murat, Vichy,* 1694; ens. le fief et seg. de la Vieure, par. et châtell. de *Souvigny ;* 1698. (*r.* 475, *p.* 121, 128 ; *r.* 478, *p.* 571.)

HEROYS (Pierre), S*r* d'Origny, cons. du Roi au siége présid. de Moulins; Jean Faydeau, écuyer, S*r* de Moux, à cause de Marguer. Héroys, sa f*e*, et Magdel. Héroys, f*e* d'Etienne de Tissandier, écuyer. T. s. du Bouis, par. de Teneuille: *Bourb.,* 1692. (*r.* 475, *p.* 92.)

HEROYS (Louis), écuyer, Sg. de Mirebeau et Chanillet, trés. de France. F. s. de la G*de* Augiere, par. de Montilly, et celui du Sault, par. de Bagneux; ens. les dîmes du Bart: *Belleperche,* 1714. (*r.* 477, *p.* 109.)

HERPIN (Jaquet), écuyer. Rente sur cens et tailles percept. en la par. de Pontlevoy, au lieu appel. les Bordes : *Amboise,* 1446. (*r.* 432, *p.* 104.)

HERPIN (Jeanne), v*e* de Guill. Larable, écuyer, ayeule et tutrice de Gabriel Larable. F. s. du chât. Herpin, *al.* le chât, Merer: *Vierzon ;* 1653. (*r.* 443, *p.* 14.)

HERUS (Jaques), m*d* à Bourges, pour Jeanne Rossignol, sa f*e*, fille de Jean Rossignol. Fief de la Piaudrie, par. *Vierzon ;* 1711. (*r.* 449, *p.* 68.)

HERVET (Jaques), m*d* ; Gabriel Champion, cordonnier ; Etienne Tardy et Pierre Ragot, manouvriers. Trois quarts du fief de la Piauderie, par. de *Vierzon ;* 1719. (*r.* 450, *p.* 78.)

HEULART (Martin), bourg. de Tinchebray (bas *Anjou*), tient un moulin à bled en la par. de Maisoncelles, et prend à rentes les bois de Maisoncelles-la-Jourdan ; 1477. (*r.* 335, *p.* 174 ; *r.* 336, *p.* 67.)

HEULHARD (Pierre), S*r* de Cortilly, receveur des épices et amendes de la ville de Moulins, et Anne Gay, sa f*e*, héritière en partie de feu Robert Gay, médecin, et de Guillemette-Jaqueline Minard, ses père et mère. F. s. des Folles, par. de Pierrefitte : *Moulins,* 1703, 1707. (*r.* 476, *p.* 84, 190.) Signe, Heilmard et aussi Heilmasel. — Pierre Heulhard, S*r* de Cortilly, av. en Parl. ; *Idem ;* 1717. (*r.* 477, *p.* 578.) Signe, Heumard.

HEULHARD (Jaques), Fief des Garnaudes, par. de Bressolles: *Moulins,* 1717, 1722. (*r.* 477, *p.* 265 ; *r.* 478, *p.* 196.)

HEULHARD (Jeanne). Partie de dîme en la par. de Louchy : *Verneuil,* 1726. (*r.* 480, *p.* 96.)

HEUREUX (François l'), présid^t au grenier à sel de Moulins. Terre, cens et devoirs de Fourchaud, et dîme de Cornelieres, par. de Souvigny-le-Thion et de Toulon, acq. de Claude Roch, écuyer, Sr de Fourchaud : *Bessay, Moulins*, 1720, 1727. (*r*. 478, *p*. 62 ; *r*. 479, *p*. 80.)

HEURTAULT, aussi Hurtault (Gilles), écuyer, Sg. de Suldray, et son père, Robert Heurtault, écuyer, S^r d'Houé. Hôtel et maison noble de Sollie, h. m. et b. justice; ens. le fief du Boiscurin : par. de Suldray : *Bourges, Vierzon*, 1669. (*r*. 443, *p*. 40 ; *r*. 445, *p*. 41.)

HEURTAULT (Gilles), fils de Phil. et petit-fils de Gilles Heurtault, Sr du Mez. F. s. de Chanteloup ; ens. le g^d pré du Mez, et la dîme de charnage (de sang), par. de Lezeray ; 1670. — Guill. Heurtault, Sr de Merolles, son fils. Même fief ; 1676 : *Issoudun*. (*r*. 443, *p*. 70 ; *r*. 445, *p*. 109, 112, 268 ; *r*. 446, *p*. 36 et suiv.) — Me J. B. Heurtault, av. en parl., fils de Gilles Heurtault, Sr du Mez et de Chanteloup. Même pré du Mez, par. St Cyr ; 1681. — J. B. Heurtault, son fils ; *Idem* ; 1681 *ad* 1716. (*r*. 445, *p*. 31, 394, 431 ; *r*. 449, *p*. 221.)

HEURTAULT (Jean-Claude), prieur de St Martin de Vouzeron, chan. de Bourges. Le g^d pré de Bataille : *Mehun-s.-Y.*, 1670 ; et, comme hérit. de Claude d'Orsanne, écuyer, Sg. de Merolles. La métairie de Ribat, par. de Paudy : *Issoudun*, 1713. (*r*. 445, *p*. 125 ; *r*. 449, *p*. 114, 171.)

HEURTAULT (Pierre), bourg. d'Issoudun, fils de Jean Heurtault. Fief noble et métairie de la petite Grange, situés à Villenove : *Issoudun*, 1671. (*r*. 444, *p*. 14.)

HEURTAULT (Denis), écuyer, Sr de la Trepelerie, M^e d'hôtel ordin. de la maison du Roi, commissaire provincial de l'artillerie de France, veuf de Françoise d'Orsanne, fille de Claude d'Orsanne, Sg. de Saragosse et de Merolles. Partie de la dîme de Tassay, par. de Chouday : *Issoudun*, 1671. (*r*. 444, *p*. 45.)

HEURTAULT (René), av. du Roi au baill. d'Issoudun, fils de Phil. Heurtault. F. s. de Villenes, par. de Condé : *Issoudun*, 1669. (*r*. 443, *p*. 49.) — Phil.-René Heurtault, Sr de Marigny, fils de Phil. Heurtault et de Cather. Merigot. Même f. et seg. de Villaine ; 1694. (*r*. 447, *p*. 115, 173.) — Phil.-René Heurtaut ; *Idem* ; 1716. (*r*. 449, *p*. 216.)

HEURTAULT (Phil.), Sr de Marche-Martin. F. s. de Sermelle, par. de Luçay-le-Chétif : *Issoudun*, 1677, 1684. (*r*. 445, *p*. 280 ; *r*. 446, *p*. 101 et suiv.) — J. B. Heurtault, son fils, controlleur ambulant des aides de la généralité d'Amiens ; *Idem* ; 1702 *ad* 1726. (*r*. 448, *p*. 35 ; *r*. 449, *p*. 273 ; *r*. 451, *p*. 105.)

HEURTAULT (René), écuyer, Sg. de Soupize. F. s. de Boisbuart, par. de Parnay, acq. de Jaques Duplessis-Chastillon, Chev., et de Jeanne-Marie de Fradet, son ép. ; ens. la veherie et vicomté de *Dun-le-Roi* ; 1701 *ad* 1718. (*r*. 448, *p*. 24, 91 ; *r*. 450, *p*. 8.)

HEURTAULT (François-de-Sales), de Graville, Sr de Boislavigne, et Jeanne Grason, son ép. Partie de la dîme qui se lève en la par. de Chouday, acq. du Sr Heurtaut de Boisbuart : *Issoudun*, 1703, 1705. — Phil.-François Heurtault, Sr de Boislavigne, leur fils. Le pré appelé Carré : *Issoudun*, 1717, 1721. (*r*. 449, *p*. 268 ; *r*. 450, *p*. 92.)

HEURTAULT (René), Sg. de St Christophe, et Marie Robert, son ép., donataires de Marie Amyot, v^e de René de Fleury, Sr de Sermelles, lieut.

partic: au baill. d'Issoudun. Maison, dîme et censives en la par. de St Cyr; ens. 1/5 de la dîme du pressoir à l'Archevêque, par. de St Lisaigne: *Issoudun,* 1720, 1726. (*r.* 450, *p.* 88, 100 ; *r.* 451, *p.* 107, 168.)

HEURTELOU, al. Hertelou ou Hertelon (Jean). Hom. lige pour la sergenterie fayée de Mayet : *Chât-du-Loir,* 1489, 1547. (*r.* 348 *bis, p.* 18; *r.* 432, *p.* 75.)

HEYMART (Guill.), de Sauzet. Rentes en grain et gelines, par. et châtell. de Gensiat ; 1301. (*r.* 469, *p.* 35.)

HIDRECAIN (Charlotte de), ve de Pierre Desmartz, Sr de l'Espine, écuyer tranchant de la feue Reine mère. T. s. de Cornillau St Georges : *Amboise,* 1626. (*r.* 357, *p.* 87.)

HILLERET (Claude-Faucon de), écuyer, fils de Charles-Faucon de Hilleret, écuyer. T. s. du Bouschet, par. de Rayhade : Elect. de *Brioude,* 1670. (*r.* 499, *p.* 700.)

HILLERIN (Jean), à cause de Mathurine Rechere, sa fe. Herbergement de Mons en la par. de Decnon: *Mirebeau,* 1451. (*r.* 330, *p.* 5.)

HILLIERE (Anne de la), ve du Mis de Crevant, agissant par son proc. Pierre Mandat, écuyer, Sr de Villeciclair. T. s. de Lucé ; ens. la Tousche d'Artigue, pour remplacement de ses deniers dotaux sur les biens d'Ant. d'Amboise, son 1er mari : *Amboise,* 1665. (*r.* 357, *p.* 131.)

HINDRET (noble Gaspard). Chât., t. s. de Beaulieu, dom., bois et rentes nobles en la par. de Morassie : *Lyon,* 1677. (*r.* 495, *p.* 117.) — Françoise Hindret, ve de Joachim de Gagnieres, Chev., Sg. de Belmont, capit. des gardes du Duc de Savoie. Même chât. ; ens. celui de Belmont et rentes nobles en dép. : *Lyon,* 1721. (*r.* 497, *p.* 106, 110.)

HIRRY (Guill. de), bachelier ès lois, proc. au baill. ès montagnes d'Auvergne. Maison, terres, grange et rentes ; 1503. (*r.* 471, *p.* 62.)

HOC (Guyon le), Chambellan du Roi. T. s. d'Azay-le-Riboult : *Mans,* 1488. (*r.* 348 *bis, p.* 15.)

HODAN (Robert le), à cause de Thomine, sa fe, ve de Perrot de Ste Marthe, dem. à Tours. Partie des fiefs de Julenges et de Villemereau, par. de Vernon: *Amboise,* 1485. (*r.* 432, *p.* 126.) — Ant. de Houdan, écuyer, hérit. de Pierre de Houdan. T. s. des Landes, même par. de Vernon ; 1590. (*r.* 351, *p.* 61.)

HODEAU (Robert), écuyer, Sr de Lamoignon, maire de Bourges. Dîme de Trousay, par. de Sudray : *Bourges,* 1669. (*r.* 443, *p.* 39 ; *r.* 445, *p.* 34.)

HODIEU (Benoît), cons. en la cour des monnoyes de Lyon. Chât. t. s. de Mongay, par. de Fontaines, acq. de Nicolas de Migieux, écuyer, et de Marie-Magdel. Martinet, de Beaufort, son ép. : *Lyon,* 1736. (*r.* 498, *p.* 140, 158.)

HODON (Philippon). Fief de feu Macé le Molnier, par. de Mayet : *Chât.-du Loir,* 1404. (*r.* 344, *p.* 112, 118.)

HODON (Me Adam), écuyer, secrét. du Roi. Cinq hommages, savoir, du chât. et forteresses des Salles de Mayet des fiefs de Rougemont, de Jarnay, de Vaumorin et de Chource, avec le dr. d'usage en la forêt de Beurçay : *Chât.-du-Loir,* 1489. (*r.* 348 *bis, p.* 21, 182.)

HODON (René de), écuyer, Sr de la Gruellerie en Mayet, veuf de Renée de Segrais. T. s. de Sarceau, par. de Sarcé : *Chât.-du-Loir,* 1663.

(r. 356, p. 26; r. 431, p. 16.) Rel. de lui : Pierre de Triolon, Chev., Sg. de Chaumagnon et de la Couetterie.

HODON (Jean de), écuyer, Sr de Vauloger, fils de Jean de Hodon, écuyer, Sr de la Gruillerie et de Susanne de Serraincourt. T. s. de Launay-Briant, par. St Jean de la Mothe : *Chât.-du-Loir*, 1666, 1669. (r. 357, p. 21, 22 ; r. 431, p. 43.)

HOUDON (Adam), écuyer, Sg. de Cravant, gentilh. ordin. de la maison du Roi, Chev. de l'ordre. Baronnie, t. s. de Verrieres, par. de Bournan : *Loudun*, et partie de la châtell. de Cravant : *Chinon*, 1565 *ad* 1605. (r. 351, p. 11, 27 ; r. 352, p. 42, 95 ; r. 367, p. unique ; r. 430, p. 1.)

HOMEDE, *al.* Hommet (Jean). Herbergement de Valauberon, dom., bois, garenne et droits féodaux : *Mans*, 1404. (r. 343, p. 4 ; r. 345, p. 52.)

HONORAT (François-Barthelemy), écuyer, Bon de Vaux, fils de feu Barthelemy Honorat, écuyer, cons. au siége présid. de *Lyon*. Fief de Jausay : *Lyon*, 1686. (r. 495, p. 149.) Signe, d'Honorati de Vaulx.

HOPITELERS (Etienne des). Parties de terre et de champ au territ. de la Faye et en la par. de Veroz : *Germigny*, 1310. (r. 466, p. 53.) Non noble.

HORVALET (Guill. de), fils de feu Et. de Cambon, Dam. vend à Robert, Cte de Clermont, Sire de *Bourbon.*, un bois tenant au chemin qui va de Moulins à Chavaigne ; 1308. (r. 1377, p. 2778.)

HOSPITAL (Henri-François de l'), écuyer, fils de Gilbert de l'Hospital, écuyer, Sg. de la Roche. T. s. de Monbardon, par. St Denis de Combarnazat, Elect. de Gannat : *Riom*, 1669 *ad* 1723. (r. 499, p. 638 ; r. 502, p. 98 ; r. 503, p. 147 ; r. 506, p. 266 ; r. 508, p. 64.)

HOSPITAL (François de l'), écuyer. T. s. de Monbardon, Barnazat et Courrayol, par. St Dompuy et autres : *Riom*, 1740. (r. 511, p. 58.)

HOUAT (Augustin d'), écuyer, Sr de la Vergne, fils aîné de feu Léon d'Houat, Chev., Sg. de Jeu, et de Françoise Frotier. F. s. des Bordes : *Chatelleraut*, 1703. (r. 437, p. 46.)

HOUET (Michel d'), prêtre. F. s. ès vill. de Monneyroux, Villefavan et autres en la seg. d'Hermant : *Riom*, 1669. (r. 499, p. 145.)

HOUMY (Jeanne d') ; v^e de Louis d'Eschaussitouite, Dame de Salieupé, agissant par son proc. Silvain de Rochedragon, son gendre, écuyer, Sg. de la Voreylle, comme tutrice de Godefrey d'Eschaussitouite, écuyer, son fils, âgé de 12 ans. F. s. de l'Espinas et Soullier : *Ahun*, 1669. (r. 474, p. 276.)

HOUSSET (Claude), secrét. du Roi. Baronnie, t. s. de Samblançay, le Plessis-Aleaume, châtell. des ponts de Tours, et prévôté de Neufvy : *Tours*, 1651. (r. 355, p. 67.)

HOUSSET (René du), écuyer, Sr du Pezeau, et Marie de Campigny, son ép. F. s. du Hautpuy, par. de Vouzeron : *Mehun-s.-Y.*, 1671. (r. 444, p. 36.)

HUBERT (noble Jean), anc. échevin de Lyon, sindic gén. de la province du petit Franc-Lyonois. T. s. de St Didier-sur-Froment, acq. de Camille de Baraillon, Chev., Sr de la Combe, lieut. gén. d'Artillerie : *Lyon*, 1719. (r. 497, p. 12, 45, 46.)

HUCHIER (René), m^d. fils de Simon, qui étoit fils de Phelix Huchier, greffier au gren. à sel de Dun-le-Roi. Maison des 4 coins au vieux chât. de *Dun-le-Roi* ; 1669. (r. 443, p. 49 ; r. 445, p. 33.)

HUCHON (Hugonet de), dit d'Essartous, et Mathieu, son fils. Tènement, dom. et mouv. en la par. de Cuzay : *Beaujeu*, 1277. (*r.* 489, *p.* 280.)

HUCHON (Ysabelle, v⁰ de Jean de), Chev. Maison, dom., bois, cens et rentes en la châtell. de Huchon : *Beaujeu*, 1338. (*r.* 489, *p.* 323, 324.)

HUET (Charles), écuyer, fils de Pierre Huet, Sg. d'Artigny, et de Françoise Pélisson, prévôt et lieut. crim. de robe courte en la maréch. de *Chât.-du-Loir*. T. s. de Vaux, par. de Flee ; 1657, 1661. (*r.* 355, *p.* 52 ; *r.* 356, *p.* 97.)

HUGON (Jaques), écuyer, héritier de feu Pierre Hugon, Chev., écuyer ordin. du Roi et M⁰ d'hôtel de Madame la Dauphine. T. s. de Givry ; ens. celle de Laugere, et dîme en la par. de Breuray : *Verneuil*, 1692 ad 1718. (*r.* 475, *p.* 71, 133 ; *r.* 477, *p.* 574, 626.) — Pierre Hugon, écuyer, son fils ; *Idem* ; 1723, 1726. (*r.* 478, *p.* 387 ; *r.* 480, *p.* 94.)

HUGON (Gilbert), écuyer, Sg. de Fourchaud. F. s. de Génetines, ès par. de S¹ Plaisir et de Couleuvre : *Bourb.*, 1704. (*r.* 476, *p.* 138.) — Pierre Hugon, Chev., Sg. de Pouzy, son fils ; *Idem* ; 1717. (*r.* 477, *p.* 299, 303.)

HUGON (Gilbert), écuyer. T. s. de Givry, par. de Bresnay : *Verneuil*, 1728. — Pierre Hugon, son frère, et hérit. ; *Idem* ; 1736. (*r.* 480, *p.* 100 ; *r.* 481, *p.* 116.)

HUGUET (Jean), bourg. de Moulins. Rentes sur les héritiers de Jean Mauclerc de la Vallée, et sur un moulin en la par. de Trenol : *Moulins*, 1443. (*r.* 454, *p.* 123.)

HUGUET (Jean), bourg. de Hérisson. Dîme en la par. de Cheurais : *Hérisson*, 1505. (*r.* 453, *p.* 24.)

HUGUET (Martin), Sʳ du Lis, chan. de S¹ Sauveur de Hérisson. Cens annuel sur le vill. de Chiez, maison, terres, prés, bois, taillis, par. de Venas ; 1691, 1693 : *Hérisson*. (*r.* 475, *p.* 60, 107.) — Michel Huguet, Magdel. et Cather., ses sœurs ; Jean et Louise, ses neveu et nièce, enfans de François du Lys, tous hérit. du chan. susd., leur frère et oncle. Etang appel. du Lis, par. de Cosne ; ens. le mas de la Chaize, dom. et cens en dép., par. de Venas : *Hérisson*, 1695, 1698. (*r.* 475, *p.* 151, 152 ; *r.* 478, *p.* 572, 573.) — Jean Huguet. F. s. du Lys, 1716. Le même et Louise sa sœur, hérit. de feue Cather. Huguet, leur tante. Etang du Lys, par. de Cosne ; 1722. (*r.* 477, *p.* 184 ; *r.* 478, *p.* 288.)

HUGUET (Ant.), greffier aux eaux et forêts de Cerilly. Partie de dîme en la par. de Venas : *Hérisson*, 1716. (*r.* 477, *p.* 216.)

HUGUET (Ant.-Augustin), du Lys, av. en parl. Maison appel. l'hôtel de Montchenin, et deux terriers ès par. de Chatelois et de Venas : *Hérisson*, 1717. (*r.* 477, *p.* 522.)

HUILLIER (Jean l'), écuyer, fils de Jean, écuyer. Fief et vcherie de Bouy, par. S¹ Georges-sur-Moulon : *Bourges*, 1710. (*r.* 449, *p.* 20.)

HUISSEL (Benjamin), écuyer, Sʳ de Beauregard, veuf de Marie d'Olivière, et tuteur de leurs enfans. Dîme des Cloux, par. de Cerilly, en la châtell. de la Bruyère l'Aubepin : *Bourb.*, 1717. (*r.* 477, *p.* 340.)

HUMBERT (Jean), fils de feu Hugonet Humbert ; Bernard, Petronin et Alise, ses frère et sœur. Maison de Tresuble, dom., garenne et dr. de pêche ès par. de Tresail et de Varenne-sur-Tesche au dioc. de Clermont ;

ens. la mote, terres, prés, bois, garenne de Gravegles : *Chavéroche*, 1301. (*r*. 468, *p*. 295, 319.)

HUME DE CHERISY (Paule-Antoinette de); François de Cluny, Chev., Sg. de Thenissey, et son ép. Marie Anne de Popillon, par acq., tant de Charles de Popillon, Chev., que de Louise de Popillon, et de dame Anne de Traue de Choiseul. T. s. du Reau, par. d'Aurouer : *Belleperche*, 1697. (*r*. 475, *p*. 212.)

HUMES (Ant. des), écuyer. Maison, grange, jardin et autres hérit. au vill. du Breul : *St. Pierre-le-Moust.*, 1688. (*r*. 474, *p*. 658.)

HUMIÈRES (Bertrand d'), écuyer, Sg. de Vareilles, pour sa f^e Antoinette del Boissel, fille de Marie de Toursiat. Chât., t. s. de Toursiat : Elect. de *Brioude*, 1670. (*r*. 499, *p*. 748.)

HURAULT (Jaques), Chev., trés. de France, et Raoul Hurault, Chev., aussi trés. de France, son fils. Châtell., t. s. de Vibraye : *Mans* ; ens. les t. et seg. de Huriet et de Quinssaines, acq. de feu Jaques Hurault, Chev., gouverneur et bailli de Blois : *Hérisson*, 1514, 1520. (*r*. 348 bis, *p*. 15 ; *r*. 452, *p*. 280 ; *r*. 483, *p*. 55, 73.) — Jaques Hurault, Chev. de l'Ordre, secrét. du Roi, gentilh. ordin. de sa chambre. Châtell., t. s. de Vibraye et de la Monnay : *Mans*, 1572, 1606. (*r*. 351, *p*. 26 ; *r*. 352, *p*. 37.) — N. Hurault, Mis de Vibraye, mestre de camp. Baronnie et châtell. de la Guierche : *Mans*, 1642. (*r*. 354, *p*. 3.) — Henri-Emmanuel Hurault, Chev., Mis de Vibraye, petit-fils et seul hérit. de Jaques Hurault, Chev., Mis de Vibraye, et d'Anne de Vaasse. Marquisat de Vibraye et baronnie de la Guierche : *Mans*, 1657. (*r*. 355, *p*. 34.) — Henri-Léonard al. Eléonor Hurault, Chev., son fils. Le comté de la Roche des Aubais, la baron. de la Guerche, et seg. de la Bottière : *Tours*, 1681. (*r*. 410, *p*. 27.) — Paul-Maximilien Hurault, Chev., Bon de la Guerche, colonel d'un rég. de dragons, fils et seul hérit. de Henri-Eléonor Hurault, lieut. gén. des armées. Marquisat de Vibraye et baron. de la Guerche : *Mans, Sonnois*, 1737. (*r*. 426, *p*. 82.)

HUSSON (Ysabeau de), v^e d'Hector de la Jaille, Chev., ayant le bail de leurs enfans. Baronnies de Mathefelon et de Duretal ; ens. les seg. de Chassé et de Bourreau : *Baugé, Saumur*, 1453, 1475. (*r*. 347, *p*. 10 ; *r*. 1341, *p*. 143.) Rel. d'elle : Jean Baraton ; Jean du Bellay ; Jean de Champaigne, Sg. de la Pillorgière ; Senson de Cens, Sg. de Rochebouet ; Jean Davoise, Sg. de Congie et de Bonnefontaine ; Jean Daillon ; Olivier Tillon, Sg. des Aubiers ; Jean de Vaux, Chevaliers. Jean de Bouillé ; Jean de Cens, mari de Cather. de Coué ; Pierre de Champaigne ; Ambroys de Champ de Manche ; Jaques de Chemens, Sg. de Moulines ; Jean de Corneisse, Sg. de Salaignes ; Charles de Chuiré, Sg. de Plesseys ; Jean de Coué ; Prégent de Croillon ; Guill. l'Enffant ; Josselin Foucquet, mari de Jeanne Mellete ; Guill. de la Grandière ; Guill. de Dureil ; Macé de G^d Pré ; René Frezeau ; Jean du Fou, mari d'Eléonore du Juhe ; Louis de Lappallu, Sg. de la Bourelière ; Jean de la Roche, Sg. de Maubrossay ; Jean de la Roë, Sg. d'Aligné, mari de Françoise le Clerc ; Jaques de la Roë ; Jean Rouaudière, Sg. de la Mothe-Roland ; Jean de la Roussière ; Robert le Roy, écuyers.

HUSSON (Isaac), Sr de la Platterie, av. au présid. de La Rochelle, fils d'Isaac Husson. T. s. de St Xandre, tenue par indivis avec René de St Legier, Chev., Sg. de Sauzaye, al. de la Saulaye, et Jacob Chevallier, Sg. de la Jarne : *La Rochelle*, 1674, 1681. (*r.* 434, *p.* 42 ; *r.* 435. *p.* 111, 114.)

HUUET (Noble François), av. en parl., élu en l'Elect. de Lyon, fils de noble Huguet Huuet. Maison, cens et rentes ès par. de Millery, Francheville et Charly : *Lyon*, 1671. (*r.* 495, *p.* 1, 2.)

HUUET (J. B.), ancien échevin de Lyon. Maison et rente noble de Molaise, par. de Charly : *Lyon*, 1717. (*r.* 496, *p.* 274.)

I.

ICON. Voy. YCON.

ILLAIRE (Jean), m^d, et Louis Douard, à cause de leurs f^{es} Françoise et Jeanne Colladon. Trois huitièmes de l'étang de Verdun, par. de *Vierzon* ; 1707. (*r.* 448, *p.* 149.)

ILLIERS (Jaques d'), Chev., Sg. de Chantemerle, Logron, etc. T. s. de Beaumont-Pied-de-Beuf, Aigrefonde, Grieche et autres lieux : *Chât.-du-Loir*, 1605. Rel. de lui : Louis Boiseler ; Pierre du Bouchet ; François du Bouchet ; René de la Coetterye, al. Couette ; François et Jean de Hodon, écuyers. — Henri d'Illiers, Chev. ; *Idem* ; 1659. — La ve de celui-ci, N. de Grimonville ; *Idem* ; 1679. (*r.* 345, *p.* 24 ; *r.* 352, *p.* 123 ; *r.* 405, *p.* 2.)

IMBAULT (Florent), à cause de Françoise Veryn, sa f^e, fille de Louis Veryn. T. s. de la Vouerie : *Dun-le-Roi*, 1669. (*r.* 443, *p.* 46 ; *r.* 445, *p.* 32.)

IMBAULT (Etienne), laboureur, pour Noée Delas, sa mère, v^e de Jean Imbault. Quelques immeubles au vill. de Delas. Le même ; ens. Perrine Labbe, v^e de Silvain Fouchier ; Charles Charlemagne, fils d'Urbain Charlemagne et de Marie Souciet. Le pré Perrin, cens et rentes, par. d'Allogny, tenus en plein fief, foi et hom. de la tour de *Mehun-sur-Y.* ; 1674. (*r.* 445, *p.* 126, 381.)

IMBERT (Ignace), comme hérit. de François et Remy Imbert, ses frères. Le quart de la dîme de la par. d'*Ainay-le-Chatel* ; 1698. (*r.* 478, *p.* 561.)

IMBERT (Pierre), S^r des Brioudes, lieut. crim. au gren. à sel de Moulins. F. s. de la Rue et de la Porte, par. de Coutigny ; 1708. — Pierre Imbert, Sr de la Cour, contrôleur au même grenier à sel. Douzième partie de la g^{de} dîme de la Racherie, même par. ; 1717, 1720. — Jaques Imbert cons^r au présid. de Moulins, son fils. F. s. de la Cour et de la Porte ; 1725 : *Verneuil*. (*r.* 476, *p.* 210 ; *r.* 477, *p.* 582, 583 ; *r.* 478, *p.* 141 ; *r.* 480, *p.* 91.)

IMBERT (René), m^d. Maisons à *Lyon* ; 1734. (*r.* 498, *p.* 91, 116.)

INGRAND (Jaqueline), v^e d'Olivier de Cuville, Sr de Mémageau, tutrice de Charles-Olivier de Cuville, leur fils, âgé de 23 ans. F. s. de la Roussellière : *Lusignan*, 1716. (*r.* 438, *p.* 132.)

INGRANDE (Isabeau d'), v^e de Jean de Vernueil, écuyer. Herbergement de la Chevechière, vers la forêt de Bercay : *Chât.-du-Loir*, 1402. (*r.* 344, *p.* 7.)

INGUIMBERT (Camille d'), écuyer, Sg. de Pramiral, et son ép. Marie-Anne de St Amour. Chât., t. s. de Chatillon d'Azergues, par. de Charly : *Lyon*, 1726, 1734. (*r.* 478, *p.* 104 ; *r.* 498, *p.* 19.)

INTRAND (Ant.), de Chillat, présid^t en l'Elect. de Gannat, comme hérit. de Marguer. de Bonnelat, sa mère. Fiefs des Granges et des Forges, par. de Texet : *Chantelle*, 1703. (*r.* 476, *p.* 102.)

INVRÉE (Jaques d'), Chev. Châtell., t. s. de Ballon et de Combras : *Mans*, 1565. (*r.* 368, *p.* unique.) Tiennent de lui : Agnès de Renti, v^e d'Ant. le Vasseur, Chev. ; Meri le Clerc, écuyer, à cause de son fief de la Brandière, par. de Montbisot.

IRLAND (Jean), Chev., Sg. de Beaumont, lieut. crim. en la sénéch. de Poitiers. T. s. de Cloué : *Lusignan*, 1686. (*r.* 435, *p.* 182.)

IRLAND (Claude-Alexandre), écuyer, fils de feu Claude Irland, et aussi héritier de Marie de Pidoux, son ayeule. F. s. de la Lionnière, par. de la Boissière, et de la maison des Coffins, par. St Laurent de *Partenay*; 1700, 1702. (*r.* 436, *p.* 347, 348; *r.* 438, *p.* 5.)

IRVOISE (Yvete), Damoiselle, déguerpie de feu Ménard de Puyrigaud, et Perrin de Puyrigaud, leur fils, renoncent à une partie du Bois-Charpentier, que Graciot Douhet, bourg. de Cognac, a prouvé lui appartenir : *Angoul.*, 1413. (*r.* 1405, *p.* 359.)

ISLE (Raymond de l'), et Guillelmine, sa f^e, fille de feu Guill. de St Michel, vendent au Sg. de Montpellier, Guillaume (VIII), fils de la Duchesse Mathilde, un albergement dont le produit suffit à l'entretien de deux Chevaliers et un tiers ; 1202. (*r.* 334, *p.* 4.)

ISLE (Perreau de l'). Sire de Roche. Dom., bois, cens et tailles ès par. de Besson et de Branai : *Souvigny*, 1300. (*r.* 467, *p.* 250.)

ISLE (Guill. de l'), Dam. Maison forte de l'Isle de Marcigny et dép., tenue de Humbert de Villars : *Forez*, 1306. (*r.* 494, *p.* 135.)

ISLE (Guiot de l'), *Insula*, Dam. Dom. et tailles ès par. de Veroz et de *Germigny*; 1308. (*r.* 466, *p.* 38.)

ISLE (Jaquemin de l'), et Alayse de Noyelle, sa f^e, vendent à Jean, Cte de *Forez*, divers cens et rentes percept. à St Ragobert ; 1323. (*r.* 1395, *p.* 249.)

ISLE (Bochart de l'), Chev. Chât. de Rochefort, et la mote St Symphorien. Il avoue 25 hommages qui lui sont dus : *Angers*, 1359. (*r.* 361, *p.* unique.)

ISLE-BOUCHART (Jean, Sg. de l'). T. s. de Rochefort-sur-Loire et de Doué : *Angers, Saumur*, 1405, 1407. (*r.* 337, *p.* 34 ; *r.* 340, *p.* 26 ; *r.* 344, *p.* 128.)

ISLE (Louis de l'). Moitié de la châtell. du G^d Montreveau : *Angers*, 1414. (*r.* 337, *p.* 59 ; *r.* 340, *p.* 136.) Rel. de lui : Jean Baraton ; Jean Chapperon ; Jean de Charnacé ; Jean de Coymes, Chevaliers.

ISLE (Jean et Jeanne de l'). Moitié du G^d Montreveau : *Angers*, 1455. (*r.* 337, *p.* 48 ; *r.* 340, *p.* 124.)

ISLE (Cather. de l'), Dame de la Trimoille, de Craon, etc. Chât., t. s. de Doué et de Rochefort-sur-Loire : *Angers, Saumur*, 1455, 1460. (*r.* 337, *p.* 33 ; *r.* 340, *p.* 29 ; *r.* 341, *p.* 105 ; *r.* 344, *p.* 126.) Rel. d'elle : Jean Amenart ; Jean Chapperon ; Jean de la Béraudière ; Pierre de Cherzay ; Pierre de Comberel ; Hardy et Jean de la Haye ; Léopard de la Jumelière ; Pierre de Planteys ; Jean Turpin ; Jean le Voyer ; Chevaliers.

ISLE (Izaac), Chev., Sg. de la Matassière. T. s. de Loire : *Rochefort*, 1665. (*r.* 433, *p.* 216.)

ISNARD (Jean), m^d, et Marguer. Augier, sa f^e. Maison et terrein au faub. de la Guillotière : *Lyon*, 1720. (r. 497, p. 51, 56.)

ISSARD (N.), Dam., à cause de Cather. du Coulombier, Damoiselle, son ép. Hôtel et dép. au vill. de Box-de-Manche ; dîme, cens et tailles en la par. de Hauterive : *Beçay*, 1377. (r. 455, p. 226.)

ISSARPANS, aussi Isserpans, Isserpens (Haymon d'), Chev. Bois, dîmes, arr. fiefs : *Billy*, 1239. (r. 457, p. 181.) Pièce dégradée.

ISSARPANT (Jean), Dam. Hôtel, t. s. de Saluelis : *Billy, Chaveroche*, 1301. (r. 457, p. 157.)

ISSARPANT (Henri, aussi Ainric d'), Chev., Sg. de Chat.-Roux dans les montagnes, *de Castro Radulphi in montanis*. Hôtel fort, t. s. de Sernelles, de Puymoutiers et de Vergan, par. de Vic et autres : *Billy*, 1307, 1322. (r. 455, p. 309 ; r. 456, p. 50.) — Henri d'Issarpans, Chev. Dom., justice, cens et tailles, ès par. de Vic, St Christophe et autres. Présens : Hugues de Barreys et Odin de Vichy, Chevaliers. Etienne de Cinci ; Guill. d'Issarpans ; Bridard et Guiot Tays, Damoiseaux : *Billy*, 1334. (r. 465, p. 119.)

ISSARPANS (Jean d'), Sg. de Chitain, Chev., pour Jeanne-Ysabelle de Champ-Ruppin, *al*. Rappin, son ép. Hôtels, t. s. de la Rue et de Sorbers. par. de Voma et autres : *Chaveroche, Moulins, Verneuil*, 1347 *ad* 1358. (r. 455, p. 91 ; r. 368, p. 248, 380.)

ISSERPANS (Henri d'), Chev., Dom. et mouv. en la par. de Laval d'Arsoil : *Forez*, 1348. (r. 490, p. 1.)

ISSERPENS (Jean d'), Dam., Sg. de Chitain. Hôtel, t. s. de Villesanois, par. de Vieure et d'Aguirande ou Ingrande ; Dom. et mouv. ès par. de Besson, Chemilly et autres, *Bourb.*, *Chaveroche, Moulins, Murat, Souvigny*, 1353, 1358. (r. 432, p. 28 ; r. 460, p. 360 ; r. 464, p. 112 ; r. 467, p. 193.)

ISSARPANS (Guill. d'), Dam., Sg. de Chitaing. Cens et rentes en la par. de Brenay : *Verneuil*; tailles, dîmes, ès par. de Besson, Bareys : *Chaveroche, Souvigny*, 1367. (r. 464, p. 243 ; r. 467, p. 127 ; r. 468, p. 340.)

ISSERPANS (Phil. d'), Chev., vend à Pierre la Coste, bourg. de St Porcien, pour le prix de huit vingt francs d'or de bon poids, *pretio octies viginti francorum auri*, la terre de Dorne et ses arr. fiefs par lui acq. autrefois de Marguer. de Varennes, sis ès par. de St Georges, Brialles et Villefranche ; présent, Micol de St Germain, Dam. : *Bourb.*, 1367. (r. 469, p. 93.)

ISSERPAN (Guarhiminin d'), Dam. F. s., dom. et h. j. de Chitaing ; présent, Jean de Chistaing, Dam. : *Vichy*, 1375. (r. 457 *bis*, p. 14.)

ISSERPANS (Phil. d'), Chev. Hôtels de Sernelles et de Voroz, t. s. en dép., ès par. de Sernelles, de Vic, St Christophe et autres : *Billy*, 1377. (r. 456, p. 106.)

ISSARPENS (Guill. d'), Sg. de Chitaing, Dam. Cens er rentes ès par. de Chaumont, Roche et autres : *Murat* 1377. (r. 460, p. 342.)

ISSERPENS (Jean *Notus* d'). Dam., à cause de Cather. de la Fay, son ép. La mote de Saune, cens et tailles percept. à Tholon et Souvigny-le-Thion : *Bessay, Moulins*, 1397, 1411. (r. 454, p. 45 ; r. 455, p. 76.) *Nothus* : bâtard.

ISSERPENS (Joseph d'), Dam. Chât., t. s. de Chitaing, dioc. de Clermont; 1400.— Louis d'Isserpens, Chev. et Jaques d'Isserpens, son frère; *Idem ;* et autres possessions; ens. du chef de la femme dud. Louis, la 4ᵉ partie de l'hôtel, t. s. de Villenole, autrement de la Pierre, par. de Cerilly, châtell. de la Bruyère l'Aubespin ; 1443, 1452: *Billy, Chaveroche, Verneuil.* (*r.* 456, *p.* 142; *r.* 462, *p.* 266; *r.* 486, *p.* 105.)

ISSERPENS (Gilbert d'), écuyer. T. s. de Chitain, rentes et dev. ès par. de Besson et de Sᵗ Germain : *Souvigny, Verneuil,* 1506. (*r.* 487, *p.* 116.)

IZERAND (Dianne d'), vᵉ de François de Sᵗᵉ Colombe, Chev., Mⁱˢ de l'Aubepin, Sg. de Croiset, tutrice de leurs enfans. Fief noble de Thorigny et rentes nobles en la par. de Bibost : *Lyon,* 1736. (*r.* 498, *p.* 165 ; *r.* 810, *p.* 37.)

IZORÉ (Nicolas), Mⁱˢ d'Hérault, Sg. de Rocheposay, Terre et châtell. d'Andilly : *La Rochelle,* 1726, Anne de Lelay, sa vᵉ ; 1734. (*r.* 442, *p.* 26.)

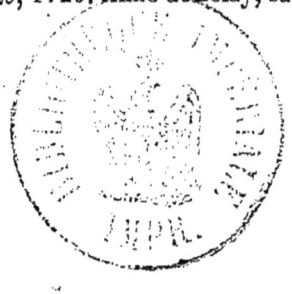

FIN DU SECOND VOLUME.

ON TROUVE A LA MÊME LIBRAIRIE.

Documents historiques inédits pour servir à l'histoire du Dauphiné publiés sur les manuscrits originaux par le comte Douglas. Cette importante publication formera 2 vol. de 400 pages petit in-4, chacun, imprimés en caractères entièrement neufs, sur papier de Hollande teinté, de qualité supérieure. Tous les exemplaires seront numérotés à la presse et le nom du propriétaire sera imprimé en tête du vol. 30 fr.

Ce prix sera porté à 50 francs après la clôture de la souscription.

Matériaux pour servir à l'histoire de Marguerite d'Autriche, Duchesse de Savoie, régente des Pays-Bas, par le comte E. de Quinsonas. *Paris et Lyon, impr. de Perrin*, 1860, 3 beaux vol. in-8, imprimés en caractères antiques, sur beau papier vergé teinté, orné de chromolithographies, plans, cartes, fac-simile, exécutés avec le plus grand soin. 60 fr.

Armorial de la noblesse du Languedoc, généralité de Toulouse, par Louis de la Roque, avocat à la cour impérial de Paris. *Paris*, 1866, 2 vol. gr. in-8, broch. publiés par demi-vol. au prix de 10 francs. *Orné de 400 blasons grav. par Chevauchet*. Le premier demi-vol. vient de paraître.

Ordres de Chevalerie et marques d'honneur, histoire, costumes et décorations, par Auguste Wahlen. *Bruxelles*, 1844, 2 vol. gr. in-8, broch. *neufs*. 40 fr.

Ce magnifique ouvrage, publié au prix de 95 francs, contient plus de 100 *planches d'ordres, de décorations et de costumes*, le tout parfaitement *colorié à la main*. Ce prix sera très-prochainement élevé, à cause du petit nombre d'exemplaires qui restent encore à vendre.

Corday d'Armont (de) Marie-Anne Charlotte. Sa vie, son temps, ses écrits, son procès, sa mort. Par Cheron de Villiers. *Paris*, 1865, gr. in-8, de 478 pag., portr. de *Charlotte Corday*, lithographié par Devéria, d'après une peinture attribuée à Siccardi. 30 fr.

L'un des 25 exempl. tirés sur *grand papier de Hollande*, publiés au prix de 75 fr. Cette œuvre, la plus complète que l'on ait publiée jusqu'à ce jour sur l'héroïne de la révolution, est illustrée d'un *Album historique*, extrêmement curieux, composé de portraits et autographes, exécutés par Emile Bellot.

L'Hôtel de Ville et la Bourgeoisie de Paris. Origines, mœurs, coutumes, institutions municipales depuis les temps les plus reculés jusqu'à 1789, par F. Rittiez. Beau volume in-8, de plus de 400 pages. 3 fr.

Histoire du Palais de Justice de Paris et du Parlement. Mœurs, coutumes, institutions judiciaires, procès divers, progrès légal (860-1789), par F. Rittiez. Beau volume in-8, de 400 pages. 3 fr.

Indicateur du grand Armorial général de France, recueil officiel dressé en vertu de l'édit de 1696 (34 volumes de texte et 35 d'armoiries), par Charles d'Hozier *juge d'armes*, ou Table alphabétique de tous les noms enregistrés dans les manuscrits inédits. Contenant les vérifications d'armoiries faites au dernier siècle par d'Hozier, et qui se trouvent au Cabinet des Titres à la Bibliothèque Impériale de Paris, avec indication des Provinces où les familles ont fait officiellement reconnaître leurs blasons. Publié sous la direction de M. Louis Paris. 2 vol. in-8. 20 fr.

Armorial de France, Angleterre, Écosse, Allemagne, Italie, et autres Puissances, composé vers 1450 par le Hérault Berry, premier roi d'armes de Charles VII, roi de France. Texte complet, publié pour la première fois, d'après le manuscrit original ; précédé d'une notice sur la vie et les ouvrages de *Gilles le Bouvier*, dit Berry, et accompagné de *figures héraldiques*, dessinées d'après les originaux, par M. Vallet (de Viriville) professeur à l'École des Chartes, membre de la Société des Antiquaires de France, lauréat de l'Institut, auteur de l'Histoire de Charles VII et de son époque. 1 beau vol. gr. in-8 raisin, tiré à très-petit nombre. 10 fr.

Légendaire de la noblesse de France, par M. Bessas de la Mégie. 1 magnifique vol. gr. in-8, imprimé avec luxe.

    Prix : papier ordinaire. . . . . 15 fr.
    — papier vergé. . . . . 25 fr.

Cet ouvrage important, le plus complet qui ait paru en ce genre, fournit les devises d'un nombre considérable de familles nobles de France.

Nobiliaire Toulousain, Inventaire général des titres probants de noblesse et de dignités nobiliaires, par M. A. Bremond. 2 vol. gr. in-8, jésus. *Nombreux blasons gravés.* 10 fr.

Nobiliaire très-complet orné de nombreux blasons gravés, et donnant les lettres patentes d'anoblissement, jugements de confirmation ou de maintenue de noblesse, érections de terres en baronnies, vicomtés, comtés, marquisats ; la description héraldique des blasons de chaque famille ; les actes d'hommages, de reconnaissance, de dénombrements, devises, cris de guerre, etc., etc.

Domesday (Recherches sur le), ou Liber censualis, d'Angleterre, par MM. Léchaudé d'Anisy et de Sainte-Marie. Caen, 1842, tome 1, in-4, br. (seul paru). 18 fr.

Très-important pour l'histoire des anciennes familles normandes.

Arras, imprimerie Schoutheer, rue des Trois-Visages, 53.

www.ingramcontent.com/pod-product-compliance
Lightning Source LLC
Chambersburg PA
CBHW050328170426
43200CB00009BA/1510